Schriften zur Gleichstellung

herausgegeben von

Prof. Dr. Dr. h.c. Susanne Baer
Marion Eckertz-Höfer
Prof. Dr. Jutta Limbach †
Prof. Dr. Heide Pfarr
Prof. Dr. Ute Sacksofsky

Band 44

Britta Liebert

Quotenregelungen im öffentlichen Dienst

Wirksamkeitshindernisse in Rechtsprechung und Praxis

Nomos

Die Deutsche Nationalbibliothek verzeichnet diese Publikation in der Deutschen Nationalbibliografie; detaillierte bibliografische Daten sind im Internet über http://dnb.d-nb.de abrufbar.

Zugl.: Hamburg, Univ., Diss., 2016

ISBN 978-3-8487-4260-8 (Print)
ISBN 978-3-8452-8523-8 (ePDF)

1. Auflage 2017

Vorwort

Mehr als zwanzig Jahre nach Einführung der „Frauenquoten“ im öffentlichen Dienst untersucht die vorliegende Arbeit die durch die Rechtsprechung und die tatsächliche Rechtsanwendung geformte Rechtswirklichkeit.

Hierzu werden zunächst die Rechtsprechung und die einschlägige Literatur analysiert und anschließend wird das tatsächliche Vorgehen bei Einstellungen und Beförderungen im öffentlichen Dienst anhand eines Ausschnittes der Praxis untersucht.

Im Ergebnis haben sich weder die Befürchtungen bestätigt, „Frauenquoten“ könnten dazu führen, dass fortan Männer aufgrund ihres Geschlechts benachteiligt würden, noch scheinen „Quoten“ für sich allein das Mittel der Wahl zu sein, um Geschlechterparität auf allen Ebenen des öffentlichen Dienstes zu erreichen. Hierzu setzen die „Frauenquoten“ in mancherlei Hinsicht an der falschen Stelle an, teilweise fehlt es aber auch schlicht an Rechtsdurchsetzung.

Veränderungen hin zu einer vollständig diskriminierungsfreien Einstellungs- und Beförderungspraxis brauchen offenbar - auch wenn solche Veränderungen mittlerweile deutlich feststellbar sind - ihre Zeit und lassen sich nur begrenzt per Gesetz beschleunigen.

Die Arbeit ist im Wintersemester 2015/2016 an der Universität Hamburg als Dissertation eingereicht worden. Rechtsprechung und Literatur geben den Stand im März 2017 wieder.

Bedanken möchte ich mich an erster Stelle ganz herzlich bei Frau Prof. Dr. Raasch für die Betreuung, Unterstützung und vor allem für die Geduld, mit der sie die Entstehung dieser Arbeit stets begleitet und so ermöglicht hat. Ebensolcher Dank gilt meinen Eltern und Herrn Tobias Ploß.

Inhaltsverzeichnis

Einführung in Thematik und Fragestellung 15

1. Teil: Juristischer Teil 20

A. Quotenregelungen: Begriff und historische Entwicklung 20
  I. Begriffsdefinitionen 20
    1. Formelle und materielle Gleichheit 20
    2. Positive Maßnahmen 21
    3. Quotenregelungen 23
  II. Die historische Entwicklung 25
    1. Affirmative Action in den USA 25
    2. Quotenregelungen in Deutschland 30
  III. Kodifizierung positiver Maßnahmen 31
    1. Europäisches Recht 31
      1.1 Primärrecht 31
      1.2 Sekundärrecht 34
    2. Deutsches Recht 35
      2.1 Kodifizierte Quotenregelungen 35
      2.2 Die Stellung der Gleichstellungsbeauftragten 39

B. Rechtliche Grundlagen 40
  I. Regelungen zur Gleichheit 40
    1. Europäisches Recht 41
    2. Deutsches Recht 42
      2.1 Art. 3 GG 42
        2.1.1 Entwicklung bis 1994 45
        2.1.2 Heutiger Stand der Abgrenzung zwischen Art. 3 Abs. 2 Satz 1 GG, Art. 3 Abs. 3 Satz 1 GG und Art. 3 Abs. 2 Satz 2 GG 52
      2.2 Art. 33 Abs. 2 GG 54
        2.2.1 Feststellung gleicher Eignung, Befähigung und fachlicher Leistung 55
          2.2.1.1 Festlegung und Prüfung eines Anforderungsprofils 55
          2.2.1.2 Leistungskriterium „Dienstalter“? 58

2.2.1.3 Leistungskriterium „Leistungsentwicklung“? 62
2.2.1.4 Unwesentliche Leistungsunterschiede 62
2.2.2 Qualifikationsgleichstand: Die Ebene der Hilfskriterien 63
2.2.2.1 Leistungsbezug der Hilfskriterien 65
2.2.2.2 Übliche Hilfskriterien 69
2.2.2.3 Gewichtung der Hilfskriterien 72
2.2.2.4 Hilfskriterium „Frau“? 73
II. Ungleichbehandlung 77
1. Europäisches Recht 78
1.1 Unmittelbare Ungleichbehandlung 78
1.2 Mittelbare Ungleichbehandlung 78
2. Deutsches Recht 79
2.1 Ungleichbehandlung im Sinne des Art. 3 Abs. 1 GG 80
2.1.1 Ungleichbehandlung 80
2.1.2 Ohne sachlichen Grund 80
2.2 Ungleichbehandlung im Sinne der Art. 3 Abs. 3 Satz 1, Abs. 2 Satz 1 GG 81
2.2.1 Unmittelbare Ungleichbehandlung 81
2.2.1.1 Rechtfertigung einer unmittelbaren Ungleichbehandlung 81
2.2.1.2 Sonderproblem: Bedeutung des Wortes „wegen“ 82
2.2.2 Mittelbare Ungleichbehandlung 85
2.2.2.1 Problemaufriss 85
2.2.2.2 Eigene Einschätzung 87
2.2.2.3 Bedeutung für Quotenregelungen 89
2.3 Ungleichbehandlung im Sinne der §§ 1, 3 AGG 90
2.3.1 Unmittelbare Ungleichbehandlung 91
2.3.2 Mittelbare Ungleichbehandlung 93
2.4 Ungleichbehandlung im Sinne des Art. 33 Abs. 2 GG 93
III. Strukturelle Diskriminierung 94
IV. Zwischenergebnis 97

C. Der Prüfmaßstab einer Quotenregelung 97
I. Die Rechtsprechung des US Supreme Court 98
1. Regents of University of California vs. Bakke (1978) 100
2. United Steel Workers vs. Weber (1979) 106
3. Fullilove vs. Klutznik (1980) 107
4. Firefighters Local Union No. 1784 vs. Stotts (1984) 109
5. Wygant vs. Jackson Board of Education (1986) 110
6. Sheet Metal Workers vs. EEOC (1986) 112
7. Firefighters Local 93 vs. City of Cleveland (1986) 113
8. United States vs. Paradise (1987) 114
9. Johnson vs. Transportation Agency (1987) 115
10. City of Richmond vs. C.A. Croson Co. (1989) 117
11. Metro Broadcasting Inc. vs. FCC (1990) 119
12. Adarand Constructors Inc. vs. Pena (1994) 121
13. Grutter vs. Bollinger (2003) 123
14. Gratz vs. Bollinger (2003) 127
15. Fisher vs. University of Texas at Austin (2013, 2016) 128
16. Fazit zur Rechtsprechung des US Supreme Court 131
II. Das europäische Recht 136
1. Literaturverständnis der Quotenregelung als Gleich- oder Ungleichbehandlung 136
2. Die Rechtsprechung des EuGH 138
2.1 Kalanke (17. Oktober 1995) 139
2.2 Marschall (11. November 1997) 142
2.3 Badeck (28. März 2000) 145
2.4 Abrahamsson (6. Juli 2000) 150
2.5 Fazit zur Rechtsprechung des EuGH 152
2.5.1 Sinn und Zweck der Quotenregelungen 154
2.5.2 Die Ausgestaltung der Öffnungsklausel 156
2.5.2.1 Beschränkung auf soziale Kriterien? 156
(i) Ansicht in Literatur und Rechtsprechung 156
(ii) Eigene Einschätzung 159
2.5.2.2 Keine diskriminierende Wirkung der Öffnungsgründe 162
2.5.3 Bedeutung der „flexiblen Ergebnisquote“ 165
III. Das deutsche Recht 167
1. Quotenregelung als Gleich- oder Ungleichbehandlung 168
1.1 Tatbestandslösungen 169

1.2 Rechtfertigungslösungen 170
1.3 Zwischenergebnis 171
2. Rechtfertigungsvoraussetzungen einer Quotenregelung nach deutschem Recht 173
2.1 Kollidierendes Verfassungsrecht 174
2.1.1 Materieller Gleichheitssatz und Förderauftrag 174
2.1.1.1 Ausgleich eines konkret-individuellen Nachteils 175
2.1.1.2 Ausgleich struktureller Diskriminierung 180
2.1.1.3 Ergebnisgleichheit oder Chancengleichheit 182
2.1.2 Herstellung von Diversität und Pluralismus 183
2.2 Geeignetheit und Erforderlichkeit 184
2.3 Verhältnismäßigkeit im engeren Sinne 185
2.3.1 Öffnungsgründe zugunsten der nicht geförderten Gruppe 185
2.3.1.1 Beschränkung auf bestimmte Öffnungsgründe 185
2.3.1.2 Keine diskriminierende Wirkung der Öffnungsgründe 186
(i) Keine Abstellen auf Rollenmuster 187
(ii) Dienstalter 187
(a) Meinungsstand 187
(b) Eigene Einschätzung 189
(iii) Zeitsoldat 191
(iv) Gesetzlicher Ausschluss üblicher Hilfskriterien? 192
2.3.2 Gewichtung der Öffnungsgründe gegen die Frauenförderung 194
2.3.2.1 Ermessen und Beurteilungsspielraum des Dienstherren 195
2.3.2.2 Vorgaben zur Gewichtung der Öffnungsgründe 200
2.3.3 Feststellung einer Zielquote einer Quotenregelung 206

3. Verhältnis der Quotenregelung zum Leistungsprinzip des Art. 33 Abs. 2 GG 211
3.1 Durchbrechung des Leistungsprinzips zugunsten der Quotenregelung 211
3.2 Feststellung des Qualifikationspatts 215
3.2.1 Gleiche Qualifikationsanforderungen für Frauen und Männer 215
3.2.2 Ausgestaltung der Qualifikationsfeststellung durch LGG? 215
3.2.3 Anzahl der Qualifikationsanforderungen 219
3.2.3.1 Einbeziehung von Hilfskriterien auf Leistungsebene 220
3.2.3.2 Qualifikationsgleichstand im Sinne des Art. 33 Abs. 2 GG und im Sinne der Quotenregelungen 222
3.2.3.3 Eigene Einschätzung 224
IV. Zwischenergebnis 226

D. Ergebnis Teil 1 229
I. Hinzuziehung immer weiterer Leistungskriterien 231
II. Pauschale, intransparente Gewichtung der Frauenförderung zu den übrigen Hilfskriterien 232
III. Ansetzen der Quotenregelung auf der falschen Ebene 233

2. Teil: Quotenregelungen in der praktischen Anwendung 234

A. Die Gleichstellungsberichte der Bundesländer 234
I. Methodik der Auswertung der Gleichstellungsberichte 235
II. Die Ergebnisse der Auswertung der Gleichstellungsberichte 237
1. Frauenanteile im öffentlichen Dienst der untersuchten Bundesländer 237
2. Vergleich der Bundesländer mit kodifizierter Entscheidungsquote unter Qualifikationsvorbehalt mit Öffnungsklausel mit denen ohne solche Regelung 243
3. Wesentliche Karrierehemmnisse 245
3.1 Beurteilung von Frauen und Männern 246
3.2 Auswirkungen der Teilzeitarbeit bei Frauen 247
4. Maßnahmen zur Beseitigung der festgestellten Hindernisse 248

5. Ergebnisse anderer Studien 252
5.1 Untersuchung des Beurteilungssystems der Stadtverwaltung München 253
5.2 Studie Prof. Gertraude Krell 254
5.3 Beurteilung von Frauen und Männern im Polizeidienst 255
6. Ergebnis und Hypothesen für die weitere Untersuchung 260

B. Die Befragung der Gesetzesanwender 262

I. Methodik 262
1. Funktion der zu befragenden Personen und Art der Befragung 262
2. Konkretisierung der Befragungsmethode 266
2.1 Erhebung der Daten 266
2.2 Auswertung der Daten 269
3. Die zu untersuchende Behörde 270
4. Die zu untersuchenden Bundesländer 271
5. Die zu befragenden Personen 273
6. Die Gestaltung des Interviewleitfadens 274
7. Methodik zur Auswertung der Experteninterviews 276
II. Ergebnisse der Auswertung des Experteninterviews 278
1. Keine / kaum Anwendungsfälle der Quotenregelungen während der Dienstzeit der befragten Personen 279
2. Fehlerhaftes Vorgehen bei der Auswahl auf der Leistungsebene 280
2.1 Beschreibung des Vorgehens beim Auswahlprozess 281
2.2 Nicht leistungsbezogene Kriterien auf Leistungsebene 289
2.2.1 Sicherung der Pensionsansprüche 289
2.2.2 Bedeutung des Beförderungsdienstalters auf Leistungsebene 290
2.2.3 Auswahl und Beurteilung nach dem „Basar-Prinzip“ 291

3. Das fehlerhafte Vorgehen ist gerade für Frauen nachteilig 292
3.1 Frauen und Teilzeitkräfte erhalten schlechtere Beurteilungen 293
3.2 Frauen fehlt die erforderliche Förderung der Entscheidungsträger 296
4. Hinderliche Einstellungen der Frauen selbst 298
4.1 Frauen trauen sich Karriere nicht zu 298
4.2. Frauen wollen die nächsthöhere Position nicht haben 300
4.2.1 Wohlfühlen auf der aktuellen Position 300
4.2.2 Zielkonflikt zur Kinderbetreuung 301
4.2.3 Relativierung der Aussagen nach Alter und Umgebung 303
4.2.4 Relativierung der Aussagen aufgrund des beschriebenen Arbeitsumfeldes 305
5. Die Einstellungen der befragten Personen 306
6. Möglichkeiten der Frauenförderung 314
6.1 Gerechtere Beurteilung 315
6.2 Keine Verwendung leistungsfremder (Hilfs-)kriterien auf Leistungsebene 316
6.3 Verbesserung der Kinderbetreuung 318
6.4 Änderungen im jeweiligen LGG 319
6.5 Durchsetzung der Anwendung der Quotenregelungen 320
6.6 Sonstige Maßnahmen 324
7. Fazit Auswertung Interviews 325
7.1 Hinzuziehung immer weiterer Leistungskriterien auf Leistungsebene 325
7.2 Fehlende Erkennung und falsche Gewichtung von Hilfskriterien 326
7.3 Fehlende Durchsetzung des Leistungsprinzips, Festhalten an tradierten Vorstellungen 327
7.4 Festhalten an fehlgeschlagenen und überholten Lösungsansätzen 330
7.5 Verstärkung von Vorurteilen durch Quotenregelungen 332

B. Abschließende Zusammenfassung und Ausblick 334

I. Hindernisse der Quotenregelungen auf rechtlicher Ebene 334
II. Hindernisse der Quotenregelungen auf praktischer Ebene 336
III. Ausblick 338

Literaturverzeichnis 343

Einführung in Thematik und Fragestellung

Anfang der 1990iger Jahre begannen der Bund und verschiedene Bundesländer in Deutschland, Landesgleichstellungsgesetze[1] (LGG) bzw. das Bundesgleichstellungsgesetz einzuführen, welche die Gleichstellung von Männern und Frauen im Bereich des öffentlichen Dienstes fördern sollten. Neben verschiedenen anderen Maßnahmen enthielten viele dieser Gesetze auch eine Vorschrift, nach der im Bereich des öffentlichen Dienstes eine Frau bevorzugt vor einem Mann einzustellen bzw. zu befördern sei, wenn bestimmte Voraussetzungen vorlägen. Dem vorausgegangen war eine mehr als zehn Jahre währende Diskussion in Wissenschaft und Gesellschaft um die Frage, ob solche Regelungen erforderlich, wünschenswert und überhaupt rechtmäßig seien.

Angestoßen wurde dieser Diskurs durch die Erkenntnis, dass die tatsächliche Gleichstellung der Geschlechter der rechtlichen bis dato nicht gefolgt war. Umfangreiches Zahlenmaterial wurde ins Feld geführt, das zeigte, dass Frauen trotz der Abschaffung rechtlicher Hindernisse kaum in Führungs- und Entscheidungspositionen vordrangen, dass sie auf schlechter bezahlten Stellen und vielfach nur innerhalb eines bestimmten Berufsspektrums arbeiteten und viel häufiger auf weniger lukrativen und weniger einflussreichen Teilzeitstellen beschäftigt waren als ihre männlichen Kollegen.[2] Schon zu Beginn des Diskurses wurde das Problem erkannt, dass sich daraus für die Verdienst- und insbesondere Alterssicherungssituation

---

1 Nicht alle Landesgleichstellungsgesetze werden als solche bezeichnet. Baden-Württemberg beispielsweise bezeichnet das Gesetz als „Chancengleichheitsgesetz"; andere Länder als „Frauenfördergesetz". Der Einfachheit halber werden die in ihrer Stoßrichtung vergleichbaren Gesetze im Text auch als „LGG-Bundesland" bezeichnet.

2 Siehe etwa das Zahlenmaterial bei Wolfgang Gitter, Gleichberechtigung der Frau: Aufgaben und Schwierigkeiten - Eine Erörterung von Überlegungen über ein "Antidiskriminierungsgesetz", NJW 1982, 1567 ff; Rademacher, Diskriminierungsverbot und „Gleichstellungsauftrag": Zur Auslegung des Art. 3 Abs. 2 Satz 2 GG, S. 25 f; Sacksofsky, Das Grundrecht auf Gleichberechtigung, S. 157.

der betroffenen Frauen ergab.[3] Als Argumentationshilfe für den Vorschlag, dieses Problem mittels einer wie auch immer gearteten „Frauenquote“ zu lösen, diente häufig die in den USA bereits seit längerem praktizierte sog. Affirmative Action.[4] Affirmative Action sollte die tatsächliche Gleichstellung (unter anderem) der Afroamerikaner mit der weißen Mehrheitsgesellschaft im Arbeitsleben und an Universitäten fördern, indem sie bei Vorliegen bestimmter Voraussetzungen schwarzen einen Vorrang vor weißen US-Amerikanern zubilligte.

Mit Einführung der LGG und des Bundesgleichstellungsgesetzes ging die Diskussion um die „Quote“ jedoch keineswegs zu Ende, sondern setzte sich im Laufe der 1990iger Jahre nicht nur in der Literatur, sondern auch in der Rechtsprechung fort. Anfang des neuen Jahrtausends wurde es zunehmend stiller um die LGG und eine Bevorzugung von Frauen mittels „Quoten“. Der EuGH und auch deutsche Gerichte hatten mehrfach entschieden, dass solche Maßnahmen prinzipiell zulässig seien, und auch einen groben Rahmen dafür vorgegeben, sodass das Thema des „Ob“ dieser Maßnahmen im Wesentlichen „ausdiskutiert“ schien. Die rechtswissenschaftliche Diskussion verlagerte sich (mit wesentlich weniger Getöse) auf Umsetzungsprobleme wie etwa die Frage nach „Ausnahmeregelungen“ zugunsten der Männer.

Gut zwanzig Jahre nach Einführung der Landesgleichstellungsgesetze stimmt nun ein Blick in verschiedene Erhebungen über Frauenanteile auf den unterschiedlichen Hierarchieebenen im öffentlichen Dienst in Bund und Ländern nachdenklich. So wird der Frauenanteil bei (Bundes-) verwaltungsbeamten der ersten Ebene in den höchsten nicht-politischen Verwaltungspositionen in Deutschland im Jahr 2011 mit 11 % angegeben (EU-27: 30 %).[5] Im Jahr 2009 waren bei den obersten Bundesbehörden 23 % der Stellen „mit Leitungsfunktion“ mit Frauen besetzt;[6] bei den ent-

---

3 Wolfgang Gitter, Gleichberechtigung der Frau: Aufgaben und Schwierigkeiten - Eine Erörterung von Überlegungen über ein “Antidiskriminierungsgesetz”, NJW 1982, 1567 ff.

4 S. etwa Raasch, Frauenquoten und Männerrechte; Döring, Frauenquoten und Verfassungsrecht.

5 Julia Schimeta, Einsam an der Spitze: Frauen in Führungspositionen im öffentlichen Sektor, S. 22.

6 Julia Schimeta, Einsam an der Spitze: Frauen in Führungspositionen im öffentlichen Sektor, S. 15.

sprechenden Stellen des gesamten Bundesdienstes waren es 30 %.[7] Während sich allerdings der Frauenanteil an allen Leitungsfunktionen im gesamten Bundesdienst in den Jahren zwischen 2009 und 2012 nicht mehr verändert hat (jeweils 30 %), stieg er zwischen 1999 und 2009 von 19 % (1999) auf 30 % (2009, 2012).[8]

Im Gleichstellungsbericht 2012 des bevölkerungsreichsten Bundeslandes Nordrhein-Westfalen heißt es:

> *„Auch die Einzelbetrachtung der Ressorts zeigt, dass Frauen gemessen an ihrem jeweiligen Beschäftigtenanteil nach wie vor in den meisten Ressorts bei Beförderungen unterrepräsentiert sind. Die Situation verschlechterte sich überwiegend sogar im Vergleich zu 2006.“*[9]

Noch der Vorgängerbericht des aktuellen Gleichstellungsberichtes aus Niedersachsen spricht im Jahr 2010 davon, dass die *„Aufstiegshürde“* für Frauen deutlich höher sei als für Männer.[10] Der Bericht über die hamburgische Verwaltung aus dem gleichen Jahr hatte gar eine *„sogenannte gläserne Decke“* beim Aufstieg von Frauen ausgemacht, die *„auf jeden Fall bei den höchsten Eingruppierungen“* existiere und Frauenkarrieren frühzeitig beende.[11] Der aktuelle Bericht aus Nordrhein-Westfalen spricht nach wie vor von einer dort existierenden *„gläsernen Decke“*.[12]

Die aktuellen Zahlen sind von Geschlechterparität - trotz „Frauenquoten“ - also weit entfernt.

In der Privatwirtschaft - die bislang keinen gesetzlichen Quotenregelungen unterworfen war - sind in den Jahren 2012/2013 zwischen 21 %[13]

---

7 Bundesministerium für Familie, Senioren, Frauen und Jugend/Kienbaum Management Consultants GmbH, Statistischer Datenreport: Durchführung von vorbereitenden statistischen Analysen und Auswertungen zur Umsetzung des Bundesgleichstellungsgesetzes, S. 13. f.

8 Bundesministerium für Familie, Senioren, Frauen und Jugend/Kienbaum Management Consultants GmbH, Statistischer Datenreport: Durchführung von vorbereitenden statistischen Analysen und Auswertungen zur Umsetzung des Bundesgleichstellungsgesetzes, S. 13 f; s. zum aktuellen Zahlenmaterial auch: Papier/ Heidebach, Mehr Frauen in Führungspositionen des öffentlichen Dienstes durch Fördermaßnahmen - verfassungs- und europarechtliche Bewertung, DVBl 2012, 125 f.

9 Bericht Nordrhein-Westfalen, S. 9.

10 Bericht Niedersachsen 2010, S. 63.

11 Bericht Hamburg 2010, S. 89 f.

12 Bericht Nordrhein-Westfalen, S. 14.

13 S. etwa Statista - Das Statistikportal, Frauenanteil in Führungspositionen in Deutschland nach Bundesländern im Jahr 2012, abrufbar unter http://de.statista.co

und 29 %[14] der Führungspositionen (je nach Studie und zugrunde gelegter Definition einer „Führungsposition") mit Frauen besetzt gewesen. Auch wenn diese Zahlen nur mit gewissen Einschränkungen mit denen vergleichbar sind, die für den öffentlichen Dienst vorliegen, weil es an der dafür erforderlichen gemeinsamen Definition einer „Führungsposition“ fehlt, kann zumindest nicht von einem deutlichen „Vorsprung“ im Bereich des öffentlichen Dienstes ausgegangen werden, der sich auf ein Eingreifen der „Frauenquoten“ zurückführen ließe. Wie kann dies sein, wenn es - ausgehend vom schlichten Wortlaut der Gleichstellungsgesetze - seit über zwanzig Jahren für den Aufstieg einer Frau bereits genügen müsste, genauso gut qualifiziert zu sein wie ihr männlicher Konkurrent?

Die „Quotenbefürworter“ der 1980iger Jahre waren mit dem Ziel angetreten, mittels Quotenregelungen die Diskrepanz zwischen Recht und gesellschaftlicher Wirklichkeit zu verringern und Handlungen zu gebieten, die jedenfalls im öffentlichen Dienst die faktische Gleichberechtigung fördern sollten. Betrachtet man jedoch die dargestellten Zahlen nach 20 Jahren „Quote“, gibt es nunmehr nicht nur eine Diskrepanz zwischen *„rechtlichem Ideal und gesellschaftlicher Wirklichkeit“*[15] in Bezug auf Art. 3 Abs. 2 und 3 GG, sondern ebenso eine Diskrepanz zwischen den Quotenregelungen der LGG und der Wirklichkeit im öffentlichen Dienst.

Damit bleibt die Frage, welche Ergebnisse die viel diskutierten „Frauenquoten“ im öffentlichen Dienst bislang gebracht haben. Haben die mühsam errungenen gesetzlichen Regelungen nicht gewirkt, oder wirken sie nur langsam? Bewirkte die „Frauenquote“ immerhin den gerade erwähnten Anstieg des Frauenanteils von 19 % auf 30 % in den Leitungsfunktionen im gesamten Bundesdienst, oder bilden diese Zahlen lediglich die gesellschaftlichen Entwicklungen ab, wie sie sich auch ohne „Frauenquote“ vollzogen hätten? Haben die deutsche oder die europäische Rechtsprechung oder der Gesetzesanwender die gesetzlichen Regelungen übermäßig eng ausgelegt und sie damit einer spürbaren Wirkung beraubt, oder lassen deutsche Verfassung und europäisches Recht eine wirksame Quotenrege-

---

m/statistik/daten/studie/182457/umfrage/frauenanteil-in-fuehrungspositionen-nach-bundeslaendern/.

14 Statistisches Bundesamt, Arbeitskräfteerhebung, abrufbar unter https://www.destatis.de/DE/ZahlenFakten/Indikatoren/QualitaetArbeit/Dimension1/1_4_FrauenFuehrungspositionen.html.

15 Schiek in Schiek/Dieball/Horstkötter/Seidel/Vieten/Wankel, Frauengleichstellungsgesetze Rn. 6.

lung schlicht nicht zu? Wollen die Frauen im öffentlichen Dienst beruflich möglicherweise gar nicht weiterkommen, oder konnten auch gesetzliche Quotenregelungen tatsächlicher Diskriminierung und stereotypen Rollenvorstellungen nicht wirksam beikommen?

Gegenstand dieser Arbeit ist es, mehr als zwanzig Jahre nach Einführung der „Quotenregelungen" zu untersuchen, warum die bestehenden Regelungen nicht die Ergebnisse erzielt haben, die sie einst anstrebten, nämlich eine schnelle Annäherung an eine geschlechterparitätische Verteilung höherrangiger, gut bezahlter Positionen des öffentlichen Dienstes ebenso wie den Abbau stereotyper Vorstellungen.

Gründe dafür sind auf zwei Ebenen denkbar: Auf der rechtlichen Ebene, also bei der gesetzlichen Ausgestaltung und der Auslegung der Quotenregelungen selbst, und auf der praktischen Ebene, also bei ihrer Anwendung auf Einstellungen und Beförderungen. Die Arbeit wird hier jeweils untersuchen, welche Mechanismen der vollen, in Ergebnissen sichtbaren Wirkung der Quotenregelungen entgegenstanden oder noch entgegenstehen.

Entsprechend hat diese Arbeit zwei Hauptteile. Der erste Teil befasst sich mit der juristischen Ebene. Hier werden unter Berücksichtigung der insoweit prägenden rechtlichen Entwicklungen in den USA die einschlägigen (verfassungs-) rechtlichen Rahmenbedingungen in Europa und Deutschland, die richtige Auslegung der untersuchten Quotenregelungen sowie deren Beurteilung durch die Rechtsprechung dargestellt und analysiert.

Im zweiten Teil der Arbeit wird untersucht, ob und wie Quotenregelungen in der Praxis angewandt werden, auf welches tatsächliche Umfeld sie dort stoßen und welche Wirksamkeitshindernisse sich daraus möglicherweise für Quotenregelungen ergeben können.

1. Teil: Juristischer Teil

Die Befassung mit Quotenregelungen erfordert als Grundlage der weiteren Diskussion zunächst die Definition und Herleitung verschiedener Begriffe und Zusammenhänge, die in diesem Abschnitt A dargestellt werden. Erläutert werden die Begriffe formelle und materielle Gleichheit, positive Maßnahmen und Quotenregelungen (I) sowie die diesen Begriffen zugrundeliegende geschichtliche Entwicklung (II). Weiter wird ein Überblick über heute kodifizierte Quotenregelungen gegeben (III).

Der dann folgende Abschnitt B gibt einen Überblick über den rechtlichen Hintergrund, in den Quotenregelungen eingebettet sind, und stellt die relevanten Regelungen des europäischen und des deutschen Rechts zu Gleichheit und Ungleichbehandlung sowie deren Rechtfertigung vor.

Abschnitt C schließlich betrifft die richtige Einordnung von Quotenregelungen in das verfassungsrechtliche System und ihre konkrete Ausgestaltung und Auslegung.

A. Quotenregelungen: Begriff und historische Entwicklung

I. Begriffsdefinitionen

1. Formelle und materielle Gleichheit

Dem rechtlichen Gleichheitssatz liegt die Vorstellung zugrunde, dass „*das Recht der Gleichheit folgt*".[16] Menschen sind also nicht etwa gleich, weil das Recht ihnen Gleichheit gibt, sondern sie sind es bereits im Naturzustand, den das Recht zu akzeptieren hat. Auch wenn dieser Punkt unstreitig ist, ist er dennoch Ausgangspunkt zweier unterschiedlicher Standpunkte hinsichtlich der tatsächlichen Umsetzung des aus dem Gleichheitssatz folgenden Gleichbehandlungsge- und Ungleichbehandlungsverbotes. Diese Standpunkte können als formelle und als materielle Sichtweise bezeichnet werden.

16 Starck in v.Mangoldt/Klein/Starck, Art. 3 Rn. 2.

Die formelle Sichtweise versteht rechtliche Gleichheit vor diesem Hintergrund als ein Verbot aktiver, nicht gerechtfertigter Ungleichbehandlung oder Unterscheidung (Ungleichbehandlungs- und Unterscheidungsverbot bzw. das Verbot, Maßnahmen an ein bestimmtes Merkmal zu knüpfen: Anknüpfungsverbot). Wo nicht aktiv diskriminiert bzw. unterschieden werde, sind die Menschen gleich im Sinne des Gleichheitssatzes, weshalb es selbst bei bestehender faktischer Ungleichheit keiner besonderen Maßnahmen zu ihrer Gleichstellung bedarf. Nach dieser formellen Betrachtungsweise beinhaltet der Gleichheitssatz - wie alle Grundrechte - „lediglich" ein negatives Abwehrrecht des Betroffenen gegen (staatliche) Maßnahmen, die ihn in ungerechtfertigter Weise ungleich behandeln bzw. die Maßnahmen an bestimmte, verbotene Unterscheidungsmerkmale knüpfen.

Die materielle Sichtweise hingegen bezieht in einem gewissen Rahmen auch die faktische und soziale Gleichstellung in den Gleichheitssatz ein. Auch wenn alle Menschen jedenfalls in einer Art Urzustand einmal gleich waren, sind sie es in der tatsächlichen Welt nicht (mehr), unabhängig davon, ob dies aus aktueller oder nachwirkender vergangener rechtlicher Ungleichbehandlung resultiert. Das

> *„philosophische Dilemmata der Verwirklichung sozialer Gleichheit nach Überwindung von Diskriminierungen"*

ist ein zentraler Punkt der materiellen Sichtweise.[17] Neben dem Verbot der Ungleichbehandlung ist es nach diesem Verständnis auch Aufgabe des Gleichheitssatzes, faktische Gleichheit (wieder) herzustellen. Der materielle Ansatz interpretiert den Gleichheitssatz daher nicht nur als bloßes Ungleichbehandlungsverbot, sondern darüberhinausgehend als Verpflichtung, Gleichheit auch im Tatsächlichen zu fördern, bis Gleichheit (wieder) hergestellt ist.

2. Positive Maßnahmen

In Ergänzung des negativen Abwehrrechts beinhaltet der Gleichheitssatz nach der materiellen Sichtweise folglich die Möglichkeit (wenn nicht gar die Pflicht), das Gleichheitsziel durch aktives, also positives, Tun des Staates zu fördern und schließlich durchzusetzen. Maßnahmen, die in die-

---

17 Schiek in Schiek/Dieball/Horstkötter/Seidel/Vieten/Wankel, Frauengleichstellungsgesetze Rn. 8 ff.

sem Sinne die (Wieder-) Herstellung tatsächlicher Gleichheit fördern, werden als „*positive Maßnahmen*“ bezeichnet.

Heute werden positive Maßnahmen definiert als Maßnahmen zugunsten von Angehörigen einer bestimmten Gruppe, die im Vergleich zu einer anderen, dominierenden Gruppe wegen bestimmter Merkmale typischerweise benachteiligt werden. Zum Ausgleich dessen werden Angehörigen der benachteiligten Gruppe Vorteile beim Zugang zu Positionen, Gütern oder Leistungen eingeräumt.[18] Dabei handelt es sich um Maßnahmen, die

> *„zwar dem Anschein nach diskriminierend sind, tatsächlich aber in der sozialen bzw. gesellschaftlichen Wirklichkeit bestehende faktische Ungleichheiten beseitigen oder zumindest verringern sollen.“*[19]

Nach streng formellem Gleichheitsverständnis sind positive Maßnahmen unzulässig, wenn sie zur Definition dieser Gruppe an „verbotene“ Unterscheidungs- bzw. Anknüpfungsmerkmale wie ethnische Zugehörigkeit, das Geschlecht oder eine Behinderung anknüpfen. Denn der Gleichheitssatz verbietet es, Maßnahmen an diese Merkmale zu knüpfen (s. nur Art. 3 Abs. 3 GG), was die Maßnahme zu einer verbotenen Unterscheidung macht.

Die materielle Sichtweise hingegen eröffnet die Möglichkeit, Maßnahmen an die genannten Merkmale anzuknüpfen, weil sich der Gleichheitssatz nach diesem Verständnis nicht im Unterscheidungs- bzw. Anknüpfungsverbot erschöpft, sondern darüber hinaus gebietet, tatsächliche Gleichheit insbesondere der genannten Gruppen herzustellen. Zu diesem Zweck aber müssen Maßnahmen an die eigentlich verbotenen Unterscheidungsmerkmale geknüpft werden dürfen, wenn und soweit sie Gleichstellung dieser Gruppen zum Ziel haben.

Positive Maßnahmen lassen sich in drei Gruppen unterteilen.[20] In die erste Gruppe fallen Maßnahmen, die geringere Chancen einer Gruppe, beispielsweise auf dem Arbeitsmarkt, ausräumen sollen, indem Einfluss auf die Berufswahl und -ausbildung bestimmter Gruppen genommen wird.

---

18 Hinrichs/Zimmer in Däubler/Bertzbach, Allgemeines Gleichbehandlungsgesetz, Art. 5 Rn. 2; Sacksofsky, Positive Maßnahmen und Verfassungsrecht, ZESAR 2004, 208 ff.

19 Ständige Rechtsprechung des EuGH seit: EuGH, Entscheidung vom 11.11.1997, Rs. C-409/95 („Marschall").

20 S. etwa Schlussantrag des Generalanwaltes Giuseppe Tesauro vom 06.04.1995, Rs. C-450/93 („Kalanke“) Rn. 9; Thüsing in Münchener Kommentar zum BGB, AGG, § 5 Rn. 11.

In die zweite Gruppe sollen nach einer Minderansicht Maßnahmen fallen, die die Vereinbarkeit von Beruf und Familie erleichtern, um die Chancen einer Gruppe (nämlich der Frauen) auf dem Arbeitsmarkt zu verbessern. Es ist allerdings sehr umstritten, ob derlei Bestrebungen als positive Maßnahmen zugunsten von Frauen qualifiziert werden dürfen, da dies voraussetzt, dass die Vereinbarkeit von Familie und Beruf ein Problem nur der Frauen ist, was wiederum erfordert, die Wahrnehmung familiärer Aufgaben ausschließlich ihnen zuzuschreiben. Eine solche Einordnung aber perpetuiert alte Rollenvorstellungen und konterkariert damit das Ziel der positiven Maßnahme, weswegen Maßnahmen, die der Vereinbarkeit von Familie und Beruf dienen, nach herrschender Auffassung richtigerweise keine positiven Maßnahmen sind.[21]

Maßnahmen der dritten Gruppe sollen noch fortdauernden nachteiligen Auswirkungen vergangener Diskriminierung, bestehenden stereotypen Vorstellungen sowie der Zuschreibung bestimmter Eigenschaften zu einer Gruppe entgegenwirken, indem sie - in welcher Form auch immer - eine „*Entscheidungsbindung*“[22] vorsehen, also Vorgaben dazu machen, wie in einer bestimmten Situation (etwa bei der Personalauswahl) vorzugehen ist. Dies sind beispielsweise Regelungen, nach denen Frauen in Bereichen, in denen sie unterrepräsentiert sind, unter bestimmten Bedingungen vorrangig vor Männern einzustellen oder zu befördern sind.

3. Quotenregelungen

Quotenregelungen sind Maßnahmen der dritten Gruppe positiver Maßnahmen. In der Literatur wurden seit den 1980iger Jahren verschiedenste Quotenregelungen zugunsten von Frauen vorgeschlagen, diskutiert und teilweise auch wieder verworfen.[23] Im Kern ging es dabei um drei Ausprägungen einer Quotenregelung, nämlich um die starre Ergebnisquote, die

---

21 So auch Hinrichs/Zimmer in Däubler/Bertzbach, Allgemeines Gleichbehandlungsgesetz, Art. 5 Rn. 37, 26 m.w.N; EuGH, Entscheidung vom 25.10.1988, Rs. C-312/86 („Kommission/Frankreich“); s. aber auch EuGH, Entscheidung vom 19.03.2002, Rs. C-476/99 („Lommers“).

22 Thüsing in Münchener Kommentar zum BGB, AGG, § 5 Rn. 11.

23 S. etwa Raasch, Frauenquoten und Männerrechte, S. 107 ff; Pfarr, Quoten und Grundgesetz: Notwendigkeit und Verfassungsmäßigkeit von Frauenförderung, S. 202 ff.

leistungsabhängige Entscheidungsquote und die flexible leistungsabhängige Entscheidungsquote.

Die starre Ergebnisquote setzt auf der „Ergebnisebene“ an und schreibt für Positionen bzw. Hierarchieebenen ein bestimmtes Zahlenverhältnis von Frauen und Männern vor, ohne dabei die konkrete Entscheidungssituation auf der „Auswahlebene“ zu berücksichtigen (beispielsweise: 40 % der Mitglieder des Gremium X bei Behörde Y müssen Frauen sein). Die starre Ergebnisquote wird für Einstellungen und Beförderungen ganz überwiegend für rechtswidrig gehalten.[24] Zulässig soll sie jedoch dort sein, wo etwa Ausbildungsplätze oder Praktika vergeben werden, wo es also noch nicht um den Zugang zu einer konkreten Arbeitsmöglichkeit, sondern zunächst nur um die Chance darauf geht.[25]

Die leistungsabhängige Entscheidungsquote setzt an der „Auswahlebene“ („Entscheidungsebene“) an und schreibt für diese vor, dass bei gleicher Qualifikation eines Mannes und einer Frau die Frau zu bevorzugen ist, wenn und solange Frauen auf der „Ergebnisebene“ unterrepräsentiert sind. Auch diese Quote wird aufgrund ihres Anknüpfens ausschließlich an Geschlecht und Qualifikation überwiegend für zu „*starr*“ und damit für rechtswidrig gehalten.[26]

Die flexible leistungsabhängige Entscheidungsquote setzt ebenfalls voraus, dass die zu bevorzugenden Frauen die gleiche Qualifikation wie ihre männlichen Konkurrenten haben und auf der Beförderungsebene unterrepräsentiert sein müssen, räumt den Frauen aber deswegen keinen absoluten, unbedingten Vorrang ein. Vielmehr ist sicherzustellen, dass bei der Auswahl auch sämtliche Kriterien, die für die männlichen Bewerber sprechen, berücksichtigt werden, solange diese Kriterien nicht ihrerseits (ggf. mittelbar) diskriminierende Wirkung haben. So können männliche Bewerber aufgrund bestimmter, für sie sprechender Kriterien entgegen der Quotenvorgabe vor einer gleich qualifizierten weiblichen Bewerberin ausge-

---

24 Kischel in Epping/Hillgruber, Grundgesetz, Art. 3 Rn. 178; Bundestagsdrucksache 12/6000, S. 50; Heun in Dreier, Grundgesetz, Art. 3 Rn. 112.

25 EuGH, Entscheidung vom 28.03.2000, Rs. C-158/97 („Badeck“) Rn. 45 ff.

26 Schmidt in Müller-Glöge/Preis/Schmidt, Erfurter Kommentar zum Arbeitsrecht, Grundgesetz, Art. 3 Rn. 92; EuGH, Rs. C-450/93.

wählt werden. Das verwendete Auswahlverfahren muss transparent und nachvollziehbar sein und auf objektiven Kriterien beruhen.[27]

Derlei flexible leistungsabhängige Entscheidungsquoten werden heute weit überwiegend für rechtmäßig gehalten. Da sie aber vergleichsweise eng ausgestaltet sind und nach wie vor alle Punkte, die für oder gegen Bewerber und Bewerberinnen sprechen, gegeneinander abgewägt werden müssen, befürchten Stimmen in der Literatur, diese Form der Quotenregelung würde kaum noch als echte Quotenregelung wirken, sondern allenfalls „*appellativen*" Charakter haben.[28]

In der Badeck-Entscheidung[29] hat der EuGH ein weiteres „Quotenmodell" für rechtmäßig befunden: Die flexible leistungsabhängige Ergebnisquote. Wie die flexible leistungsabhängige Entscheidungsquote setzt sie voraus, dass die zu bevorzugenden Frauen die gleiche Qualifikation wie ihre männlichen Konkurrenten haben müssen und dass ihnen kein absoluter, unbedingter Vorrang eingeräumt werden darf. Gleichzeitig soll es aber zulässig sein, auch die Ergebnisebene in den Blick zu nehmen und hier konkrete Vorgaben zu machen, welcher Frauenanteil jeweils erreicht werden soll, was dann auf die Entscheidungssituation zurückwirken kann. Wie dies konkret mit der nach wie vor gültigen Ablehnung starrer Ergebnisquoten und (nur) leistungsabhängiger Entscheidungsquoten durch den EuGH im Bereich der Beförderung und Einstellung zusammengehen soll, ist bis heute weitgehend offen geblieben und wird deshalb im Laufe dieser Arbeit herausgearbeitet werden.

II. Die historische Entwicklung

1. Affirmative Action in den USA

Der den positiven Maßnahmen zugrundeliegende Gedanke stammt aus den USA, wo er vor dem Hintergrund der Diskriminierung der schwarzen Bevölkerung in der Vergangenheit und der daraus resultierenden Un-

---

27 Ständige Rechtsprechung des EuGH, s. etwa EuGH, Entscheidung vom 17.10.1995, Rs. C-450/93 („Kalanke"); Hinrichs/Zimmer in Däubler/Bertzbach, Allgemeines Gleichbehandlungsgesetz, Art. 5 Rn. 32.

28 Schmidt in Müller-Glöge/Preis/Schmidt, Erfurter Kommentar zum Arbeitsrecht, Grundgesetz, Art. 3 Rn. 93.

29 EuGH, Entscheidung vom 28.03.2000, Rs. C-158/97 („Badeck").

gleichheit dieser Menschen auch über das Ende rechtlicher Diskriminierung hinaus entwickelt wurde.

Die in der „*Declaration of Independence*“ von 1776 verkündete „*offensichtliche Wahrheit*“[30] „*that all men are created equal*“ hatte keinen Eingang in die erste Verfassung der USA von 1787 gefunden. Folglich fand sich in der Verfassung der Vereinigten Staaten von Amerika zunächst auch kein wirksames Ungleichbehandlungsverbot zugunsten ethnischer Minderheiten. Die Sklaverei war, wenn auch nicht ausdrücklich erlaubt, so doch vielfach abgesichert. Sklaven waren nicht wahlberechtigt und zählten auch nicht als vollwertige Einwohner. Nach dem Sezessionskrieg 1861 bis 1865 traten drei Verfassungszusätze in Kraft, die die Sklaverei abschafften[31] und den ehemaligen Sklaven Bürgerrechte[32] und das Wahlrecht[33] einräumten. 1868 folgte der 14. Verfassungszusatz (sog. Equal-Protection-Klausel), der heute als die Bestimmung der US-amerikanischen Verfassung gilt, die mit dem allgemeinen Gleichheitssatz des Grundgesetzes (Art. 3 Abs. 1 GG) verglichen werden kann:[34]

> *“All persons born or naturalized in the United States, and subject to the jurisdiction thereof, are citizens of the United States and of the State wherein they reside. No State shall make or enforce any law which shall abridge the privileges or immunities of citizens of the United States; nor shall any State deprive any person of life, liberty, or property, without due process of law; nor deny to any person within its jurisdiction the equal protection of the laws.”*

Die Equal-Protection-Klausel gilt für jedermann und wird vom Obersten Gerichtshof der Vereinigten Staaten von Amerika, dem „*Supreme Court of the United States*“ (im Folgenden: Supreme Court) als Prüfmaßstab für Ungleichbehandlungen herangezogen.

Die rechtliche Ungleichbehandlung ehemaliger Sklaven war damit zwar prinzipiell verboten,[35] ging tatsächlich aber trotz Equal-Protection-Klausel ungehindert weiter. Noch bis 1954 galt die sog. „*Seperate-but-equal-Doktrin*“, wonach die schwarze Minderheit dann anders als die weiße Mehr-

---

30 „*We hold these truths to be self-evident.*“

31 U. S. Constitution, Amendment XIII, Section 1.

32 U. S. Constitution, Amendment XIV, Section 1.

33 U. S. Constitution, Amendment XV, Section 1.

34 Döring, Frauenquoten und Verfassungsrecht, S. 30; Sacksofsky, Das Grundrecht auf Gleichberechtigung, S. 209, 223 f.

35 So erstmals in 100 U. S. 303 (1879), Strauder vs. West Virginia.

heit behandelt werden durfte, wenn die ihr zukommende Behandlung der Behandlung weißer US-Amerikaner „*gleichwertig*" war.

Der Supreme Court prüfte dieses Prinzip erstmals in der Entscheidung Plessy vs. Ferguson[36] aus dem Jahre 1896 und hielt es - trotz Equal-Protection-Klausel - für rechtmäßig. Nach Vorstellung der Mehrheit der Richter[37] sollte es zulässig sein, Züge mit getrennten, aber gleichwertigen Abteilen für Weiße und Schwarze auszustatten und das Benutzen des jeweils „falschen" Abteils unter Strafe zu stellen. Denn Ziel der Equal-Protection-Klausel sei lediglich die Durchsetzung absoluter Gleichheit aller Menschen vor dem Gesetz und die Durchsetzung politischer Gleichheit. Das aber könne nicht jegliche Abschaffung der Unterschiede zur Folge haben, die sich aus der Hautfarbe und damit aus einem „*biologischen, nicht menschengemachten Unterschied*" ergäben.[38]

Warum sich aus der Hautfarbe das Erfordernis ergeben sollte, ein bestimmtes Zugabteil zu benutzen, blieb freilich offen und wurde auch nicht diskutiert. Man mag daher argwöhnen, dass es weniger um Rechtsinterpretation als darum ging, der weißen Mehrheitsbevölkerung den Kontakt mit der schwarzen Minderheit, gegen die unzählige Ressentiments existierten, weitestgehend zu ersparen. Das Beispiel zeigt, wie seit Anbeginn der Diskussion um Gleichheit (nicht nur in Bezug auf die Hautfarbe) immer wieder ein absurder, aber dennoch wenig hinterfragter Biologismus bemüht wurde, um Unterscheidungen zu rechtfertigen, die faktisch lediglich einen Status Quo sichern sollten.

Das Ende der Seperate-but-equal-Doktrin in den USA wurde dann auch nicht eingeleitet, weil die Trennung zwischen Schwarz und Weiß als solche in Frage gestellt wurde, sondern weil die Gerichte zunehmend prüften, ob der Tatbestand der Gleichwertigkeit tatsächlich erfüllt war. Meist kamen sie dabei zu dem Schluss, dass dies nicht der Fall sei. Insbesondere staatliche Schulen und Universitäten standen auf dem Prüfstand. 1954 entschied der Supreme Court in der Entscheidung Brown vs. Board of Education of Toopeka,[39] dass getrennte Bildungseinrichtungen im staatlichen

36 163 U. S. 537 (1896).

37 Es gab nur eine abweichende Stimme: Richter Harlan beschreibt in seiner Dissenting Opinion die Verfassung erstmals als „farbenblind" (163 U. S. 559). Dieser Ausdruck ist später in den Entscheidungen zur Affirmative Action häufig aufgegriffen worden.

38 163 U. S. 543 f (1896).

39 347 U. S. 483 (1954).

Bereich künftig automatisch als ungleich und deshalb als verfassungswidrig gelten sollten. Auch wenn diese Entscheidung letztlich zum Ende der Separate-but-equal-Doktrin führte, basierte sie doch auf diesem Prinzip und stellte insoweit lediglich die Behauptung auf, dass die Voraussetzungen für „Seperate-but-equal“ in staatlichen Bildungseinrichtungen insgesamt nicht vorlägen.

In der Praxis änderte sich durch Brown vs. Board of Education of Toopeka zunächst nichts, auch weil der Supreme Court nicht die sofortige Umsetzung der Entscheidung verlangt hatte, sondern lediglich den Beginn einer Entwicklung mit dem Ziel der endgültigen Aufhebung der Segregation vorschrieb.[40]

Erst zehn Jahre später, 1964, befand der Supreme Court, der Umstellungsprozess müsse nun abgeschlossen werden.[41] Bald darauf sprach er bereits von einer *„Affirmative Duty“*, also einer Pflicht, fördernd auf integrierte Schulen hinzuwirken, damit die Folgen der Sklaverei und der Seperate-but-equal-Doktrin schnellstmöglich beseitigt werden könnten.[42] 1971 schließlich erklärte der Supreme Court in der Entscheidung Swann vs. Charlotte-Mecklenburg Board of Education[43] die Verpflichtung einer jeden Schule, einen festgelegten Prozentsatz schwarzer Schüler aufzunehmen, für verfassungsgemäß und entschied so zum ersten Mal über die Rechtmäßigkeit der sog. *„Affirmative Action“*.

Der Idee der Affirmative Action war in vielen kleinen Schritten bereits nach dem amerikanischen Sezessionskrieg entstanden.

1961 erging als erste staatliche Affirmative-Action-Maßnahme eine Verfügung des Präsidenten Kennedy,[44] wonach Unternehmen und Arbeitgeber, die Bundesmittel erhielten, bei der Auswahl ihrer Subunternehmer und Arbeitnehmer Affirmative-Action-Maßnahmen zu beachten hätten: Sie mussten sicherstellen, dass sowohl im eigenen Unternehmen als auch bei Subunternehmern Schwarze eingestellt und beschäftigt würden. Präsident Lyndon B. Johnson ersetzte diese Regelung 1965 durch eine eigene,

---

40 347 U. S. 300 (1954).

41 Griffin v. Board of Prince Edward County, 377 U. S. 218 (1964).

42 Green v. County School Board, 391 U. S. 430 (1968).

43 402 U. S. 1 (1971) Swann v. Charlotte-Mecklenburg Board of Education; 402 U. S. 43 (1971) North Carolina State Board of Education v. Swann.

44 Executive Order Nr. 10925 vom 06.03.1961.

die Vorgängerregelung weiter konkretisierende Executive Order.[45] Er war es auch, der den Begriff Affirmative Action in einer Rede an der Howard Universität so anschaulich beschrieb, dass diese Rede bis heute zitiert wird, um das Bedürfnis nach positiven Maßnahmen und den Unterschied zwischen formeller und materieller Gleichheit zu erklären:

> *"You do not wipe away the scars of centuries by saying: 'now, you are free to go where you want, do as you desire, and choose the leaders you please.' You do not take a man who for years has been hobbled by chains, liberate him, bring him to the starting line of a race, saying, 'you are free to compete with all the others,' and still justly believe you have been completely fair. This is the next and more profound stage of the battle for civil rights. We seek not just freedom but opportunity - not just legal equity but human ability-not just equality as a right and a theory, but equality as a fact and as a result."*[46]

Es sollten also nicht nur diskriminierende Regelungen abgeschafft werden, sondern es sollten - quasi unter dem Gesichtspunkt ausgleichender Gerechtigkeit - darüber hinausgehend Maßnahmen ergriffen werden, die erfahrenes Unrecht ausgleichen und die benachteiligten Gruppen befähigen sollten, die ihnen nun offenstehenden Möglichkeiten auch zu nutzen. Erklärtes Ziel war damit die aktive Herstellung tatsächlicher Gleichheit durch positive Maßnahmen.

Wenn also die Einführung der Equal-Protection-Klausel 1868 die Geburtsstunde des formellen Gleichheitssatzes ist, dann markiert der 1965 von Präsident Johnson formulierte Gedanke („*equality as a fact and as a result*“) die Entstehung des materiellen Gleichheitssatzes, da er zum ersten Mal anerkennt, dass die trotz rechtlicher Gleichheit noch bestehenden ungleichen Verhältnisse nicht Ausdruck natürlicher Gegebenheiten oder eines Defizites der benachteiligten Gruppe selbst sind, sondern noch immer die Folge vorangegangener rechtlicher Ungleichheit. Folglich brauche es, um Gleichheit zu erreichen, nicht nur der bloßen Geltung eines Unterscheidungsverbotes „ab jetzt“, sondern darüber hinaus einer aktiven Schadensbehebung.

Lange von Gleichberechtigung und Affirmative Action ausgenommen waren freilich weibliche ehemalige Sklaven bzw. schwarze Frauen - eben-

---

45 Executive Order Nr. 11246 vom 24.09.1965. Erweitert auf Frauen durch Order Nr. 11375 vom 13.10.1967.

46 President Lyndon B. Johnson, Commencement Address at Howard University, “To Fulfill These Rights”, 04.06.1965, veröffentlicht u.a: Public Papers of the Presidents of the United States, Lyndon B. Johnson, 1965, Eintrag 301, S. 635-640.

so wie der Rest der US-amerikanischen Frauen. Bis nach dem ersten Weltkrieg durften Frauen in den USA, sobald sie verheiratet waren, nicht Eigentümer von Grundbesitz sein und nicht selbst vor Gericht klagen. Sie durften kein öffentliches Amt ausüben, und der Zugang zu den meisten nichtstaatlichen Berufen war ihnen per Gesetz verschlossen. Begründet wurde auch dies mit Biologismus bzw. dem „*Gesetz des Schöpfers*“, das jede Gesellschaft zu akzeptieren habe. So urteilte 1872 der Richter Joseph Bradley am Supreme Court:

> *„The paramount destiny and mission of women are to fulfill the noble and benign offices of wife and mother. This is the law of the Creator. And the rules of civil society must be adapted to the general constitution of things.“*

Vor diesem Hintergrund lag es, sobald die rechtliche Ungleichbehandlung abgeschafft war, nahe, auch Frauen in Affirmative-Action-Programme einzubeziehen.

2. Quotenregelungen in Deutschland

Seit das Bundesverfassungsgericht in den 1970iger Jahren begann, die Grundrechte nicht mehr nur als Abwehrrechte der Menschen gegenüber staatlichen Eingriffen zu verstehen, sondern im Grundgesetz zudem eine objektive Werteordnung erblickte, die Teilhaberechte des Einzelnen und Ansprüche auf eine staatliche Durchsetzung dieser Teilhabe begründet,[47] kann sich in Deutschland der Staat die aktive Durchsetzung verfassungsrechtlicher Werte durch positive Maßnahmen zur Aufgabe machen.

In Bezug auf die Gleichheit der Frauen wurde diese neue Sichtweise offiziell erstmals 1974 auf dem 50. Deutschen Juristentag in die Diskussion gebracht. Franz Jürgen Säcker stellte die These auf, der zur Sozialstaatlichkeit verpflichtete Gesetzgeber sei gehalten,

> „*Förderungsverpflichtungen durch die staatlichen Gewalten*“

anzuerkennen, um den Frauen ihre verfassungskräftig zugesagten gleichen Rechte auch tatsächlich zu verschaffen.[48] Sieben Jahre lang blieb diese Ansicht ein abweichender, etwas exotisch anmutender Ansatz. Der wis-

---

47 BVerfG, Entscheidung vom 18.07.1972, BVerfGE 33, 303, 329 ff.

48 Säcker, Welche rechtlichen Maßnahmen sind vordringlich, um die tatsächliche Gleichstellung der Frauen mit den Männern im Arbeitsleben zu gewährleisten?, Band II, L 9.

senschaftliche Diskurs darum begann erst 1981 mit einem Rechtsgutachten Karl Heinrich Friaufs, das sich mit der Frage beschäftigte,

> „*ob eine positive Verpflichtung des Staates besteht, die in Art. 3 Abs. 2 GG grundrechtlich gewährleistete Gleichberechtigung der Frau in den verschiedenen Lebensbereichen durch aktive Förderung und Unterstützung zu ermöglichen und zu sichern*“.[49]

Im Ergebnis bejahte Friauf diese Frage, wobei er sich vor allem auf die zwischenzeitlich allgemein anerkannte zweite Dimension der Grundrechte als soziale Teilhaberechte stützte.[50] Im Laufe der 1980iger Jahre schlossen sich verschiedene Veröffentlichungen dieser Forderung an und entwickelten die dargestellten[51] unterschiedlichen Modelle, nach denen positive Maßnahmen in Form von Quotenregelungen in Deutschland funktionieren könnten.[52]

III. Kodifizierung positiver Maßnahmen

1. Europäisches Recht

1.1 Primärrecht

Eine konkrete Verpflichtung, Frauen bei Einstellungen bzw. Beförderungen Männern unter bestimmten Umständen vorzuziehen, findet sich auf der Ebene des europäischen Rechts nicht. Jedoch heißt es in Art. 23 Abs. 2 der Charta der Grundrechte:

---

49 Friauf, Gleichberechtigung der Frau als Verfassungsauftrag, 1981, S. 9.

50 Friauf, Gleichberechtigung der Frau als Verfassungsauftrag, 1981, S. 22 ff.

51 S. oben S.23.

52 Beispielsweise Pfarr, Quoten und Grundgesetz: Notwendigkeit und Verfassungsmäßigkeit von Frauenförderung; Raasch, Frauenquoten und Männerrechte; Maidowski, Umgekehrte Diskriminierung; Pfarr/Fuchsloch, Verfassungsrechtliche Beurteilung von Frauenquoten, NJW 1988, 2201 ff; Fuchsloch, Erforderliche Beseitigung des Gleichberechtigungsdefizits oder verfassungswidrige Männerdiskriminierung, NVwZ 1991, 442 ff; Lange, „Frauenquoten" in politischen Parteien, NJW 1988, 1174 ff; Lange, Quote ohne Gesetz? Zur Quotenentscheidung des OVG Münster, NVwZ 1990, 135 ff; Zuck, Blick in die Zeit, MDR 1988, 459 ff; Battis/Schulte-Trux/Weber, Frauenquoten und Grundgesetz, DVBl 1991, 1165 ff.

> *„Der Grundsatz der Gleichheit steht der Beibehaltung oder der Einführung spezifischer Vergünstigungen für das unterrepräsentierte Geschlecht nicht entgegen.*"

Und Art. 157 Abs. 4 AEUV bestimmt:

> *„Im Hinblick auf die effektive Gewährleistung der vollen Gleichstellung von Männern und Frauen im Arbeitsleben hindert der Grundsatz der Gleichbehandlung die Mitgliedstaaten nicht daran, zur Erleichterung der Berufstätigkeit des unterrepräsentierten Geschlechts oder zu Verhinderung bzw. zum Ausgleich von Benachteiligungen in der beruflichen Laufbahn spezifische Vergünstigungen beizubehalten oder zu beschließen.*"
> *„Spezifische Vergünstigungen für das unterrepräsentierte Geschlecht*"

sind positive Maßnahmen.

Anders als Art. 157 Abs. 4 AEUV ist Art. 23 Abs. 2 der Charta der Grundrechte also auf alle Bereiche und nicht nur *„zur Erleichterung der Berufstätigkeit des unterrepräsentierten Geschlechts"* anwendbar und zudem weiter formuliert. Die Literatur folgert daraus jedoch nicht, dass Art. 23 Abs. 2 der Charta der Grundrechte deswegen in seinen Anforderungen an zulässige Maßnahmen hinter denen des Art. 157 Abs. 4 AEUV zurückbliebe. Jedenfalls soweit Maßnahmen auf Grundlage des Art. 23 Abs. 2 der Charta der Grundrechte eine

> *„unmittelbare Diskriminierung der von der Bevorzugung des anderen Geschlechts negativ Betroffenen*"

darstellen, sind die Voraussetzungen des Art. 157 Abs. 4 AEUV nach herrschender Ansicht in Art. 23 Abs. 2 der Charta der Grundrechte *„hineinzulesen*".[53]

Heute ist Art. 157 Abs. 4 AEUV der alleinige Maßstab im europäischen Recht für Quotenregelungen und andere positive Maßnahmen. Bevor 1999 die Vorgängerregelung des Art. 157 Abs. 4 AEUV in Kraft trat (das war Art. 141 Abs. 4 EGV), waren positive Maßnahmen an Art. 2 Abs. 4 der Richtlinie 76/207/EWG zu prüfen, der wie folgt lautet:

> *„Diese Richtlinie steht nicht den Maßnahmen zur Förderung der Chancengleichheit für Männer und Frauen, insbesondere durch Beseitigung der tatsächlich bestehenden Ungleichheiten, die die Chancen der Frauen in den in Artikel 1 Absatz 1 genannten Bereichen beeinträchtigen, entgegen."*

---

53 Krebber in Calliess/Ruffert, EUV AEUV, Grundrechtscharta, Art. 23 Rn. 4; Hölscheidt in Meyer, Charta der Grundrechte der Europäischen Union, Art. 19 Rn. 19, 22.

Maßnahmen, die vor 1999 erlassen wurden, sind zunächst an Art. 2 Abs. 4 der Richtlinie 76/207/EWG zu prüfen. Erst wenn sie danach nicht zulässig sind, sind sie an Art. 157 Abs. 4 AEUV zu prüfen.[54] Damit stellt sich die Frage, ob Art. 157 Abs. 4 AEUV bzw. dessen Vorgängerregelung Art. 141 Abs. 4 EGV weiter gehen als Art. 2 Abs. 4 der Richtlinie 76/207/EWG - ob also heute weitergehende positive Maßnahmen gesetzlich zulässig sind als noch unter dem alleinigen Regime der Richtlinie. Obschon der EuGH offengelassen hat, ob Art. 157 Abs. 4 AEUV weiter geht als die Richtlinie,[55] geht die herrschende Literatur davon aus, dass dies nicht der Fall ist.[56]

Sähe man dies anders, wären die vom EuGH bislang auf Grundlage des Art. 2 Abs. 4 der Richtlinie 76/207/EWG entwickelten Grundsätze zu Quotenregelungen insoweit überholt, wie Art. 157 Abs. 4 AEUV über Art. 2 Abs. 4 der Richtlinie 76/207/EWG hinausginge.

Für ein solches weitergehendes Verständnis soll nach Stimmen in der Literatur neben dem Wortlaut der Primärrechtscharakter des Art. 157 Abs. 4 AEUV sprechen, weswegen teilweise angenommen wird, Einschränkungen der „*früheren Rechtsprechung*“ seien nicht mehr in vollem Umfang maßgeblich.[57]

Angesichts dessen, dass der EuGH eine Auslegung des Art. 157 Abs. 4 AEUV (bzw. dessen Vorgängervorschrift) erst (aber immerhin) dann für erforderlich gehalten hat, als ein zu prüfendes Quotenmodell dem Art. 2 der Richtlinie 76/207/EWG entgegenstand,[58] ist das Argument, die „*frühere Rechtsprechung*“ sei nicht mehr in vollem Umfang maßgeblich, durchaus valide. Denn wäre der EuGH davon ausgegangen, dass die einschlägigen Vorschriften in den Richtlinien und in Art. 157 Abs. 4 AEUV inhaltsgleich seien, wäre eine solche zweistufige Prüfung an der Richtlinie und an Art. 157 Abs. 4 AUEV jedenfalls materiell unsinnig. In der Entschei-

---

54 Langenfeld in Grabitz/Hilf/Nettesheim, Das Recht der Europäischen Union, 54. Ergänzungslieferung 2014, AEUV, Art. 157 Rn. 82; s. auch EuGH, Entscheidung vom 28.03.2000, Rs. C-158/97 („Badeck“) Rn. 14, 67; EuGH, Entscheidung vom 06.07.2000, Rs. C-407/98 („Abrahamsson“) Rn. 40, 54.

55 EuGH, Entscheidung vom 30.09.2004, Rs. C-319/03 („Briheche“) Rn. 31.

56 Langenfeld in Grabitz/Hilf/Nettesheim, Das Recht der Europäischen Union, 54. Ergänzungslieferung 2014, AEUV, Art. 157 Rn. 82; Rebhahn in Schwarze, EU-Kommentar, Art. 141 Rn. 49.

57 Schlachter in Müller-Glöge/Preis/Schmidt, Erfurter Kommentar zum Arbeitsrecht, AEUV, Art. 157 Rn. 30.

58 EuGH, Entscheidung vom 28.03.2000, Rs. C-158/97 („Badeck“).

dung des EuGH allerdings fiel die Prüfung der Maßnahme an Art. 157 Abs. 4 AEUV (nachdem der Verstoß gegen Art. 2 Abs. 4 der Richtlinie 76/207/EWG festgestellt war), derart knapp aus, dass sich daraus nicht auf einen über Art. 2 Abs. 4 der Richtlinie 76/207/EWG hinausgehenden Bedeutungsgehalt des Art. 157 Abs. 4 AEUV schließen lässt, sondern allenfalls auf eine formale Prüfungsreihenfolge:

> „*Hierzu* [zu Art. 141 Abs. 4 EGV, Vorgänger von Art. 157 Abs. 4 AEUV] *genügt die Feststellung, daß Artikel 141 Absatz 4 EG den Mitgliedstaaten zwar gestattet, zur Verhinderung oder zum Ausgleich von Benachteiligungen in der beruflichen Laufbahn spezifische Vergünstigungen beizubehalten oder zu beschließen, um die volle Gleichstellung von Männern und Frauen im Arbeitsleben zu gewährleisten; daraus kann jedoch nicht geschlossen werden, daß diese Bestimmung eine Auswahlmethode der im Ausgangsverfahren in Rede stehenden Art zuläßt, die jedenfalls zu dem verfolgten Ziel außer Verhältnis steht.*“[59]

Im Ergebnis ist daher nicht davon auszugehen, dass Art. 157 Abs. 4 AEUV einen echten weitergehenden Bedeutungsinhalt hat als Art. 2 Abs. 4 der Richtlinie 76/207/EWG.

1.2 Sekundärrecht

Im europäischen Sekundärrecht sind verschiedene Richtlinien ergangen, die die Gleichstellung bestimmter benachteiligter Gruppen zum Ziel haben und die teilweise ebenfalls positive Maßnahmen betreffen.[60] Die Umset-

---

59 EuGH, Entscheidung vom 06.07.2000, Rs. C-407/98 („Abrahamsson“) Rn. 55.

60 RL 2000/43/EG des Rates vom 29.06.2000 zur Anwendung des Gleichbehandlungsgrundsatzes ohne Ansehung der Rasse oder ethnischen Herkunft (sog. „Antirassismusrichtlinie“); RL 2000/78/EG des Rates vom 27.11.2000 zur Festlegung eines allgemeinen Rahmens für die Verwirklichung der Gleichbehandlung in Beschäftigung und Beruf (sog. „Rahmenrichtlinie Beschäftigung“); RL 2002/73/EG des Europäischen Parlamentes und des Rates vom 23.09.2002 zur Änderung der RL 76/207/EWG des Rates zur Verwirklichung des Grundsatzes der Gleichbehandlung von Männern und Frauen hinsichtlich des Zugangs zur Beschäftigung, zur Berufsbildung und zum beruflichen Aufstieg sowie in Bezug auf die Arbeitsbedingungen (sog. „Gleichbehandlungsrichtlinie“): Diese Richtlinie wurde wiederum neugefasst durch die RL 2006/54/EG des Europäischen Parlamentes und des Rates vom 05.07.2006 zur Verwirklichung des Grundsatzes der Chancengleichheit und Gleichbehandlung von Männern und Frauen in Arbeits- und Beschäftigungsfragen; RL 2004/113/EG des Rates vom 13.12.2004 zur Verwirklichung des Grundsatzes der Gleichbehandlung von Männern und Frauen beim Zugang zu und

zung dieser Richtlinien ist in Deutschland im Wesentlichen durch Inkrafttreten des AGG am 18.08.2006 erfolgt, das Vorschriften über positive Maßnahmen in deutsches Recht umsetzt und dabei weitgehend den Formulierungen des europäischen Rechts folgt.

2. Deutsches Recht

2.1 Kodifizierte Quotenregelungen

Das deutsche Recht kodifiziert Quotenregelungen in den LGG. Die einschlägigen Formulierungen sind über die Jahre immer wieder an die europäische und deutsche Rechtsprechung angepasst worden. Dennoch weisen die LGG der einzelnen Bundesländer - jedenfalls gemessen an ihrem jeweiligen Wortlaut - Unterschiede auf.

Sie lassen sich zunächst danach unterteilen, ob dem Entscheider hinsichtlich der Anwendung der Quotenregelungen ein Ermessensspielraum gegeben wird, oder ob es sich um eine gebundene Entscheidung handelt. So heißt es in Niedersachsen, es „*darf*" bei der Einstellung, Beförderung und Übertragung höherwertiger Tätigkeiten eine Person des unterrepräsentierten Geschlechts bei gleicher Eignung, Befähigung und fachlicher Leistung gegenüber einer Person des anderen Geschlechts bevorzugt werden (§ 13 Abs. 5 Satz 1 LGG-Niedersachsen[61]), während die Quotenregelungen der anderen Länder (soweit existent) als gebundene Entscheidung ausgestaltet sind („*sind ... einzustellen/zu befördern*").

Weiter lassen sich die LGG nach der Art der Quotenregelung entsprechend ihres Wortlautes in zwei Gruppen unterteilen. In die erste Gruppe fallen solche LGG, deren Wortlaut keine Quotenregelungen im Sinne einer konkreten, auf eine bestimmte Situation (nämlich die Auswahl zwischen gleichqualifizierten, verschiedengeschlechtlichen Bewerbern) bezogenen Bevorzugungsregel kennt. Festgelegt wird in diesen Ländern nur die abstrakte, nicht auf die konkrete Entscheidungssituation bezogene allgemeine Zielsetzung, den Frauenanteil zu erhöhen. Will man aus diesen Regelungen eine verbindliche Verpflichtung ableiten, in einer konkreten

bei der Versorgung mit Gütern und Dienstleistungen (sog. „Vierte Gleichstellungsrichtlinie").

61 Niedersächsisches Gleichberechtigungsgesetz vom 09.12.2010, in Kraft getreten am 01.01.2011.

Entscheidungssituation bei Vorliegen bestimmter Voraussetzungen aufgrund ihres Geschlechts eine Frau statt eines Mannes einzustellen, bedarf dies zunächst einer entsprechenden Interpretation der gesetzlichen Vorgaben und ergibt sich nicht zwingend aus dem Wortlaut.

So heißt es in Bayern in Art. 5 Abs. 3 BayGlG, dass zur Erhöhung des Frauenanteils in Bereichen, in denen Frauen

> „*in erheblich geringerer Zahl beschäftigt sind als Männer, Maßnahmen zur Durchsetzung personeller und organisatorischer Verbesserungen anhand von auch zeitbezogenen Zielvorgaben zu entwickeln*“

seien. Gemäß Art. 8 Abs. 1 BayGlG hat die Dienststelle dann

> „*nach Maßgabe der dem Gleichstellungskonzept entsprechenden Personalplanung den Anteil von Frauen in den Bereichen, in denen sie in erheblich geringerer Zahl beschäftigt sind als Männer* […] *zu erhöhen.*“

Konkrete Vorgaben dazu, wie diese „Erhöhung“ zu bewerkstelligen sei, fehlen.

In die gleiche Kategorie fallen die entsprechenden Gesetze der Länder Brandenburg[62], Hessen[63], Sachsen[64] und Thüringen[65], wobei sich jedoch Unterkategorien bilden lassen hinsichtlich der Konsequenzen bei Nichteinhaltung der Zielvorgaben. Hessens Frauenförder- und Gleichstellungsplan etwa muss gemäß § 6 Abs. 2 Nr. 3 LGG-Hessen

> „*verbindliche Zielvorgaben für jeweils drei Jahre in Prozent bezogen auf den Anteil der Frauen bei Einstellungen und Beförderungen zur Erhöhung des Frauenanteils in Bereichen, in denen Frauen unterrepräsentiert sind*“

enthalten. Die in § 6 Abs. 4 LGG-Hessen beschriebenen Mittel zur Erreichung dieses Zieles erscheinen zwar auch hier recht beliebig, teilweise gar seltsam („*geschlechtergerechte Personalkostenbudgetierung*“) oder rückständig, wenn von der „*Anerkennung der Unterschiede in den Erwerbsbiografien von Frauen und Männern*“ die Rede ist. Auch können, wenn „*glaubhaft dargelegt*“ ist, dass nicht genügend Frauen mit entsprechender

62 Gesetz zur Gleichstellung von Frauen und Männern im öffentlichen Dienst im Land Brandenburg vom 4. Juli 1994.

63 Hessisches Gesetz über die Gleichberechtigung von Frauen und Männern und zum Abbau von Diskriminierungen von Frauen in der öffentlichen Verwaltung vom 21. Dezember 1993.

64 Gesetz zur Förderung von Frauen und der Vereinbarkeit von Familie und Beruf im öffentlichen Dienst im Freistaat Sachsen vom 31. März 1994.

65 Thüringer Gleichstellungsgesetz vom 6. März 2013.

Qualifikation vorhanden waren, weniger Stellen als geplant mit Frauen besetzt werden. Jedoch bestimmt § 11 Abs. 4 LGG-Hessen dass, wenn die Zielvorgaben für jeweils drei Jahre nicht erfüllt werden, jede weitere Einstellung oder Beförderung eines Mannes in einem Bereich, in dem Frauen unterrepräsentiert sind, der Zustimmung der Stelle bedarf, die dem Frauen- und Gleichstellungsplan zugestimmt hat.

In die zweite Gruppe der LGG fallen die Länder, die eine Quotenregelung im Sinne einer konkreten Bevorzugungsregel auf Entscheidungsebene in ihr LGG aufgenommen haben. Bei gleicher Eignung, Leistung und Befähigung sind Frauen bei der Einstellung/Beförderung zu bevorzugen - „*es sei denn ...*“, es liegen Gründe vor, warum sie nicht bevorzugt werden sollten.

Je nach der Ausgestaltung dieses „*Es sei denn*“ können innerhalb dieser Gruppe Untergruppen unterschieden werden. So macht § 8 LGG - Berlin[66] die Anwendung der Quotenregelung von der „*Wahrung der Einzelfallgerechtigkeit*“ abhängig:

> *„Frauen,* [...], *sind* [...] *unter Wahrung der Einzelfallgerechtigkeit solange bevorzugt einzustellen oder zu übernehmen, bis der Anteil der Frauen in der betreffenden Laufbahn, Berufsfachrichtung, Vorgesetzten- oder Leitungsebene und Funktionsstelle der jeweiligen Einrichtung nach § 1 oder Dienststelle im Sinne des Personalvertretungsgesetzes mindestens 50 vom Hundert beträgt.“*

In Bremen wiederum wird die Quotenregelung gem. § 4 LGG-Bremen[67] nicht angewandt, wenn

> „*in der Person eines Mitbewerbers liegende Gründe überwiegen*“.

66 Landesgleichstellungsgesetz von Berlin vom 19. Juni 2006.

67 Gesetz zur Gleichstellung von Frau und Mann im öffentlichen Dienst des Landes Bremen vom 29. November 1990.

Vergleichbare Regelungen finden sich in den LGG in Baden-Württemberg,[68] Mecklenburg-Vorpommern,[69] Nordrhein-Westfalen,[70] Sachsen-Anhalt,[71] im Saarland[72] und im Bundesgleichstellungsgesetz.

Deutlich höhere Anforderungen an den Ausschluss der Quotenregelung stellt die nächste Untergruppe. In Hamburg[73] etwa ist die Nichtanwendung der Quotenregelung in §§ 6,7 LGG-Hamburg als Ausnahme von der Regel formuliert und soll eingreifen, wenn *„soziale Gründe, die schwerer wiegen als der Ausgleich der Unterrepräsentanz"* vorliegen. In die gleiche Kategorie fällt Niedersachsen, dessen LGG in § 13 Abs. 5 *„schwerwiegende persönliche Gründe"* nennt, hinter die das Ziel der Geschlechtergleichheit zurücktreten müsse. In Rheinland-Pfalz[74] müssen die Gründe in der Person des Mitbewerbers so *„schwer wiegen"*, dass *„sie auch unter Beachtung des Gebotes zur Gleichstellung der Frauen überwiegen"* (§ 8 Abs. 4 LGG - Rheinland-Pfalz). Noch härter formuliert das LGG - Schleswig-Holstein[75] in § 6 LGG - Schleswig-Holstein: Es müssen *„so schwer wiegende Gründe vorliegen"*, dass die Nichtberücksichtigung des Mitbewerbers auch

> *„unter Beachtung des Gebotes zur Gleichstellung der Frauen eine unzumutbare Härte bedeuten würde"*.

Kein Landesgesetz definiert allerdings abschließend Art und Gewicht der Gründe, die geeignet sein sollen, die Anwendung der Quotenregelung auszuschließen.[76]

---

68 Gesetz zur Verwirklichung der Chancengleichheit von Frauen und Männern im öffentlichen Dienst in Baden-Württemberg vom 23. Februar 2016.

69 Gesetz zur Gleichstellung von Frauen und Männern im öffentlichen Dienst des Landes Mecklenburg-Vorpommern vom 11. Juli 2016.

70 Gesetz zur Gleichstellung von Frauen und Männern für das Land Nordrhein-Westfalen vom 9. November 1999.

71 Frauenfördergesetz Sachsen Anhalt vom 27. Mai 1997.

72 Landesgleichstellungsgesetz des Saarlands vom 24. April 1996.

73 Gesetz zur Neuregelung des Hamburgischen Gleichstellungsrechts im öffentlichen Dienst vom 2. Dezember 2014.

74 Landesgleichstellungsgesetz Niedersachsen vom 22. Dezember 2015.

75 Gesetz zur Gleichstellung der Frauen im öffentlichen Dienst in Schleswig-Holstein vom 13. Dezember 1994.

76 Einige Gleichstellungsgesetze der Länder (s. etwa § 6 Absatz 1 des Hamburger Gleichstellungsgesetzes) sprechen von „sozialen Gründen", definieren diese aber nicht weiter.

2.2 Die Stellung der Gleichstellungsbeauftragten[77]

Voneinander abweichende Regelungen finden sich in den LGG auch im Hinblick auf Aufgaben und Stellung der Gleichstellungsbeauftragten, zu deren Aufgaben die Überwachung der ordnungsgemäßen Anwendung der LGG mit seinen Quotenregelungen gehört. Teilweise kann von der Bestellung einer Gleichstellungsbeauftragten abgesehen werden, etwa wenn weniger als einhundert Beschäftigte betroffen sind (z.B. Bayern). In den meisten Ländern allerdings „*ist*" in allen Dienststellen eine Gleichstellungsbeauftragte zu bestellen oder gilt dies jedenfalls dann, wenn eine bestimmte Anzahl Beschäftigter erreicht ist (teilweise bereits ab fünf, meist ab zwanzig Beschäftigten).

Die LGG definieren die Befugnisse der Gleichstellungsbeauftragten recht exakt. In den meisten Gesetzen sind dies Beteiligung an Arbeitszeitregelungen, an Einstellungen, Beförderungen, Höhergruppierungen, Versetzungen und Abordnungen, an Entscheidungen über Teilnahme an Weiterbildungsmaßnahmen, die Durchführung und Organisation bestimmter Fortbildungsmaßnahmen, die Erstellung und der Bericht über Gleichstellungspläne und die Verbesserung der Vereinbarkeit von Familie und Beruf.

Unterschiedliche Regelungen finden sich vor allem in Bezug auf die Befugnisse der Gleichstellungsbeauftragten, insbesondere hinsichtlich ihrer Widerspruchsrechte, wenn sie mit einer Maßnahme nicht einverstanden ist. Einige LGG sehen vor, dass eine Maßnahme nicht vollzogen werden darf, solange die Gleichstellungsbeauftragte sie noch beanstanden kann. Erfolgt eine solche Beanstandung, hat die Dienststelle unter Beachtung der Einwände neu zu entscheiden. Hält die Dienststelle an ihrer Entscheidung fest, so hat sie dieses schriftlich gegenüber der Gleichstellungsbeauftragten zu begründen. Wird die Gleichstellungsbeauftragte nicht oder nicht rechtzeitig an einer entsprechenden Maßnahme beteiligt, kann sie

---

77 Auch wenn alle Landesgleichstellungsgesetze die Position einer/eines Gleichstellungsbeauftragten vorsehen (nach einigen Gesetzen darf dieses Amt nur von Frauen bekleidet werden), wird diese Position unterschiedlich bezeichnet: „Frauenvertreterin" in Baden-Württemberg und Berlin; „Frauenbeauftragte" in Bremen, Hamburg, Hessen, Niedersachsen, Saarland und Sachsen; „Gleichstellungsbeauftragte" in Bayern, Brandenburg, Mecklenburg-Vorpommern, Nordrhein-Westfalen, Rheinland-Pfalz, Sachsen-Anhalt, Schleswig-Holstein und Thüringen. Lediglich der Einfachheit halber wird in dieser Arbeit stets der Begriff „Gleichstellungsbeauftragte" verwendet.

verlangen, dass der Vollzug der Maßnahme zunächst ausgesetzt wird (zum Beispiel Niedersachsen, Saarland). In einigen Bundesländern kann sich die Gleichstellungsbeauftragte auch an die nächsthöhere Dienststelle wenden, wenn ihrer Beschwerde nicht abgeholfen wird (zum Beispiel in Nordrhein-Westfalen).

Die meisten Länder regeln zudem, dass die Gleichstellungsbeauftragten von ihren übrigen Aufgaben - je nach Größe der Dienststelle ganz oder teilweise - zu entlasten sind. Regelungen, wonach es ab einer bestimmten Beschäftigtenanzahl in einer Dienststelle mehrere Gleichstellungsbeauftragte geben muss, finden sich jedoch in keinem Bundesland.

B. Rechtliche Grundlagen

Die Frage nach Rechtmäßigkeit und Ausgestaltung der Quotenregelungen zugunsten von Frauen im öffentlichen Dienst kreist in erster Linie um das unter anderem in Art. 21 Abs. 1 der Charta der Grundrechte, Art. 157 Abs. 1 AEUV, Art. 3 Abs. 2 Satz 1 GG, Art. 3 Abs. 3 Satz 1 GG und Art. 33 Abs. 2 GG kodifizierte Verbot, unterschiedliche Rechtsfolgen an das Merkmal Geschlecht anzuknüpfen. Diesem Verbot steht das Fördergebot zur Gleichstellung der Geschlechter, das sich explizit in Art. 3 Abs. 2 Satz 2 GG, aber auch in Art. 23 Abs. 1 der Charta der Grundrechte, Art. 8 AEUV und Art. 157 Abs. 1 AEUV findet, gegenüber.

Zum Verständnis dieses für die vorliegende Arbeit grundlegenden Spannungsverhältnisses ist die Kenntnis des juristischen Inhaltes der Begriffe „Gleichheit“ und „Ungleichbehandlung“ im europäischen und im deutschen Recht erforderlich, denn diese Begriffe und die ihnen immanenten verfassungsrechtlichen Vorgaben sind die Maßstäbe, an denen sich Quotenregelungen messen lassen müssen. In diesem Abschnitt B wird daher ein Überblick über die Rechtsmaterie gegeben, in die sich Quotenregelungen einfügen müssen, und es werden die für ein Problemverständnis erforderlichen Zusammenhänge hergestellt.

I. Regelungen zur Gleichheit

Die grundlegende Vorstellung, dass alle Menschen vor dem Recht gleich seien, ist Teil der europäischen Verfassungstradition. Nach dem es bereits

1776 in der Präambel der US-amerikanischen Unabhängigkeitserklärungen geheißen hatte:

> „*We hold these truths to be self-evident, that all men are created equal...*“,

wurde in Europa 1793 Entsprechendes erstmals in der Menschen- und Bürgerrechtserklärung der französischen Verfassung zur Gründung der Republik kodifiziert -

> „*Tous les hommes sont égaux par la nature et devant la loi*“ -

und fand von dort schließlich den Weg in den gemeineuropäischen Verfassungsraum.[78] Auch in der - allerdings nie in Kraft getretenen - Paulskirchenverfassung fand sich 1848 in § 137 der Satz:

> „*Die Deutschen sind vor dem Gesetze gleich.* [...] *Die öffentlichen Ämter sind für alle Befähigten gleich zugänglich.*“

Schon die Umstände, dass das Recht der USA auch nach der Unabhängigkeitserklärung noch die Sklaverei billigte, in den USA bis in die 1960iger Jahre unterschiedliche rechtliche Regelungen für schwarze und weiße Bürger für rechtmäßig befunden wurden und dass in den USA, Frankreich und Deutschland Frauen erst lange nach Inkrafttreten der genannten Gleichheitssätze wählen und selbst öffentliche Ämter bekleiden durften, zeigen, dass das Verständnis des Begriffes der Gleichheit im Laufe der Zeit verschiedenste Ausprägungen erfahren hat, die zum Teil weit vom heutigen Verständnis abweichen. Im Folgenden werden daher der Gleichheitssatz und dessen Entwicklung zunächst auf europäischer (1) und dann auf deutscher Ebene (2) dargestellt.

1. Europäisches Recht

Der europäische Begriff der Gleichheit leitet sich aus der Verfassungstradition der Mitgliedstaaten ab und ist daher auf europarechtlicher Ebene kodifiziert worden, ohne dass es dabei zu wesentlichen Änderungen des Verständnisses seines Inhaltes gekommen ist.

In Art. 20 der Charta der Grundrechte, vergleichbar mit dem allgemeinen Gleichheitssatz in Art. 3 Abs. 1 GG, findet sich die Aussage, dass alle

78 Rossi in Calliess/Ruffert, EUV AEUV Kommentar, Grundrechtscharta Art. 20 Rn. 2.

Menschen vor dem Gesetz gleich sind. Sämtliche übrige Gleichheitssätze des europäischen Rechts sind spezielle Gleichheitssätze, die das Anknüpfen von Maßnahmen an bestimmte, dort jeweils genannte Merkmale verbieten. Die Gleichheit von Männern und Frauen findet sich an verschiedenen Stellen. Sie ist grundrechtlich verankert (Art. 21, 23 der Charta der Grundrechte), Querschnittsaufgabe der Union (Art. 8 AEUV), wesentlicher Teil der gemeinschaftlichen Sozialpolitik (Art. 157 AEUV) und Ziel der Unionspolitik (Art. 10 AEUV). Spiegelbildlich gilt es, Ungleichbehandlung zu bekämpfen (Art. 19 AEUV).

2. Deutsches Recht

Der deutsche Verfassungsgeber hat die Gleichheit im Grundgesetz mehrfach geregelt: Alle Menschen sind vor dem Gesetz „*gleich*" (Art. 3 Abs. 1 GG), Männer und Frauen zudem „*gleichberechtigt*" (Art. 3 Abs. 2 Satz 1 GG), und es darf niemand

> „*wegen seines Geschlechts, seiner Abstammung, seiner Rasse, seiner Sprache, seiner Heimat und Herkunft, seines Glaubens, seiner religiösen oder politischen Anschauungen benachteiligt oder bevorzugt werden.*"
> (Art. 3 Abs. 3 Satz 1 GG)

Weitere explizite Gleichheitssätze finden sich in Art. 33 Abs. 1-3 GG (Zugang zu öffentlichen Ämtern), Art. 38 Abs. 1 Satz 1, Art. 28 Abs. 1 Satz 2 GG (Gleichheit bei Wahlen), Art. 6 Abs. 5 GG (Gleichheit ehelicher und nichtehelicher Kinder) oder auch in Art. 140 GG in Verbindung mit Art. 136 Abs. 1, 2 WRV (religionsbezogene Differenzierungsverbote).

Für diese Arbeit sind die Gleichheitssätze der Art. 3 GG und Art. 33 Abs. 2 GG von zentraler Bedeutung, denn Quotenregelungen sind in erster Linie an ihnen zu messen. Sie werden deswegen im Folgenden jeweils näher erläutert.

2.1 Art. 3 GG

Art. 3 Abs. 1 GG beinhaltet den allgemeinen Gleichheitssatz: Alle Menschen sind gleich an Freiheit und Würde.[79] Daraus folgt die egalitäre

---

79 Bumke/Voßkuhle, Casebook Verfassungsrecht Rn. 450.

Rechtsgleichheit („*Allen das Gleiche*"), aufgrund derer jede relevante Ungleichbehandlung einer verfassungsrechtlichen Rechtfertigungskontrolle zu unterwerfen ist. Daraus folgt aber auch der Gedanke der „*proportionalen Gleichbehandlung*"[80] („*Jedem das Seine*"),[81] wonach eine Ungleichbehandlung sogar geboten sein kann, um nicht ungleiche Sachverhalte rechtlich gleich zu behandeln.

Da der Staat das Rechtssetzungsmonopol hat und Art. 3 Abs. 1 GG grundsätzlich die rechtliche Gleichbehandlung aller Menschen gebietet, ist Normadressat des Art. 3 Abs. 1 GG ausschließlich der Staat. In der Folge kann Art. 3 Abs. 1 GG prinzipiell weder eine Schutzpflicht begründen, noch horizontale Wirkung entfalten. Niemand hat einen Anspruch auf Herstellung faktischer oder sozialer Gleichheit.[82]

Sämtliche dem Art. 3 Abs. 1 GG nachfolgende Gleichheitssätze sind spezielle Gleichheitssätze, die Art. 3 Abs. 1 GG als leges speciales vorgehen, soweit sie Sachverhalte abschließend regeln. Sie stellen nach Ende der nationalsozialistischen Diktatur für notwendig befundene Konkretisierungen des allgemeinen Gleichheitssatzes und des ihm immanenten grundlegenden Gleichheitsgebotes dar. Aus dem Verhältnis zwischen dem allgemeinen und den speziellen Gleichheitssätzen folgt dabei, dass die in den speziellen Gleichheitssätzen erwähnten Merkmale nicht zur Begründung einer Gleich- oder Ungleichbehandlung im Hinblick auf den allgemeinen Gleichheitssatz herangezogen werden dürfen.[83]

Die speziellen Gleichheitssätze haben eine eigenständige normative Funktion, die auch in den verschiedenen Maßstäben der Rechtfertigungskontrolle einer Ungleichbehandlung zum Ausdruck kommt. Während sich beim allgemeinen Gleichheitssatz vor allem die Frage nach dem Prüfmaßstab für ohne Zweifel mögliche Ungleich- bzw. Gleichbehandlungen stellt,[84] der, je nach Art des Sachverhaltes,

---

80 Bumke/Voßkuhle, Casebook Verfassungsrecht Rn. 451.

81 Osterloh/Nußberger in Sachs, Grundgesetz, Art. 3 Rn. 6: Die Formel „*Jedem das Seine*" geht zurück auf Cicero.

82 BVerfG, Entscheidung vom 09.02.1982, BVerfGE 60, 16, 42; Boysen in v. Münch/Kunig, Grundgesetz, Art. 3 Rn. 47, 49; Osterloh/Nußberger in Sachs, Grundgesetz, Art. 3 Rn. 55.

83 BVerfG vom 18.12.1953, BVerfGE 3, 243.

84 Heun in Dreier, Grundgesetz, Art. 3 Rn. 31, 107 m.w.N; Boysen in v. Münch/Kunig, Grundgesetz, Art. 3 Rn. 102 ff.

> *„vom bloßen Willkürverbot bis zu einer strengen Bindung an Verhältnismäßigkeitserfordernisse“*[85]

reichen kann, ist eine Durchbrechung der in den speziellen Gleichheitssätzen des Art. 3 GG aufgestellten Ungleichbehandlungsverbote strikt verboten (wenn auch einzelne Ausnahmen auf Rechtfertigungsebene anerkannt sein mögen[86]). Denn anders als der allgemeine Gleichheitssatz geben die speziellen Unterscheidungsverbote subsumtionsfähige Merkmale der Bewertung des gleichheitsrelevanten Staatshandelns vor. Sie werden deshalb als in ihrer Struktur einem speziellen Freiheitsrecht ähnlich angesehen,[87] was zu einer einem Freiheitsrecht ähnlichen Rechtfertigungshöhe führt.

Aus diesen Zusammenhängen ergibt sich bereits eine elementare Frage für Quotenregelungen: Liegt in ihrem Anknüpfen an das Geschlechtsmerkmal ein Verstoß gegen die speziellen Gleichheitssätze, der einer (grundsätzlich nicht möglichen) Rechtfertigung bedarf? Oder folgt aus ihrer Zielsetzung, der Herstellung materieller Gleichheit, dass schon kein Verstoß gegen die speziellen Gleichheitssätze gegeben ist?[88]

Eine Antwort hierauf führt zunächst zu der Frage nach dem Verhältnis zwischen Art. 3 Abs. 2 GG und Art. 3 Abs. 3 Satz 1 GG bezüglich des Merkmales Geschlecht. Während das Verhältnis zwischen Art. 3 Abs. 1 GG als allgemeiner Gleichheitssatz auf der einen und Art. 3 Abs. 2 Satz 1 GG und Art. 3 Abs. 3 Satz 1 GG als spezielle Gleichheitssätze auf der anderen Seite als geklärt gelten darf, ist das Verhältnis zwischen Art. 3 Abs. 2 Satz 1 GG und Art. 3 Abs. 3 Satz 1 GG - also das Verhältnis der speziellen Gleichheitssätze untereinander - im Hinblick auf das in beiden Vorschriften aufgeführte Geschlechtsmerkmal nicht auf den ersten Blick erkennbar. In Art. 3 Abs. 2 Satz 1 GG heißt es:

> *„Männer und Frauen sind gleichberechtigt.“*

Und in Art. 3 Abs. 3 Satz 1 GG:

> *„Niemand darf wegen seines Geschlechts* […] *benachteiligt oder bevorzugt werden.“*

---

85 BVerfG, Entscheidung vom 26.01.1993, BVerfGE 88, 87, 96; BVerfG, Entscheidung vom 06.07.2010, NJW 2010, 2643, 2644.

86 S. zu den Ausnahmen etwa Heun in Dreier, Grundgesetz, Art. 3 Rn. 109 ff.

87 Boysen in v. Münch/Kunig, Grundgesetz, Art. 3 Rn. 117, 118.

88 Zum Prüfmaßstab von Quotenregelungen S. 97 ff.

Weiter stellt sich die Frage, wie Art. 3 Abs. 2 Satz 2 GG mit seinem Förderauftrag in dieses System passt. Dieser wurde dem Art. 3 Abs. 2 GG im Jahr 1994 im Zusammenhang mit der deutschen Wiedervereinigung hinzugefügt. Seitdem heißt es dort:

> *„Männer und Frauen sind gleichberechtigt. Der Staat fördert die tatsächliche Durchsetzung der Gleichberechtigung von Frauen und Männern und wirkt auf die Beseitigung bestehender Nachteile hin.“*

Das Verhältnis dieser Rechtsvorschriften untereinander hat besondere Bedeutung für die Diskussion um Quotenregelungen. Denn anzunehmen ist, dass in Art. 3 Abs. 3 Satz 1 GG der formelle Gleichheitssatz mit seinem Unterscheidungs- bzw. Anknüpfungsverbot verankert ist, während Art. 3 Abs. 2 Satz 1 GG und insbesondere Art. 3 Abs. 2 Satz 2 GG den materiellen Gleichheitssatz beinhalten und den Staat damit auffordern, für die tatsächliche Gleichstellung der Geschlechter zu sorgen - auch mittels Quotenregelungen und ohne dass dadurch das Anknüpfungsverbot verletzt wäre. Demgegenüber steht die nach dem Wortlaut ebenfalls mögliche Auslegungsart, wonach Art. 3 Abs. 2 Satz 1 GG und Art. 3 Abs. 3 Satz 1 GG schlicht dasselbe bedeuten, während Art. 3 Abs. 2 Satz 2 GG allenfalls einen politischen Programmsatz ohne eigenständige rechtliche Bedeutung darstellt.

Die folgenden zwei Abschnitte setzten sich vertieft mit diesen unterschiedlichen Lesarten auseinander, indem sie zuerst einen Überblick über die Ansichten geben, die vor der Gesetzesänderung 1994 zu dem Verhältnis der Art. 3 Abs. 2 Satz 1 GG und Art. 3 Abs. 3 Satz 1 GG vertreten wurden (2.1.1) und sodann analysieren, wie sich die Gesetzesänderung auf die Diskussion auswirkte und was der heutige Stand der Abgrenzung ist (2.1.2).

2.1.1 Entwicklung bis 1994

Schaut man sich die zur Abgrenzung des Art. 3 Abs. 2 GG [a.F.] von Art. 3 Abs. 3 GG [a.F.] vor 1994 vertretenen Ansichten an, stellt man zunächst fest, dass diese - insbesondere in der Anfangszeit des Grundgesetzes - noch von einem gänzlich anderen Verständnis des speziellen Gleichheitssatzes hinsichtlich des Geschlechtsmerkmales ausgingen. Hier wird besonders deutlich, welche unterschiedlichen Ausprägungen der Gleichheitssatz im Laufe der Zeit erfahren hat, die sich weniger aus einem bestimmten Rechtsverständnis, als vielmehr aus den gesellschaftlichen und sozialen Vorstellungen einer bestimmten Zeit ergaben. Viele der älteren Ansätze erklären sich nur aus der im Weltbild der Mehrheit bei Schaffung des Grundgesetzes noch tief verankerten Vorstellung von unterschiedlichen Aufgabenzuweisungen und Funktionen von Mann und Frau in Erwerbsleben, Familie und der Gesellschaft insgesamt, die wiederum auf unterschiedlichen biologischen, funktionalen oder gar religiösen Zusammenhängen beruhen sollten. Entsprechend galten sie als unabänderlich und wurden als solche kaum hinterfragt. Die von Richter Joseph Bradley für die USA beschriebene „*general constitution of things*“[89] galt in der Alten Welt noch gut 80 Jahre später, was das Bundesverfassungsgericht so ausdrückte:

> „*Es bedarf kaum eines Hinweises, daß im Bereich des Familienrechts im Hinblick auf die objektiven biologischen oder funktionalen (arbeitsteiligen) Unterschiede nach der Natur des jeweiligen Lebensverhältnisses auch eine besondere rechtliche Regelung erlaubt oder sogar notwendig ist.*“[90]

Vor diesem Hintergrund schien die Vorstellung, Art. 3 Abs. 2 GG [a.F.] könne die faktische Angleichung der Lebensverhältnisse der Geschlechter in der gesellschaftlich Realität inklusive einer paritätischen Aufgabenverteilung in allen Bereichen zum Ziel haben, schlicht absurd. Stattdessen ging man davon aus, der Gleichheitssatz als solcher habe lediglich Gleichwertigkeit zweier voneinander getrennter Lebensweisen und -bereiche vor Augen. Es sollte also auch hier der Grundsatz „*seperate but equal*“ gelten. Erst und nur ausgehend von diesem „*seperate but equal*“-Verständnis der Gleichheit war der Gleichheitssatz überhaupt in das Grundgesetz eingefügt worden. 1949 war im Parlamentarischen Rat umstandslos von den „Aufgaben der Frauen und der der Männer“ die Rede:

> „*Gerade die vergangenen Jahre haben wohl jedem Mann* [...] *vor Augen geführt, daß die Aufgaben der Frau fast sogar noch schwerer - auch physisch schwerer - sind als die des Mannes.*“[91]

In den fünfziger Jahren und teilweise bis in die sechziger Jahre gingen auch große Teile der Rechtslehre noch von einem naturgegebenen, unabänderlichen Unterschied zwischen Männern und Frauen aus, der rechtlich

---

89 S. dazu oben S.30.

90 BVerfG, Entscheidung vom 18.12.1953, BVerfGE3, 225, 242.

91 Strauß in der 42. Sitzung des Hauptausschusses vom 18.01.1949, zitiert nach BVerfG, Entscheidung vom 18.12.1953, BVerfGE 3, 225, 238.

nicht aufgehoben werden sollte oder konnte. Gleichberechtigung, wie sie im Grundgesetz vorgesehen war, sollte entsprechend

> „*keine „Gleichmacherei" wesensmäßig verschiedener Kategorien*"[92]

sein. Deswegen differenzierten die meisten gar nicht zwischen Art. 3 Abs. 2 GG [a.F.] und Art. 3 Abs. 3 GG [a.F.], sondern hielten beide Vorschriften für inhaltsgleich. Teilweise wurden in Art. 3 Abs. 2 GG [a.F.] ein verstärkender und bestätigender Charakter, ein „*Programmsatz*" oder ein „*politischer Begriff*" gesehen - mitunter aber auch nur eine „*leere Formel*".[93]

Dieses „*seperate but equal*"-Verständnis des speziellen Gleichheitssatzes ermöglichte es Rechtsprechung und Literatur der Zeit, trotz Kodifizierung des speziellen Gleichheitssatzes im Grundgesetz viele rechtliche Regelungen als rechtmäßig zu bewerten, die aus heutiger Sicht ganz klar gleichheitswidrig und folglich verfassungswidrig sind. So entschied das Bundessozialgericht noch 1960 zum damals geltenden Familienrecht:

> „*Ausgehend von der Auffassung, daß die Gleichberechtigung auf der Gleichwertigkeit aufbaut, die die Andersartigkeit anerkennt* [...], *hat das durch den Gleichberechtigungssatz umgestaltete Familienrecht* [...] *der Verschiedenheit von Mann und Frau dadurch Rechnung getragen, daß es ihre Verpflichtung, die Familie gemeinsam zu unterhalten, nicht egalitär, sondern im Sinne einer den natürlichen Unterschieden Rechnung tragenden Aufgabenteilung geregelt hat, und zwar für die Frau als Verpflichtung, 'in der Regel durch die Führung des Haushalts' den Unterhaltsbeitrag zu erbringen (vgl. § 1360 BGB n.F.).*"[94]

Sinn des speziellen Gleichheitssatzes war also lediglich, unter dem Schlagwort „*Gleichwertigkeit bei Andersartigkeit*"[95] - der deutschen Version von „*Seperate but equal*" - zu verhindern, dass sich diese „*naturgegebenen Unterschiede*" zum Nachteil der Frauen auswirken würden. Nachteile der Männer aus diesen „Unterschieden" waren umgekehrt nicht denkbar und mussten daher auch nicht kompensiert werden. Nur und erst in diesem Zusammenhang wurde Art. 3 Abs. 2 GG [a.F.] von Art. 3 Abs. 3 GG [a.F.] in der Form abgegrenzt, dass Art. 3 Abs. 3 GG [a.F.] das formelle Unterscheidungs- bzw. Anknüpfungsverbot enthalte, während Art. 3

---

92 BVerfG, Entscheidung vom 18.12.1953, BVerfGE 3, 225, 241.

93 S. die Darstellung in BVerfG, Entscheidung vom 18.12.1953, BVerfGE 3, 225, 239.

94 BSG, Entscheidung vom 11.03.1960, Az. 3 RK 19/56.

95 Seibert im Deutschen Bundestag vor dem Hauptausschuss am 18.01.1949, zitiert nach BVerfG, Entscheidung vom 18.12.1953, NJW 1954, 65, 67.

Abs. 2 GG [a.F.] darüber hinausgehend die Befugnis schaffe, nachteilige Wirkungen naturgegebener Unterschiede zulasten der Frauen auszugleichen. Folglich bedeutete Nachteilsausgleich weder die Herstellung tatsächlicher Gleichheit, noch die Aufhebung der Fortwirkung von Ungleichbehandlungen, noch (zunächst) die Abschaffung der nach wie vor existierenden rechtlichen Ungleichbehandlungen. Gemeint war lediglich der Ausgleich vermeintlicher „biologischer“ und „funktionaler“ Nachteile mit dem Ziel der Herstellung der Gleichwertigkeit ungleicher Sachverhalte.[96] Außerhalb dieses Ausgleichs „biologischer und funktionaler“ Nachteile ging man von einer weitgehenden Bedeutungsidentität der Art. 3 Abs. 2 GG [a.F.] und Art. 3 Abs. 3 GG [a.F.] aus.

Die Theorie der Gleichwertigkeit bei Andersartigkeit wandelte sich jedoch in den späten 1960iger und 1970iger Jahren zusehends, weil sich Zahl und Art der einst als „biologisch“ eingeordneten Unterschiede zunehmend verringerten. Die traditionelle und in zahlreichen Vorschriften rechtlich festgelegte Rollenverteilung für Männer und Frauen und die daraus folgende „Funktionszuweisung“ wurde immer mehr in Frage gestellt, und rechtliche Ungleichbehandlungen wurden nun mit Verweis auf den speziellen Gleichheitssatz immer weiter abgebaut.[97] Es setzte sich die Erkenntnis durch, dass viele der einst fraglos als „biologisch“ eingestuften Unterschiede tatsächlich gesellschaftliche Unterscheidungen waren - ein soziales Konstrukt,[98] das mit „der Natur der Sache“, „Biologie“ oder einer „Funktionalität“ gar nichts zu tun hatte. (Allerdings formulierte das Bundesverfassungsgericht noch 1987 (!):

> *„Eine Differenzierung nach dem Geschlecht ist danach nur ausnahmsweise zulässig, wenn im Hinblick auf die objektiven biologischen oder funktionalen*

---

96 BVerfG, Entscheidung vom 18.12.1953, BVerfGE 3, 225, 240.

97 Beispielsweise: Gleichberechtigte Erzielung eines marktwirtschaftliches Einkommens: BVerfG, Entscheidung vom 25.05.1956, BVerfGE 5, 55, 82; Aufhebung des Stichentscheids: BVerfG, Entscheidung vom 29.07.1959, BVerfGE 10, 59; kein Vorrang des männlichen Geschlechtes bei der Vererbung von Höfen: BVerfG, Entscheidung vom 20.03.1963, BVerfGE 15, 337; Ehename der Frau: BVerfG vom 31.05.1978, BVerfGE 48, 327; kein Vorrang des Heimatrechts des Mannes beim Ehenamen: BVerfG, Entscheidung vom 05.03.1991, BVerfGE 84, 9; Aufhebung des Nachtarbeitsverbotes: BVerfG, Entscheidung vom 28.01.1992, BVerfGE 85, 191.

98 Vgl. Frevert, „Mann und Weib und Weib und Mann“, S. 13 ff; Maihofer, Geschlecht als Existenzweise: Macht, Moral, Recht und Geschlechterdifferenz, S. 79 ff.

(arbeitsteiligen) Unterschiede nach der Natur des jeweiligen Lebensverhältnisses eine besondere Regelung erlaubt oder sogar geboten ist.“[99])

Vor dem Hintergrund dieses Wandels wurde die Aufgabe des Art. 3 Abs. 2 GG [a.F.] nun vor allem darin gesehen, die nach wie vor vorhandenen, an das Geschlecht anknüpfenden rechtlichen Unterscheidungen zu verbieten und den Gesetzgeber anzuhalten, diese Unterscheidungen auch tatsächlich aufzuheben.

Darüber hinaus aber blieb die Vorstellung einer Bedeutungseinheit zwischen Art. 3 Abs. 2 GG [a.F.] und Art. 3 Abs. 3 GG [a.F.] als einheitlichem Ungleichbehandlungsverbot mit der Erlaubnis, bestimmte, wenn nun auch wesentlich weniger und enger umrissene „biologische“ Nachteile auszugleichen, weiter erhalten. Ein sich aus Art. 3 Abs. 2 GG [a.F.] ergebender faktischer Gleichstellungsauftrag an den Staat mit dem Ziel tatsächlicher Gleichstellung von Männern und Frauen war nach wie vor nicht anerkannt, auch wenn die Diskussion um Grundrechte als Leistungs- und Teilhaberechte bereits im Gange war und es bereits erste Vorstöße in diese Richtung gegeben hatte.[100] Das Bundesverfassungsgericht jedoch entschied 1987:

> „*In neuerer Zeit wird erörtert, ob nicht dem Gleichberechtigungsgebot ebenso wie anderen Grundrechten neben dem Charakter als Abwehrrecht auch positive Verpflichtungen des Gesetzgebers zur Förderung und Unterstützung der Grundrechtsverwirklichung zu entnehmen sind. Im Zusammenhang damit wird das Sozialstaatsprinzip als für den Gesetzgeber verpflichtend in Betracht gezogen, das in besonderem Maße auf positive staatliche Tätigkeit statt auf bloße Enthaltsamkeit im Sinne einer Respektierung vorgefundener gesellschaftlicher Strukturen und Verhältnisse bezogen sei* [...]. *Ob und inwieweit der Gesetzgeber aus Art. 3 Abs. 2 GG in Verbindung mit dem Sozialstaatsprinzip verpflichtet sein könnte, die Voraussetzungen für eine faktische Gleichberechtigung zwischen Männern und Frauen zu schaffen, bedarf indessen hier keiner Entscheidung. Gegenstand des Ausgangsverfahrens ist ein Fall, indem der Gesetzgeber bereits dadurch gehandelt hat, dass er faktische Nachteile, die* [...] *typischerweise Frauen treffen, durch eine Regelung kompensiert hat* [...]. *Insoweit gibt das Ausgangsverfahren Anlaß, die bisherigen Rechtsprechung zu Art. 3 Abs. 2 GG dahingehend zu ergänzen, daß der Gesetzgeber zu einer Ungleichbehandlung auch dann befugt ist, wenn er einen*

---

99 BVerfG, Entscheidung vom 28.01.1987, NJW 1987, 1541, 1542.

100 Säcker, „Welche rechtlichen Maßnahmen sind vordringlich, um die tatsächliche Gleichstellung der Frauen mit den Männern im Arbeitsleben zu gewährleisten?“, Verhandlungen des 50. Deutschen Juristentages, 1974, Bd. II, L 9, siehe hierzu auch S. 30.

> *sozialstaatlich motivierten typisierenden Ausgleich von Nachteilen anordnet, die ihrerseits auf biologische Unterschiede zurückgehen. Darin liegt keine Ungleichbehandlung „wegen des Geschlechts.“*“[101]

Das Konzept eines objektiv-rechtlichen Verfassungsauftrages des Art. 3 Abs. 2 GG [a.F.] in Form eines materiellen Gleichstellungsauftrages in der gesellschaftlichen Wirklichkeit avancierte dennoch zu einer in der Literatur weit vertretenen Meinung und wurde mit weiteren Argumenten untermauert.[102] Darin wurde nun auch die seit langem gesuchte Abgrenzung zwischen Art. 3 Abs. 2 GG [a.F.] und Art. 3 Abs. 3 GG [a.F.] gesehen.[103] Während Art. 3 Abs. 3 GG [a.F.] das im Gegensatz zu Art. 3 Abs. 1 GG spezielle Ungleichbehandlungsverbot beinhalte, sei in Art. 3 Abs. 2 GG [a.F.] der Förderauftrag an den Staat verankert. Neben der Legitimation von Unterscheidungen wegen biologischer oder (damals teilweise noch anerkannter) funktionaler Unterschiede beinhalte Art. 3 Abs. 2 GG [a.F.] eine „*dritte Kategorie*“ der Legitimation von Unterscheidungen aufgrund des Geschlechts, nämlich zur

> „*Kompensation und Beseitigung von Benachteiligungen für Frauen im Erwerbsleben kraft geschlechtsrollenspezifischer sozialer Zuschreibung*“.

Die auf effektive Herstellung der Gleichberechtigung gerichtete Dimension des Art. 3 Abs. 2 GG [a.F.] käme nämlich zu kurz, würde man dieses Grundrecht lediglich defensiv als Abwehrrecht gegenüber staatlichen Eingriffen verstehen.[104]

Aus heutiger Sicht wesentlich an dieser Argumentation ist der beginnende Wandel der Vorstellung von der Frau als einem biologisch defizitären Wesen hin zu der Erkenntnis, dass sich vermeintliche Nachteile und Funktionszuweisungen gar nicht aus der Biologie, sondern vielmehr aus gesellschaftlicher, sozialer und auch aus rechtlicher Benachteiligung ergeben hatten. Positionen, die ungleiche Behandlungen und gesellschaftliche

---

101 BVerfG, Entscheidung vom 28.01.1987, BVerfGE 74, 163, 179 f.

102 Abstellen auf den *unterschiedlichen Wortlaut* beider Absätze: Knöpfel, Die Gleichberechtigung von Mann und Frau, NJW 1960, 553, 555; Sacksofsky, Das Grundrecht auf Gleichberechtigung, S. 318 ff; Abstellen auf die *Intention des Gesetzgebers:* Klaus Hofmann, Das Gleichberechtigungsgebot des Art. 3 II GG, JuS 1988, 249.

103 Pfarr/Fuchsloch, Verfassungsrechtliche Beurteilung von Frauenquoten, NJW 1988, 2201, 2203.

104 Pfarr/Fuchsloch, Verfassungsrechtliche Beurteilung von Frauenquoten, NJW 1988, 2201, 2203 m.w.N.

Zusammenhänge noch immer mit „biologischen Unterschieden“ erklären wollten, gerieten mehr und mehr in die Ecke eines nun durchaus abwertend gemeinten Biologismus.

Auch „funktionale Unterschiede“ der Geschlechter wurden zunehmend hinterfragt und schließlich abgelehnt. In der Literatur wurde der Verweis auf „funktionale“ Unterschiede stets vor dem Hintergrund des Grundgesetzes für unvereinbar mit dem verfassungsrechtlichen Konzept der Gleichberechtigung gehalten, dessen Sinn und Zweck es gerade sei, herkömmliche arbeitsteilige Unterschiede nicht zu verfestigen.[105] Dies hat schließlich 1992 auch das Bundesverfassungsgericht erkannt, das sich dann auch explizit der Ansicht anschloss, dass Art. 3 Abs. 2 GG [a.F.] einen auf die faktische gesellschaftliche Wirklichkeit bezogenen, kompensatorischen Förderauftrag habe:

> *„Der Satz ‚Männer und Frauen sind gleichberechtigt‘ will nicht nur Rechtsnormen beseitigen, die Vor- oder Nachteile an Geschlechtsmerkmale anknüpfen, sondern für die Zukunft die Gleichberechtigung der Geschlechter durchsetzen* […] *Er zielt auf die Angleichung der Lebensverhältnisse. So müssen Frauen die gleichen Erwerbschancen haben wie Männer* […]. *Überkommene Rollenverteilungen, die zu einer höheren Belastung oder sonstigen Nachteilen für Frauen führen, dürfen durch staatliche Maßnahmen nicht verfestigt werden.“*[106]

Auf welche Art und Weise der Staat die Lebensverhältnisse angleichen und die Gleichberechtigung der Geschlechter durchsetzen solle, ließ das Gericht offen. Im konkreten Fall war es um die Frage gegangen, ob es Arbeitgebern verboten werden könne, Frauen in Nachtarbeit zu beschäftigen. Damit aber stand nur ein weiterer vermeintlich „biologischer“ Unterschied zur Debatte, der eine Ungleichbehandlung rechtfertigen sollte: Die Verfechter des Nachtarbeitsverbotes hatten vorgetragen, dass der Grund der Regelung die *„geringere körperliche Leistungsfähigkeit der Frau“* sei, auch wenn keinerlei Erkenntnisse darüber zu gewinnen waren, dass Frauen allein wegen ihrer Konstitution besonders stark negativ von Nachtarbeit betroffen seien.[107] Das Bundesverfassungsgericht erkannte entsprechend, dass es bei dem Nachtarbeitsverbot *„nicht um eine Frage der Angleichung*

---

105 Osterloh/Nußberger in Sachs, Grundgesetz, Art. 3 Rn. 278; Heun in Dreier, Grundgesetz, Art. 3 Rn. 112 m.w.N.

106 BVerfG, Entscheidung vom 28.01.1992, BVerfGE 85, 191 ff, NJW 1992, 964, 965.

107 BVerfG, Entscheidung vom 28.01.1992, BVerfGE 85, 191, 207.

der Lebensverhältnisse", also um materielle Gleichheit oder einen Förderauftrag ginge, sondern schlicht um eine unzulässige rechtliche Ungleichbehandlung, sodass die Entscheidung zur Reichweite des Förderauftrages über die Anerkennung seiner Existenz hinaus nichts beiträgt.

Dennoch wurde recht bald die Frage aufgeworfen, ob Art. 3 Abs. 2 GG [a.F.] nach seinem nun herrschenden Verständnis so weit gehen konnte, dass er auch Quotenregelungen umfasste. Der Gesetzgeber hatte diesen Punkt bei Schaffung des Art. 3 Abs. 2 Satz 2 GG 1994 gesehen, jedoch offengelassen.[108] Er blieb umstritten.

2.1.2 Heutiger Stand der Abgrenzung zwischen Art. 3 Abs. 2 Satz 1 GG, Art. 3 Abs. 3 Satz 1 GG und Art. 3 Abs. 2 Satz 2 GG

Heute geht die herrschende Meinung in Literatur und Rechtsprechung davon aus, dass Art. 3 Abs. 2 Satz 1 GG und Art. 3 Abs. 3 Satz 1 GG einander im Ungleichbehandlungsverbot entsprechen und insoweit den gleichen „*Schutzgehalt*" haben.[109] Als geklärt darf auch gelten, dass Art. 3 Abs. 2 Satz 1 GG ein darüber hinausgehendes Gleichstellungsgebot beinhaltet, also über das Gebot rechtlicher Gleichbehandlung und das formelle Anknüpfungsverbot hinausgeht.[110] Weitgehende Einigkeit besteht zudem darüber, dass dieses Gleichstellungsgebot nicht mehr nur auf den (kaum mehr relevanten) Abbau rechtlicher Ungleichbehandlungen oder den Ausgleich (kaum mehr vorhandener) „biologischer Nachteile" abzielt, sondern sich in Form eines Förderauftrages an den Staat ganz konkret auf die gesellschaftliche Wirklichkeit erstreckt und als Ausfluss des materiellen Gleichheitssatzes ein tatsächliches Gleichstellungsgebot enthält. Art. 3 Abs. 2 Satz 2 GG stellt klar, dass dieses Verständnis des Art. 3 Abs. 2 Satz 1 GG vom Gesetzgeber gewollt ist.

---

108 Deutscher Bundestag, Bericht der Gemeinsamen Verfassungskommission, Bundestagsdrucksache 12/6000, S. 49 ff.

109 Dürig/Scholz in Maunz/Dürig, Grundgesetz, 70. Ergänzungslieferung 2013, Art. 3 Abs. 2 Rn. 1; Jarass in Jarass/Pieroth, Grundgesetz, Art. 3 Rn. 78, 120; Krieger in Schmidt-Bleibtreu/Hofmann/Henneke, Grundgesetz, Art. 3 Rn. 66.

110 Sachs in Isensee/Kirchhof, Handbuch des Staatsrechts VIII, § 182 Rn. 17; Boysen in v. Münch/Kunig, Grundgesetz, Art. 3 Rn. 117; Osterloh/Nußberger in Sachs, Grundgesetz, Art. 3 Rn. 261 ff; Deutscher Bundestag, Bericht der Gemeinsamen Verfassungskommission, Bundestagsdrucksache 12/6000, S. 49 ff.

Der Ausdruck „biologischer Nachteil" wird heute freilich nicht mehr verwendet, sondern neutral als

> *„Probleme, die ihrer Natur nach nur entweder bei Männern oder bei Frauen auftreten können"*[111]

tituliert. Auch ist anerkannt, dass sich derlei „Probleme" ausschließlich aus Geburt und Stillzeit ergeben können.[112] Erfasst ist folglich nur die Tatsache, dass Frauen Kinder gebären, nicht aber, dass sie sie auch aufziehen.[113] Ungleiche Regelungen zum Schutz von Schwangeren (Mutterschutzzeiten) sind daher möglich, nicht aber an das Geschlecht anknüpfende unterschiedliche Regelungen zur Elternzeit. Pauschalierungen, überkommene Vorstellungen oder wie auch immer geartete „funktionale Unterschiede" können, ebenso wie soziale Befunde, explizit nicht ausreichen, um daran Ungleichbehandlungen zu knüpfen.[114] Das Bundesverfassungsgericht bekräftigte sein Bekenntnis zum Förderauftrag aus dem Jahre 1992 drei Jahre nach der Grundgesetzänderung wie folgt:

> *„Nach der neueren Rechtsprechung des BVerfG sind an das Geschlecht anknüpfende differenzierende Regelungen mit Artikel 3 Absatz 3 GG nur vereinbar, soweit sie zur Lösung von Problemen, die ihrer Natur nach nur entweder bei Männern oder bei Frauen auftreten können, zwingend erforderlich sind.* [...] *Artikel 3 Absatz 2 GG enthält daneben keine weitergehenden oder speziellen Anforderungen. Sein über das Diskriminierungsverbot des Artikel 3 Absatz 3 GG hinausreichender Regelungsgehalt besteht darin, daß er ein Gleichberechtigungsgebot aufstellt und dieses auch auf die gesellschaftliche Wirklichkeit erstreckt.* [...] *Das ist inzwischen durch die Anfügung von Satz 2 in Artikel 3 Absatz 2 GG ausdrücklich klargestellt worden."*[115]

Auch die Literatur ist sich weitgehend einig, dass mit der Verwirklichung der rechtlichen Gleichheit nun die

> *„Erfordernisse der Chancengleichheit und der faktischen Gleichheit (Ergebnisgleichheit)"*

---

111 Seit BVerfG, Entscheidung vom 28.01.1992, BVerfGE 85, 191, 207; s. auch Langenfeld in Maunz/Dürig, Grundgesetz, 74. Ergänzungslieferung 2015, Art. 3 Abs. 2 Rn. 82.

112 Langenfeld in Maunz/Dürig, Grundgesetz, 74. Ergänzungslieferung 2015, Art. 3 Abs. 2 Rn. 83.

113 EGMR, Entscheidung vom 03.12.2009, NJW 2010, 501, 502 ff.

114 BVerfG, Entscheidung vom 28.01.1992, NJW 1992, 964, 965.

115 BVerfG, Entscheidung vom 24.01.1995, NJW 1995, 1733, 1734.

in den Vordergrund gerückt seien, sodass es in Art. 3 Abs. 2 GG nicht mehr um die Herstellung rechtlicher Freiheit gehe, sondern um die „*Befreiung aus tatsächlicher Ungleichheit*".[116]

Einigkeit besteht auch mit der Rechtsprechung darüber, dass es auch und gerade Teil des Förderauftrages an den Staat ist, im Zuge der tatsächlichen Gleichstellung aktiv zur Überwindung tradierter Rollenvorstellungen beizutragen.[117] Das Bundesverfassungsgericht führte dazu 2012 aus:

> „*Das Fördergebot verfolgt das Ziel* […], *tradierte Rollenverteilung zu überwinden.* […] *Der Verfassungssauftrag will nicht nur Rechtsnormen beseitigen, die Vor- oder Nachteile an Geschlechtsmerkmale knüpfen, sondern für die Zukunft die Gleichberechtigung der Geschlechter durchsetzen. Dies verpflichtet den Gesetzgeber auch dazu, einer Verfestigung überkommener Rollenverteilung zwischen Mutter und Vater in der Familie zu begegnen* […]."[118]

Umstritten ist aber nach wie vor die Frage, in welcher Form dies umzusetzen ist, und damit auch, ob speziell Quotenregelungen darunter subsumiert werden können. Das Spektrum denkbarer Möglichkeiten reicht hier von der Vorstellung, der Förderauftrag gebe den Frauen einen eigenen grundgesetzlich verankerten Anspruch auf Quotierung bei Vorliegen bestimmter Voraussetzungen, bis hin zu der Auffassung, Quotenregelungen seien vom Förderauftrag gar nicht erfasst, sodass sie aufgrund des Anknüpfungsverbotes an das Geschlechtsmerkmal nach wie vor unzulässig seien.[119]

2.2 Art. 33 Abs. 2 GG

Art. 33 Abs. 2 GG regelt die Gleichheit aller Deutschen beim Zugang zu öffentlichen Ämtern. Jeder und jede Deutsche soll einen nach Eignung, Befähigung und fachlicher Leistung gleichen Zugang zu jedem öffentlichen Amt haben (sog. Leistungsprinzip, verstanden als Prinzip der Bestenauslese und nicht als Erfordernis der Feststellung einer unerlässlichen

---

116 Krieger in Schmidt-Bleibtreu/Hofmann/Henneke, Grundgesetz, Art. 3 Rn. 6.

117 Krieger in Schmidt-Bleibtreu/Hofmann/Henneke, Grundgesetz, Art. 3 Rn. 74 m.w.N.

118 BVerfG, Entscheidung vom 09.11.2011, NJW 2012, 214, 216.

119 S. hierzu auch Dürig/Scholz in Maunz/Dürig, Grundgesetz, 72. Ergänzungslieferung 2014, Art. 3 Abs. 2 Rn. 58 ff.

Mindestqualifikation).[120] Art. 33 Abs. 2 GG begründet zudem ein subjektives Recht: Wer besser qualifiziert ist als seine Mitbewerber, hat einen Anspruch auf Einstellung oder Beförderung[121] bzw. einen Anspruch auf pflichtgemäße Ermessensausübung, wenn mehrere Bewerber gleich qualifiziert sind.[122] Sinn und Zweck der Vorschrift ist der Schutz des öffentlichen Interesses an einer bestmöglichen personellen Ausstattung des öffentlichen Dienstes, dessen fachlichen Niveaus und seiner rechtlichen Integrität. Weiter schützt der Leistungsgrundsatz das berechtigte subjektive Interesse aller Bewerber an einem angemessenen beruflichen Fortkommen.[123]

Strukturell ist zunächst zu klären, wie diese „beste Eignung“ festzustellen ist (2.2.1) und dann die Frage zu beantworten, welche Entscheidungskriterien heranzuziehen sind, wenn mehrere Personen gleich gut geeignet sind (2.2.2).

2.2.1 Feststellung gleicher Eignung, Befähigung und fachlicher Leistung

2.2.1.1 Festlegung und Prüfung eines Anforderungsprofils

Zur Auswahl der besten Bewerbung gibt das Gesetz - abschließend[124] - die Auswahlkriterien Eignung, Befähigung und fachliche Leistung (zusammen als „*Eignung im weiteren Sinne*“[125] bezeichnet) vor. Das sind „Leistungskriterien“,[126] die zusammen das gesamte Anforderungsspektrum für die Bestenauslese abdecken und gleichzeitig einen objektiven Maßstab

---

120 BVerfG, Entscheidung vom 23.02.2007, NvWZ 2007, 688, 691; Jachmann in v. Mangoldt/Klein/Stark, Grundgesetz, Art. 33 Rn. 12; Badura in Maunz/Dürig, Grundgesetz, 70. Ergänzungslieferung 2013, Art. 33 Rn. 26.

121 BAG, BAGE 53, 127, 149, 152; Jachmann in v. Mangoldt/Klein/Stark, Grundgesetz, Art. 33 Rn. 12.

122 Badura in Maunz-Dürig, Grundgesetz, 70. Ergänzungslieferung 2013, Art. 33 Rn. 34.

123 Badura in Maunz/Dürig, Grundgesetz, 70. Ergänzungslieferung 2013, Art. 33 Rn. 26.

124 S. etwa BVerwG, Entscheidung vom 28.10.2004, BVerwGE 122, 147, 150; Pieper in Schmidt-Bleibtreu/Hofmann/Henneke, Grundgesetz, Art. 33 Rn. 46.

125 BVerwG, Entscheidung vom 06.02.1975, BVerwGE 47, 330, 336.

126 Da hier auch von den Bewerbern kaum beeinflussbare Punkte wie Charaktereigenschaften eine Rolle spielen können, ist die ebenfalls geläufige Bezeichnung als „Eignungskriterium“ treffender. Um die Abgrenzung zu den vom Leistungs-

bilden, anhand dessen mehrere Bewerber miteinander verglichen werden können.[127] Das Vorliegen dieser Kriterien bei den Bewerbern wird auf einer streng dem Leistungsprinzip unterworfenen „Leistungsebene" in einem Prozess abgeprüft, den das Bundesverfassungsgericht so zusammenfasst:

> *„Die von Art. 33 Abs. 2 GG erfassten Auswahlentscheidungen können grundsätzlich nur auf Gesichtspunkte gestützt werden, die unmittelbar Eignung, Befähigung und fachliche Leistung der Bewerber betreffen.* [...] *Die Ermittlung des gemessen an den Kriterien der Eignung, Befähigung und fachlichen Leistung am besten geeigneten Bewerbers hat stets in Bezug auf das konkret angestrebte Amt zu erfolgen.* [...] *Maßgeblich ist insoweit der Aufgabenbereich des Amtes, auf den bezogen die einzelnen Bewerber untereinander zu vergleichen sind und anhand dessen die Auswahlentscheidung vorzunehmen ist. Die Kriterien Eignung, Befähigung und fachliche Leistung können vom Dienstherrn in Bezug auf den Aufgabenbereich des konkreten Amtes durch die Festlegung eines Anforderungsprofils bereits im Vorfeld der Auswahlentscheidung konkretisiert werden.*"[128]

Der Dienstherr hat also - im Vorhinein - Zuschnitt und Anforderungen an einen bestimmten Dienstposten verbindlich festzulegen. Einerseits kann er die Auswahlentscheidung damit ein Stück weit vorprägen, andererseits ist er bezüglich dieser Prägung aber auch gebunden, da die Kriterien im Nachhinein nicht mehr geändert werden können. Das so festgelegte Anforderungsprofil muss dem Leistungsprinzip genügen, weswegen nur sachliche Anforderungskriterien festgelegt werden dürfen.[129] Letzteres unterliegt der vollständigen gerichtlichen Überprüfbarkeit. Fehler im Anforderungsprofil führen daher grundsätzlich auch zur Fehlerhaftigkeit des Auswahlverfahrens, weil die Auswahlerwägungen dann auf sachfremden,

---

grundsatz nicht mehr gedeckten Hilfskriterien deutlich zu machen, wird in dieser Arbeit jedoch der Begriff Leistungskriterium verwendet.

127 Jachmann in v. Mangoldt/Klein/Stark, Grundgesetz, Art. 33 Rn. 17.

128 BVerfG, Entscheidung vom 07.03.2013, Az. 2 BvR 2582/12 Rn. 15 f; s. jedoch auch BVerwG, Entscheidung vom 20.06.2013, Az. 2 VR 1/13, BVerwGE 147, 20 ff, wonach die Auswahlentscheidung - grundsätzlich - nicht bezogen auf das konkrete Amt zu erfolgen habe. Dies kann bei immer komplexer werdenden Arbeitsanforderungen jedoch nur soweit Geltung haben, wie bestimmte Voraussetzungen für einen bestimmten Dienstposten nicht zwingend erforderlich sind.

129 Badura in Maunz/Dürig, Grundgesetz, 70. Ergänzungslieferung 2013, Art. 33 Rn. 27 f; BVerfG, Entscheidung vom 08.10.2007, NVwZ 2008, 69, 70.

nicht am Leistungsgrundsatz orientierten Gesichtspunkten beruhen.[130] In der konkreten Beurteilung der Frage, ob und in welchem Umfang eine Bewerbung die abgefragten Anforderungskriterien erfüllt, ist der Dienstherr hingegen frei.[131] Das Gericht kann hier nur prüfen, ob der Dienstherr seinen Beurteilungsspielraum verlassen hat und ob Ermessensfehler vorliegen.

Die übergeordneten Auswahlkriterien Eignung, Befähigung und fachliche Leistung werden wie folgt verstanden: Der Begriff Befähigung erfasst alle für die dienstliche Verwendung bedeutsamen Eigenschaften wie Begabung, Allgemeinwissen und allgemeine Ausbildung,[132] während fachliche Leistung die fachliche Bewährung in der Praxis im Sinne bereits erbrachter fachlicher Leistungen bzw. beruflicher Erfahrung bedeutet.[133]

Eignung (im engeren Sinne) schließlich meint alle Persönlichkeitsmerkmale, die für die Bestenauslese von Bedeutung sind und nicht schon durch die Kriterien Befähigung oder fachliche Leistung erfasst sind.[134] Hierhin gehören beispielsweise Gesundheit, körperliche und psychische Belastbarkeit oder Teamfähigkeit[135] und alle sonstigen geistigen, körperlichen, psychischen und charakterlichen Eigenschaften.[136]

Im Einzelnen unterliegen die Feststellung der Eignung im weiteren Sinne und die hierfür heranzuziehenden Kriterien einer Vielzahl von Streitigkeiten, die in eine unübersichtliche Menge an Einzelfallentscheidungen münden. Im Groben halten es Literatur und Rechtsprechung für grundsätzlich üblich und rechtmäßig, zumindest bei Beförderungen in erster Linie auf die aktuelle dienstliche Beurteilung einer Person abzustellen und dieser das größte Gewicht beizumessen.[137] Zur weiteren Differenzierung soll

130 BVerfG, Entscheidung vom 22.05.1975, BVerfGE 39, 334, 354; Jarass in Jarass/Pieroth, Grundgesetz, Art. 33 Rn. 15.

131 Höfling in Bonner Kommentar zum Grundgesetz, 130. Aktualisierungslieferung August 2007, Art. 33 Rn. 133; BAG, Entscheidung vom 21.01.2003, NZA 2003, 1036, 1038.

132 Badura in Maunz/Dürig, Grundgesetz, 70. Ergänzungslieferung 2013, Art. 33 Rn. 31.

133 Jachmann in v. Mangoldt/Klein/Stark, Grundgesetz, Art. 33 Rn. 17; Badura in Maunz/Dürig, Grundgesetz, 70. Ergänzungslieferung 2013, Art. 33 Rn. 31.

134 Pieper in Schmidt-Bleibtreu/Hofmann/Henneke, Grundgesetz, Art. 33 Rn. 54.

135 Jachmann in v. Mangoldt/Klein/Stark, Grundgesetz, Art. 33 Rn. 17 m.w.N.

136 BVerwG, Entscheidung vom 24.02.1993, BVerwGE 92, 140, 151.

137 BVerwG, Entscheidung vom 24.11.1994, BVerwGE 97, 128 ff; Höfling in Bonner Kommentar zum Grundgesetz, 130. Aktualisierungslieferung August 2007, Art. 33 Rn. 235.

es nach herrschender Meinung zulässig sein, diese Beurteilung „*auszuschöpfen*", das heißt, Einzelnoten und sonstige Punkte einer Beurteilung, auf die es für die angestrebte Position besonders ankommt, miteinander zu vergleichen.[138]

2.2.1.2 Leistungskriterium „Dienstalter"?

Die Ausrichtung der Leistungsebene ausschließlich auf das konkrete Amt anhand nur der für dieses Amt erforderlichen Kriterien mag aus heutiger Sicht selbstverständlich erscheinen - traditionell hergebracht ist jedoch das Bild des „Einheitsbeamten", der in allen Bereichen und Positionen frei einsetzbar sein sollte und dessen Eignung deswegen universell und nicht in Bezug auf ein konkretes Amt zu prüfen war. Auch die Anwendung des Leistungsprinzips im Beamtentum ist noch relativ neu und löste die Regelbeförderung ab, wonach eine Beförderung nach Ablauf einer gewissen Zeit allein aufgrund dieses Zeitablaufs und damit quasi automatisch erfolgte. Um deutlich zu machen, dass Regelbeförderungen nach Zeitablauf und die universelle Feststellung der Eignung im weiteren Sinne der Geschichte angehören sollen, haben die LGG flächendeckend Regelungen eingeführt, nach denen für die Beurteilung von Eignung, Befähigung und fachlicher Leistung ausschließlich die Anforderungen der zu besetzenden Stelle, der zu übertragenden Tätigkeit, des zu besetzenden Dienstpostens, der Laufbahn oder des Berufes maßgebend sein dürfen.[139] Diese Regelungen sind deklaratorisch, da sich ihr Inhalt nach heutigem Verständnis bereits aus Art. 33 Abs. 2 GG ergibt.

Trotz der Abschaffung der Regelbeförderung steht immer wieder die Frage in Streit, ob Kriterien wie das allgemeine Dienstalter (die Zeit, die jemand insgesamt im öffentlichen Dienst beschäftigt ist), das Beförderungsdienstalter (die Zeit, die jemand bereits auf seinem aktuellen Posten verbracht hat, teilweise auch als „Stehzeit (im Amt)", „Standzeit" oder „Rangdienstalter" bezeichnet) oder das Lebensalter für sich genommen Kriterien sein können, die bei der Beurteilung der Eignung im weiteren Sinne eine Rolle spielen.

---

138 BAG, Entscheidung vom 21.01.2003, NZA 2003, 1036, 1038.

139 S. etwa § 13 Abs. 1 LGG-Niedersachsen; § 12 Abs. 1 LGG-Saarland; § 11 Abs. 1 LGG-Hessen.

Diese dem alten Prinzip der Regelbeförderung entstammenden Kriterien legen die Vermutung nahe, dass ihre Verwendung lediglich dem Versuch dienen soll, der alten Regelbeförderung nach Zeitablauf wieder Geltung zu verschaffen. Die überwiegende herrschende Lehre und Rechtsprechung lehnen die Berücksichtigung dieser Kriterien um ihrer selbst Willen - also ohne konkreten Bezug zu einer bestimmten, im Laufe der Zeit erworbenen Fähigkeit oder Erfahrung - auf der Leistungsebene ab.[140] Das gleiche gilt für Wartezeiten seit Einstellung bzw. Beförderung.[141]

Im Einzelnen sind die Grenzen hier aber durchaus fließend, was daran liegt, dass eine eindeutige Festlegung, was „Lebensalter" oder „Dienstalter" eigentlich sind, trotz der auf den ersten Blick gegebenen Einfachheit dieser Begriffe nicht möglich ist. Denn was für den einen eine bloße Jahreszahl ohne qualifikatorische Aussage ist, sind für den anderen wertvolle „Lebenserfahrungen" oder „Berufserfahrungen", aus denen sich Kenntnisse ergeben, die auch bei der Beförderung nach dem Leistungsprinzip eine Rolle spielen sollten.[142] Auch das Bundesverwaltungsgericht ist dieser Idee nicht gänzlich abgeneigt, da sich

> *„insbesondere das Dienstalter häufig auf die Beurteilung von leistungsbezogenen Gesichtspunkten auswirke* [...], *weil sich die durch ein höheres Dienstalter typischerweise zum Ausdruck kommende umfassendere Berufserfahrung häufig leistungsfördernd niederschlagen wird."*[143]

Letzteres ist sicherlich richtig, wenn und soweit Berufserfahrung als echte Arbeitserfahrung im Sinne tatsächlicher Beschäftigung mit einer relevanten Materie verstanden und nicht nur auf eine (relativ abstrakt berechnete[144]) Jahresanzahl abgestellt wird. Dort, wo eine konkret zu besetzende Position eine gegenüber anderen Positionen herausgehobene Diensterfahrung im Sinne tatsächlicher Arbeitserfahrung erfordert, darf und muss „Berufserfahrung" ein Leistungskriterium sein. Die Aufgabe des Beurteilers wird immer darin liegen, relevante Berufserfahrung von der bloßen

---

140 Badura in Maunz/Dürig, Grundgesetz, 70. Ergänzungslieferung 2013, Art. 33 Rn. 31; Pieper in Schmidt-Bleibtreu/Hofmann/Henneke, Grundgesetz, Art. 33 Rn. 71.

141 BVerwG, Entscheidung vom 28.10.2004, BVerwGE 122, 147 ff.

142 Höfling in Bonner Kommentar zum Grundgesetz, 130. Aktualisierungslieferung August 2007, Art. 33 Rn. 158 f; Schnellenbach/Fiebig in Johlen/Oerder, MAH Verwaltungsrecht, § 5 Rn. 94.

143 BVerwGE 86, 169, 175.

144 S. beispielsweise die berücksichtigungsfähigen Zeiten nach § 28 Bundesbesoldungsgesetz.

Jahresanzahl eines Dienstalters abzugrenzen, was aber nicht bedeutet, dass eine solche Abgrenzung übermäßig schwierig sein muss, denn entweder es kann eine bestimmte erforderliche Erfahrung benannt und quantifiziert werden oder eben nicht.

Der EuGH hat im Rahmen eines Vorlageverfahrens über die Frage entschieden, ob ein Vergütungssystem für Angestellte im öffentlichen Dienst in Deutschland (Berlin), bei dem sich die Grundvergütung (auch) nach Lebensaltersstufen richtete, gegen das Verbot der Altersdiskriminierung verstoße. [145] Er kam zu dem Schluss, dass dies der Fall sei, soweit die Eingruppierung von Neueingestellten allein aufgrund ihres Lebensalters erfolge, weil für diese Ungleichbehandlung aufgrund des Alters keine Rechtfertigung ersichtlich sei.[146] Anders jedoch verhalte es sich beim Dienstalter, denn diesbezüglich rechtfertige der Wunsch des Arbeitsgebers, Berufserfahrung zu honorieren und die Bindung eines Arbeitnehmers zu fördern, die Ungleichbehandlung.[147]

Mit dieser Feststellung des EuGH ist das Problem, ob das Dienstalter nach deutscher Diktion ein für die Eignungsfeststellung relevantes Leistungskriterium ist, natürlich nicht gelöst. Denn es wird nicht die Frage beantwortet, ob aus einem bestimmten Dienstalter per se auf die Existenz der für die neue Position erforderlichen Fähigkeiten geschlossen werden kann, wie es nach dem Leistungsprinzip erforderlich ist.

Im Rahmen eines anderen Vorlageverfahrens zu der Frage, ob ein Abstellen auf das Dienstalter Frauen mittelbar diskriminiere, stellte der EuGH jedoch folgende Argumentationskette auf: Es dürfe nach Berufserfahrung differenziert werden, weil diese den Arbeitnehmer befähige, seine Arbeit besser zu verrichten. Dabei sei - ohne dass dies im Einzelfall bewiesen oder auf den individuellen Arbeitnehmer abgestellt werden müsse - zu vermuten, dass ein höheres Dienstalter zu mehr Berufserfahrung - und damit besserer Leistung - führe.[148] Der EuGH stellt hier also eine tatsäch-

---

145 EuGH, Entscheidung vom 08.09.2011, Rs. C-297, 298/10 („Hennigs/Mai").

146 EuGH, Entscheidung vom 08.09.2011, Rs. C-297, 298/10 („Hennigs/Mai") Rn. 76 f.

147 EuGH, Entscheidung vom 08.09.2011, Rs. C-297, 298/10 („Hennigs/Mai") Rn. 69, 77.

148 EuGH, Entscheidung vom 03.10.2006, Rs. C-17/05 („Cadman") Rn. 35 ff.

liche Vermutung[149] dahingehend auf, dass aus einem höheren Dienstalter auf eine bessere Arbeitsverrichtung geschlossen werden könne.

Es ist aber höchst fraglich, ob Art. 33 Abs. 2 GG derartige tatsächliche Vermutungen zulässt. Wie dargelegt, sind konkrete Anforderungen an einen bestimmten Dienstposten aufzustellen und dann im Einzelfall abzuprüfen, was keinen Raum für Annahmen lässt. Vor allem aber ist das Dienstalter in Deutschland eine relativ abstrakt aufgrund verschiedener gesetzlich vorgegebener Faktoren errechnete Zahl, die nicht unbedingt Auskunft darüber gibt, wie lange jemand tatsächlich gearbeitet und also Erfahrungen gesammelt hat.[150] Die Rechtsprechung des EuGH zu „Berufserfahrung“ kann schon deshalb nicht eins zu eins auf das deutsche „Dienstalter“ übertragen werden. Das Bundesverwaltungsgericht hat folglich Recht, wenn es den Schluss vom Dienstalter auf Berufserfahrung ablehnt:

> *„Dienst- und Lebensalter gehören nicht zu den unmittelbar leistungsbezogenen Gesichtspunkten, die der Bewerberauswahl für eine Beförderungsstelle zugrunde zu legen sind. Zwar wird sich insbesondere das Dienstalter häufig auf die Beurteilung von leistungsbezogenen Gesichtspunkten auswirken, weil sich die durch ein höheres Dienstalter typischerweise zum Ausdruck kommende umfassendere Berufserfahrung häufig leistungsfördernd niederschlagen wird. Es gibt jedoch keinen allgemeinen Erfahrungssatz des Inhalts, dass von einem höheren Dienstalter auf einen höheren Leistungsstand und bessere Bewährungsvoraussetzungen geschlossen werden kann.“*[151]

Im Ergebnis ist also festzuhalten, dass konkrete Erfahrungen auf einem bestimmten, abgrenzbaren Gebiet oder mit einer bestimmten Aufgabe Leistungskriterien sein können, dass aber nicht aus der bloßen Jahresanzahl eines Dienst- oder Beförderungsdienstalters geschlossen werden kann, dass solche Erfahrungen vorliegen, sodass das Dienstalter per se kein Leistungskriterium darstellt.[152]

---

149 Der Begriff „tatsächliche Vermutung“ stammt aus dem deutschen Prozessrecht und ermöglicht eine auf eine Vermutung gestützte Beweisführung. Sie liegt vor, wenn, gestützt auf Lebens- oder bestimmte Expertenerfahrungen, von bewiesenen Tatsachen (Indizien) auf nicht bewiesene Tatsachen geschlossen werden kann. Vorliegend beispielsweise soll aus der bewiesenen Tatsache, dass jemand ein bestimmtes Dienstalter hat, auf die (unbewiesene) Tatsache geschlossen werden, dass diese Person auch größere Berufserfahrung hat.

150 S. zu Berechnung des Dienstalters unten S. 189 f.

151 Bundesverwaltungsgericht, Entscheidung vom 28.10.2004, BVerwGE 122, 147, 151.

152 Brosius-Gersdorf in Dreier, Grundgesetz, Art. 33 Rn. 113.

2.2.1.3 Leistungskriterium „Leistungsentwicklung"?

Uneinheitlich wird auch die Frage entschieden, ob auf der Leistungsebene nach Abgleich der jeweils aktuellen Beurteilung auf einer nächsten Stufe ältere Beurteilungen zu beachten sind (die sog. „*Leistungsentwicklung*", also die Tatsache, dass jemand in früheren Bewerbungen schon so gut beurteilt war wie in der aktuellen). Das Oberverwaltungsgericht Saarlouis erkennt eine bessere Leistungsentwicklung nicht als qualifikationserhöhend an,[153] anders das Oberverwaltungsgericht Lüneburg[154] und Teile der Literatur.[155] Auch wenn die Zuordnung einzelner Kriterien vom jeweiligen Anforderungsprofil abhängt und sich eine pauschale Zuordnung damit grundsätzlich verbietet, ist es jedenfalls nicht auf den ersten Blick ersichtlich, was eine sich aus älteren Beurteilungen ergebende „*Leistungsentwicklung*" über die Qualifikation einer Person für eine neue Position aussagen soll, wenn sich die Geeignetheit dieser Person für diese neue Position bereits aus der aktuellen Bewertung ergibt. In den allermeisten Fällen dürfte die „Leistungsentwicklung" daher richtigerweise nicht als Leistungskriterium einzuordnen sein.[156]

2.2.1.4 Unwesentliche Leistungsunterschiede

Das Leistungsprinzip und die Bestenauslese erfordern es nicht, unwesentliche „Leistungsunterschiede" (wenn die überhaupt als solche bezeichnet werden können) noch zu berücksichtigen. Das Bundesarbeitsgericht beispielsweise hat eine Differenz zwischen einem rechnerischen Notendurchschnitt von 2,46 zu 2,56 nicht als so erheblich angesehen, dass sich daraus

153 OVG Saarlouis, Entscheidung vom 18.05.1999, NVwZ-RR 2000, 31.

154 OVG Lüneburg, Entscheidung vom 10.02.2003, Az. 5 ME 181/02; OVG Lüneburg, Entscheidung vom 11.08.1995, Az. 5 M 7720/94.

155 Seeck/ Ciemnyjewski/ Scheel/ Schuldt/ Stotz, Praxis der Kommunalverwaltung - Schleswig-Holstein, 2.3.4.6; Höfling in Bonner Kommentar zum Grundgesetz, 130. Aktualisierungslieferung August 2007, Art. 33 Rn. 235.

156 So auch der VGH Kassel, Entscheidung vom 05.07.1994, ZBR 1995, 109; VGH Kassel, Entscheidung vom 16.05.1995, NVwZ-RR 1996, 279, 280, der dann aber wiederum von der Leistungsentwicklung als „leistungsnahes" Hilfskriterium spricht.

ein besseres Gesamtergebnis ergeben müsse.[157] Der Verwaltungsgerichtshof Mannheim sah den Vorgaben des Art. 33 Abs. 2 GG

> *„bei gleicher oder annähernd gleicher Einschätzung von Eignung, Befähigung und fachlicher Leistung“*

Genüge getan.[158] Auch nach einer Entscheidung des Verwaltungsgerichtes München kommt ein Gleichstand auf der Leistungsebene bereits bei einer *„im wesentlichen gleichen Beurteilungslage“* in Betracht. Geringfügige Unterschiede in einzelnen Leistungsmerkmalen führen demnach noch nicht zu einem entscheidenden Eignungsvorsprung.[159]

Die Literatur sieht Beurteilungen innerhalb einer Note überwiegend als *„im Wesentlichen gleich“* an[160] und geht davon aus, dass die Leistungsebene verlassen sei, wenn zwei Bewerber

> *„nach ihrer letzten (noch aktuellen) dienstlichen Beurteilung und weiteren (legitimen) Erkenntnisquellen als im Wesentlichen gleich geeignet“*

gelten könnten.[161]

2.2.2 Qualifikationsgleichstand: Die Ebene der Hilfskriterien

Sind mehrere Bewerber nach den Leistungskriterien der Eignung, Leistung und Befähigung im Wesentlichen gleich geeignet, kann nach ganz herrschender Meinung ergänzend auf nicht in Art. 33 Abs. 2 GG genannte „Hilfskriterien“ abgestellt werden, die auf einer der Leistungsebene nachgeordneten „Hilfskriterienebene“ abgeprüft werden. Welche Kriterien das sind und wie diese allgemein zu definieren sind, ist im Einzelnen umstritten und unterliegt einem stetigen Wandel in Rechtsprechung und Literatur. Einzelne Stimmen lehnen die Heranziehung von Hilfskriterien zur Entscheidungsfindung in Pattsituationen gänzlich ab - mit der Folge, dass entweder ein Kriterium mit Verfassungsrang (hier wird das Geschlecht ge-

157 BAG, Entscheidung vom 21.01.2003, NZA 2003, 1036, 1038.
158 VGH Mannheim, Entscheidung vom 25.07.1996, Az. 4 S 1525/96.
159 VG München, Entscheidung vom 03.04.2000, Az. M 5 E 00.84.
160 Papier/Heidebach, Mehr Frauen in Führungspositionen des öffentlichen Dienstes durch Fördermaßnahmen - verfassungs- und europarechtliche Bewertung, DVBl 2015, 125, 135 f; Seeck/ Ciemnyjewski/ Scheel/ Schuldt/ Stotz, Praxis der Kommunalverwaltung - Schleswig-Holstein, 2.3.4.7.
161 Schnellenbach/Fiebig in Johlen/Oerder, MAH Verwaltungsrecht, § 5 Rn. 89.

nannt) den Ausschlag geben muss, oder aber die Entscheidung im Losverfahren zu treffen ist.[162]

Fest steht, dass die Hilfskriterien die Leistungskriterien des Art. 33 Abs. 2 GG nicht in der Form kompensieren dürfen, dass sie auch eingreifen, wenn Anforderungsprofil oder Beurteilungssystem nicht hinreichend differenziert sind.[163] Außerdem müssen Hilfskriterien „*sachlich*“ sein, weswegen eine Einbeziehung der in den speziellen Gleichheitssätzen verbotenen Merkmale auch auf Ebene der Hilfskriterien verboten ist.[164] Das Bundesverwaltungsgericht fasst dies so zusammen:

> *„Kommt die Einstellungsbehörde bei der Beurteilung von Eignung, Leistung und Befähigung der Bewerber beurteilungsfehlerfrei zu der Überzeugung, daß zwei Bewerber gleichermaßen geeignet sind, so steht es zwar nach der ständigen Rechtsprechung des Senats in ihrem Ermessen, anhand welcher sonstigen (sachlichen) Kriterien sie die Auswahl trifft. Der Bewerber darf aber nicht aus unsachlichen Gründen vom Zugang zu einem öffentlichen Amt ausgeschlossen werden.* […] *Das in Art. 33 Abs. 3 verbotene Merkmal der Zugehörigkeit zu einer Konfession ist aber gerade ein Beispiel eines solchen unsachlichen Auswahlkriteriums, das die Entscheidung ermessenfehlerhaft macht.*“[165]

Für das hier behandelte Thema der Quotenregelungen relevante Meinungsverschiedenheiten bestehen bezüglich der Hilfskriterien vor allem im Hinblick auf einen etwaigen Leistungsbezug der Hilfskriterien und eine sich daraus ergebende Rangfolge (2.2.2.1.), die üblichen Hilfskriterien und ihre Zulässigkeit (2.2.2.2.) sowie ihre Gewichtung zueinander (2.2.2.3.). Ferner stellt sich die Frage, ob der grundgesetzlich verankerte Frauenförderauftrag schon als solcher das Geschlecht zu einem Hilfskriterium macht - ohne dass es dafür einer kodifizierten Quotenregelung bedürfte (2.2.2.4).

---

162 Brosius-Gersdorf in Dreier, Grundgesetz, Art. 33 Rn. 118.

163 Jachmann in n v. Mangoldt/Klein/Stark, Grundgesetz, Art. 33 Rn. 20; BVerfG, Entscheidung vom 07.03.2013, NVwZ 2013, 1603.

164 Jachmann in v. Mangoldt/Klein/Stark, Grundgesetz, Art. 33 Rn. 20; BVerwG, Entscheidung vom 24.11.1988 81, BVerwGE 22, 24 f.

165 BVerwG, Entscheidung vom 24.11.1988, BVerwGE 81, 22, 26.

2.2.2.1 Leistungsbezug der Hilfskriterien

In Rechtsprechung und Literatur finden sich unterschiedliche Auffassungen zu der Frage, ob die Hilfskriterien einen (wie auch immer gearteten) „*Leistungsbezug*“ aufweisen müssen oder dürfen.

Teilweise wird dem Art. 33 Abs. 2 GG in diesem Zusammenhang eine „*Ausstrahlungswirkung auch auf die Hilfskriterienebene*“[166] zuerkannt, die unter anderem zu einer festen Reihen- bzw. Rangfolge der Hilfskriterien führen soll, an die der Dienstherr bei seiner Personalentscheidung gebunden sei. „*Leistungsnähere*“ Kriterien sollen demnach vorrangig vor „*leistungsferneren*“ Kriterien und „*leistungsfremde*“ Kriterien sollen erst nachrangig berücksichtigt werden dürfen.[167] Auch in einer älteren Entscheidung des Bundesverwaltungsgerichtes heißt es:

> *„Das Lebensalter und das Dienstalter können bei einer individuellen Auswahlentscheidung jedenfalls unter Beamten, die nach Eignung, Befähigung und fachlicher Leistung im wesentlichen gleich beurteilt sind, entscheidend mit herangezogen werden. Die Berücksichtigung des Lebens- und Dienstalters ist insoweit mit dem Leistungsgrundsatz vereinbar und geht davon aus, daß die von einem lebens- und dienstälteren Beamten typischerweise mitgebrachte umfassendere praktische Berufserfahrung für die nunmehr im Beförderungsamt zu erfüllenden Aufgaben im Rahmen der Leistungsbeurteilung berücksichtigt werden können.“*[168]

Die Entscheidung liest sich allerdings, als würde das Gericht keine Hilfskriterien anwenden, sondern Aspekte bewerten, die bei gleicher Beurteilung zweier Bewerber noch (und nur) auf der Leistungsebene heranzuziehen sind. Dann besteht natürlich das Erfordernis, diesen Aspekten einen wie auch immer gearteten Leistungsbezug zu unterstellen. Ähnlich liest sich eine Entscheidung des Verwaltungsgerichtes Lüneburg, das offenbar sämtliche denkbare Auswahlkriterien in eine ihrem „Leistungsbezug“ entsprechende Rangfolge bringen will und dabei dem Dienstalter eine - wenn auch geringe - Aussage bezüglich der Eignung zubilligt.[169]

Richtigerweise ist es jedoch schon falsch, wenn auf den Leistungsbezug eines Hilfskriteriums abgestellt wird, der zwar in Form eines (wie auch immer gearteten) Bezuges zu irgendeiner Leistung vorhanden ist, der aber

---

166 Schnellenbach/Fiebig in Johlen/Oerder, MAH Verwaltungsrecht, § 5 Rn. 92.

167 So etwa VGH Kassel, Entscheidung vom 05.07.1994, ZBR 1995, 109; VGH Kassel, Entscheidung vom 16.05.1995, NVwZ-RR 1996, 279, 280.

168 BVerwG, Entscheidung vom 25.08.1988, Az. 2 C 51/86.

169 VG Lüneburg, Entscheidung vom 29.01.1997, Az. 1 B 6/97.

nicht zu einer Anforderung gehört, die im Hinblick auf die zu besetzende Stelle relevant wäre (etwa Französischkenntnisse bei einer Stelle, deren Anforderungsprofil ausschließlich Englisch verlangt). Derlei Kriterien entsprechen nicht mehr dem im Vorhinein aufgestellten Anforderungsprofil (dann wären sie echte Leistungskriterien), deswegen darf es auf einen „Leistungsbezug" nicht ankommen. Hier besteht zudem die Gefahr, dass die Einbeziehung solcher Kriterien zu einer Uferlosigkeit der Entscheidungskriterien führt, unabhängig davon, ob sie als Leistungs- oder Hilfskriterien betitelt werden. Jeder Mensch verfügt über ein großes Reservoir an „Leistungen" und Fähigkeiten, sodass faktisch jeder für eine bestimmte Position ausgewählt werden kann, wenn nur die Begründung richtig gewählt wird. Gerade deswegen erfordert das Leistungsprinzip schon vor der eigentlichen Bewerberauswahl eine klare Abgrenzung und Transparenz dahingehend, welche Kriterien bei der Auswahl von Bedeutung sein werden und welche nicht. Aus dem gleichen Grund darf auch auf Hilfskriterienebene ein „Leistungsbezug" keine Rolle mehr spielen.

Stimmen in der Literatur, die Hilfskriterien als streng leistungsfremd verstehen,[170] sehen diese Gefahr der Verwässerung der eigentlichen Eignungsprüfung auf Leistungsebene und kritisieren das Verschwimmen zwischen Leistungsbezug und Hilfskriterium in der Rechtsprechung. Dem Bundesverwaltungsgericht wird vorgeworfen, es würde einen zu engen Zusammenhang beispielsweise zwischen dem Alter als Hilfskriterium und dem Alter als Eignungsaspekt herstellen. Gerade bezüglich Kriterien wie dem Dienstalter sei dadurch nicht mehr gewährleistet, dass auf Hilfskriterien erst und nur abgestellt werde, wenn eine Bestenauslese gescheitert sei.[171] Zwischen Eignungs- und Hilfskriterien sei daher insgesamt strenger zu trennen. Hilfskriterien lägen nämlich

> „*jenseits des Leistungsprinzips, das bereits beachtet worden ist, aber zu keiner Lösung geführt hat*".[172]

Andere Stimmen in der Literatur hingegen gehen sogar noch weiter als die dargestellte Rechtsprechung und sprechen von „*eignungsergänzenden*

---

170 Schiek in Schiek/Dieball/Horstkötter/Seidel/Vieten/Wankel, Frauengleichstellungsgesetze Rn. 217.

171 Höfling in Bonner Kommentar zum Grundgesetz, 130. Aktualisierungslieferung 2007, Art. 33 Rn. 162 f.

172 Höfling in Bonner Kommentar zum Grundgesetz, 130. Aktualisierungslieferung 2007, Art. 33 Rn. 284.

Hilfskriterien", die zum Zuge kämen, wenn aufgrund der „*eignungsimmanenten Kriterien*" (gemeint sind die Leistungskriterien als solche) keine Entscheidung getroffen werden könne. Zwar sei mit der Feststellung der gleichen Eignung (im weiteren Sinne) der Gewährleistungsbereich des Art. 33 Abs. 2 GG verlassen und die weitere Auswahl dem „*willkürfrei ausgeübten Ermessen des Dienstherren*" überlassen. Jedoch ergäben sich auch dort „*mittelbare Rückwirkungen des Artikel 33 Abs. 2 GG auf die weitere Entscheidung*". Hilfskriterien seien demnach nur zulässig, wenn sie das Leistungsprinzip nicht grundsätzlich durchbrechen würden.[173] „*Eignungsfremden Kriterien*" sollen nach dieser Lesart auch als Hilfskriterien eine nur durch kollidierendes Verfassungsrecht zu rechtfertigende Durchbrechung des Art. 33 Abs. 2 GG darstellen.[174] Diese Auffassung konterkariert jedoch wieder die zuvor getroffenen Feststellungen, dass das Leistungsprinzip mit der Feststellung der Leistungsgleichheit erschöpft sei.

Richtigerweise ist das „*leistungsbezogene Hilfskriterium*" ein Oxymoron. Entweder, ein Kriterium hat Bezug zu dem konkreten Anforderungsprofil der zu besetzenden Stelle und ist damit ein Leistungskriterium oder eben nicht. Im ersten Fall ist dieses Kriterium konsequent und ausschließlich auf Leistungsebene zu prüfen und wird dort von den Vorgaben des Art. 33 Abs. 2 GG erfasst. Hat ein Kriterium keinen Bezug zum konkreten Anforderungsprofil, ist es ein reines Hilfskriterium, das erst und nur auf dieser Ebene Bedeutung erlangen kann und dem nicht durch einen vermeintlich größeren "Leistungsbezug" größeres Gewicht zugemessen werden kann. Wollte man dies anders sehen, müsste man auch erklären, zu welcher „Leistung" das jeweilige Kriterium denn in Bezug stehen soll, wenn nicht zu der für die zu besetzende Stelle erforderlichen Leistung (was aber bereits auf der Leistungsebene abschließend abgeprüft wird). Damit würde deutlich, dass der „Leistungsbezug" in keinem Zusammenhang zu den von Art. 33 Abs. 2 GG erfassten Leistungskriterien steht, sondern lediglich eine Eigenschaft meint, die im weitesten Sinne nicht genetisch bedingt ist. Stimmen, die auch auf Hilfskriterienebene noch einen Leistungsbezug fordern, wollen sich im Grunde nicht der Erkenntnis stellen, dass ein Leistungsvergleich anhand relevanter Kriterien nicht immer

---

173 Trute in Stein/Denninger/Hofann-Riem/Schneider Grundgesetz AK-GG, Art. 33 Rn. 40.

174 Trute in Stein/Denninger/Hofann-Riem/Schneider Grundgesetz AK-GG, Art. 33 Rn. 41.

ein Ergebnis bringt, dass es in der Folge nicht immer möglich ist, die „am besten geeignete“ Person auszuwählen und dass es deshalb um die Frage gehen muss, welche Kriterien außer den Leistungskriterien vernünftigerweise zur Entscheidungsfindung herangezogen werden dürfen. Das beinhaltet auch die Erkenntnis, dass dieser Entscheidung eine gewisse „Ungerechtigkeit“ stets immanent ist, da zwangsläufig auf Kriterien abgestellt wird, auf die die betroffenen Personen wenig oder keinen Einfluss haben und die keinen Bezug zu der zu vergebenden Position aufweisen. Dennoch ist nur so dem Leistungsprinzip und damit den verfassungsrechtlichen Vorgaben des Art. 33 Abs. 2 GG Genüge getan. Denn Ausfluss des Leistungsprinzips ist auch Transparenz dahingehend, dass zwei Personen gleich qualifiziert sind und dass deswegen Entscheidungskriterien gefunden werden müssen, die eine sachliche Entscheidung ermöglichen, ohne die eine oder andere Person als „besser“ darzustellen.

Für diese Nicht-Leistungskriterien gelten dann aber weder die Vorgaben des Art. 33 Abs. 2 GG (dessen Anforderungen bereits erfüllt sind), noch die Vorgabe, dass sie Verfassungsrang haben müssen. Denn bei ihrer Verwendung wird kein Grundrecht (in diesem Fall das Leistungsprinzip) durchbrochen, sodass auch kein kollidierendes Verfassungsgut zur Rechtfertigung herangezogen werden muss.

So bleibt die Frage, welche Anforderungen an die nicht leistungsbezogenen Hilfskriterien zu stellen sind. Wie gesehen, dürfen sie keine für die konkreten Anforderungen der zu besetzenden Stelle relevanten Leistungsbezüge mehr aufweisen und müssen nicht zwangsläufig Verfassungsrang haben. Das eröffnet einen theoretisch weiten Bereich sachlicher Kriterien, die sich ihrerseits natürlich im verfassungsrechtlichen Rahmen halten müssen - selbstredend ist es auch auf dieser Eben nicht erlaubt, Anknüpfungsverbote zu umgehen. In diesem Sinne richtig hat daher das Bundesarbeitsgericht entschieden:

> *„Sind zwei Bewerber gleich qualifiziert, verbleibt dem Arbeitgeber ein weitgehendes Auswahlermessen; denn das Kriterium der Bestenauslese nach Art. 33 Abs. 2 GG ist dann gewahrt.* […] *Art. 33 Abs. 2 GG schreibt für die noch offene Auswahlentscheidung nichts weiter vor.* […] *Der Arbeitgeber kann zu seiner weiteren Entscheidungsfindung Hilfskriterien heranziehen. Diese dürfen nicht sachwidrig sein.*“[175]

175 BAG, Entscheidung vom 21.01.2003, Az. 9 AZR 307/02 Rn. 26.

2.2.2.2 Übliche Hilfskriterien

Obwohl die Liste möglicher Hilfskriterien entsprechend der dargestellten Vorgaben nicht abschließend sein kann, gibt es in Literatur und Rechtsprechung bestimmte, stets wiederkehrende „übliche" Kriterien.

Als zulässige, dem Kriterium der Sachlichkeit entsprechende Hilfskriterien hat die Rechtsprechung bislang beispielsweise den drohenden Eintritt einer laufbahnrechtlichen Beförderungssperre,[176] das Innehaben einer Führungsposition,[177] das Datum der letzten Fachprüfung,[178] die Leistungsentwicklung[179] (die richtigerweise Hilfs-, und nicht Leistungskriterium ist[180]), die Wertigkeit des bisher wahrgenommenen Dienstpostens,[181] eine Schwerbehinderteneigenschaft[182] oder die Ableistung von Wehr- bzw. Ersatzdienst[183] anerkannt, wobei es sich natürlich stets nur um Entscheidungen für den jeweiligen Einzelfall und nicht um allgemeingültige Definitionen eines Hilfskriteriums handelt. Auch das Gesetz selbst nennt mitunter Hilfskriterien.[184] Den genannten Punkten gemein sind ein gewisses Element der Belohnung bzw. Auszeichnung und/oder ein sozialer Aspekt. Insbesondere bezüglich des sozialen Aspektes ist jedoch das Sachlichkeitserfordernis zu beachten. So ist es nach überwiegender Ansicht in Literatur und Rechtsprechung nicht zulässig, auf die Anzahl der Kinder eines Bewerbers oder einer Bewerberin oder entsprechende Unterhaltspflichten abzustellen.[185]

Besonders häufig werden in Praxis, Rechtsprechung und Literatur die Kriterien allgemeines Dienstalter, Beförderungsdienstalter, die genannten soziale Aspekte und (meist in älteren Entscheidungen und Publikationen)

---

176 OVG Weimar, Entscheidung vom 31.01.2005, NJOZ 2005, 4685, 4691.

177 VG Gelsenkirchen, Entscheidung vom 06.06.2008, NVwZ-RR 2009, 174.

178 VG Lüneburg, Entscheidung vom 29.01.1997, Az. 1 B 6/97.

179 OVG Münster, Entscheidung vom 14.08.2001, Az. 1 B 175/01.

180 S. dazu oben S. 62 f.

181 VGH Mannheim, Entscheidung vom 12.04.2011, Az. 4 S 353/11.

182 Höfling in Bonner Kommentar zum Grundgesetz, 130. Aktualisierungslieferung 2007, Art. 33 Rn. 292.

183 Höfling in Bonner Kommentar zum Grundgesetz, 130. Aktualisierungslieferung 2007, Art. 33 Rn. 293, s. auch § 11a ArbPlSchG; Brosius-Gersdorf in Dreier, Grundgesetz, Art. 33 Rn. 121.

184 S. dazu und zu weiteren anerkannten Hilfskriterien auch Battis in Battis, Bundesbeamtengesetz, § 22 Rn. 19 ff.

185 Pieper in Schmidt-Bleibtreu/Hofmann/Henneke, Grundgesetz, Art. 33 Rn. 73; OVG Münster, Entscheidung vom 04.01.1999, NJW 1999, 1203 f.

das Lebensalter diskutiert. Dabei wiederum sind das allgemeine und das Beförderungsdienstalter die am häufigsten verwendeten und weitestgehend als solche anerkannten Hilfskriterien.[186] Das Bundesverwaltungsgericht führt dazu aus:

> *„Dementsprechend ist die Berücksichtigung des Dienstalters bei der Besetzung von Beförderungsstellen nur im Falle eines Leistungsgleichstands mit Art. 33 Abs. 2 GG vereinbar. Der Leistungsvergleich muss anhand von aussagekräftigen, d.h. hinreichend differenzierten und auf gleichen Bewertungsmaßstäben beruhenden dienstlichen Beurteilungen vorgenommen werden* […]. *Erst wenn feststeht, dass ein solcher Vergleich nicht zu einem Ergebnis führt, weil zwei oder mehr Bewerber nach Leistungsgesichtspunkten als im Wesentlichen gleich geeignet einzustufen sind, kann die Auswahlentscheidung auf das Dienstalter gestützt werden.*“[187]

Vielfach kritisiert wird, dass auf diese Weise dem aus der Zeit der Regelbeförderungen nach Zeitablauf stammenden Kriterium „Dienstalter“ (wenn auch „inoffiziell“) noch immer große Bedeutung bei der Personalauswahl zukomme. Viele Beförderungen würden noch immer auch oder gar wesentlich auf das Dienstalter gestützt - nach Durchsetzung des Leistungsprinzips zwar nicht mehr offiziell, nun aber unter dem „*Deckmäntelchen*“ einer Vielzahl gleich lautender Beurteilungen, die das Dienstalter zum letztlich doch ausschlaggebenden Hilfskriterium machen würden.[188]

Nachrangig zum Dienstalter kommt dem Lebensalter in vielen hierzu veröffentlichten Entscheidungen immer noch zwar untergeordnete,[189] aber dennoch Bedeutung zu.[190] Stimmen in Literatur[191] und Rechtsprechung[192] erkennen es teilweise nach wie vor als zulässiges Hilfskriterium an, aller-

---

186 S. etwa Battis in Battis, Bundesbeamtengesetz, § 22 Rn. 19, 21; ArbG Düsseldorf, Entscheidung vom 28.10.2008, Az. 10 Ca 4927/08.

187 BVerwG, Entscheidung vom 28.10.2004, BVerwGE 122, 147, 151.

188 S. hierzu Schiek in Schiek/Dieball/Horstkötter/Seidel/Vieten/Wankel, Frauengleichstellungsgesetze Rn. 203 f.

189 OVG Münster, Entscheidung vom 10.11.1999, Az. 6 B 595/99; VG Arnsberg, Entscheidung vom 05.03.2002, Az. 2 L 128/02; OVG Münster, Entscheidung vom 27.11.2007, Az. 6 B 1493/07.

190 VG Gelsenkirchen, Entscheidung vom 06.06.2008, NVwZ-RR 2009, 174.

191 Pieper in Schmidt-Bleibtreu/Hofmann/Henneke, Grundgesetz, Art. 33 Rn. 70; Höfling in Bonner Kommentar zum Grundgesetz, 130. Aktualisierungslieferung 2007, Art. 33 Rn. 288.

192 OVG Münster, Entscheidung vom 31.05.2012, Az. 1 A 1939/10; ebenso: OVG Münster, Entscheidung vom 01.08.2011, Az. 1 B 186/11; VG Düsseldorf, Entscheidung vom 23.01.2012, Az. 2 L 1706/11.

dings ohne dabei auf das AGG einzugehen. Seit dessen Inkrafttreten im Jahre 2006 stellt sich jedoch die Frage, ob hierin nicht eine Benachteiligung des jeweils jüngeren Bewerbers wegen des Alters liegt. Auch das allgemeine und das Beförderungsdienstalter bergen die Gefahr, mittelbar auf das Lebensalter abzustellen.

Wie dargestellt,[193] hat der EuGH entschieden,[194] dass ein Anknüpfen ausschließlich an das Lebensalter altersdiskriminierend sei, jedenfalls soweit auch Personen ohne jede Berufserfahrung allein nach ihrem Alter eingestuft würden. Denn dies würde über das legitime Ziel, Berufserfahrung und Treue honorieren zu wollen, hinausschießen.[195] Die Verwendung des Dienstalters als Anknüpfungskriterium hingegen genüge dem Ziel, Berufserfahrung zu honorieren, in zulässiger Weise und sei daher gerechtfertigt.[196] Auch habe der Dienstherr ein weites Ermessen, welche Mittel er einsetze, um Berufserfahrung zu honorieren.[197]

An dieser Stelle lässt sich - anders als im Anwendungsbereich des Art. 33 Abs. 2 GG - die Rechtsprechung des EuGH problemlos auf das deutsche System übertragen: Das Abstellen auf ein „Alter“ (sei es Dienst-, Rangdienst- oder Lebensalter) ist dann zulässig, wenn damit ein legitimes Ziel verfolgt wird und nicht nur auf die bloße Jahreszahl abgestellt wird. Nichts anderes gibt auch § 10 AGG vor, wonach eine unterschiedliche Behandlung wegen des Alters zulässig ist, wenn sie objektiv und angemessen und durch ein legitimes Ziel gerechtfertigt ist. Die Zielfestlegung wiederum kann nach der Rechtsprechung des EuGH auf politischen, wirtschaftlichen, sozialen, demographischen oder (eingeschränkt) fiskalischen Erwägungen beruhen.

Auf Hilfskriterienebene ist beim Lebensalter ein legitimes, darüber hinausweisendes Ziel (jedenfalls nicht ohne Weiteres) erkennbar. Anders mag dies beim Dienstalter aussehen: Die vom EuGH ins Spiel gebrachte Honorierung der Berufserfahrung und Belohnung der Treue sind legitime Ziele, die zudem sachlich im Sinne der Anforderungen an Hilfskriterien sind. Das gleiche gilt für das Ziel, Beschäftigte möglichst lange binden zu wol-

---

193 S. dazu oben S. 60.
194 EuGH, Entscheidung vom 08.09.2011, Rs. C-297, 298/10 („Hennigs/Mai“).
195 EuGH, Entscheidung vom 08.09.2011, Rs. C-297, 298/10 („Hennigs/Mai“) Rn. 77.
196 EuGH, Entscheidung vom 03.10.2006, Rs. C-17/05 („Cadman“) Rn. 40.
197 EuGH, Entscheidung vom 08.09.2011, Rs. C-297, 298/10 („Hennigs/Mai“) Rn. 72 ff.

len, indem ihnen aus vielen Tätigkeitsjahren Vorteile erwachsen können. Im Ergebnis kann damit das Dienstalter ein zulässiges Hilfskriterium sein, das Lebensalter aber nicht.

In der deutschen Rechtsprechung erwähnt dennoch einzig das Verwaltungsgericht des Saarlandes das AGG bei der Frage, ob das Lebensalter ein Hilfskriterium ist. Es stellt - ohne weitere Erklärung, im Ergebnis aber zutreffend - fest, dass sich

> „*eine Berücksichtigung des Lebensalters nunmehr bereits im Hinblick auf die Bestimmungen des Allgemeinen Gleichbehandlungsgesetzes* […] *als unzulässig erweisen dürfte*“.[198]

Die Kriterien Rangdienstalter und allgemeines Dienstalter hingegen hält es, ebenfalls ohne weitere Erklärung, für anwendbar und AGG-konform.

2.2.2.3 Gewichtung der Hilfskriterien

Sobald mehreren gleichqualifizierten Bewerbungen Hilfskriterien zur Seite stehen, stellt sich die Frage, wie diese Hilfskriterien untereinander zu gewichten sind, um eine Entscheidung herbeiführen zu können.

Vertreter der Gruppe, die bei den Hilfskriterien einen Leistungsbezug sehen wollen, bilden eine entsprechende Rangfolge.

Die übrigen Meinungen gehen meist davon aus, die Auswahl der Hilfskriterien stehe insgesamt im pflichtgemäßen Ermessen des Dienstherren, der hier einen weiten Beurteilungsspielraum habe und dem deswegen auch keine wie auch immer geartete Gewichtung vorgeschrieben werden dürfe.[199] Der Dienstherr könne demnach auswählen, welche sachlichen Hilfskriterien er in seine Entscheidung einbeziehen und wie er diese gewichten werde. Selbstredend wäre es dabei ermessensfehlerhaft, die Kriterien für jede einzelne Personalentscheidung neu zu bestimmen und zu gewichten und sich so die Möglichkeit zu eröffnen, in jeder Situation das im Hinblick auf ein angestrebtes Ergebnis „passende“ Kriterium auszuwählen. Hier bildet schon das sich aus Art. 3 Abs. 1 GG ergebende Willkürverbot eine Grenze des Ermessens, die das Oberverwaltungsgericht Münster so beschreibt:

---

198 VG Saarland, Entscheidung vom 05.06.2009, Az. 2 L 233/09 Rn. 29.

199 So etwa VG München, Entscheidung vom 03.04.2000, Az. M 5 E 00.84.

> *„Zum anderen erfährt das Ermessen des Dienstherrn in diesem Zusammenhang Grenzen durch die gebotene Beachtung des Willkürverbots aus Art. 3 I GG. Diesem ist zu entnehmen, dass der Dienstherr von den zur Verfügung stehenden Hilfskriterien nicht ‚nach Belieben', d.h. ohne ein erkennbares System, alternativ Gebrauch machen darf. Insbesondere ist es ihm verwehrt, im Einzelfall wahlweise das auf den für eine Beförderung vorgesehenen Beamten jeweils ‚passende' Hilfskriterium heranzuziehen. Vielmehr hat der Dienstherr auf eine ‚einheitliche Linie' bei der Verwendung der Hilfskriterien zu achten. Letzteres gilt auch im Falle einer - grundsätzlich zulässigen - Abkehr von einer früheren zu einer neuen (ständigen) Verwaltungspraxis.* [...] *Daraus folgt: Hat der Dienstherr in einer einmal eingeschlagenen Verwaltungspraxis die Art und Reihenfolge der von ihm bei Beförderungsentscheidungen zugrundegelegten Hilfskriterien in bestimmter Weise festgelegt, so wird er sie - vorbehaltlich einer allgemeinen Änderung dieser Verwaltungspraxis - bei (im Wesentlichen) gleichartigen Beförderungsfällen grundsätzlich beizubehalten haben.* [...] *Durchbrechungen einer ständigen Verwaltungspraxis im Einzelfall bedürfen - soweit sie überhaupt für zulässig zu erachten sind - einer besonderen sachlichen Rechtfertigung. Sie müssen darüber hinaus im System der bestehenden Verwaltungspraxis selbst mit angelegt sein, d. h. ihrerseits - in Bezug auf die betreffende Fallgruppe - gleichmäßig angewendet werden.*“[200]

Im Ergebnis ist der Ansicht, die die Gewichtung sachlicher Hilfskriterien in das Ermessen des Dienstherren stellt und sie damit nur den im Ermessensbereich geltenden Regelungen unterwirft, zuzustimmen. Denn nur dies sichert mittels Etablierung einer Verwaltungspraxis eine gewisse Transparenz und Konstanz in den Auswahlverfahren, während gleichzeitig den Erfordernissen des jeweiligen Dienstbereiches Rechnung getragen werden kann. Hinzuweisen ist aber - insbesondere mit Blick auf die Quotenregelungen - darauf, dass der Verfassungsrang eines bestimmten Kriteriums dem Ermessen des Dienstherren Grenzen setzt, indem er sowohl die zwingende Beachtung dieses Kriteriums als auch seine Gewichtung vorschreibt.

2.2.2.4 Hilfskriterium „Frau“?

Wie gesehen, sind bestimmte, sich aus dem Sozialstaatsprinzip ergebende Kriterien als Hilfskriterien anerkannt. Dies führt zu der Frage, ob auch der Förderauftrag aus Art. 3 Abs. 2 Satz 2 GG - und damit das Geschlecht (verstanden als gesellschaftlich in einem bestimmten Bereich benachteilig-

---

200 OVG Münster, Entscheidung vom 19.10.2001, Az. 1 B 581/01.

tes Geschlecht) - ein auf Hilfskriterienebene zu beachtendes Kriterium sein kann oder gar sein muss. Sind auf der Ebene, auf die befördert oder für die eingestellt werden soll, signifikant weniger Frauen als Männer beschäftigt, könnte allein der verfassungsrechtliche Förderauftrag dazu führen, dass das Geschlecht als Hilfskriterium eine Rolle spielt, und zwar ganz ohne wie auch immer geartete kodifizierte Quotenregelung.

Die Schwierigkeit liegt dabei stets darin, dass dies ein Anknüpfen an ein verbotenes Anknüpfungsmerkmal (Geschlecht) bedeutet, und dass ein Verstoß gegen die Anknüpfungsverbote des Art. 3 Abs. 3 GG grundsätzlich zu Recht als unsachlich bewertet wird. Es stellt sich folglich die Frage, ob das Merkmal Geschlecht trotz Anknüpfungsverbot und Unsachlichkeit ein Hilfskriterium sein kann, weil Förderauftrag und Sozialstaatsprinzip es dazu machen.

Die Gerichte beantworten diese Frage unterschiedlich.

Das Amtsgericht Frankfurt/Oder beschäftigte sich mit der Frage, ob es aufgrund der Verfassung und des AGG gehalten sei, unter bestimmten Bedingungen bei der Auswahl eines Insolvenzsachverständigen das Geschlecht der dafür in Frage kommenden Personen zu beachten,[201] weil es wegen des Frauenförderauftrages der Verfassung und § 5 AGG auch den Insolvenzgerichten obliegen könne, auf eine stärkere Beteiligung von Frauen bei der verantwortlichen Leitung von Insolvenzverfahren hinzuwirken.[202] Das Gericht bejahte eine solche Pflicht, da diese der Förderung der Chancengleichheit durch grundrechtlich gebundene Stellen diene. Andere Auswahlkriterien unabdingbarer Art und die Belange männlicher Bewerber seien dabei jedoch in die in jedem Einzelfall erforderliche Abwägung einzustellen. Wie diese Abwägung dann auszusehen habe - insbesondere also, wie der Förderauftrag zu gewichten sei - erörterte das Gericht nicht weiter. Die Diktion und das Ergebnis des Urteils („*Belange männlicher Bewerber*", „*in jedem Einzelfall erforderliche Abwägung*") zeigen jedoch, dass das Gericht seiner Entscheidung offenbar die Rechtsprechung des EuGH zu Quotenregelungen[203] zugrunde gelegt hat. Es ging also davon aus, dass auch ein direkt aus der Verfassung hergeleiteter Auftrag zur Beachtung des Fördergebotes sich in den Grenzen halten müsse, die laut EuGH für kodifizierte Quotenregelungen gelten und nicht darüber hinausgehen könne, was dann richtig und konsequent ist, wenn man davon aus-

---

201 AG Frankfurt/Oder, Entscheidung vom 22.10.2013, NJW-RR 2014, 164 ff.
202 AG Frankfurt/Oder, Entscheidung vom 22.10.2013, NJW-RR 2014, 164, 165.
203 S. zur Rechtsprechung des EuGH zu Quoten unten S. 138 ff.

geht, dass diese Vorgaben das verfassungsrechtlich maximal Mögliche abbilden.

Das Oberverwaltungsgericht Münster[204] hingegen hatte in einer alten Entscheidung 1989 (also vor Änderung des Art. 3 Abs. 2 GG) verneint, dass aus dem Sozialstaatsprinzip eine Beachtung der Frauenförderung auf Hilfskriterienebene folgen könne. Denn die sozialstaatlich motivierte Bevorzugung der Frauen führe im Einzelfall zu einer „*empfindlichen Benachteiligung*" des unterlegenen Mannes und laufe „*faktisch*" auf eine Einschränkung des sich aus Art. 3 Abs. 2 und Abs. 3 GG [a.F.] ergebenden Diskriminierungsverbotes hinaus. Das Sozialstaatsprinzip könne hier aus sich heraus keine unmittelbar grundrechtseinschränkende Wirkungen entfalten. Dazu bedürfe es vielmehr einer näheren Konkretisierung durch den Gesetzgeber.

Diese Entscheidung ist in der Literatur kritisiert worden. Das Gericht habe sich nicht ausreichend mit der Frage auseinandergesetzt, ob nicht vielleicht eine Maßnahme vorgelegen habe, bei der es um den Ausgleich erlittener Nachteile ginge und gar nicht um eine Ungleichbehandlung wegen des Geschlechts. Es hätte daher geprüft werden müssen, ob es sich beim Frauenförderkonzept um eine „*Aktion zur Herstellung der Gleichheit*" gehandelt habe. Wenn das so sei, läge schon keine geschlechtsbezogene Ungleichbehandlung vor, die mittels eines Gesetzes - oder eben durch das Sozialstaatsprinzip - gestattet werden müsse. Zudem ergäbe sich die vom Oberverwaltungsgericht Münster gesehene Kollision nicht aus einem Zusammentreffen des Gleichheitssatzes mit dem Sozialstaatsprinzip, sondern aus dem Zusammentreffen des „*individualrechtlichen und des objektivrechtlichen*" Gleichheitssatzes bzw. der „*gleichen Rechtsstellung und tatsächlichen Gleichbehandlung*". Die Ausgestaltung nicht individualrechtlicher Grundrechtselemente sei zwar Sache des Gesetzgebers, dennoch könne es „*exekutivische Lösungen*" geben, solange der Gesetzgeber seiner Aufgabe zur Erfüllung des Verfassungsauftrages nicht nachgekommen sei. Denn Grundrechte würden nicht nur den Gesetzgeber, sondern auch die vollziehende Gewalt binden. Wenn dann in einem Grundrecht wie Art. 3 Abs. 2 GG [a.F.] bereits die verfassungsrechtliche Entscheidung getroffen sei, die Diskriminierung der Frauen zu beseitigen, nehme diese Entscheidung an der Wirksamkeit des Grundrechts teil. Entsprechend müsse umgekehrt die Frage gestellt werden, wie weit es mit der Verfas-

204 OVG Münster, Entscheidung vom 15.06.1989, NJW 1989, 2560, 2561.

sung vereinbar sei, der Exekutive die Umsetzung solcher Verfassungsaufträge zu untersagen.[205]

Anders als das Oberverwaltungsgericht Münster hatte wiederum zwei Jahre zuvor und damit ebenfalls auf Grundlage des alten Rechts das Verwaltungsgericht Bremen entschieden.[206] Demnach sei eine gesetzliche Grundlage für die Bevorzugung der Frau nur dann erforderlich, wenn ein Spannungsverhältnis zwischen Art. 3 GG und dem Sozialstaatsprinzip gesehen würde. Kein vom Gesetzgeber zu schaffender Ausgleich sei jedoch erforderlich, wenn die in Frage stehende Fördermaßnahme eine aus Art. 3 Abs. 2 GG [a.F.] herrührende verfassungsrechtliche Grundlage habe, wovon das Gericht zwar ausging, es letztlich aber nicht darauf ankommen ließ, weil es eine ausreichende gesetzliche Grundlage bereits in dem *"Gesetz zu dem Übereinkommen vom 18.12.1979 zur Beseitigung jeder Form von Diskriminierung der Frau"* (CEDAW) sah. Der Inhalt des Übereinkommens sei mit Ratifizierung zugleich auch eine *„Verfassungswerte abwägende gesetzgeberische Entscheidung*".[207]

Aus der Entscheidung spricht ein gewisses Unbehagen, den Förderauftrag per se auf Hilfskriterienebene zu heben, weswegen gesetzgeberische Handlungen wie die Ratifizierung der UN-Konvention bemüht werden. Angesichts des Zeitpunktes der Entscheidung vor Änderung des Art. 3 Abs. 2 GG ist dies nachvollziehbar.

Doch auch die aktuelle Kommentarliteratur tut sich mit der Beachtung des Förderauftrages auf Hilfskriterienebene ohne kodifizierte "Frauenquote" schwer. Nur bei *„absolut gleich geeigneten Bewerbern*" um eine Stelle soll demnach bei der die Auswahl bestimmenden Abwägung das Fördergebot ins Gewicht fallen.[208] Darüber hinaus geht die überwiegende Literatur davon aus, dass kodifizierte Quotenregelungen erforderlich seien.[209] Schaut man sich allerdings die Voraussetzungen an, unter denen die Beachtung des Förderauftrages (und damit das Kriterium Geschlecht) auf Hilfskriterienebene demnach auch ohne gesetzliche Regelung möglich

205 Lange, Quote ohne Gesetz? - Zur Quotenentscheidung des OVG Münster, NVwZ 1990, 135, 136.

206 VG Bremen, Entscheidung vom 26.11.1987, NJW 1988, 3224 ff.

207 VG Bremen, Entscheidung vom 26.11.1987, NJW 1988, 3224, 3226.

208 Badura in Maunz/Dürig, Grundgesetz, 70. Ergänzungslieferung 2013, Art. 33 Rn. 32.

209 S. Schiek in Schiek/Dieball/Horstkötter/Seidel/Vieten/Wankel, Frauengleichstellungsgesetze, Einleitung S. 53 m.w.N.

sein soll, so sind dies exakt dieselben, die auch abzuprüfen sind, wenn das Gesetz eine entsprechende Quotenregelung vorsieht:[210] Es ist der materielle Gleichheitssatz - der Förderauftrag der Verfassung - gegen das formelle Recht abzuwägen, weil im Rahmen der anstehenden Entscheidung zwei Grundrechte - der materielle Gleichheitssatz und das individuelle Recht des Mannes in Form des formellen Gleichheitssatzes - miteinander kollidieren.

Die Kollision zweier Grundrechte und ihre Abwägung gegeneinander im Wege praktischer Konkordanz ist jedoch ein üblicher Vorgang, der der Exekutive regelmäßig im Rahmen ihrer Entscheidungsfindung abverlangt wird. Warum dies gerade im Zusammenhang mit dem verfassungsrechtlichen Förderauftrag anders sein soll, erschließt sich nicht. Zwar verlangt die Wesentlichkeitstheorie zu Recht nach einer gesetzlichen Grundlage, wenn Eingriffe in Art. 3 Abs. 3 GG im Raum stehen, jedoch lässt sich diese Grundlage in Art. 3 Abs. 2 Satz 2 GG durchaus finden. Anders wiederum mag die Frage zu beantworten sein, ob ein solches Gesetz - wie in Form der Quotenregelungen - wünschenswert ist, um angesichts der anhaltenden Diskussion für Klarheit zu sorgen und der Exekutive bestimmte Abwägungskriterien an die Hand zu geben.

Dass die meisten LGG mit ihren „Frauenförderplänen“ oder expliziten Quotenregelungen derzeit genug gesetzgeberische Grundlage für die Beachtung des Förderauftrages bieten, führt übrigens noch nicht dazu, dass die Frage, ob das Geschlecht auch ohne explizite gesetzliche Regelung ein Hilfskriterium sein kann, nur theoretischer Natur ist, denn wie die Entscheidung des Amtsgerichtes Frankfurt/Oder zeigt, erfassen die LGG nicht alle Handlungsbereiche verfassungsgebundener Stellen. Spannender freilich als die Frage, ob der Förderauftrag qua Verfassung ein Hilfskriterium ist, ist die Frage, wie sich dieses Kriterium (mit oder ohne Quotenregelung) zu den übrigen Hilfskriterien verhält, wie genau also die in jedem Fall erforderliche Abwägung auszusehen hat.

II. Ungleichbehandlung

Die Gleichheitssätze sind verletzt, wenn eine Ungleichbehandlung vorliegt.

---

210 S. dazu unten S. 150 ff.

1. Europäisches Recht

Zu unterscheiden ist zwischen unmittelbaren und mittelbaren Ungleichbehandlungen.

1.1 Unmittelbare Ungleichbehandlung

Die speziellen Gleichheitssätze des europäischen Rechts begründen absolute Anknüpfungsverbote, das heißt, es dürfen keinerlei Maßnahmen an die in den Gleichheitssätzen genannten Merkmale[211] angeknüpft und Sachverhalte entsprechend nicht anhand dieser Merkmale unterschieden werden.

Eine Rechtfertigung dennoch vorgenommener Unterscheidungen ist nicht möglich. Zwar hat der EuGH diese Möglichkeit zunächst nicht explizit abgelehnt,[212] in einer späteren Entscheidung jedoch klargestellt, dass es keine Rechtfertigung geben könne.[213]

Einzig beim Vorliegen eines ausdrücklich normierten Ausnahmetatbestandes kann eine Differenzierung daher rechtmäßig sein.[214] Das Sekundärrecht kennt verschiedene solcher Ausnahmen.[215] Für das hier behandelte Thema wesentlich sind Art. 23 Abs. 2 der Charta der Grundrechte und Art. 157 Abs. 4 AEUV: Diese Vorschriften über positive Maßnahmen sind nach dem europäischen Recht Ausnahmetatbestände vom Verbot der Ungleichbehandlung.

1.2 Mittelbare Ungleichbehandlung

Eine mittelbare Ungleichbehandlung liegt vor, wenn nicht direkt an ein verbotenes Differenzierungsmerkmal angeknüpft wird, wohl aber das gewählte, formal neutrale Differenzierungskriterium dazu führt, dass Perso-

---

211 S. dazu oben S. 41.

212 EuGH, Entscheidung vom 09.11.1993, Rs. C 132/92.

213 EuGH, Entscheidung vom 18.11.2010, Rs. C-356/09.

214 Vgl. Classen, Freiheit und Gleichheit im öffentlichen und im privaten Recht - Unterschiede zwischen europäischem und deutschem Grundrechtsschutz?, EuR 2008, 627, 633 m.w.N.

215 S. etwa Art. 14 Abs. 2 und Art. 28 Abs. 1 der RL 2006/54/EG.

nen, die ein bestimmtes verbotenes Anknüpfungsmerkmal aufweisen, in überproportionalem Umfang von der Regelung betroffen sind.

Da aber lediglich sichergestellt werden soll, dass das Anknüpfen an das neutrale Merkmal nicht nur vordergründig erfolgt, während tatsächlich ein Anknüpfungsverbot umgangen werden soll, unterliegen mittelbare Ungleichbehandlungen einem anderen Rechtfertigungsregime als unmittelbare Ungleichbehandlungen. Während eine unmittelbare Ungleichbehandlung nicht zu rechtfertigen ist, sondern einen der geregelten Ausnahmetatbestände erfüllen muss, ist eine mittelbare Ungleichbehandlung schon gerechtfertigt, wenn die Differenzierung nach dem neutralen Kriterium der Verwirklichung eines mit dem europäischen Recht zu vereinbarenden sachlichen Zieles dient.[216] Dogmatisch richtig betrachtet ist die mittelbare Ungleichbehandlung damit natürlich nicht „gerechtfertigt", sondern es liegt schon keine Differenzierung nach einem der verbotenen Anknüpfungsmerkmale vor, weil der Maßnahmengeber eben nicht nur vordergründig nach einem neutralen Merkmal differenziert hat, sondern einen erkennbaren sachlichen Grund hatte, nach gerade diesem Merkmal zu differenzieren.

2. Deutsches Recht

Für die Thematik der Quotenregelungen sind Ungleichbehandlungen im Bereich der Art. 3 GG, Art. 33 GG und der §§ 1, 3 AGG relevant.

Dogmatisch ist stets zuerst prüfen, ob zwei Sachverhalte überhaupt unterschiedlich behandelt werden, und sodann gegebenenfalls, ob die festgestellte Ungleichbehandlung gerechtfertigt ist, wobei unterschiedliche Rechtfertigungsmaßstäbe anzulegen sind, je nachdem, ob der allgemeine Gleichheitssatz oder spezielle Gleichheitssätze betroffen sind.

216 EuGH, Entscheidung vom 28.02.2013, Rs. C-427/11, NZA 2013, 315.

2.1 Ungleichbehandlung im Sinne des Art. 3 Abs. 1 GG

2.1.1 Ungleichbehandlung

Eine Ungleichbehandlung liegt vor, wenn im Wesentlichen gleiche Sachverhalte ungleich bzw. wenn im Wesentlichen ungleiche Sachverhalte gleich behandelt werden. Nachfolgend wird die Variante „Gleichbehandlung ungleicher Sachverhalte" nicht weiter betrachtet, weswegen „Ungleichbehandlung" im Weiteren die ungleiche Behandlung gleicher Sachverhalte meint.

Auch wenn das deutsche Recht unmittelbare und mittelbare Ungleichbehandlungen kennt, ist umstritten, ob die mittelbare Ungleichbehandlung ein Fall des hier betrachteten allgemeinen Gleichheitssatzes oder der speziellen Gleichheitssätze in Art. 3 Abs. 3 GG ist. Die herrschende Meinung subsumiert die mittelbare Ungleichbehandlung unter die speziellen Gleichbehandlungssätze. Sie ist deshalb dort dargestellt.[217]

2.1.2 Ohne sachlichen Grund

Eine Ungleichbehandlung im Bereich des Art. 3 Abs. 1 GG ist rechtswidrig, wenn es dafür keinen sachlichen Grund gibt. Die Suche nach diesem Grund stellt folglich *„das Herzstück"*[218] einer jeden Prüfung eines möglichen Gleichheitsverstoßes im Bereich des allgemeinen Gleichheitssatzes dar. Das Bundesverfassungsgericht verstand den allgemeinen Gleichheitssatz bis 1980 prinzipiell nur als Willkürverbot. Der Gleichheitssatz sei verletzt, wenn

> *„sich ein vernünftiger, sich aus der Natur der Sache ergebender oder sonstwie sachlich einleuchtender Grund für die gesetzliche Differenzierung oder Gleichbehandlung nicht finden lässt"*.[219]

Ungleichbehandlungen konnten damit relativ leicht begründet werden. Deshalb wurde dieser Ansatz später dahingehend modifiziert (sog. *„Neue Formel"*), dass der Gleichheitssatz verletzt sein solle,

---

217 S. unten S. 85 ff.

218 Britz, Der allgemeine Gleichheitssatz in der Rechtsprechung des BVerfG, NJW 2014, 346.

219 BVerfG, Entscheidung vom 23.10.1951, NJW 1951, 877.

„wenn eine Gruppe von Normadressaten im Vergleich zu anderen Normadressaten anders behandelt wird, obwohl zwischen beiden Gruppen keine Unterschiede von solcher Art und solchem Gewicht bestehen, dass sie die ungleiche Behandlung rechtfertigen könnten“.[220]

Heute lässt sich der Prüfmaßstab des Bundesverfassungsgerichtes für Art. 3 Abs. 1 GG so zusammenfassen: Je stärker die Ungleichbehandlung an Merkmale anknüpft, die sich denen der speziellen Gleichheitssätze annähern,[221] je stärker Freiheitsrechte betroffen sind und je weniger die Betroffenen die Umstände beeinflussen können, an die die Ungleichbehandlung anknüpft, desto gewichtiger muss der die Ungleichbehandlung rechtfertigende Grund sein.[222] Willkürverbot und Neue Formel fungieren hier zusammengefasst als einander entgegengesetzte Endpunkte der nunmehr angewandten Prüfskala.[223]

2.2 Ungleichbehandlung im Sinne der Art. 3 Abs. 3 Satz 1, Abs. 2 Satz 1 GG

2.2.1 Unmittelbare Ungleichbehandlung

Eine unmittelbare Ungleichbehandlung liegt vor, wenn Maßnahmen oder Rechtsfolgen unmittelbar an die in den speziellen Gleichheitssätzen genannten Merkmale geknüpft und folglich Sachverhalte anhand dieser Merkmale unterschieden werden.

2.2.1.1 Rechtfertigung einer unmittelbaren Ungleichbehandlung

Anders als das europäische Recht kennt das deutsche Recht keine kodifizierten „Ausnahmetatbestände“ von den in den speziellen Gleichheitssät-

---

220 BVerfG, Entscheidung vom 07.10.1980, BVerfGE 55, 72, 88.

221 Das sind beispielsweise die sexuelle Identität (BVerfG, Entscheidung vom 07.07.2009, BVerfGE 124, 199, 220) oder die Staatsangehörigkeit (BVerfG, Entscheidung vom 07.02.2012, BVerfGE 130, 240, 255).

222 Britz, Der allgemeine Gleichheitssatz in der Rechtsprechung des BVerfG, NJW 2014, 346, 351.

223 Boysen in v. Münch/Kunig, Grundgesetz, Art. 3 Rn. 103.

zen normierten absoluten Anknüpfungsverboten.[224] Ein Regel-Ausnahme-Prinzip ist der deutschen Grundrechtsdogmatik fremd, die bei Freiheitsrechten stattdessen danach fragt, ob ein Eingriff in das Grundrecht vorliegt und ob ein solcher gerechtfertigt ist. Die Rechtfertigung kann sich dabei nur entweder aus dem Grundrecht selbst ergeben, soweit dieses eine tatbestandliche Einschränkung vorsieht; aus einem explizit vorgesehenen Gesetzesvorbehalt, wonach in das Grundrecht aufgrund eines Gesetzes eingegriffen werden darf, oder aber - wenn bei schrankenlos gewährten Grundrechten beides nicht der Fall ist - aus kollidierendem Verfassungsrecht.

Die speziellen Gleichheitssätze sind dogmatisch wie Freiheitsrechte zu behandelnde schrankenlos gewährte Grundrechte. Soll also nach den dort genannten Merkmalen unterschieden werden, ist dies allein aufgrund kollidierenden Verfassungsrechts zu rechtfertigen.

Eine unzulässige Benachteiligung oder Bevorzugung kann sich damit nach heutigem Verständnis aus praktisch jeder Differenzierung anhand des Geschlechts ergeben. Darin liegt auch der Grund, warum das Geschlecht und die übrigen in den speziellen Gleichheitssätzen genannten Merkmale als absolute Anknüpfungsverbote bezeichnet werden. Schon die Gruppenbildung als solche anhand dieser Merkmale widerspricht dem Normzweck.[225] Dies gilt auch für vermeintlich „gleichwertige" Differenzierungen - ganz bewusst, um Argumentationslinien wie *„seperate but equal"* oder *„Gleichwertigkeit bei Andersartigkeit"* den Boden zu entziehen.[226]

2.2.1.2 Sonderproblem: Bedeutung des Wortes „wegen"

Vermutlich aufgrund der Absolutheit der Anknüpfungsverbote und der damit einhergehenden Schwierigkeit, dennoch als erforderlich erachtete Differenzierungen zu rechtfertigen, entstand eine Diskussion um die richtige

224 In Betracht kämen nur die Quotenregelungen der LGG. Da diese aber verfassungskonform sein müssen, können sie keine Ausnahmen zum Grundgesetz darstellen. „Ausnahmetatbestände" müssten folglich im Grundgesetz selbst verankert sein.

225 Schmidt in Müller-Glöge/Preis/Schmidt, Erfurter Kommentar zum Arbeitsrecht, Grundgesetz, Art. 3 Rn. 68; Heun in Dreier, Grundgesetz, Art. 3 Rn. 118 hält Differenzierungen als solche zwar noch für zulässig, jedoch sei mit nahezu jeder Differenzierung eine Benachteiligung verbunden.

226 Kischel in Beck'scher Online Kommentar Grundgesetz , Art. 3 Rn. 211.

Auslegung des Wortes „*wegen*" in Art. 3 Abs. 3 Satz 1 GG („*Niemand darf wegen ... benachteiligt ... werden*"). Hintergrund der Diskussion war das Bestreben, bestimmte Rechtsfolgen doch an die in den speziellen Gleichheitssätzen genannten Merkmale anzuknüpfen (das absolute Anknüpfungsverbot also aufzuweichen), weil diese Anknüpfung eben nicht „wegen" des Merkmales, sondern aus anderen Gründen erfolge. In der Literatur sind hierzu verschiedene, teilweise nicht klar voneinander abzugrenzende Modelle[227] entstanden, die sich darum drehen, ob und vor allem inwieweit die speziellen Gleichheitssätze ein absolutes, streng formelles Unterscheidungsverbot aufstellen oder Raum bieten für eine (mehr oder weniger begrenzte) Wertung und damit für differenzierende Abwägungen unter Berücksichtigung des Schutzzweckes der Norm:

So darf nach dem Finalitätsmodell eine Differenzierung nach diesen Merkmalen nicht der eigentliche Zweck einer Regelung sein, womit es ganz maßgeblich auf die teils schwer feststellbare Intention der handelnden Stelle ankommt. Eine als Ausschließlichkeitsmodell bezeichnete Lesart geht in die gleiche Richtung und will nur solche Differenzierungen untersagen, die allein bzw. gerade und nur wegen der verpönten Merkmale vorgenommen werden.

Etwas enger argumentiert das Begründungsmodell, wonach eine Differenzierung auch begründbar sein muss, ohne dass dabei auf die Merkmale der speziellen Gleichheitssätze abgestellt werden müsse. Der spezielle Gleichheitssatz verbiete demnach nicht, ungleiche Behandlungen vorzunehmen, sondern nur, ungleiche Behandlungen allein mit dem Geschlecht zu begründen.[228]

Das Kausalitätsmodell hingegen belässt es bei der Kausalität im ursprünglichsten, einfachsten Sinne. Demnach ist auf die Ursächlichkeit der in den speziellen Gleichheitssätzen genannten Merkmale für eine Folge abzustellen. Die strengste Variante des Kausalitätsverständnisses sieht in dem Wort „*wegen*" folglich ein striktes, absolutes Anknüpfungsverbot, dass jede Verwendung eines der verpönten Merkmale als Voraussetzung einer Rechtsfolge ausschließt. Diese Auffassung ist die strengste Ausprägung des streng formellen Gleichheitsverständnisses, die sämtliche Un-

227 Umfassend dargestellt in Heun in Dreier, Grundgesetz, Art. 3 Rn. 119 ff.

228 Gusy, Der Gleichheitsschutz des Grundgesetzes, JuS 1982, 30, 33; Gusy, Der Gleichheitssatz, NJW 1988, 2505, 2508.

gleichbehandlungen verbietet, ohne nach ihrem Sinn und Zweck oder sonstigen materiellen Überlegungen zu differenzieren.[229]

Aus diesen Überlegungen ergibt sich folgender Unterschied für die Möglichkeit der Rechtfertigung einer Differenzierung nach einem der in den speziellen Gleichheitssätzen genannten Merkmale: Wirkt das Anknüpfungsverbot absolut, kann eine Differenzierung nur gerechtfertigt werden, wenn dem Anknüpfungsverbot ein kollidierendes Verfassungsgut gegenübersteht und die entsprechenden Abwägungskriterien eingehalten sind. Werden die speziellen Gleichheitssätze aber verstanden als

> *„wertungsoffene Gleichbehandlungsgebote, die Raum für sach- und regelungsbereichsspezifisch differenzierende Abwägungen unter Berücksichtigung des Schutzzwecks der Verbote lassen"*,[230]

ist für eine Rechtfertigung „lediglich" ein vergleichbarer Maßstab wie beim allgemeinen Gleichbehandlungsgebot anwendbar, nämlich die genannten

> *„sach- und regelungsbereichsspezifisch differenzierenden Abwägungen unter Berücksichtigung des Schutzzwecks der Verbote".*[231]

Für Quotenregelungen führt die Annahme, dass jedes Anknüpfen an das Geschlecht einem absoluten Anknüpfungsverbot unterliegt, dazu, dass Quotenregelungen eine rechtfertigungsbedürftige Ungleichbehandlung und mithin einen Verstoß gegen den speziellen Gleichheitssatz darstellen, sodass nach einem kollidierenden Verfassungsgut gesucht und die entsprechende Abwägung vorgenommen werden muss. Wird das Anknüpfungsverbot hingegen eher „wertungsoffen" verstanden, besteht die Möglichkeit, Quotenregelungen (je nach Lesart) entweder schon gar nicht als Ungleichbehandlung oder aber als aus sachlichen Gründen gerechtfertigte Ungleichbehandlung anzusehen.

Im Ergebnis ist jede Aufweichung des absoluten Anknüpfungsverbotes abzulehnen. Es ist nicht möglich, scharf, überprüfbar und transparent zwischen Differenzierungen zu unterscheiden, die „dem Schutzzweck der Verbote dienen" und solchen, die das nicht tun. Abgesehen davon besteht dafür auch gar kein Bedürfnis, da gar nicht ersichtlich ist, warum eine Differenzierung nach den in den speziellen Gleichheitssätzen genannten

---

229 S. zum formellen und materiellen Gleichheitsverständnis oben S. 20 ff.

230 Osterloh/Nußberger in Sachs, Grundgesetz, Art. 3 Rn. 239 m.w.N.

231 Osterloh/Nußberger in Sachs, Grundgesetz, Art. 3 Rn. 239; s. auch zur Rechtfertigung einer Differenzierung beim allgemeinen Gleichheitssatz oben S. 80.

Merkmalen (außerhalb des Bereiches kollidierenden Verfassungsrechts) je erforderlich sein sollte. Jedes Grundrecht kann eingeschränkt werden, wenn dafür ein rechtfertigender Grund in einem kollidierenden Verfassungsrecht besteht. Dies gilt auch für den speziellen Gleichheitssatz, sodass, sollte eine Differenzierung aus überragenden Gründen einmal erforderlich sein, diese durchaus möglich ist. Es gibt aber keinen Grund, die „Anforderungshöhe" an den überragenden Grund im Rahmen der speziellen Gleichheitssätze niedriger anzusetzen als bei anderen schrankenlos gewährten Grundrechten.

Das Bundesverfassungsgericht hat daher zu Recht entschieden, dass (jedenfalls im Hinblick auf das Geschlechtsmerkmal) formell vorzugehen sei und das Geschlecht folglich ein absolutes Anknüpfungsverbot darstelle.[232] Die Merkmale der speziellen Gleichheitssätze dürften keine rechtlichen Wirkungen haben, auch

> *„wenn eine Regelung nicht auf eine nach Art. 3 Abs. 3 GG verbotene Ungleichbehandlung angelegt ist, sondern in erster Linie andere Ziele verfolgt"*.[233]

2.2.2 Mittelbare Ungleichbehandlung

2.2.2.1 Problemaufriss

Nachdem der EuGH die Figur der mittelbaren Ungleichbehandlung entwickelt hatte,[234] stellte sich die Frage, ob und wie diese in das deutsche Recht übernommen werden sollte. Kern des Problems ist dabei die Frage, ob Fälle mittelbarer Ungleichbehandlung unter den allgemeinen oder unter den speziellen Gleichheitssatz subsumiert werden sollen.

Für eine Einordnung unter den speziellen Gleichheitssatz spricht, dass bei der mittelbaren Ungleichbehandlung eigentlich nach einem im speziellen Gleichheitssatz genannten Merkmal (und nicht nach dem „vorgeschobenen" sachlichen Grund) differenziert wird. Dann aber könne es nach einer verbreiteten Ansicht für die Einordnung nicht darauf ankommen, ob dieses Merkmal in der in Frage stehenden Regelung ausdrücklich genannt

---

232 BVerfG, Entscheidung vom 08.04.1987, BVerfGE 75, 40, 70.

233 BVerfG, Entscheidung vom 28.01.1992, BVerfGE 85, 191, 206.

234 S. zur Definition der unmittelbaren Ungleichbehandlung oben S. 78.

sei oder nicht.[235] Weiter hätten die speziellen Gleichheitssätze strukturell eine große Ähnlichkeit mit den Freiheitsrechten, weswegen es konsequent sei, auch mittelbar-faktische Grundrechtseingriffe in die Gleichheitsdogmatik zu übertragen.[236]

Für eine Einordnung der mittelbaren Ungleichbehandlung unter den allgemeinen Gleichheitssatz spricht, dass rein formell nach einem nicht in den speziellen Gleichheitssätzen genannten Grund differenziert wird. Konsequenterweise lehnt die Ansicht, die schon bei der Diskussion um die Bedeutung des Wortes „wegen“ in Art. 3 Abs. 3 Satz 1 GG auf einer streng formellen Auslegung im Sinne des Kausalitätsmodells beharrt, eine Verortung der mittelbaren Ungleichbehandlung in den speziellen Gleichheitssätzen ab.[237] Begründet wird die Subsumtion unter den allgemeinen Gleichheitssatz weiter damit, dass das Rechtfertigungsregime, an dem die Differenzierung in Fällen mittelbarer Ungleichbehandlung zu prüfen ist, unstreitig das des allgemeinen Gleichheitssatzes ist, denn es ist lediglich zu prüfen, ob für die Differenzierung ein sachlicher Grund besteht. Eine Einordnung der mittelbaren Ungleichbehandlung unter den speziellen Gleichheitssatz führt folglich zu einer Vermengung der dort anzuwendenden Rechtfertigungsregime, was den *„insgesamt strikten Charakter“* der speziellen Unterscheidungsverbote aufs Spiel setzen[238] und eine *„Aufweichung der bewusst strengen Konzeption des Art. 3 Abs. 3 GG“* nach sich ziehen würde.[239] Alle nicht unmittelbar an ein verbotenes Anknüpfungsmerkmal anknüpfenden Maßnahmen seien daher im allgemeinen Gleichheitssatz mit seinem abgestuften Rechtfertigungssystem besser aufgehoben.[240] Vertretbar sei allenfalls, den speziellen Gleichheitssatz auf die mittelbare Ungleichbehandlung analog anzuwenden.[241]

Das Bundesverfassungsgericht hat sich mittlerweile deutlich für die Erfassung der mittelbaren Ungleichbehandlung im speziellen Gleichheitssatz ausgesprochen und sich damit rein dogmatisch in Widerspruch zu seiner

---

235 Schmidt in Müller-Glöge/Preis/Schmidt, Erfurter Kommentar zum Arbeitsrecht, Grundgesetz, Art. 3 Rn. 76.
236 Krieger in Schmidt-Bleibtreu/Hofmann/Henneke, Grundgesetz, Art. 3 Rn. 60.
237 Boysen in v. Münch/Kunig, Grundgesetz, Art. 3 Rn. 163, 145; Sachs, Anmerkung zum Beschluss des BVerfG vom 16.08.2008, JuS 2008, 1014.
238 Sachs, Anmerkung zum Beschluss des BVerfG vom 16.08.2008, JuS 2008, 1014.
239 Boysen in von v. Münch/Kunig, Grundgesetz, Art. 3 Rn. 144.
240 Sachs, Anmerkung zum Beschluss des BVerfG vom 16.08.2008, JuS 2008, 1014.
241 Osterloh/Nußberger in Sachs, Grundgesetz, Art. 3 Rn. 256.

soeben zitierten Feststellung gesetzt, dass die Anknüpfungsverbote streng formell zu verstehen seien:

> „*Wenn der Gesetzgeber eine Gruppe nach sachlichen Merkmalen bestimmt, die nicht in Art. 3 Abs. 3 GG genannt sind, so ist diese Regelung an Art. 3 Abs. 1 GG zu messen. Etwas anderes gilt, wenn der vom Gesetzgeber gewählte, durch Art. 3 Abs. 3 GG nicht verbotene sachliche Anknüpfungspunkt in der gesellschaftlichen Wirklichkeit weitgehend nur für eine Gruppe zutrifft, oder die differenzierende Regelung sich weitgehend nur auf eine Gruppe im Sinne einer faktischen Benachteiligung auswirkt, deren Ungleichbehandlung nach Art. 3 Abs. 3 GG strikt verboten ist (mittelbare Diskriminierung).*“[242]

Auch die herrschende Lehre subsumiert die mittelbare Ungleichbehandlung unter den speziellen Gleichheitssatz.[243]

2.2.2.2 Eigene Einschätzung

Richtigerweise ist die mittelbare Ungleichbehandlung unter den allgemeinen Gleichheitssatz zu subsumieren. Dies ist die Konsequenz aus dem absoluten, formell verstandenen Anknüpfungsverbot der speziellen Gleichheitssätze. Dort werden - ausschließlich - Differenzierungen anhand eines der genannten Merkmale verortet. Erfolgt eine Differenzierung anhand eines anderen Merkmales - und sei es noch so „vorgeschoben“ - liegt ein Fall des allgemeinen Gleichheitssatzes vor. Jede andere Auffassung erfordert eine Aufweichung des absoluten Verständnisses des Anknüpfungsverbotes, was, wie dargestellt, unzulässig ist,[244] weil es eine Interpretation der Intention der Differenzierung erfordert, die nicht möglich ist. Ebenso wenig, wie eine vorgeblich „gutmeinende“, am Schutzzweck der Norm orientierte Differenzierung geeignet ist, das Anknüpfungsverbot aufzuweichen, ist eine „böswillige“ Intention geeignet, das Anknüpfungsverbot nicht mehr als formell, sondern als interpretationsoffen einzustufen.

---

242 BVerfGE, Entscheidung vom 18.06.2008, BVerfGE 121, 241, 254 f.

243 Für die Einbeziehung der mittelbaren Ungleichbehandlung in Art. 3 Abs. 3 S. 1 GG: Jarass in Jarass/Pieroth, Art. 3 Rn. 87, 119; Osterloh/Nußberger in Sachs, Grundgesetz, Art. 3 Rn. 255; Heun in Dreier, Grundgesetz, Art. 3 Rn. 108; Schmidt in Müller-Glöge/Preis/Schmidt, Erfurter Kommentar zum Arbeitsrecht, Grundgesetz, Art. 3 Rn. 76; Koch/Nguyen, Schutz vor mittelbarer Diskriminierung - Gleiches Recht für alle?, EuR 2010, 364, 371.

244 S. dazu oben S. 84.

Die speziellen Gleichheitssätze bieten schlicht keinen Raum für wie auch immer geartete Interpretationen oder Überlegungen, ob eine Differenzierung nach einem verbotenen Merkmal es „gut meint“ oder ob umgekehrt eine Differenzierung nach einem nicht verbotenen Merkmal tatsächlich „bösmeinend“ ist. Sinn und Zweck der speziellen Gleichheitssätze in Abgrenzung zum allgemeinen Gleichheitssatz ist gerade die Verhinderung jedweder Auslegungsspielräume. Vor dem Hintergrund geschichtlicher Fehlentwicklungen wie „*seperate but equal*“ oder „*Gleichwertigkeit bei Andersartigkeit*“ ist es von besonderer Bedeutung, den speziellen Gleichheitssätzen, deren geschützte Merkmale ja nicht zufällig gewählt sind, den Charakter des absoluten, streng formell verstandenen Verbotes zu belassen und sie nicht der Interpretation durch das jeweilige Zeitgeschehen zu unterwerfen. Allein das stellt sicher, dass sich Entwicklungen wie die genannten nicht wiederholen. Vor dem beschriebenen (rechts-) geschichtlichen Hintergrund erfordert daher schon das Bekenntnis zur Absolutheit bestimmter Differenzierungsverbote ein streng formelles Verständnis der speziellen Gleichheitssätze. Dem Bundesverfassungsgericht wird daher zu Recht vorgeworfen, es habe durch die Verortung der mittelbaren Ungleichbehandlung im speziellen Gleichheitssatz[245] sein Verständnis dieser Norm als formelles Differenzierungsverbot fälschlicherweise aufgegeben.[246]

Dies gilt umso mehr, als es überhaupt keinen anderen Grund gibt, die mittelbare Ungleichbehandlung unter die speziellen Gleichheitssätze zu subsumieren als eben den, die Diktion des EuGH auf das deutsche Recht übertragen zu wollen, auch wenn es dafür gar kein Bedürfnis gibt, weil das gleiche Ergebnis auch über den allgemeinen Gleichheitssatz erreicht werden kann. Teilweise wird angenommen, dass sogar das Bundesverfassungsgericht sich nur der Rechtsprechung des EuGH annähern wollte.[247]

Dieses Bestreben, sich der Diktion des EuGH anzugleichen, übersieht, dass dem EuGH aus AEUV und Sekundärrecht gar kein allgemeiner Gleichheitssatz zur Verfügung steht, an dem er (quasi als „Auffangnorm“)

---

245 Das Bundesverfassungsgericht hat bisher ausschließlich zu mittelbarer Ungleichbehandlung aufgrund des Geschlechtes entschieden. Es ist daher fraglich, ob daraus auf ein allgemeines Bekenntnis zur Einordnung der mittelbaren Ungleichbehandlung unter die speziellen Gleichheitssätze in Bezug auf alle dort genannten Merkmale geschlossen werden kann.

246 Heun in Dreier, Grundgesetz, Art. 3 Rn. 108.

247 Osterloh/Nußberger in Sachs, Grundgesetz, Art. 3 Rn. 255.

die mittelbare Ungleichbehandlung hätte prüfen können. Ein solcher findet sich „lediglich" in Art. 20 der Charta der Grundrechte, die aber erst seit 2009 in diesem Sinne bindend ist. Dies verleiht der Figur der mittelbaren Ungleichbehandlung auf europäischer Ebene eine ganz andere Daseinsberechtigung als im deutschen Recht, das mit dem allgemeinen Gleichheitssatz die erforderliche Rechtfertigungsprüfung schon bereitstellt.

Deshalb ist auch der Ansicht nicht zuzustimmen, die meint, dass die mittelbare Ungleichbehandlung zumindest im Anwendungsbereich des europäischen Rechts aufgrund richtlinienkonformer Auslegung unter den speziellen Gleichheitssatz zu subsumieren sei.[248] Denn „richtlinienkonforme Auslegung" ist nur und erst dann erforderlich, wenn das vorhandene nationale Recht seinem Wortlaut nach nicht geeignet ist, das Ziel einer Richtlinie zu erreichen. Ziel der Richtlinien, die die mittelbare Ungleichbehandlung regeln, ist aber nicht, Fälle der mittelbaren Ungleichbehandlung unter den speziellen Gleichheitssatz zu subsumieren, sondern nur, überhaupt eine rechtswidrige Ungleichbehandlung festzustellen. Das aber ist nach deutschem Recht problemlos über den allgemeinen Gleichheitssatz möglich.

Zwar wird einer mittelbaren Ungleichbehandlung aufgrund eines in den speziellen Gleichheitssätzen genannten Merkmales das „Stigma" eines Verstoßes gegen einen speziellen Gleichheitssatz genommen, wenn man die mittelbare Ungleichbehandlung nur am allgemeinen Gleichheitssatz prüft und zu dem Schluss kommt, dass sie nicht gerechtfertigt ist, weil kein sachlicher Grund für die Unterscheidung vorliegt. Es liegt dann eben „nur" ein Verstoß gegen den allgemeinen Gleichheitssatz und kein Verstoß gegen einen speziellen Gleichheitssatz vor. Das ist jedoch hinzunehmen, schon weil das rechtliche Ergebnis stets dasselbe ist und weil es nicht Aufgabe des Rechts ist, Rechtsverstöße auch moralisch zu klassifizieren.

2.2.2.3 Bedeutung für Quotenregelungen

Interessant an der Figur der mittelbaren Ungleichbehandlung ist, dass sie (unter umgekehrten Vorzeichen) zu der gleichen Fragestellung führt wie

---

248 Rust in Rust/Falke, Allgemeines Gleichbehandlungsgesetz, Einleitung Rn. 382.

Quotenregelungen, nämlich wieder zu der Frage, ob die Anknüpfungsverbote der speziellen Gleichheitssätze absolut oder interpretationsoffen sind.

In Bezug auf Quotenregelungen steht eine „Abschwächung“ des Anknüpfungsverbotes dergestalt im Raum, dass eine Differenzierung, die dem Schutzzweck der Norm (verstanden als Gleichstellung im materiellen Sinne) entspricht, nicht gegen das Anknüpfungsverbot verstoße. Bei der Figur der mittelbaren Ungleichbehandlung geht es um eine „Verstärkung“ des Anknüpfungsverbotes dahingehend, dass auch Differenzierungen erfasst werden, die formal gar nicht an die in den speziellen Gleichheitssätzen genannten Merkmale anknüpfen. Beides erfordert ein Anknüpfen an die jeweilige Intention der Differenzierung. Konsequenterweise müsste also die herrschende Meinung, die die mittelbare Ungleichbehandlung unter die speziellen Gleichheitssätze subsumiert, auch davon ausgehen, dass eine Quotenregelung nicht allein aufgrund des Anknüpfungsmerkmales gegen den speziellen Gleichheitssatz verstößt, weil auch hier eine Interpretation der Intention ein anderes Ergebnis zulässt. Es stellt sich dann lediglich die Frage, ob die „wohlmeinende“ Intention der Quotenregelung ebenso behandelt werden kann wie die „böswillige“ Intention der mittelbaren Ungleichbehandlung.

Wie dargestellt, ist das Problem aber nicht die Intention selbst, sondern bereits die Tatsache, dass überhaupt auf eine solche abgestellt und das Anknüpfungsverbot damit einer Interpretation zugänglich gemacht wird. Deshalb sind Quotenregelungen und die Figur der mittelbaren Ungleichbehandlung insoweit gleich zu behandeln: Sie führen nicht dazu, dass von der Absolutheit des Anknüpfungsverbotes des speziellen Gleichheitssatzes abgewichen werden und die Frage gestellt werden darf, warum eine bestimmte Differenzierung vorgenommen wurde.

2.3 Ungleichbehandlung im Sinne der §§ 1, 3 AGG

Auf einfachgesetzlicher Ebene stellt das AGG spezielle Ungleichbehandlungsverbote auf.

2.3.1 Unmittelbare Ungleichbehandlung

§ 3 Abs. 1 Satz 1 AGG definiert die *„unmittelbare Benachteiligung“*:

> *„Eine unmittelbare Benachteiligung liegt vor, wenn eine Person wegen eines in § 1 genannten Grundes eine weniger günstige Behandlung erfährt, als eine andere Person in einer vergleichbaren Situation erfährt, erfahren hat oder erfahren würde.“*

Die in § 1 AGG genannten Gründe sind Rasse, ethnische Herkunft, Geschlecht, Religion, Weltanschauung, Behinderung, Alter und sexuelle Ausrichtung.[249]

Der Gesetzgeber hat sich bewusst für den Begriff *„Benachteiligung“* anstelle von „Diskriminierung“ oder „Ungleichbehandlung“ entschieden.[250] Er wollte damit deutlich trennen zwischen einer bloß unterschiedlichen Behandlung, die auch mit der Zufügung eines Nachteils verbunden sein kann, und einer Diskriminierung, die eine ungerechtfertigte Ungleichbehandlung und damit ein Nachteil im rechtlichen Sinne ist und deshalb als „Benachteiligung“ bezeichnet wird.[251] Dogmatisch allerdings wären die Begriffe „Differenzierung“ oder „Ungleichbehandlung“ passender gewesen. Denn darauf, ob die Differenzierung einen Nachteil beinhaltet, kommt es zunächst nicht an, sondern nur auf die Unterscheidung als solche. Diese ist gerechtfertigt oder nicht, wobei erst die ungerechtfertigte Differenzierung zu einem rechtlich relevanten Nachteil und damit zu einer Diskriminierung / Benachteiligung führt. Die Diktion des AGG fasst die Schritte Differenzierung und fehlende Rechtfertigung hingegen schon zusammen, was eigentlich der Dogmatik des deutschen Rechts widerspricht.

In der Literatur wird der unmittelbar den Richtlinien entnommene Begriff *„weniger günstige Behandlung“* stets mit *„nachteilige Behandlung“* gleichgesetzt, die in einem *„Nachteil“* oder in einer *„Zurücksetzung“* be-

---

249 Diese Legaldefinition stammt direkt aus den Richtlinien 2000/43/EG (Art. 2 Abs. 2 lit. a) und 2000/78/EG (Art. 2 Abs. 2 lit. a, Art. 1).

250 In der Literatur werden die Begrifflichkeiten auch nach Einführung des AGG zum Teil synonym verwendet. Der Münchener Kommentar beispielsweise spricht nach wie vor von „verdeckter Diskriminierung“: Thüsing in Münchener Kommentar zum BGB, AGG § 3 Rn. 15.

251 Gesetzentwurf der Bundesregierung, Bundestagsdrucksache 16/1780, S. 30.

stehen soll.[252] Eine solche Benachteiligung kann auch in einem Unterlassen liegen.[253]

Ausgehend von der Gesetzesbegründung genügt es, wenn die benachteiligende Maßnahme durch eines (oder mehrere) der verbotenen Merkmale „*motiviert*" ist oder daran anknüpft.[254] Der objektive Verstoß gegen das Unterscheidungsverbot ist ausreichend; absichtliches Handeln oder Verschulden sind nicht erforderlich.[255]

Im Hinblick auf die dem § 3 Abs. 1 Satz 1 AGG zugrundeliegenden Richtlinien ist nach herrschender Auffassung allerdings ein Kausalzusammenhang erforderlich, der als „*doppelter Kausalzusammenhang*"[256] bezeichnet wird und die drei Kausalkettenglieder verbotenes Merkmal, Tätigwerden und Benachteiligung umfasst. Das der betroffenen Person zuzuordnende verbotene Merkmal muss also Ursache für das Tätigwerden gegenüber der betroffenen Person sein, und dieses Tätigwerden wiederum muss Ursache für den Eintritt der Benachteiligung sein.[257] Andere sprechen von „*Benachteiligung aufgrund des geschützten Merkmals*" und wollen damit die „*objektive Bestimmung der Diskriminierung*" verdeutlichen. Zur Feststellung der Benachteiligung allerdings sei dann aber „*wertende Kausalität*" gefordert.[258] Was damit konkret gemeint sein soll, bleibt jedoch offen.

Das Rechtfertigungsregime des AGG folgt dem des europäischen Rechts. Entsprechend enthält das AGG in § 20 Abs. 1 Satz 2 AGG eine Ausnahme, die sich nur auf das zivilrechtliche Benachteiligungsverbot in § 19 AGG bezieht. Für den Bereich des Arbeitsrechts finden sich Ausnahmen in §§ 8-10 AGG. Die §§ 1 und 3 AGG selbst sehen keine allgemein-

---

252 Meinel/Heyn/Herms, Allgemeines Gleichbehandlungsgesetz, § 3 Rn. 4; Schrader/Schuber in Däubler/Bertzbach, Allgemeines Gleichbehandlungsgesetz, § 3 Rn. 15; Bauer/Göpfert/Krieger, Allgemeines Gleichbehandlungsgesetz, § 3 Rn. 7.

253 Gesetzentwurf der Bundesregierung, Bundestagsdrucksache 16/1780, S. 29.

254 Thüsing in Münchener Kommentar zum BGB, AGG § 3 Rn. 9; Meinel/Heyn/Herms, Allgemeines Gleichbehandlungsgesetz, § 3 Rn. 7; Bundestagsdrucksache 15/4538 S. 29; Bundestagsdrucksache 329/06 S. 33.

255 Bundestagsdrucksache 45/4538, S. 30.

256 Husmann, Die EG Gleichbehandlungsrichtlinien 2000/2002 und ihre Umsetzung in das deutsche, englische und französische Recht - Teil 2, ZESAR 2005, 167, 168 f; Rust in Rust/Falke, Allgemeines Gleichbehandlungsgesetz, § 3 Rn. 20 f.

257 Husmann, Die EG Gleichbehandlungsrichtlinien 2000/2002 und ihre Umsetzung in das deutsche, englische und französische Recht - Teil 2, ZESAR 2005, 167, 168 f.

258 Rust in Rust/Falke, Allgemeines Gleichbehandlungsgesetz, § 3 Rn. 20 f.

gültige Rechtfertigung bzw. Ausnahmen von der unmittelbaren Benachteiligung vor, während die mittelbare Benachteiligung gem. § 3 Abs. 2 AGG zulässig ist, wenn die entsprechende Maßnahme durch ein rechtmäßiges Ziel sachlich gerechtfertigt ist und die Mittel zur Erreichung dieses Zieles angemessen und erforderlich sind. Die Literatur folgert aus dem Fehlen eines kodifizierten Rechtfertigungsgrundes auch hier, dass eine unmittelbare Benachteiligung außer in den genannten Bereichen nicht gerechtfertigt werden könne.[259]

2.3.2 Mittelbare Ungleichbehandlung

Die Schwierigkeiten im Rahmen des Art. 3 GG hinsichtlich Existenz und Subsumtion der mittelbaren Ungleichbehandlung entfallen im Bereich des AGG, das die mittelbare Ungleichbehandlung der europarechtlichen Systematik folgend in § 3 Abs. 2 AGG legaldefiniert:

> „*Eine mittelbare Benachteiligung liegt vor, wenn dem Anschein nach neutrale Vorschriften, Kriterien oder Verfahren Personen wegen eines in § 1 genannten Grundes gegenüber anderen Personen in besonderer Weise benachteiligen können, es sei denn, die betreffenden Vorschriften, Kriterien oder Verfahren sind durch ein rechtmäßiges Ziel sachlich gerechtfertigt und die Mittel sind zur Erreichung dieses Ziels angemessen und erforderlich.*“[260]

2.4 Ungleichbehandlung im Sinne des Art. 33 Abs. 2 GG

Eine Ungleichbehandlung im Sinne des Art. 33 Abs. 2 GG liegt vor, wenn eine Auswahlentscheidung auf Leistungsebene auf Aspekte gestützt wird, die nicht unmittelbar Eignung, Befähigung und fachliche Leistung (mit Bezug auf das angestrebte Amt) betreffen. Auf Hilfskriterienebene hingegen darf, wie dargestellt, auf leistungsfremde Kriterien abgestellt werden, weil dem Gleichheitssatz mit Feststellung des Qualifikationsgleichstandes bereits Genüge getan und wurde.[261]

---

259 Rust in Rust/Falke, Allgemeines Gleichbehandlungsgesetz, § 3 Rn. 26.

260 Die Definition geht auf Art. 2 Abs. 1 der RL 2006/54/EG, Art. 2 Abs. 2 der RL 2000/43/EG und Art. 2 Abs. 2 der RL 2000/78/EG zurück.

261 S. dazu oben S. 65 ff.

Literatur und Rechtsprechung sind sich allerdings darüber einig, dass in Einzelfällen auch Belange, die nicht im Leistungsgrundsatz verankert sind, auf der Leistungsebene grundsätzlich Berücksichtigung finden dürfen, wenn und soweit ihnen ebenfalls Verfassungsrang eingeräumt ist. Gegenstand dieser (wohl überwiegend rein akademischen) Diskussion sind Belange, die sich aus dem Sozialstaatsgebot des Art. 20 Abs. 1 GG ergeben oder für die Funktionsfähigkeit des Staates und seiner Einrichtungen von Bedeutung sein sollen.[262] Sie müssen dann als verfassungsrechtlich gerechtfertigter Verstoß gegen Art. 33 Abs. 2 GG, also als gerechtfertigte Ungleichbehandlung, qualifiziert werden. Tatsächlich von der Rechtsprechung anerkannt wurde die Durchbrechung des Leistungsprinzips allerdings nur in sehr wenigen und engen Ausnahmen, etwa bei der Berücksichtigung von Wartezeiten und bestimmten sozialen Härten im Rahmen der Auswahl unter Bewerbern um ein Lehramtsreferendariat.[263]

Eine Quotenregelung greift nur und erst dann in Art. 33 Abs. 2 GG ein, wenn sie es ermöglicht, dass eine Bewerberin, die nach den Kriterien des Art. 33 Abs. 2 GG schlechter geeignet ist als ihr Konkurrent, dennoch vorrangig vor diesem eingestellt bzw. befördert wird. Es stellt sich dann die Frage, ob der verfassungsrechtliche Förderauftrag aus Art. 3 Abs. 2 Satz 2 GG so weit reicht, diese Durchbrechung des Leistungsgrundsatzes aus verfassungsrechtlichen Gründen zu rechtfertigen. Auf diese Frage wird im Verlaufe dieser Arbeit noch näher eingegangen werden.

III. Strukturelle Diskriminierung

Neben dem rechtlichen Begriff der Ungleichbehandlung hat sich zunehmend der Begriff der „strukturellen Diskriminierung" etabliert, der jedoch keine juristische Definition hat. Er ist nicht klar umrissen, nicht abschließend definiert und wird beschrieben als

---

262 Kunig in v. Münch/Kunig, Grundgesetz, Art. 33 Rn. 30; Jarass in Jarass/Pieroth, Grundgesetz, Art. 33 Rn. 17 m.w.N; Badura in Maunz/Dürig, Grundgesetz, 70. Ergänzungslieferung 2013, Art. 33 Rn. 26.

263 VGH Kassel, Entscheidung vom 29.07.1993, Az. 1 TG 1767/93.

> *„eine Umschreibung der Realität, die zum Gebot der Verwirklichung der Gleichberechtigung von Männern und Frauen (noch) in einem Spannungsverhältnis steht*".[264]

Konkret bezeichnet das das Zusammenwirken verschiedenster gesellschaftlicher Gegebenheiten und ihrer sozialpsychologischen Entsprechungen, die zur Benachteiligung bestimmter Gruppen führen. Wesentlicher Ausgangspunkt ist dabei die Erkenntnis, dass nicht (nur) vergangene oder aktuelle rechtliche Ungleichbehandlungen, sondern auch verschiedene rechtlich nicht erfassbare, aber nach wie vor existente gesellschaftliche Prozesse für eine bestehende Ungleichheit verantwortlich sind.[265]

Ob und inwieweit die statistische Feststellung einer Ungleichheit ein Maßstab struktureller Diskriminierung sein kann, wird kontrovers diskutiert. Einige Autoren erkennen - freilich in unterschiedlichem Maße - schon die Existenz struktureller Diskriminierung nicht oder kaum an, weil sie davon ausgehen, dass die statistisch feststellbaren Unterschiede auf freien Entscheidungen der jeweils betroffenen Individuen beruhen, ohne dass dabei gesellschaftliche Prozesse oder Vorstellungen eine Rolle gespielt hätten. Viele Frauen etwa würden von sich aus ohne jedweden bewussten oder unbewussten externen Einfluss eine eigenständige berufliche Entwicklung nicht in den Vordergrund stellen, weswegen insoweit nicht von Diskriminierung gesprochen werden könne und vor allem der Gesetzgeber nicht soweit greifen könne, hier faktische Gleichheit herstellen zu wollen.[266]

Dass diese Auffassung in ihren extremen Ausprägungen stets Gefahr läuft, biologistisch zu argumentieren, weil sie, indem sie keinen gesellschaftlichen Einfluss anerkennt, davon ausgehen muss, Frauen seien von Natur aus anders „programmiert" als Männer, liegt auf der Hand. Die Gegenmeinung betont deswegen, dass die vermeintliche Entscheidungsfreiheit vielfach nur vordergründig sei. Denn die unzweifelhaft existierenden Geschlechterstereotypen würden derlei Entscheidungen von vornherein in

---

264 Schiek in Schiek/Dieball/Horstkötter/Seidel/Vieten/Wankel, Frauengleichstellungsgesetze Rn. 28.

265 Schiek in Schiek/Dieball/Horstkötter/Seidel/Vieten/Wankel, Frauengleichstellungsgesetze Rn. 15.

266 Starck in v. Mangoldt/Klein/Starck, Grundgesetz, Art. 3 Rn. 309 ff; s. hierzu abweichend auch: Krieger in Schmidt-Bleibtreu/Hofmann/Henneke, Grundgesetz, Art. 3 Rn. 6, wonach gerade die Herstellung der faktischer Gleichheit staatliche Aufgabe ist.

genau dem gleichen Maße beeinflussen,[267] wie diese Stereotypen in der jeweiligen Gesellschaft vorhanden seien. Gerade die

> *„Selbstverständlichkeit weiblicher Diskriminierung sowie nicht hinterfragte traditionelle Verhaltensweisen"*

seien ein wesentliches Hemmnis einer gleichberechtigten beruflichen Entfaltung von Frauen, ohne dass dabei stets individuell-konkrete Tatbestände festgestellt werden müssten.[268]

Die Gesetzesbegründung zum AGG geht in die gleiche Richtung:

> *„Stereotype, Vorurteile und Stigmatisierungen sind zumeist tradiert und daher vielen Menschen nicht bewusst. Diskriminierendes Verhalten wird in solchen Fällen nicht als solches erkannt, erfolgt also unbeabsichtigt."*[269]

Dass ein nicht zu unterschätzender bewusster oder unbewusster „gesellschaftlicher" Einfluss auf die Entscheidungen von Individuen besteht, ist schon deshalb nicht abzustreiten, weil die getroffenen Entscheidungen im Laufe der Zeit und in unterschiedlichen Gesellschaften unterschiedlich ausfallen. Die Behauptung etwa, statistisch feststellbare Unterschiede zwischen Männern und Frauen im beruflichen Fortkommen lägen daran, dass Frauen eine eigenständige berufliche Entwicklung nicht in den Vordergrund stellten, muss sich die Frage gefallen lassen, warum dies im europäischen Vergleich gerade in Deutschland und dort wiederum in den „alten" Bundesländern offenbar besonders stark ausgeprägt ist.

Letztlich geht es aber nicht darum, die Entscheidungsfindung von Individuen für ihre eigene Lebensführung zu erklären oder gar zu beeinflussen, sondern um das Sichtbarmachen bestimmter, als „Multifaktorenbündel" auftretender Mechanismen, die sich im Endergebnis negativ auf Personen auswirken können, die lediglich eine bestimmtes Merkmal aufweisen, weil sich gegen Gruppen bestehende Vorurteile und Stereotypen ihnen als Individuen gegenüber konkretisieren: Es geht um die Frage, wie sich gruppenbezogene Annahmen auswirken, wenn sie bei denjenigen vorliegen, die über den Werdegang anderer entscheiden, und nicht darum, wie sich solche Annahmen auf die eigenen Entscheidungen der betroffenen Personen auswirken.

---

267 S. dazu auch Schiek in Schiek/Dieball/Horstkötter/Seidel/Vieten/Wankel, Frauengleichstellungsgesetze Rn. 15 m.w.N.

268 Francke/Sokol/Gurlit; Frauenquoten in öffentlicher Ausbildung, S. 19.

269 Bundestagsdrucksache 16/1780, S. 23.

IV. Zwischenergebnis

Es wurde deutlich, dass Art. 3 Abs. 2 Satz 2 GG den materiellen Gleichheitssatz in Form eines Förderauftrages beinhaltet, der über die bloße Abschaffung etwaiger letzter rechtlicher Ungleichbehandlungen und auch über den Ausgleich von „*Nachteilen, die ihrer Natur nach nur bei Frauen oder Männern auftreten können*", hinausgeht. Nachfolgend wird zu klären sein, ob und inwieweit darunter auch Quotenregelungen fallen.

Weiter ist festzuhalten, dass die speziellen Gleichheitssätze absolute Anknüpfungsverbote beinhalten, dass also nicht nach der Intention einer Differenzierung unterschieden werden darf. Auch diesbezüglich ist zu klären, wie sich das auf Quotenregelungen auswirkt.

Im Bereich des speziellen Gleichheitssatzes in Art. 33 Abs. 2 GG ist weiter zu klären, ob aufgrund des Förderauftrages eine Durchbrechung des Gleichheitsgebotes aufgrund verfassungsrechtlicher Vorgaben ähnlich wie beim Sozialstaatsprinzip denkbar ist. Ist dies nicht der Fall, ist zu klären, wie sich das Frauenfördergebot und damit die Quotenregelungen zu den Hilfskriterien verhalten.

C. Der Prüfmaßstab einer Quotenregelung

Zentral für die gerade aufgeworfene Frage, ob Quotenregelungen aufgrund ihres Anknüpfungsmerkmales unter die speziellen Gleichheitssätze fallen, ist nach Vorstehendem die Frage nach ihrem Wesen als Grundrechtseingriff oder Grundrechtsverwirklichung. Wenn Quotenregelungen aufgrund ihres Anknüpfens an das Merkmal Geschlecht eine Ungleichbehandlung, mithin einen Verstoß gegen den speziellen Gleichheitssatz darstellen, ist zu untersuchen, ob und wie dieser gerechtfertigt werden kann, unter welchen Voraussetzungen das Anknüpfen an das Merkmal Geschlecht also trotz formellem, absolut verstandenem Anknüpfungsverbot zulässig ist. Diese Messlatte liegt hoch, denn die speziellen Gleichheitssätze sind schrankenlos gewährte Grundrechte. Vor diesem Hintergrund liegt es nahe, Quotenregelungen mit Blick auf das gewollte Ergebnis (ihre Rechtmäßigkeit) aufgrund ihrer Intention nicht als Verstoß gegen den formellen Gleichheitssatz zu qualifizieren und so die Rechtfertigungsproblematik zu umgehen.

Die Frage nach diesem Wesen der Quotenregelungen tauchte naturgemäß zunächst in ihrem Erfinderland, den USA, auf, als Universitäten begannen, in ihren Zulassungsverfahren auch die Hautfarbe der Bewerber und Bewerberinnen zu berücksichtigen. Es soll daher untersucht werden, wie der Supreme Court die Frage nach dem Zusammenspiel formeller und materieller Gleichheit beantwortet hat und welche Schlüsse er daraus für die Affirmative Action zog (dazu I).

Auch in Europa und in Deutschland haben sich Literatur und Rechtsprechung intensiv mit diesen Fragen befasst. Die europäische Literatur und Rechtsprechung (dargestellt unter II) prägten dabei den Rahmen, an dem sich auch der deutsche Gesetzgeber zu orientieren hat. Einzelheiten innerhalb dieses Rahmens wurden von verfassungsrechtlichen Vorgaben sowie deren Interpretation durch Rechtsprechung und Literatur in Deutschland geprägt. Hiermit beschäftigt sich unter Berücksichtigung des Diskussionstandes und der tatsächlichen Handhabung in Theorie und Praxis das Kapitel III.

I. Die Rechtsprechung des US Supreme Court

Ob eine staatliche Maßnahme in den USA auf verfassungsrechtlicher Ebene gegen den US-amerikanischen Gleichheitssatz - den 14. Verfassungszusatz mit der Equal-Protection-Klausel - verstößt, wird anhand eines dreistufigen Prüfverfahrens[270] ermittelt. Die drei Stufen stehen zueinander in einem Alternativverhältnis. Wie im deutschen Recht sind auch hier Unterscheidungen nach bestimmten, historisch bedeutsamen Merkmalen - nach der Hautfarbe oder dem Geschlecht - weitaus härteren Rechtfertigungsanforderungen unterworfen als sonstige Unterscheidungen. Es muss daher zunächst stets geklärt werden, auf welcher Ebene eine Maßnahme zu prüfen ist.

Die erste Ebene erfasst Regelungen, die Rechtsfolgen an *„verdächtige Unterscheidungsmerkmale“*[271] knüpfen. Zu solchen *„verdächtigen Unter-*

270 Der Stufen-Test geht auf die Entscheidung “Korematsu vs. United States“ (3223 U. S. 214 von 1944) zurück, mit der der Supreme Court einen neuen Standard für „rassenbezogene“ Unterscheidungen entwickelt hatte: Gesetzliche Einschränkungen der Rechte einer gesamten „rassischen“ Gruppe seien sofort verdächtig (*„immediately suspect“*) - allerdings nicht sofort verfassungswidrig. Die Gerichte müssten derlei Unterscheidungen jedoch einer strengsten Prüfung unterziehen (*„most rigid scrutiny“*). S. im Einzelnen: Döring, Frauenquoten und Verfassungsrecht, S. 34 ff.

271 *„suspect classifications“*.

scheidungen" zählen die US-Gerichte nur die Zugehörigkeit zu einer ethnischen Minderheit,[272] die nationale Herkunft[273] oder den Ausländerstatus.[274] Hier gilt der strengste Prüfmaßstab für die Rechtfertigungsmöglichkeiten einer Unterscheidung nach diesen Merkmalen, die *„Strict-Scrutiny-Prüfung"*. Eine Maßnahme ist demnach rechtmäßig, wenn sie einem *„zwingenden staatlichen Interesse"*[275] dient, auf dieses Interesse *„eng zugeschnitten"*[276] und damit im Prinzip kaum vermeidbar ist. Dies ist vergleichbar mit dem Rechtfertigungsregime bei den speziellen Gleichheitssätzen im deutschen Recht, bei denen eine Rechtfertigung ebenfalls theoretisch zwar konstruierbar, praktisch aber in den weitaus meisten Fällen unmöglich ist. Tatsächlich werden Maßnahmen, die in den USA der ersten Prüfungsstufe unterfallen, regelmäßig als rechtswidrig eingeordnet, weshalb die Strict-Scrutiny-Methode in den USA auch als *„strict in theory, but fatal in fact"*[277] bezeichnet wird.

Unter die zweite Stufe fallen die sog. *„Gender Classifications"*, also Unterscheidungen nach dem Geschlecht. Bei diesen kommt die *„Mid-Level-Scrutiny-Prüfung"* zur Anwendung, wonach Unterscheidungen aufgrund des Geschlechts mit der Equal-Protection-Klausel vereinbar sind, wenn die entsprechende Regelung einem *„überragenden Ziel"*[278] dient.

Alle Fälle, die nicht den ersten beiden Stufen zuzuordnen sind, unterliegen auf der dritten Stufe dem mildesten Prüfmaßstab, nach dem die Maßnahme rechtmäßig ist, wenn die Unterscheidung eine rationale Beziehung zu einem verfassungsrechtlich legitimen Zweck aufweist. Das Rechtfertigungsregime der dritten Stufe entspricht damit dem des allgemeinen Gleichheitssatzes im deutschen Recht.

Ausgehend von diesem Stufensystem wären Affirmative-Action-Maßnahmen, die naturgemäß an die Hautfarbe (bzw. im US-amerikanischen Sprachgebrauch an die „Rasse") einer Person anknüpfen, auf der ersten Stufe dem Strict-Scrutiny-Test zu unterwerfen. Da die Maßnahmen aber materielle Gleichheit zum Ziel haben, insoweit also „gutmeinend" sind, stellte sich die Frage, ob sich die Einordnung in die Stufen nicht nach dem

---

272 Korematsu v. United States, 323 U. S. 214, S. 216 (1944).

273 Hernandez v. Texas, 347 U. S. 475, S. 480 f. (1954).

274 Graham v. Richardson, 403 U. S. 365, S. 371 f. (1971).

275 *"compelling interest"*.

276 *„narrowly tailored"*.

277 So Justice Powell in Fullilove v. Klutznick, 448 U. S. 448, 507 (1980).

278 Entwickelt in der Entscheidung Craig v. Boren 429 U. S. 190 (1976).

Vorgehen - dem Anknüpfen an die Hautfarbe - , sondern nach dem Ziel der Maßnahme richten müsse. Diese Frage hatte vor allem deshalb Bedeutung, weil der Strict-Scrutiny-Test als praktisch nicht bestehbar galt.

Im Folgenden wird ein Überblick über die Entwicklung der entsprechenden Rechtsprechung des Supreme Court gegeben und dargestellt, wie der Supreme Court diese Frage beantwortet hat und welche Argumente und Überlegungen er dabei aufwarf.

1. Regents of University of California vs. Bakke (1978)[279]

Der Supreme Court befasste sich 1978 in der das Zulassungsverfahren einer Universität betreffenden Entscheidung Regents of the University of California vs. Bakke[280] erstmals mit Affirmative Action. Diese Entscheidung wird als „*Prüfstein*“[281] der Affirmative Action tituliert und ist noch heute Grundlage der Prüfung der Rechtmäßigkeit von Affirmative-Action-Maßnahmen im Zulassungsverfahren US-amerikanischer Universitäten.[282]

Allan Bakke, ein Weißer, war in den Jahren 1973 und 1974 von der staatlichen University of California als Bewerber um einen Studienplatz in Medizin abgelehnt worden. Zu dieser Zeit hatte die Universität zwei voneinander getrennte Zulassungsverfahren: ein „*regular admissions program*“ und ein „*special admissions program*“. 16 von 100 Studienplätzen wurden über das spezielle Verfahren vergeben, das Personen offenstand, die "*economically and/or educationally disadvantaged*" waren und/oder einer "*minority group (blacks, Chicanos, Asians, American Indians)*“ angehörten. Auch Weiße konnten sich also als „*disadvantaged*“ für eine Zulassung über das spezielle Auswahlverfahren bewerben. Tatsächlich wurden in den Jahren 1973 und 1974 aber ausschließlich Angehörige ethni-

---

279 Sämtliche in dieser Arbeit zitierten Urteile des Supreme Court wurden in der Datenbank unter http://supreme.justia.com/ heruntergeladen.

280 438 U. S. 265 (1978).

281 S. etwa die Entscheidung Grutter vs. Bollinger, 539 U. S. 306 (2003), 323: “*Since this Court's splintered decision in Bakke, Justice Powell's opinion announcing the judgment of the Court has served as the touchstone for constitutional analysis of raceconscious admissions policies.*”.

282 Bestätigt u.a. in der Entscheidung Grutter vs. Bollinger, 539 U. S. 306 (2003); Fisher vs. University of Texas at Austin, 570 U. S. (2013); Fisher vs. University of Texas at Austin, 579 U. S. (2016).

scher Minderheiten über dieses spezielle Verfahren, in dem kein Mindestnotendurchschnitt vorgeschrieben war,[283] zum Studium zugelassen.

Bakke, der sich über das spezielle Verfahren beworben hatte, dessen Bewerbung jedoch nach dem allgemeinen Verfahren geprüft worden war, trug vor, sein Notendurchschnitt, seine Testergebnisse und die nach den Auswahlgesprächen verteilten Punkte lägen deutlich über dem Durchschnitt der Bewerber, die über das spezielle Zulassungsverfahren zugelassen worden seien.[284]

Der Supreme Court bestätigte die Entscheidung der Vorinstanz, dass das „*special admissions program*" wegen Verstoßes gegen die Equal-Protection-Klausel rechtswidrig und Bakke zum Studium zuzulassen sei, widersprach jedoch der Begründung der Vorinstanz, dass die Universität das Merkmal „*race*" prinzipiell nicht in ihren Auswahlverfahren berücksichtigen dürfe. Umstritten war, wie erwartet, die Frage nach dem Prüfmaßstab der Affirmative-Action-Maßnahme. Während in der vom Berichterstatter Richter Powell verfassten Mehrheitsentscheidung des Gerichtes der Strict-Scrutiny-Maßstab zur Anwendung kam, sprachen sich vier der neun Richter angesichts der Zielsetzung der beschriebenen Maßnahme für einen milderen Maßstab aus.

In der Mehrheitsentscheidung befasste sich Richter Powell zunächst eingehend mit der Frage, ob die Equal-Protection-Klausel auf Angehörige aller Gruppen in gleicher Weise anzuwenden sei, oder ob bestimmte Gruppen - hier etwa männliche Weiße - weniger Schutz benötigten als andere („*Two-Class-Theory*"). Letzterenfalls würde die Equal-Protection-Klausel in erster Linie dem Schutz besonderer Gruppen dienen, was auch ihr ursprünglicher Zweck gewesen sei, da ihr Ziel der Schutz ehemaliger Sklaven vor weiterer Unterdrückung gewesen sei:

> "*The Court's initial view of the Fourteenth Amendment was that its one pervading purpose was the freedom of the slave race, the security and firm establishment of that freedom, and the protection of the newly-made freeman and citizen from the oppressions of those who had formerly exercised dominion over him.*"[285]

Die Equal-Protection-Klausel hätte jedoch, so die Mehrheitsentscheidung weiter, mehr und mehr diese begrenzte Geltung verloren. Ihr Schutzbe-

---

283 438 U. S. 265.
284 438 U. S. 266.
285 438 U. S. 291.

reich sei auf immer weitere ethnische Gruppen ausgedehnt worden, bis die Regelung schließlich als universell anwendbar verstanden worden sei:

> "[...] *universal in their application, to all persons within the territorial jurisdiction, without regard to any differences of race, of color, or of nationality; and the equal protection of the laws is a pledge of the protection of equal laws.*"[286]

Nachdem damit feststand, dass die Equal-Protection-Klausel auf alle Gruppen gleichsam anzuwenden ist, befasste sich Richter Powell mit der Frage, ob Unterscheidungen nach der Zielsetzung einer Maßnahme möglich seien. In diesem Fall könnten Ungleichbehandlungen der Mehrheit, wenn ihre Zielsetzung wohlwollend sei, nicht als „*suspect*" anzusehen sein, mit der Folge, dass solche Maßnahmen nicht dem Strict-Scrutiny-Test, sondern einer anderen, milderen Prüfstufe zu unterwerfen seien.[287] Auch dies lehnte Powell im Ergebnis ab. Das Konzept einer "Mehrheit" und einer "Minderheit" sei kaum mehr durchzuhalten und hinge zudem von vorübergehenden Regelungen und politischen Wertungen ab. Darüber hinaus setze sich die „Mehrheit" mittlerweile aus allen möglichen Gruppen zusammen, die ihrerseits ebenfalls Diskriminierungen durch den Staat und durch Private erfahren hätten. Die einzige verbleibende „Mehrheitsgruppe" ohne vorangegangene Diskriminierungen wäre die Gruppe der männlichen „*white Anglo-Saxon Protestants*". Es gäbe deswegen gar kein Mittel zu entscheiden, welche Gruppen besonders behandelt werden dürften und welche nicht. Zudem könnten Gerichte nicht evaluieren, welche Vorurteile bestimmte Gruppen erfahren hätten, und welcher Schaden dabei entstanden sei, um dann Maßnahmen zugunsten derjenigen Gruppen, bei denen der Schaden groß genug sei, an einem anderen Maßstab zu messen als sonst üblich. Die dafür erforderliche soziologische und politische Analyse fiele schlicht nicht in den Kompetenzbereich eines Gerichtes, sei sie noch so politisch machbar und sozial erwünscht.[288]

Hinzu kämen drei weitere wesentliche Punkte. Zum einen sei kaum zu entscheiden, wann und für wen eine Zielsetzung wirklich wohlwollend sei. Auch könne ein Trennung zwischen Gruppen, zu deren Gunsten die wohlwollende Zielsetzung zu beachten sei, und anderen Gruppen zum Wiederaufleben der stereotypen Vorstellung führen, dass bestimmte Gruppen ein

---

286 438 U. S. 293.
287 438 U. S. 294 ff.
288 438 U. S. 297.

Ziel ohne besondere Hilfe nicht aus eigener Kraft erreichen könnten. Und schließlich sei es unfair, Individuen, die sich selbst keiner Diskriminierung schuldig gemacht hätten, damit zu belasten, dass für Schäden Abhilfe geschaffen werden müsse, die sie selbst nicht angerichtet hätten.

Darüber hinaus hätte eine entsprechend veränderte Anwendung der mit Verfassungsrang versehenen Equal-Protection-Klausel zur Folge, dass es der Anwendung der Verfassung über Generationen an Kontinuität fehlen würde. Der stets gleiche Verfassungsstandard könne aber nur aufrechterhalten werden, wenn der Einzelne Rechtsschutz gegen Unterscheidungen aufgrund seiner Zugehörigkeit zu einer bestimmten ethnischen Gruppe aufgrund seiner eigenen, persönlichen Rechte suchen könne und nicht aufgrund seiner Angehörigkeit zu einer bestimmten Gruppe.[289] Wenn und soweit Unterscheidungen nach der ethnischen Zugehörigkeit in die Rechte eines Individuum eingriffen, sei dies vor diesem Hintergrund nur gerechtfertigt, wenn die entsprechende Maßnahme eng auf ein zwingendes staatliches Interesse zugeschnitten sei - was dazu führe, dass auch bei „wohlwollenden" Unterscheidungen der Strict-Scrutiny-Test anzuwenden sei.

Powell prüfte folglich, ob ein solches zwingendes staatliches Interesse vorlag und setzte sich mit den Motiven, die die Universität zur Rechtfertigung ihres Zulassungsverfahrens vorgebracht hatte, auseinander. Dies waren erstens der Abbau der historischen Unterrepräsentanz der "*traditionally disfavored minorities*" an medizinischen Fakultäten und folglich in medizinischen Berufen; zweitens Bekämpfung gesellschaftlicher Diskriminierung; drittens die Erhöhung der Anzahl der Ärzte, die in unterversorgten Gebieten arbeiten würden und viertens Ausbildungsvorteile, die sich aus einer multiethnischen Studentenschaft für die Universität ergeben sollten.

Die Einführung einer bestimmten Minderheitenquote hielt Powell für sich genommen nicht für ein hinreichendes Interesse.[290] Auch die Bekämpfung einer allgemeinen gesellschaftlichen Diskriminierung könne kein solches Interesse sein. Zwar bestünde ein hinreichendes Interesse, dass der Staat konkrete Nachteile festgestellter Diskriminierung ausgleiche. Die Bekämpfung einer nur allgemeinen gesellschaftlichen Diskriminierung aber sei zu ausufernd, denn diese Diskriminierung sei „*ageless in its reach into the past*".

289 438 U. S. 299.
290 438 U. S. 307.

Die Verbesserung der medizinischen Versorgung in manchen Gebieten wiederum könne zwar grundsätzlich ein hinreichendes Ziel sein, jedoch würde dieses im vorliegenden Fall nicht zwingend erreicht, da keineswegs gewährleistet sei, dass die *„minority doctors“* später auch in solchen *„disadvantaged communities“* arbeiten würden - selbst wenn sie dies bei ihrer Bewerbung so angegeben hatten.[291] Zudem gebe es andere, weniger einschneidende Mittel und Wege, die *„disadvantaged communities“* ausreichend medizinisch zu versorgen.

Die Schaffung einer multiethnischen Studentenschaft hingegen erkannte Powell als hinreichendes Ziel an.[292] Es sei Ausfluss der akademischen Freiheit einer jeden Universität, über die Zusammensetzung ihrer Studentenschaft entscheiden zu können. Hierbei sei es Ziel der akademischen Ausbildung, die Studenten unterschiedlichsten Einflüssen und Ideen auszusetzen, was nur eine multiethnische Studentenschaft gewährleiste.

Nachdem das zulässige Ziel der Affirmative-Action-Maßnahme - *„diverse student body“* - festgestellt war, setzte Powell sich mit der Maßnahme als solcher auseinander. Die Universität hatte hierzu vorgetragen, das zulässige Ziel könne nur durch die Quotierung im Zulassungsverfahren - also durch die Reservierung von 16 von 100 Studienplätzen für die über das spezielle Zulassungsverfahren ausgewählten Bewerber - verwirklicht werden. Powell folgte dieser Argumentation nicht, sondern führte aus, dieses Vorgehen würde die wahre Natur des angestrebten Zieles „Diversität“ verkennen. Denn Diversität könne nicht dadurch erreicht werden, dass für bestimmte Ethnien Studienplätze reserviert würden. Die Diversität, die das verfolgte Ziel meine, umfasse vielmehr eine viel größere Bandbreite an Qualifikationen und Charakteristika, unter denen *„racial or ethnic origin“* nur ein - wenn auch gewichtiges - Kriterium sei. Solch einer Diversität stünde das nur auf ethnische Diversität fokussierte Auswahlverfahren der Universität aber entgegen.[293] Dem könne auch nicht dadurch abgeholfen werden, dass mehrere parallele Zulassungsverfahren eingeführt würden, die jeweils nur bestimmten Bewerberkategorien offenständen und bestimmte gewünschte Diversitäten abdeckten, denn es sei unzulässig, Personen, die über bestimmte Merkmale verfügten, von einem Wettbewerb mit allen anderen auszunehmen. Dies sei auch gar nicht erforderlich, um Diversität zu erreichen, selbst wenn die ethnische Herkunft bei der Aus-

291 438 U. S. 310.

292 438 U. S. 311 f.

293 438 U. S. 315.

wahl der Studenten berücksichtigt werden solle. Als Beispiel nannte Powell das Zulassungsverfahren des Harvard College. Dort gebe es keine festen Zielquoten für Studenten mit einem bestimmten Merkmal. Diese Merkmale seien vielmehr nur ein Punkt unter vielen, der bei einer sonst gleichen Eignung den Ausschlag geben könne:

> "*When the Committee on Admissions reviews the large middle group of applicants who are 'admissible' and deemed capable of doing good work in their courses, the race of an applicant may tip the balance in his favor just as geographic origin or a life spent on a farm may tip the balance in other candidates' cases. A farm boy from Idaho can bring something to Harvard College that a Bostonian cannot offer. Similarly, a black student can usually bring something that a white person cannot offer.* [...] *The Committee has not set target quotas for the number of blacks, or of musicians, football players, physicists or Californians to be admitted in a given year. But that awareness (of the necessity of including more than a token number of black students) does not mean that the Committee sets a minimum number of blacks or of people from west of the Mississippi who are to be admitted. It means only that, in choosing among thousands of applicants who are not only 'admissible' academically but have other strong qualities, the Committee, with a number of criteria in mind, pays some attention to distribution among many types and categories of students.*"[294]

Der ethnische Hintergrund eines Bewerbers oder einer Bewerberin könne damit zwar ein Pluspunkt der Bewerbung sein, ihn oder sie aber keineswegs vom Wettbewerb um die verfügbaren Studienplätze ausnehmen und vor allem erst dann den Ausschlag geben, wenn Bewerber oder Bewerberin nach allgemeinen Maßstaben „admissible", also für die Zulassung qualifiziert seien. Weiter müsse das Zulassungsverfahren garantieren, dass alle möglichen, der Diversität zuträglichen Pluspunkte berücksichtigt würden, wozu etwa außergewöhnliche persönliche Talente, besondere Arbeitserfahrungen, Führungspotential, besondere Reife, „*demonstrated compassion*", „*a history of overcoming disadvantage*", besondere Kommunikationsfähigkeiten oder Ähnliches gehörten, auch wenn nicht allen diesen Merkmalen das gleiche Gewicht zugemessen werden müsse und Jahr für Jahr andere Merkmale beachtet und andere Gewichtungen vorgenommen werden könnten.[295] Nur dieses Vorgehen garantiere jedem Bewerber, im Bewerbungsprozess individuell und mit all seinen Qualifikationen wahrgenommen zu werden.

294 438 U. S. 316 f.
295 438 U. S. 317.

2. United Steel Workers vs. Weber (1979)

Ein Jahr nach der Bakke-Entscheidung hatte der Supreme Court über die Rechtmäßigkeit eines freiwilligen Affirmative-Action-Planes eines Arbeitgebers zu entscheiden.[296] Aufgrund der in den Produktionsstätten der Kaiser Aluminium & Chemical Corporation vorherrschenden „*conspicuous racial imbalances*“ - fast die gesamte Arbeitnehmerschaft war weiß - hatte sich die Corporation mit einer Stahlarbeitergewerkschaft darauf geeinigt, den prozentualen Anteil der Schwarzen unter den gelernten Arbeitern solange zu erhöhen, bis er dem prozentualen Anteil der Schwarzen an der örtlichen Arbeitnehmerschaft entsprach.

Um dieses Ziel zu erreichen, wurden Fortbildungsprogramme geschaffen, in denen sich Schwarze und Weiße weiterbilden konnten. 50 % der Plätze in diesen Programmen waren allerdings Schwarzen vorbehalten. Innerhalb der beiden Hautfarbengruppen entschied jeweils die Länge der Betriebszugehörigkeit über die Teilnahmeberechtigung. Diese Regelung sollte gelten, bis der Anteil der entsprechend qualifizierten Schwarzen dem Anteil der qualifizierten Schwarzen an der örtlichen Arbeitnehmerschaft entsprach.

Der weiße Arbeitnehmer Brian Weber erhob Klage gegen diese Regelung, da er, obwohl nicht zur Fortbildung zugelassen, eine längere Betriebszugehörigkeit vorweisen könne als zugelassene Schwarze.

Mangels staatlicher Beteiligung an diesem Sachverhalt maß der Supreme Court die Rechtmäßigkeit dieser Affirmative-Action-Maßnahme am (zivilrechtlichen) Title VII des „*Civil Rights Act*“ von 1964, der Differenzierungen nach der „Rasse“ verbietet. Diesbezüglich sei aber, so Richter Brennan, der die Mehrheitsentscheidung des Gerichtes verfasste, nicht ausschließlich auf den Wortlaut abzustellen. Denn es ginge um eine zwischen zwei Parteien ausgehandelte freiwillige Affirmative-Action-Maßnahme, deren Ziel die Bekämpfung immer noch vorhandener Rassentrennung sei.[297] Bei der Klärung, ob Title VII solche freiwilligen Maßnahmen verbiete, dürfe nicht lediglich auf den Wortlaut abgestellt werden, sondern müssten Gesetzeszweck, Systematik, historischer Zusammenhang und Wille des Gesetzgebers berücksichtigt werden. Das Gericht kam hier zu dem Schluss, dass privatrechtliche freiwillige Maßnahmen mit dem Ziel

296 443 U. S. 193 (1979).
297 443 U. S. 201.

des Abbaus von Ungleichheit nicht verboten seien. Zweck des Title VII sei es, die aufgrund der lang anhaltenden Rassendiskriminierung geringeren Beschäftigungsmöglichkeiten der schwarzen Bevölkerung zu verbessern. Aus verschiedenen Dokumenten ließe sich zudem herleiten, dass der Gesetzgeber private und freiwillige Affirmativ-Action-Maßnahmen durch den Title VII gerade nicht unterbinden wolle.[298]

Obwohl das Gericht ausdrücklich anmerkte, es müsse anhand des vorliegenden Falles keine detaillierte Trennlinie zwischen zulässigen und unzulässigen privaten Affirmative-Action-Maßnahmen aufstellen, da die streitgegenständliche Maßnahme in jedem Fall rechtmäßig sei, umriss es Prüfkriterien, an denen sich private Affirmativ-Action-Maßnahmen im Anwendungsgebiet des Title VII insgesamt messen lassen müssten. Erstens müssten diese Maßnahmen demselben Zweck dienen wie Title VII („*break down old patterns of racial segregation and hierarchy*"; „*structured to open employment opportunities for Negroes in occupations which have been traditionally closed to them*"). Sie dürften zweitens die Interessen der weißen Arbeitnehmer nicht unnötig beeinträchtigen (keine Entlassungen der weißen und Ersetzen durch schwarze Arbeitnehmer, kein absoluter Ausschluss weißer Arbeitnehmer) und müssten drittens zeitlich begrenzt sein bzw. dürften sich nicht darin erschöpfen, ein bestimmtes Ergebnis festzuschreiben („*not intended to maintain racial balance, but simply to eliminate a manifest racial imbalance*").[299]

3. Fullilove vs. Klutznik (1980)

Im Falle Fullilove vs. Klutznik[300] hatte der Supreme Court über eine Affirmative-Action-Maßnahme des Kongresses zu entscheiden.

Dieser hatte 1977 den „*Public Works Employment Act*" verabschiedet, der die Vergabe von Bundesmitteln an bundesstaatliche und lokale Regierungsstellen zur Durchführung öffentlicher Bauvorhaben vorsah. Ziel war die Bekämpfung der Arbeitslosigkeit und die Unterstützung der Wirtschaft, indem auf lokaler Ebene Geld zur Verfügung gestellt wurde, um ohnehin erforderliche öffentliche Vorhaben durchzuführen. Der „*Public Works Employment Act*" enthielt eine Klausel, wonach Aufträge im Volu-

298 443 U. S. 203.
299 443 U. S. 208.
300 448 U. S. 448 (1980).

men von mindestens 10 Prozent der zur Verfügung gestellten Gelder an „*Minority Business Enterprises*" (MBE) vergeben werden mussten. Von dieser Vorgabe durfte nur unter bestimmten Bedingungen abgewichen werden, etwa wenn das MBE unangemessen hohe Preise verlangte.[301] MBE waren dabei als Unternehmen definiert, deren Eigentümer zu mindestens 50 % (bzw. 51 % bei Aktiengesellschaften) bestimmten Minderheiten angehörten. Dagegen klagten verschiedene Bauunternehmen, denen nach ihrer Darstellung aufgrund der Regelung Aufträge entgangen seien.

Da es sich um eine Maßnahme des Kongresses und damit des Bundes handelte, maß das Gericht sie an der Equal-Protection-Komponente der sog. „*Due Process Clause*" des fünften Verfassungszusatzes,[302] die inhaltlich der Equal-Protection-Klausel entspricht und an welcher Maßnahmen des Kongresses zu messen sind. Denn die Equal-Protection-Klausel bezieht sich ihrem Wortlaut nach nur auf die Bundesstaaten („*No State shall* ..."). Der Supreme Court prüft jedoch auch das Handeln des Bundes an der Equal-Protection-Klausel, indem er sie in die Due-Process-Klausel hineinliest.

Grundsätzlich sei, so das Gericht, ein Abstellen auf die ethnische Zugehörigkeit möglich, denn die Verfassung habe den Kongress gerade mit der Kompetenz ausgestattet, Gleichheit durchzusetzen. Der Kongress müsse daher nicht „*color-blind*"[303] handeln.

Das Gericht wägte den Nachteil, der den Nicht-Minderheiten-Unternehmen durch die MBE-Klausel entstand, gegen das mit der Klausel verfolgte Ziel ab und kam zu dem Schluss, der Nachteil würde nicht überwiegen.[304] Soweit das vom Kongress angewandte Mittel eng auf den Ausgleich vorangegangener Diskriminierung zugeschnitten sei, seien jedenfalls leichte Belastungen „Unschuldiger" hinzunehmen. Der Kongress habe bei Erlass der Maßnahme annehmen dürfen, dass Nicht-Minderheiten-Unternehmen in der Vergangenheit durchaus davon profitiert hätten, dass Minderheiten-Unternehmen praktisch vom Markt ausgeschlossen waren. Wesentlich für das Gericht war außerdem, dass die Maßnahme Ausnahmen zuließ.[305]

Auch habe es in der Entscheidungskompetenz des Kongresses gelegen, die Maßnahme auf die in ihr genannten Minderheiten-Unternehmen zu be-

---

301 448 U. S. 470.
302 448 U. S. 480 ff.
303 448 U. S. 482.
304 448 U. S. 484 ff.
305 448 U. S. 467 f.

grenzen und sie nicht auch auf sämtliche Gruppen, die in der Vergangenheit Diskriminierungen erfahren hätten, auszuweiten.[306]

4. Firefighters Local Union No. 1784 vs. Stotts (1984)

In der Entscheidung Firefighters Local Union No. 1784 vs. Stotts[307] ging es wieder um die Rechtmäßigkeit einer privatrechtlichen Affirmative-Action-Maßnahme.

1977 hatte Carl Stotts, ein Schwarzer, der bei der Feuerwehr in Memphis beschäftigt war, seinen Arbeitgeber und verschiedene Bedienstete der Stadt Memphis verklagt, weil diese bei Einstellungen und Beförderungen diskriminiert hätten.[308] Der im folgenden Verfahren geschlossene gerichtlich genehmigte Vergleich beinhaltete die Einführung einer Affirmative-Action-Maßnahme zur Änderung bestehender Missstände. Gegenstand dieser Maßnahme war unter anderem, den Anteil der Beschäftigten, die einer ethnischen Minderheitengruppe angehörten, in jeder Jobkategorie bis zu dem Anteil zu erhöhen, den diese Minderheitengruppe an der örtlichen Arbeitnehmerschaft hatte.

Vier Jahre später wurden jedoch Entlassungen notwendig. Da diese - wie örtlich üblich - nach dem Prinzip *„last hired, first fired"*[309] vorgenommen werden sollten, hätten gerade die erst mit der Umsetzung der Affirmative-Action-Maßnahme eingestellten Angehörigen ethnischer Minderheiten wieder entlassen werden müssen. In der Folge hatte das zuständige Gericht auf Antrag Stotts´ angeordnet, dass die Entlassungen nicht zu einer Verminderung des prozentualen Anteils der Beschäftigten aus der Minderheitengruppe führen dürften. Das Gericht der nächsten Instanz bestätigte dies; der Supreme Court hob diese Entscheidung jedoch auf.

Dabei ging es allerdings weniger um die Affirmative-Action-Maßnahme als solche als um die Frage, ob der District Court seine Anordnung habe treffen dürfen. Es sei nicht Teil der vereinbarten Affirmative-Action-Maßnahme gewesen, dass das Senioritätsprinzip aufgegeben werden solle. Zudem sei diese Maßnahme darauf gerichtet gewesen, Diskriminierungen der Feuerwehr bei der Einstellungs- und Beförderungspraxis durch eine

306 448 U. S. 468.
307 467 U. S. 561 (1984).
308 467 U. S. 565.
309 467 U. S. 566.

neue Einstellungs- und Beförderungspraxis auszugleichen. Die Entlassung weißer Arbeitnehmer mit längerer Dienstzugehörigkeit sei nicht Teil der Maßnahme gewesen.[310] Schließlich deutete der Supreme Court sogar an, die Stadt selbst - und nicht das Gericht - hätte vom Senioritätsprinzip abrücken dürfen.[311]

5. Wygant vs. Jackson Board of Education (1986)

In der Entscheidung Wygant vs. Jackson Board of Education[312] ging es um eine ähnliche Frage wie in Firefighters Local Union No. 1784 vs. Stotts.

Eine Behörde für Bildungsangelegenheiten hatte sich, um bestehende Rassenkonflikte in der Gemeinde abzubauen, mit einer Lehrergewerkschaft darauf geeinigt, dass, sollten Entlassungen unumgänglich werden, zwar grundsätzlich das Senioritätsprinzip gewahrt werden müsse, jedoch nur insoweit, wie sichergestellt sei, dass der prozentuale Anteil an Lehrern aus Minderheiten an den zu Entlassenden nicht höher war als ihr Anteil an der gesamten Lehrerschaft zum Zeitpunkt der Entlassungen. Dies führte dazu, dass bei einer Entlassungsrunde weiße Lehrer mit längerer Dienstzugehörigkeit zugunsten von Minderheiten-Lehrern mit kürzerer Dienstzugehörigkeit entlassen wurden. Die so entlassenen Lehrer erhoben Klage und rügten die Verletzung der Equal-Protection-Klausel.

Der Supreme Court erklärte die Maßnahme für rechtswidrig. Auf einen Prüfmaßstab konnten sich die Richter auch in diesem Fall nicht einigen. Der Berichterstatter Richter Powell verfasste die Mehrheitsentscheidung des Gerichtes, in der er den Strict-Scrutiny-Test mit dem Ergebnis anwandte, dass es an einem zwingenden staatlichen Interesse zur Durchführung der Maßnahme fehle. Eine allgemeine gesellschaftliche Diskriminierung sei nicht ausreichend, um eine Unterscheidung nach der Hautfarbe zu rechtfertigen, denn dieser Grund sei zu gestaltlos, um daran derart einschneidende Maßnahmen gegen nicht verantwortliche Dritte zu knüpfen.[313] Möglich sei lediglich, vorangegangener eigener Diskriminierung abzuhelfen, die sich in einem statistischen Ungleichgewicht zeige, das an-

310 467 U. S. 576.
311 467 U. S. 582.
312 476 U. S. 267 (1986).
313 476 U. S. 276.

hand eines Vergleichs des Minderheitenanteils in der betreffenden Institution mit dem Minderheitenanteil an der örtlichen entsprechend qualifizierten Arbeitnehmerschaft festzustellen sei.[314] Denn das bestehende Spannungsverhältnis zwischen den verfassungsrechtlichen Aufträgen, einerseits bestehende Diskriminierungen zu beseitigen, andererseits nicht selbst zu diskriminieren, gebiete es, dass die Behörde vor der Einleitung von Affirmative-Action-Maßnahmen stichhaltige Beweise für das Bestehen einer eigenen, zu beseitigenden Diskriminierung vorlege.[315] Einen solchen Beweis habe die Schulbehörde, die im Verfahren angab, die Maßnahme habe der Beseitigung der Folgen eigener Diskriminierung gedient, aber nicht erbracht.

Unabhängig davon seien mit der vorliegenden Maßnahme aber auch die Grenzen zulässiger Affirmative Action überschritten, da sie Dritte über Gebühr belasten würde. Einen Job nicht zu bekommen, sei weniger belastend, als einen Job zu verlieren.[316]

Das weiter vorgebrachte Interesse der Schule, Schülern, die selbst einer Minderheit angehörten, ein Vorbild zu schaffen, stelle kein zwingendes staatliches Interesse im Sinne des Strict-Scrutiny-Testes dar. Dazu sei es zu unbegrenzt, denn damit ließe sich jede Einstellungs- oder Entlassungsentscheidung rechtfertigen. Wolle die Schule den Minderheitenanteil an den Lehrern an dem Minderheitenanteil der Schüler ausrichten, müsse sie ersteren jedes Jahr erneut anpassen, was zu weit ginge.[317] Hinzu käme, dass das Ziel, Rollenvorbilder zu schaffen, in keinem Zusammenhang damit stehe, frühere Diskriminierung auszugleichen. Es berge vielmehr die Gefahr, eigene Diskriminierung nicht zu beenden, sondern - im Gegenteil - den geringen Anteil schwarzer Lehrer an der Lehrerschaft in Zukunft mit dem kleinen Anteil schwarzer Schüler zu begründen. Ins Extrem gedacht, könne der Gedanke, schwarze Lehrer seien gut für schwarze Schüler, wieder zu einer Rassentrennung an den Schulen führen, wie sie mit der Entscheidung Brown vs. Board of Education beendet worden sei.[318]

---

314 476 U. S. 275.
315 476 U. S. 278.
316 476 U. S. 282 f.
317 476 U. S. 275 f.
318 476 U. S. 276.

6. Sheet Metal Workers vs. EEOC (1986)

Um die Beseitigung vorausgegangener eigener Diskriminierung ging es auch im Falle Sheet Metal Workers vs. EEOC,[319] mit der der Supreme Court eine Entscheidung eines District Court bestätigte, durch die eine Metallarbeitergewerkschaft wegen Diskriminierung nicht-weißer Arbeitnehmer verurteilt und zwecks Beseitigung der Diskriminierungsfolgen verpflichtet wurde, im Laufe der nächsten Jahre mittels vom District Court zu überwachender Affirmative-Action-Maßnahmen nicht-weiße Mitglieder entsprechend dem Anteil der Nicht-Weißen an der örtlichen Arbeitnehmerschaft von 29 % aufzunehmen.

In der Entscheidung des Supreme Court ging es im Wesentlichen um die Frage, ob Title VII des „*Civil Rights Act*" von 1964 die Durchführung von Affirmative-Action-Maßnahmen auch zugunsten von Individuen erlaube, die persönlich gar nicht Opfer vorangegangener Diskriminierung gewesen seien, und ob der District Court eine entsprechende Anordnung habe treffen dürfen.[320]

Der Supreme Court stellte zunächst fest, dass eine Maßnahme auch dann mit dem Title VII des „*Civil Rights Act*" von 1964 vereinbar sei, wenn von ihr auch Individuen profitierten, die nicht direkt von Diskriminierung betroffen gewesen seien.[321] Denn dass nur Individuen profitieren dürften, die selbst Opfer dieser Diskriminierung gewesen seien, ergebe sich aus der einschlägigen Vorschrift nicht.[322] Title VII verbiete nur, die Wiedereinstellung von Personen anzuordnen, die aus anderen Gründen als Diskriminierung entlassen bzw. nicht eingestellt worden waren.

Der District Court habe die Anordnung auch treffen dürfen. Häufig genüge es, diskriminierendes Verhalten zu untersagen und diskriminierten Personen Ausgleich anzubieten. Es gäbe aber auch Fälle, in denen ein schlichtes Beenden der Diskriminierung nicht ausreichen würde, da dann nach wie vor Mechanismen wirken würden, die eine gleichmäßige Chancenverteilung verhindern würden. Hierbei handle es sich um Fälle, in denen ein Arbeitgeber oder eine Gewerkschaft langanhaltend oder besonders schlimm diskriminiert hätten. Angehörige einer Minderheit etwa würden sich nicht bei einem Unternehmen bewerben, das den Ruf habe, zu diskri-

---

319 478 U. S. 421 (1986).
320 478 U. S. 426.
321 478 U. S. 445 ff.
322 478 U. S. 452 ff.

minieren. In einem nach Hautfarbe trennenden Jobumfeld („*racially stratified job environment*") bedürfe es daher einer Affirmative Action, die sofort greife und die die nach außen sichtbaren Zeichen vergangener Diskriminierung beseitige, sodass die Barrieren, die diese Diskriminierung aufgebaut habe - psychologische und alle anderen - abgebaut werden könnten.[323] In Fällen langanhaltender oder besonders schwerer Diskriminierung seien daher ausschließlich Affirmative-Action-Maßnahmen zielführend, die zur Einstellung bzw. Aufnahme von Minderheitenangehörigen verpflichten würden.[324]

7. Firefighters Local 93 vs. City of Cleveland (1986)

Am selben Tag wie die Entscheidung Sheet Metal Workers vs. EEOC erging die Entscheidung Firefighters Local 93 vs. City of Cleveland[325], die sich mit einer ähnlichen Fragestellung auseinanderzusetzen hatte, nämlich, inwieweit Title VII des „*Civil Rights Act*" von 1964 einem vor Gericht geschlossenen Vergleich über eine Affirmative-Action-Maßnahme entgegenstehe, die Individuen bevorzuge, die nicht selbst Opfer von Diskriminierungen gewesen seien.

In diesem Fall hatte die Stadt Cleveland, also ein öffentlicher Arbeitgeber, dem Diskriminierung vorgeworfen wurde, einen gerichtlichen Vergleich geschlossen, der Affirmative-Action-Maßnahmen zur Beseitigung der Diskriminierung vorsah. Der Supreme Court entschied, dass die geplanten Maßnahmen nicht zu beanstanden seien. Geprüft wurden diese unter anderem an den bereits in der Entscheidung United Steel Workers vs. Weber aufgestellten Kriterien, die nicht nur für private Arbeitgeber gelten sollten:[326] Eine zulässige Maßnahme müsse, so der Supreme Court, demselben Zweck dienen wie Title VII, dürfe die Interessen der Nicht-Minderheit nicht unnötig beeinträchtigen, müsse den Ausgleich eines bestehenden, manifestierten Missverhältnisses bezwecken und müsse zeitlich begrenzt sein.

---

323 478 U. S. 450.
324 478 U. S. 448 f.
325 478 U. S. 501 (1986).
326 478 U. S. 517 ff.

8. United States vs. Paradise (1987)

Auch in der Entscheidung United States vs. Paradise[327] ging es um die Frage der Rechtmäßigkeit einer von einem District Court angeordneten Affirmative-Action-Maßnahme.

Der District Court hatte sie angeordnet, nachdem verschiedene seiner Anordnungen in einem langjährigen Rechtsstreit nicht zur Beendigung festgestellter Diskriminierung beim Ministerium für öffentliche Sicherheit des Staates Alabama geführt hatten: Schwarze wurden dort nach wie vor systematisch von Einstellungen und Beförderungen ausgeschlossen. Der District Court gab dem Ministerium daher für einen bestimmten Zeitraum auf, dass mindestens 50 % der auf eine bestimmte Ebene zu befördernden Personen schwarz sein müssten, wenn und soweit entsprechend qualifizierte Schwarze gewonnen werden konnten. Für Beförderungen auf obere Führungsebenen mussten ebenfalls 50 % Schwarze vorgesehen werden, wenn entsprechend qualifizierte Schwarze verfügbar waren und wenn auf der Beförderungsebene weniger als 25 % Schwarze beschäftigt waren. Für alle Ebenen oberhalb der Eintrittsebene sollte zudem ein realistischer Entwicklungsplan für Beförderungen vorgelegt werden.

Der Supreme Court befand diese Maßnahmen für verfassungsgemäß und für vereinbar mit der Equal-Protection-Klausel. Die Richter des Supreme Court hatten sich zwar erneut nicht abschließend auf einen Prüfmaßstab einigen können. Dies war jedoch in diesem Fall nicht erforderlich, da die in Frage stehenden Maßnahmen nach Meinung der Richter jedenfalls den Strict-Scrutiny-Test bestehen würden. Sie seien eng auf ein zwingendes staatliches Interesse zugeschnitten,[328] das darin bestünde, die Folgen vergangener und gegenwärtiger eigener Diskriminierung abzubauen. Die hartnäckige und systematische Diskriminierungspraxis des Ministeriums und der darin liegende Verstoß gegen die Equal-Protection-Klausel hätten ein starkes Bedürfnis nach und eine überzeugende Rechtfertigung für den Gerichtsbeschluss geliefert.[329] Die angeordneten Maßnahmen hätten auch alle Anforderungen erfüllt, die das Gericht an solche Maßnahmen stellen würde, nämlich Erforderlichkeit, keine ebenso effektiven Alternativmethoden, zeitliche Begrenzung, Flexibilität, vorgesehene Ausnahmen, Festlegung der angestrebten Quote anhand der relevanten Ar-

327 480 U. S. 149 (1987).
328 480 U. S. 166 f.
329 480 U. S. 167.

beitnehmerschaft, keine nicht hinnehmbaren Auswirkungen auf Dritte. Weiße seien - trotz der hohen Quoten - auch nicht unangemessen benachteiligt. Denn zum einen würden die Maßnahmen nur für die anstehenden Beförderungen gelten, zum anderen seien die Maßnahmen zeitlich begrenzt und würden die Beförderung Weißer daher nicht von vornherein verhindern.[330] Deren Beförderungen würden sich lediglich verzögern; Entlassungen seien nicht vorgesehen. Vor allem aber sei wesentlich, dass die zu befördernden Schwarzen entsprechend qualifiziert sein müssten - das Ergebnis der Regelung sei damit nur, dass qualifizierte Weiße auch mit qualifizierten Schwarzen konkurrieren müssten, wobei die Schwarzen einen gewissen Vorteil hätten, der aber aufgrund seiner zeitlichen Beschränkung und der vorangegangenen Diskriminierung hinzunehmen sei.[331]

9. Johnson vs. Transportation Agency (1987)

Die Entscheidung Johnson vs. Transportation Agency[332] betraf erstmals eine Affirmativ-Action-Maßnahme, die auch zugunsten von Frauen wirken sollte.

Die Santa Clara County Transportation Agency hatte bereits 1978 einen freiwilligen Affirmative-Action-Plan eingeführt. Demnach durfte die Agency in Arbeitsbereichen, die Frauen traditionell verschlossen („*traditionally segregated job classification*“) und in denen Frauen deutlich unterrepräsentiert waren, bei entsprechender Qualifikation der jeweiligen Bewerberin das Merkmal Geschlecht als Auswahlfaktor beachten. Gleiches galt für Bewerber, die ethnischen Minderheiten angehörten. Endziel war, den Anteil an Frauen und Minderheiten soweit zu erhöhen, bis er deren Anteil an der örtlichen Arbeitnehmerschaft entsprach. Als die Stelle eines „Road Dispatcher“ besetzt werden sollte, wurden eine Frau und ein Mann als für den Job qualifiziert befunden. Weil sich in dem gesamten Arbeitsbereich, für den eingestellt werden sollte, auf 238 besetzten Stellen keine einzige Frau fand, wurde die Frau unter Berufung auf die Affirmative-Action-Maßnahme befördert. Ihr Konkurrent klagte gegen diese Entscheidung.

---

330 480 U. S. 182.
331 480 U. S. 183.
332 480 U. S. 616 (1987).

Der Supreme Court hielt die Affirmative-Action-Maßnahme für zulässig. Ohne zwischen Affirmative-Action-Maßnahmen zugunsten einer ethnischen Minderheit und solchen zugunsten von Frauen zu differenzieren, prüfte das Gericht den Sachverhalt anhand der in der Entscheidung United Steel Workers vs. Weber aufgestellten Kriterien, hier also Unterrepräsentanz der Frauen und Auswirkungen auf die männlichen Mitbewerber.[333]

Die Unterrepräsentanz von Frauen sei dabei mit mittels eines Vergleichs des Frauenanteils an der Belegschaft des Arbeitgebers mit demjenigen an der regionalen Arbeitnehmerschaft festzustellen - jedenfalls dann, wenn es um Arbeitsplätze ginge, die keine besonderen Qualifikationen voraussetzten. Andernfalls sei der Frauenanteil an der Arbeitnehmerschaft mit dem Frauenanteil an der relevanten Bevölkerung zu vergleichen, der über die entsprechende Qualifikation verfüge. Vorliegend wollte die Agency langfristig einen Frauenanteil von 36 % erreichen, was dem Frauenanteil an der regionalen Arbeitnehmerschaft entsprach. Sie war sich des Defizites an entsprechend qualifizierten Frauen aber bewusst und gab daher lediglich jährliche „Etappenziele" vor, welche nicht als starre Quoten, sondern vielmehr als Fortschrittsindikatoren gehandhabt werden sollten. Dies war für den Supreme Court ein entscheidender Punkt, denn die Affirmative-Action-Maßnahme müsse hinsichtlich ihrer Zielvorgaben das Qualifikationsniveau in der Referenzgruppe im Auge behalten - andernfalls handle es sich um unzulässiges *„blind hiring by the numbers"*.[334]

Die Auswirkungen auf die Rechte der nicht begünstigten Gruppe, hier der männlichen Bewerber, seien hinzunehmen, da keine Stellen für Frauen exklusiv reserviert würden, die Qualifikation für die angestrebte Stelle im Vordergrund stehe und lediglich unter den qualifizierten Bewerbern neben anderen Faktoren auch das Merkmal Geschlecht in die Auswahlentscheidung einbezogen werde. Es sei auch keine begründete Erwartung des männlichen Bewerbers auf Beförderung enttäuscht worden; dieser habe seinen Job behalten, verdiene das gleiche Gehalt und habe auch weiterhin die Chance auf Beförderung. Entsprechend seien die nachteiligen Auswirkungen auf unbeteiligte Dritte im Hinblick auf das Ziel der Maßnahme verhältnismäßig.

Weiter entschied der Supreme Court, dass die zur Überprüfung gestellte Maßnahme auch nicht zeitlich begrenzt sein müsse, da ihre Auswirkungen

---

333 480 U. S. 631 ff.
334 480 U. S. 636.

nicht derart gewichtig seien wie bei den Maßnahmen, über die der Supreme Court zuvor bereits entschieden hatte: So sei im Falle United Steel Workers vs. Weber eine Reservierung von 50 % der Fortbildungsplätze für Schwarze vorgesehen gewesen, weswegen die Belastung Dritter nur durch die zeitliche Begrenzung hätte abgemildert werden können.[335] Auch ginge es der Agency vorliegend nicht darum, ein bestimmtes Verhältnis der Hautfarben und Geschlechter unter allen Umständen zu erhalten, sondern darum, ein ausgeglichenes Verhältnis stets anzustreben, wobei der Agency bewusst sei, dass es zunächst nur graduelle Verbesserungen der Repräsentanz von Minderheiten und Frauen geben werde.

10. City of Richmond vs. C.A. Croson Co. (1989)

Der Fall City of Richmond vs. C.A. Croson Co.[336] betraf erneut eine Affirmative-Action-Maßnahme zugunsten von MBE. Die Stadt Richmond hatte einen „*Minority Business Utilization Plan*" verabschiedet, wonach Bauunternehmer, die mit der Stadt Verträge über Bauarbeiten schlossen, in Höhe von mindestens 30 % des Vertragswertes Verträge mit Subunternehmen schließen sollten, die mehrheitlich Angehörigen bestimmter Minderheitengruppen gehörten. Ausnahmen von dieser Regelung waren zwar vorgesehen, erforderten jedoch den Nachweis, dass alles versucht worden war, die 30 % - Regelung einzuhalten. Bis dahin waren in Richmond trotz eines Schwarzenanteils von 50 % an der Bevölkerung nur 0,67 % der Bauaufträge an MBE vergeben worden.

Das Unternehmen C.A. Croson Co. war der einzige Bieter auf einen öffentlichen Auftrag gewesen, jedoch ohne die 30 % - Vorgabe für MBE-Subunternehmer zu erfüllen. Einen Antrag auf Anwendung der Ausnahmeregelung lehnte die Stadt ab und erteilte C.A. Croson Co. den Auftrag entsprechend nicht, wogegen C.A. Croson Co. Klage erhob. Die Vorinstanzen gaben C.A. Croson Co. Recht. Der Plan sei nicht durch ein zwingendes staatliches Interesse gerechtfertigt, weil nicht nachgewiesen sei, dass die Stadt Richmond bei der Vergabe von Bauaufträgen selbst diskriminiert habe. Außerdem sei die vorgegebene Quote von 30 % nicht eng

335 480 U. S. 640.
336 488 U. S. 469 (1989).

genug auf die Beseitigung der Nachwirkungen etwaiger eigener Diskriminierung zugeschnitten.

Der Supreme Court bestätigte diese Entscheidungen. Die in Frage stehende Maßnahme sei - anders als in der Entscheidung Fullilove vs. Klutznick - an der Equal-Protection-Klausel und entsprechend dem Strict-Scrutiny-Test zu messen. Bezüglich dieses Prüfmaßstabes waren sich hier erstmals alle Richter einig. Der entscheidende Unterschied zur Entscheidung Fullilove vs. Klutznick (Rechtmäßigkeit der Weitergabe von 10 % des Vertragswertes an MBE-Subunternehmer) liege darin, dass hier nicht der Kongress gehandelt habe, für den sich in der US-Verfassung ein ausdrücklicher Auftrag befände, die Gebote des 14. Verfassungszusatzes durchzusetzen,[337] sondern ein Bundesstaat (bzw. seine Untergliederungen). Gegenüber der Stadt als bundesstaatlicher Untergliederung wirke der 14. Verfassungszusatz aber als Begrenzung des Tätigwerdens. Würde er als Grundlage des Tätigwerdens verstanden werden, könnte jeder Staat die Befugnisse des Kongresses ausüben, was gegen den Willen der Verfasser des 14. Verfassungszusatzes verstieße. Entsprechend könne der Kongress zur Bekämpfung allgemeiner gesellschaftlicher Diskriminierung tätig werden; die Stadt Richmond als Untergliederung eines Bundesstaates hingegen nicht. Sie dürfe nur tätig werden, um eigene, vorangegangene Diskriminierung zu bekämpfen und deren Nachwirkungen auszugleichen.[338]

Dieses Tätigwerden wiederum müsse an der Equal-Protection-Klausel gemessen werden.[339] Für diese Untersuchung gelte dann der Strict-Scrutiny-Test. Denn es gebe keine Methode, nach der zuverlässig bestimmt werden könne, wann Unterscheidungen nach dem Merkmal Hautfarbe abhelfend oder wohlwollend seien, und wann schlicht rassistisch. Sinn und Zweck des Strict-Scrutiny-Testes sei es daher, sämtliche böswilligen Bezugnahmen auf das Merkmal Hautfarbe auszumerzen, indem geprüft werde, ob das verfolgte Ziel wichtig genug sei, um das höchstverdächtige Abstellen auf dieses Merkmal zu rechtfertigen. Nur so sei sichergestellt, dass die Motive der Maßnahme nicht auf Vorurteilen oder Stereotypen beruhten. Jede Unterscheidung nach der Hautfarbe berge das Risiko einer Stigmatisierung, weswegen sie ausschließlich zum Ausgleich vorangegangener Diskriminierung angewandt werden dürfe.

---

337 488 U. S. 490.
338 488 U. S. 490, 491.
339 488 U. S. 492.

Das Gericht sah es aber als nicht bewiesen an, dass die Stadt Richmond selbst bei der Vergabe von Bauaufträgen unmittelbar diskriminiert habe.[340] In ihrem Plan habe sie selbst ausgeführt, Diskriminierung in der Bauindustrie als solcher bekämpfen zu wollen, in der Schwarze von Gewerkschaften und Trainingsprogrammen ausgeschlossen gewesen seien und deshalb nicht den traditionellen Weg „*from laborer to entrepreneur*“[341] hätten gehen können. Das Gericht erkannte zwar an, dass eine weitreichende Geschichte staatlicher und privater Diskriminierung zu fehlenden Möglichkeiten der schwarzen Bevölkerung beigetragen habe. Dies allein könne aber eine Quote wie im vorliegenden Fall nicht rechtfertigen. Es sei reine Spekulation, wie viele MBE es ohne Diskriminierung geben würde. Die Quote von 30 % stünde daher in keinem Verhältnis zu einer Rechtsverletzung von irgendjemandem.[342] Möglich sei allenfalls, zum Nachweis eigener Diskriminierung darauf abzustellen, wie hoch der Anteil der entsprechenden Minderheitengruppe in der (ggf. entsprechend qualifizierten) örtlichen Arbeitnehmerschaft sei.[343] Dazu habe die Stadt aber nichts vorgetragen, sondern schlichtweg angenommen, weiße Generalunternehmer würden MBE nicht beauftragen.[344] Auch die Tatsache allein, dass es extrem wenige MBE gebe, könne die Maßnahme nicht rechtfertigen - denn dafür könne es alle möglichen Gründe geben, etwa vergangene gesellschaftliche Diskriminierung bei der Ausbildung und im Hinblick auf wirtschaftliche Möglichkeiten oder typisch „weiße“ und typisch „schwarze“ Berufsentscheidungen.[345]

11. Metro Broadcasting Inc. vs. FCC (1990)

Eineinhalb Jahre nach der Entscheidung City of Richmond vs. C.A. Croson Co. wurde die Anwendung des Strict-Scrutiny-Testes in der Entscheidung Metro Broadcasting, Inc. vs. FCC[346] schon wieder in Frage gestellt.

---

340 488 U. S. 500.
341 488 U. S. 498.
342 488 U. S. 499.
343 488 U. S. 501, 502.
344 488 U. S. 502.
345 488 U. S. 503.
346 497 U. S. 547 (1990).

Der Fall betraf Affirmative-Action-Maßnahmen der Federal Communications Commission (FCC), welche die ausschließliche Befugnis innehatte, Lizenzen zur Errichtung und zum Betrieb von Radio- und Fernsehstationen zu vergeben. Die Affirmative-Action-Maßnahme sah vor, Radio- und Fernsehstationen, die im Eigentum ethnischer Minderheiten standen, bei der Vergabe neuer Lizenzen zu bevorzugen. Zudem durften bereits vergebene Sendelizenzen in Abweichung vom generellen Vorgehen übertragen werden, wenn der Empfänger ein „*FCC-approved minority enterprise*" war und der Kaufpreis maximal 75 % des Wertes betrug.[347] Die FCC hatte dieses Vorgehen eingeführt, um die ihr vom Kongress auferlegte Verpflichtung zu erfüllen, für Diversität in der Programmlandschaft zu sorgen. Vorherige Versuche, die insoweit unterrepräsentierten Minderheiten zu ermutigen, in der Radio- und Fernsehlandschaft mitzuwirken, hatten nicht zu einer hinreichenden Diversität der Programme geführt. Denn obwohl Minderheiten mindestens ein Fünftel der Bevölkerung ausmachten, wurden 1971 nur zehn der existierenden 7.500 Radiostationen und keine der über 1.000 Fernsehstationen von Minderheiten betrieben. 1978 betrieben Minderheiten weniger als 1 % aller Radio- und Fernsehstationen; 1986 waren es 2,1 % der mehr als 11.000 Radio- und Fernsehstationen in den USA. Hinzu kam, dass die Minderheitenunternehmen, die Sender betrieben, als „*late entrants*" nur weniger wertvolle Stationen mit begrenzter Reichweite übernehmen konnten.[348]

Als eine Fernsehlizenz zu vergeben war, erteilte die FCC diese einem MBE und nicht der sich ebenfalls bewerbenden Metro Broadcasting Inc., was die FCC damit begründete, dass das Merkmal MBE schwerer wiege als die Gründe, die für Metro Broadcasting Inc. gesprochen hätten.

Der Supreme Court erklärte dieses Vorgehen unter Anwendung des Mid-Scrutiny-Testes für vereinbar mit der Equal-Protection-Klausel.

Wichtiger Punkt dabei war, dass die Affirmative-Action-Maßnahme vom Kongress genehmigt und gewollt sei. Der Kongress sei von der Verfassung mit der Macht ausgestattet, für das Wohlergehen der USA zu sorgen und dabei insbesondere durch geeignete Gesetzgebung die Equal-Protection-Klausel durchzusetzen. Er habe deswegen weitergehende Befugnisse als die Bundesstaaten, ihre Untergliederungen oder private Einrichtungen.[349] Folge davon sei, dass, wie in der Entscheidung Fullilove vs.

---

347 497 U. S. 557.
348 497 U. S. 554 f.
349 497 U. S. 563, 565.

Klutznick, der Mid-Scrutiny-Test durchzuführen sei. Entsprechend sei die in Frage stehende Regelung rechtmäßig, wenn sie bedeutenden Zielen der Regierung diene, sich innerhalb der Kompetenz des Kongresses bewege und zur Erreichung dieser Ziele wesentlich beitrage. Auch dürfe der Kongress nicht nur handeln, um Nachwirkungen eigener Diskriminierung zu beseitigen, sondern habe insoweit weitergehende Befugnisse als die Bundesstaaten.[350]

Im Tätigwerden des Kongresses liege auch der Unterschied zu der Entscheidung City of Richmond vs. C.A. Croson Co., denn anders als die Stadt Richmond dürfe der Kongress, der als nationales Gesetzgebungsorgan nicht im Verdacht stehe, von bestimmten Gruppen für Diskriminierung instrumentalisiert zu werden, tätig werden, um gesellschaftliche Diskriminierung zu bekämpfen. Der Kampf gegen Diskriminierung sei historisch betrachtet ein Kampf der Nationalregierung gegen Diskriminierung in den Bundesstaaten.[351]

Aus diesem Grund sei die Affirmative-Action-Maßnahme trotz des Abstellens auf die Ethnie am milderen Prüfmaßstab des Mid-Level-Scrutiny-Testes zu messen und im Ergebnis rechtmäßig. Sie diene dem bedeutenden Ziel, Pluralismus in Rundfunk und Fernsehen zu schaffen, und sei auf dieses Ziel wesentlich zugeschnitten.[352] Die FCC habe richtigerweise festgestellt, dass der bestehende Zustand für alle nachteilig sei. Minderheiten hätten keine Stationen, die über ihre Belange und Interessen berichteten, während die Mehrheit keine Möglichkeit habe, die Ansichten und Meinungen der Minderheiten überhaupt wahrzunehmen.

12. Adarand Constructors Inc. vs. Pena (1994)

Im Jahr 1994 - nur vier Jahre nach Metro Broadcasting, Inc. vs. FCC - erklärte der Supreme Court diese Entscheidung anlässlich des Rechtsstreites Adarand Constructors Inc. vs. Pena ausdrücklich für insoweit überholt, als in ihr in Abweichung von der Entscheidung City of Richmond vs. C.A. Croson Co. nach dem Mid-Level-Scrutiny-Test und nicht nach dem Strict-Scrutiny-Test geprüft worden war.

---

350 497 U. S. 564 f.
351 497 U. S. 565 f.
352 497 U. S. 566 ff.

Im konkret verhandelten Fall Adarand Constructors vs. Pena[353] hatte das United States Department of Transportation einen Auftrag für ein Straßenbauprojekt in Colorado an das Unternehmen Mountain Gravel & Construction vergeben. Dieses sollte bestimmte Zuwendungen erhalten, wenn es als Subunternehmer ein Minderheitenunternehmen auswählte, was auch geschah. Die Adarand Constructors Inc. rügte daraufhin die Verletzung der Equal-Protection-Komponente des 5. Verfassungszusatzes und trug vor, sie habe gegenüber Mountain Gravel & Construction das niedrigste Gebot abgegeben und wäre als Subunternehmer beauftragt worden, wenn Mountain Gravel & Construction für die Beauftragung eines Minderheitenunternehmens keine Vergünstigungen erhalten hätte.

Im Ergebnis verwies der Supreme Court den Fall an das Bundesberufungsgericht, das die Klage nach einer Mid-Level-Scrutiny-Prüfung abgewiesen hatte, zur erneuten Verhandlung zurück mit der Auflage, nun nach Strict-Scrutiny zu prüfen.[354]

Die von Richterin O'Connor verfasste Mehrheitsentscheidung kritisierte die bisher uneinheitliche Rechtsprechung des Supreme Court hinsichtlich der Frage, welcher Prüfmaßstab auf Affirmative-Action-Maßnahmen anzuwenden sei,[355] ebenso wie die Unterscheidung nach Maßnahmen des Kongresses und anderer Akteure.[356]

Das Gericht habe sich bis zur Entscheidung City of Richmond vs. C.A. Croson Co. auf drei Punkte einigen können:[357] Erstens bedürfe jede Maßnahme, die an die Merkmale Hautfarbe oder Ethnie anknüpfe, einer genausten Untersuchung („*most searching examination*"), zweitens hänge der Maßstab dieser Untersuchung nicht davon ab, welche Ethnie von ihr profitiere oder benachteiligt würde, und drittens sei die Equal-Protection-Klausel nach dem 14. Verfassungszusatz das Gleiche wie die nach dem 5. Verfassungszusatz. Aus diesen drei Punkten ergebe sich die Anwendbarkeit des Strict-Scrutiny-Maßstabes.[358]

Nur ein Jahr später habe es dann allerdings mit der Entscheidung Metro Broadcasting Inc. vs. FCC einen „*surprising turn*“ gegeben,[359] als das Ge-

---

353 515 U. S. 200 (1995).
354 515 U. S. 204 f.
355 515 U. S. 218 ff.
356 515 U. S. 219 f.
357 515 U. S. 223.
358 515 U. S. 224.
359 515 U. S. 225.

richt entschied, dass der Mid-Level-Scrutiny-Test im Rahmen des 5. Verfassungszusatzes auf Handlungen der nationalen Regierung anzuwenden sei. Dieser Ansatz werde ausdrücklich nicht fortgeführt.[360] Vielmehr sei der Strict-Scrutiny-Test auf Maßnahmen aller Akteure gleichermaßen anzuwenden. Dies ergebe sich daraus, dass 14. ebenso wie 5. Verfassungszusatz Individuen schützten und nicht Gruppen.[361]

Der Ansicht des Richters Stevens, wonach es zwar richtig sei, auf sämtliche Maßnahmen den gleichen Prüfmaßstab anzuwenden, jedoch relevante Unterschiede in der Zielsetzung beachtet werden müssten, hielt O'Connor entgegen, dass der Strict-Scrutiny-Test dies nicht nur ermögliche, sondern dass dies gerade der Zweck des Vorgehens sei, da das Interesse des Maßnahmengebers am Abstellen auf Merkmale wie die Hautfarbe sorgfältig geprüft werde. Nur indem die Situation, aufgrund derer die Maßnahme erforderlich sein solle, genau geprüft würde, könne zwischen rechtmäßigem und unrechtmäßigem Abstellen auf Merkmale wie Hautfarbe unterschieden werden.

Allein aufgrund der „guten Absichten" einer Maßnahme zu entscheiden, berge demgegenüber die Gefahr, dass Vorurteile bestätigt würden, nach denen die Begünstigten der Affirmative Action aufgrund ihrer Hautfarbe nicht qualifiziert genug seien, den durch die Affirmative Action herbeigeführten Zustand ohne diese Maßnahme zu erreichen. Schon deshalb müsse der Maßnahmengeber darlegen, warum eine solche Maßnahme erforderlich sei.

Dies bedeute keineswegs, dass Strict Scrutiny "*strict in theory, but fatal in fact*" sei. Denn es sei eine Tatsache, dass Minderheiten nach wie vor mit den Nachwirkungen von Diskriminierung zu kämpfen hätten, und die Regierung sei nicht gehindert, etwas dagegen zu tun.

13. Grutter vs. Bollinger (2003)

Im Falle Grutter vs. Bollinger[362] hatte der Supreme Court 25 Jahre nach der Entscheidung Regents of University of California vs. Bakke wieder über eine Affirmative-Action-Maßnahme einer Universität zu entscheiden.

---

360 515 U. S. 226.
361 515 U. S. 227.
362 539 U. S. 306 (2003).

Streitgegenstand der Entscheidung Grutter vs. Bollinger war das Auswahlverfahren der Michigan Law School. Die Universität hatte neben persönlichen Motivationsschreiben, Referenzen, dem Verfassen eines Aufsatzes und zwei objektiven Testergebnissen verschiedene „weiche“ Kriterien in das Auswahlverfahren einbezogen - den „Enthusiasmus“ der Empfehlungsschreiben, die Qualität der bisher besuchten Einrichtungen und die dortige Fächerwahl - aber auch den Punkt „Diversität“. In Anlehnung an die von Richter Powell in der Bakke-Entscheidung verfasste Mehrheitsentscheidung nannte die Michigan Law School als Ziel der Universität, Diversität und Pluralismus in der Studentenschaft herstellen zu wollen. Dieser Pluralismus bezog sich im Auswahlverfahren zwar nicht nur auf Aspekte der Ethnie, sollte aber explizit dazu beitragen, die Zahl der afroamerikanischen, hispanischen und indianischen Studenten an der Universität bis zur Erreichung einer „*kritischen Masse*“ zu erhöhen. Diese wiederum sollte zum Pluralismus zunächst an der Law School und später im Berufsleben führen.

Als der Bewerberin Barbara Grutter, die keiner ethnischen Minderheit angehörte, die Aufnahme an der Law School verweigert wurde, klagte sie wegen Verletzung ihrer Rechte aus der Equal-Protection-Klausel.

Der Supreme Court erklärte die Auswahlpraxis der Michigan Law School für vereinbar mit der Equal-Protection-Klausel und bestätigte, dass die Entscheidung Regents of University of California vs. Bakke nach wie vor die Messlatte für Affirmative-Action-Maßnahmen im Auswahlverfahren einer Universität sei. Zulässiges Ziel der Maßnahme könne mithin „*obtaining the educational benefits that flow from a diverse student body*" sein, denn es ergebe sich aus der akademischen Freiheit einer jeden Universität, Führungskräfte auszubilden, die mit Sichtweisen der unterschiedlichsten Bevölkerungsgruppen der USA in Kontakt gekommen seien.[363]

Pluralismus als zwingendes staatliches Interesse ergebe sich aber nicht nur aus dem Faktor „ethnische Zugehörigkeit“, sondern umfasse noch viele weitere Qualifikationen und Charakteristika, unter denen die ethnische Zugehörigkeit nur ein einziges, wenn auch gewichtiges Merkmal sei.[364]

Weiter folge aus keiner der bisherigen Supreme-Court-Entscheidungen, dass zulässiges Ziel im Sinne der Strict-Scrutiny ausschließlich die Beseitigung von Nachteilen und Nachwirkungen eigener Diskriminierung

363 539 U. S. 306, 324.
364 539 U. S. 306, 325.

sei.[365] Vielmehr sei Pluralismus für sich genommen ein substantieller Wert, der zum *„cross-racial understanding*“ beitrage und stereotype Vorstellungen abbaue. Die Diskussion im Unterricht sei *“livelier, more spirited, and simply more enlightening and interesting*” je unterschiedlicher der Hintergrund der daran teilnehmenden Studenten sei. Nur dies würde die Studenten auf die zunehmende Diversität vorbereiten, die sie in der Arbeitswelt vorfinden würden.[366]

Dies gelte umso mehr, wenn man sich vor Augen führe, dass in den Universitäten - insbesondere in den juristischen Fakultäten - die späteren Führungskräfte des Landes ausgebildet würden. Dabei gehe es nicht um die stereotype Vorstellung, dass bestimmte Minderheiten stets bestimmte Standpunkte vertreten würden, sondern darum, dass allein die Tatsache, als Angehöriger einer Minderheit aufgewachsen zu sein, die eigenen Sichtweisen beeinflussen könne.[367]

Um dem Strict-Scrutiny-Test zu genügen, müsse die angewandte Maßnahme so eng auf dieses Ziel zugeschnitten sein, dass sichergestellt sei, dass nicht auch unrechtmäßige Ziele mit der Maßnahme verfolgt werden könnten. Daher dürfe die in Frage stehende Maßnahme kein starres Quotensystem verwenden - alle Bewerber müssten mit allen anderen Bewerbern konkurrieren, und es dürften keine Plätze für bestimmte Gruppen „reserviert“ werden. Das Auswahlschema müsse vielmehr flexibel genug sein, sämtliche Elemente der Diversität bei jedem Studenten in die Entscheidung einzubeziehen, wenn auch nicht alle in gleichem Maße.[368]

Das Auswahlverfahren der Michigan Law School genüge diesen Vorgaben. Die Universität habe ein hochindividualisiertes, holistisches Auswahlverfahren, das jede Art und Weise, auf die ein Student zum Pluralismus beitragen könne, berücksichtige. Das gelte für alle Gruppen, nicht nur für die Angehörigen bestimmter Minderheiten, sodass nicht nur die ethnische Zugehörigkeit unter dem Punkt Pluralismus beachtet würde. Einen automatischen, vorher bereits festgelegten Pluspunkt für die Zugehörigkeit zu einer Minderheit gebe es entsprechend nicht. Auch gebe es keinen Mechanismus, weder de jure noch de facto, nach dem die Zulassungsentscheidung allein auf einem einzelnen dieser „weichen“ Kriterien beruhe.

---

365 539 U. S. 306, 328.
366 539 U. S. 306, 330.
367 539 U. S. 333.
368 539 U. S. 334, 335.

Weiter seien alle zugelassenen Studenten entsprechend qualifiziert.[369] Dass das Kriterium der Zugehörigkeit zu einer bestimmten Ethnie keine stets ausschlaggebende Bedeutung habe, zeige sich bereits daran, dass häufig Minderheiten-Kandidaten mit besseren Testergebnissen und Vornoten zugunsten von zwar qualifizierten, aber in ihren Testergebnissen und Vornoten schlechteren Kandidaten abgelehnt würden, weil diese „schlechteren“ Kandidaten gerade gewichtigere Diversitäts-Faktoren mitbrächten.

Die Universität habe vor Anwendung der Affirmative Action auch nicht sämtliche denkbaren neutralen Maßnahmen ausprobieren müssen, die ebenfalls zu dem gleichen Ziel führen könnten. Erforderlich sei lediglich, dass die Universität ernsthaft und nach bestem Wissen und Gewissen nach neutralen Maßnahmen gesucht habe.[370] Vorliegend habe die Universität allerdings nur vor der Wahl gestanden, eine bestimmte Anzahl von Plätzen über ein Losverfahren zu vergeben, oder aber die Anforderungen an die „harten“ Kriterien (Vornoten und Testergebnisse) abzusenken. Dann aber müsse sie sich zwischen dem Anspruch an die Qualität der Studenten und dem Anspruch an Pluralismus entscheiden, was zu weit ginge. Ohnehin sei bei diesen Verfahren nicht gewährleistet, das Ziel Pluralismus im gleichen Maße zu erreichen, wie es das austarierte Verfahren der Universität aktuell ermögliche.[371]

Weiterer Aspekt des engen Zuschnittes der Maßnahme sei, dass diese Angehörige aller übrigen ethnischen Gruppen nicht über Gebühr belasten dürfe. Dies sei vorliegend nicht der Fall, weil sämtliche Faktoren, die zum Pluralismus beitragen könnten, beachtet würden, nicht nur die ethnische Zugehörigkeit. Es sei daher gewährleistet, dass jede Bewerbung in fairem Wettbewerb geprüft werde. [372]

Schließlich müsse die Maßnahme zeitlich begrenzt sein. Unterscheidungen nach der Hautfarbe seien potentiell so gefährlich, dass sie nicht länger angewandt werden dürften, als dies die Zielerreichung gebiete. Entsprechende Maßnahmen hätten daher einen „logischen Endpunkt“. Bezogen auf die Hochschullandschaft bedeute das, dass die Programme Verfallsklauseln enthalten müssten, die in regelmäßigen Abständen Untersuchungen vorschrieben, inwieweit das Abstellen auf die Hautfarbe noch erfor-

---

369 539 U. S. 337, 338.
370 539 U. S. 339.
371 539 U. S. 339 f.
372 539 U. S. 341.

derlich sei, um das Ziel Pluralismus zu erreichen - was bei den betrachteten Maßnahmen der Universität der Fall sei.

14. Gratz vs. Bollinger (2003)

Parallel zu der Entscheidung Grutter vs. Bollinger entschied der Supreme Court die Sache Gratz vs. Bollinger,[373] bei der es um Affirmative Action-Maßnahmen des College of Literature, Science and the Arts der Michigan Universität ging. Ein Teilbereich des Zulassungsverfahrens wurde mit Hilfe eines Punktesystems bewertet, wobei jeder Kandidat, der mindestens 100 Punkte erreichte, zugelassen wurde. Dabei konnten 20 Punkte erzielt werden, wenn der Bewerber einer ethnischen Minderheit angehörte. Geklagt hatten zwei abgelehnte Bewerber.

Der Supreme Court führte in seiner Mehrheitsentscheidung aus, dass der Strict-Scrutiny-Test als etabliertes Testverfahren anzuwenden sei und prüfte das vorliegende Zulassungsverfahren folglich anhand der in der Entscheidung Regents of University of California vs. Bakke aufgestellten Kriterien.[374]

Die in Rede stehende Affirmative Action-Maßnahme genügte diesen Anforderungen nicht, da sie nicht eng genug auf das angegebene Ziel der pluralistischen Studentenschaft zugeschnitten sei. Es könne bereits nicht davon ausgegangen werden, dass jemand allein aufgrund seiner Zugehörigkeit zu einer bestimmten ethnischen Gruppe zu einer pluralistischen Studentenschaft beitragen werde. Vielmehr sei es für dieses Ziel erforderlich, jede Bewerbung gesondert im Hinblick auf das Kriterium „*individual potential contribution to diversity*“[375] zu überprüfen.[376]

Entsprechend dürfe die Punktevergabe keinem Automatismus folgen. Habe ein Nicht-Minderheiten-Bewerber beispielsweise ein außergewöhnliches künstlerisches Talent, erhielte er dafür 5 Punkte. Das Auswahlgremium würde dann aber nicht mehr prüfen, welche unterschiedlichen Hintergründe, Erfahrungen und Charakteristika die einzelnen Bewerber mitbrächten, sondern sich strikt nach der Punktzahl richten.[377]

---

373 539 U. S. 244 (2003).
374 539 U. S. 270 ff.
375 539 U. S. 274.
376 539 U. S. 271 f.
377 539 U. S. 273.

Zudem dürfe das Merkmal Ethnie keine ausschlaggebende Bedeutung für die Frage nach der Zulassung haben. Wenn aber 20 Punkte allein deshalb vergeben würden, sei jeder Minderheiten-Student, der gerade eben die Mindestpunktzahl zur Zulassung schaffe, bereits deshalb zuzulassen, weil er mit den 20 Extrapunkten die 100 Punkte erreiche.[378]

15. Fisher vs. University of Texas at Austin (2013, 2016)

Die Entscheidung Fisher vs. University of Texas at Austin[379] betraf das Zulassungsverfahren der University of Texas.

Im Rahmen dieses Zulassungsverfahrens wurden zunächst alle Bewerber angenommen, die beim Schulabschluss zu den besten 10 % ihrer jeweiligen Highschool gehört hatten. Etwa 75 % der Studienplätze wurden auf diese Weise vergeben. Die dann noch verbleibenden Plätze wurden nach einem „*Personal Achievement Index*“ vergeben, also nach einem Verfahren, das nicht nur die Abschlussnote, sondern auch weiche Kriterien berücksichtigte: Es mussten zwei Aufsätze verfasst und Empfehlungsschreiben vorgelegt werden; berücksichtigt wurden darüber hinaus außerschulische Aktivitäten, Engagement für das Gemeinwohl, „*leadership experience*“ - und „besondere Umstände“, darunter der sozioökonomische Status der Schule der Bewerber, die Familiensituation der Bewerber, eine zweite Muttersprache - und die ethnische Zugehörigkeit. Entsprechend der Rechtsprechung des Supreme Court wurde an letzteres zwar keine bestimmte Punktzahl oder Ähnliches geknüpft; dennoch sollte dem Merkmal bei der Auswahl eine gewisse Bedeutung beigemessen werden können.

Gegen diesen Auswahlmechanismus klagte Abigail Noel Fisher, die sich (nicht zu den besten 10 % ihrer Highschool gehörend) vergeblich an der University of Texas beworben hatte und nun die Verletzung der Equal-Protection-Klausel geltend machte.

Der Supreme Court prüfte auch dieses Zulassungsverfahren anhand der in der Entscheidung Regents of University of California vs. Bakke aufgestellten und in den Entscheidungen Grutter vs. Bollinger und Gratz vs. Bollinger wiedergegebenen Kriterien und machte deutlich, dass diese auch zehn Jahre nach den Entscheidungen Grutter vs. Bollinger und Gratz vs.

378 539 U. S. 272.

379 Supreme Court Document Number 11-345 (570 U. S (2013).

Bollinger[380] noch Gültigkeit hätten. Entsprechend sei das Zulassungsverfahren gerichtlich voll überprüfbar und müsse dem Strict-Scrutiny-Test standhalten.[381]

Pluralismus in der Studentenschaft sei dabei nach wie vor ein zwingendes staatliches Interesse im Sinne des Strict-Scrutiny-Testes, dürfte aber nicht im Sinne eines bestimmten Prozentsatzes von Personen mit bestimmter Hautfarbe oder Ethnie verstanden werden, denn das wäre ein unzulässiges Herbeiführen einer bestimmten Zusammensetzung nach Ethnien („*racial balancing*").[382]

Auf dieses Ziel eng zugeschnitten sei eine Maßnahme, die kein Quotensystem beinhalte, also keine Plätze für Angehörige bestimmter Minderheiten reserviere und auf diese Weise Ergebnisgleichheit schaffe. Vielmehr müsse das Verfahren flexibel genug sein, um sicherzustellen, dass die Bewerbung jedes einzelnen Kandidaten individuell geprüft werde, ohne dass dabei die ethnische Zugehörigkeit das ausschlaggebende Kriterium einer Bewerbung sei.

Dass die Maßnahme eng auf das Ziel zugeschnitten sei, habe die Universität zu belegen:

> *"Strict scrutiny must not be 'strict in theory, but fatal in fact'. But the opposite is also true. Strict scrutiny must not be strict in theory but feeble in fact. In order for judicial review to be meaningful, a university must make a showing that its plan is narrowly tailored to achieve the only interest that this Court has approved in this context: the benefits of a student body diversity that encompasses a broad array of qualifications and characteristics of which racial or ethnic origin is but a single though important element."*[383]

Dazu gehöre auch, dass es keine anderen Maßnahmen gebe, mittels derer das gleiche Ziel ohne Abstellen auf das Merkmal ethnische Zugehörigkeit erreicht werden könne. Hierfür müsse nicht jede erdenkliche Maßnahme ausprobiert werden; erforderlich sei aber eine ernsthafte Prüfung solcher neutralen Maßnahmen nach bestem Wissen ("*serious, good faith consideration of workable race-neutral alternatives*").[384]

Im Ergebnis wurde der Rechtsstreit an das mit der Sache vorbefasste Berufungsgericht zurückverwiesen, welches das Vorgehen der Universität

380 No. 11-345, S. 5 ff.
381 No. 11-345, S. 7.
382 No. 11-345, S. 9.
383 No. 11-345, S. 13.
384 No. 11-345, S. 10.

auch nach der Strict-Scrutiny-Prüfung billigte,[385] woraufhin erneut der Supreme Court angerufen wurde, um zu überprüfen, ob das Berufungsgericht die Strict-Scrutiny-Prüfung richtig angewandt habe. Die Klägerin brachte hiergegen vor, die Universität habe das zwingende Interesse an der Aufrechterhaltung der Affirmative Action nicht hinreichend dargelegt, die „*kritische Masse*“ an Minderheitenstudenten sei erreicht, und ohnehin sei die Affirmative-Action-Maßnahme der Universität gar nicht geeignet, die Anzahl an Minderheitenstudenten zu erhöhen. Im Übrigen griff die Klägerin die Regelung an, wonach nur die jeweils 10 % Jahrgangsbesten direkt zum Studium zuzulassen seien, die anderen aber ein umfangreiches Bewerbungsverfahren durchlaufen müssten, bei dem weit mehr Faktoren als nur der Rang in ihrer Highschool in den Blick genommen würden. Dem Minderheitenschutz könne auch (und gerade) Rechnung getragen werden, indem der Zugang nach Ranking ausgeweitet werde.

Der Supreme Court folgte diesen Einwänden nicht und befand das Vorgehen der Universität für rechtmäßig.[386]

Interessanterweise wies das Gericht zunächst in aller Deutlichkeit darauf hin - natürlich ohne dies zur Rechtfertigung der Affirmative-Action-Maßnahme heranzuziehen - dass die Klägerin nicht an der Berücksichtigung der ethnischen Zugehörigkeit im „*Personal Achievement Index*“ gescheitert sei, sondern an der Praxis der Universität, 75 % ihrer Plätze allein nach Abschlussnote zu vergeben, womit der Klägerin bereits drei Viertel der verfügbaren Plätze versperrt waren. An diesem Ergebnis hätte sich auch nichts geändert, wären mehr Plätze allein nach Highschool Ranking vergeben worden. Die Klägerin hätte nur bessere Chancen auf Zulassung gehabt, wären - wie an anderen Universitäten üblich - sämtliche Plätze (auch) nach dem „*Personal Achievement Index*“ vergeben worden,[387] wäre die angegriffene Affirmative-Action-Maßnahme also deutlich weiter gewesen.

Zur Affirmative-Action-Maßnahme selbst stellte der Supreme Court fest, die Universität habe ihr Interesse ausreichend begründet;[388] auch könne keine Rede davon sein, dass eine kritische Masse zum Zeitpunkt der Bewerbung der Klägerin bereits erreicht gewesen sei - damals seien gerade 4 % Afroamerikaner an der Universität eingeschrieben gewesen; in

385 Fifth Circuit Court of Appeals, No. 09-50822 (758 F. 3d 633 (CA5 2014)).

386 Entscheidung vom 23.06.2016, No. 14-981.

387 No. 14-981, S. 8 f.

388 No. 14-981, S. 11 ff.

52 % der Universitätskurse hätte es gar keine Afroamerikaner gegeben.[389] Durch die Affirmative-Action-Maßnahme hätten diese Zahlen in den Folgejahren dann jedoch durchaus - etwas - verbessert werden können.[390]

Erst recht könne die Klägerin nicht mit ihrem Begehren durchdringen, sämtliche bzw. mehr Plätze ausschließlich nach Highschoolrang zu vergeben. Dies möge Minderheiten zwar entgegenkommen, es sei jedoch absolut anerkannt, dass die Abschlussnote allein nicht ausreichend Auskunft über die Qualitäten der Bewerber gebe und daher weder zur Herstellung echter Diversität noch zur Auswahl der am besten geeigneten Personen führe:

> *„Even if, as a matter of raw numbers, minority enrollment would increase under such a regime, petitioner would be hard-pressed to find convincing support for the proposition that college admissions would be improved if they were a function of class rank alone. That approach would sacrifice all other aspects of diversity in pursuit of enrolling a higher number of minority students. A system that selected every student through class rank alone would exclude the star athlete or musician whose grades suffered because of daily practices and training. It would exclude a talented young biologist who struggled to maintain above-average grades in humanities classes.* [...]
> *These are but examples of the general problem. Class rank is a single metric, and like any single metric, it will capture certain types of people and miss others. This does not imply that students admitted through holistic review are necessarily more capable or more desirable than those admitted through the Top Ten Percent Plan. It merely reflects the fact that privileging one characteristic above all others does not lead to a diverse student body."*[391]

Hinzu käme, dass eine Fixierung allein auf die Abschlussnote dazu führe, dass Schüler mit Blick auf die Rangfolge eher einfache, anspruchslosere Kurse wählten, von denen sie sich aber bessere Noten versprächen, und dass Eltern ihre Kinder bewusst auf weniger angesehene Schulen schicken würden.

16. Fazit zur Rechtsprechung des US Supreme Court

Die anfangs nicht widerspruchsfreie Rechtsprechung des Supreme Court zu Affirmative-Action-Maßnahmen scheint mit den Entscheidungen der

389 No. 14-981, S. 14 f.
390 No. 14-981, S. 15 f.
391 No. 14-981, S. 17.

vergangenen zehn Jahre (Grutter vs. Bollinger, Gratz vs. Bollinger und Fisher vs. University of Texas) nunmehr zu einer gewissen Geradlinigkeit und Stabilität gefunden zu haben.

Demnach kann es zulässig sein, „wohlwollende" Rechtsfolgen an eigentlich verbotene Anknüpfungsmerkmale zu knüpfen; dieses Vorgehen unterliegt jedoch ohne Ansehung seines Zieles - also ohne Beachtung der guten Intention - dem gleichen Prüfmaßstab wie jedes andere Abstellen auf diese Kriterien auch. Der Zweck heiligt also nicht die Mittel. Darin liegt einerseits ein klares Bekenntnis zu den vorgeschriebenen Anknüpfungsverboten und den insoweit begrenzten Rechtfertigungsmöglichkeiten. Andererseits wird deutlich, dass das Streben nach materieller Gleichheit als Zielsetzung einer Maßnahme geeignet sein kann, das Anknüpfen an ein verbotenes Merkmal auch nach den strengsten Maßstäben zu rechtfertigen. Es ist also keineswegs so, dass die hohen Anforderungen an die Rechtfertigung Affirmative Action per se unmöglich machen.

Interessant ist, dass der Supreme Court zwischenzeitlich danach unterschied, ob der Kongress oder ein Bundesstaat bzw. dessen Untergliederungen eine Maßnahme erlassen hatten - eine dem deutschen Rechtssystem bereits im Ansatz fremde Sichtweise, die auch in den USA nur kurz Bestand hatte. Bemerkenswert ist aber die Begründung, Maßnahmen des Kongresses unterlägen einem milderen Prüfmaßstab, weil es einen verfassungsrechtlichen Auftrag zur Herstellung von Gleichheit gebe (Fullilove vs. Klutznik, City of Richmond vs. C.A. Croson Co.). Hier gibt es eine Parallele zum ebenfalls verfassungsrechtlich verankerten Frauenförderauftrag in Art. 3 Abs. 2 Satz 2 GG, der den Staat (selbstverständlich in allen Teilen) ermächtigt, Gleichheit herzustellen, sodass sich auch hier die Frage stellte, ob dies zu veränderten Prüfanforderungen für auf dieser Grundlage getroffene Maßnahmen führen kann.

Der Supreme Court lehnte die Anwendung unterschiedlicher Prüfmaßstäbe später wieder ab, weil der Gleichheitssatz Individuen schütze, nicht Gruppen, sodass das Recht einer zu fördernden Gruppe nicht automatisch über das eines davon negativ betroffenen Individuums gestellt werden könne (unabhängig davon, wer die entsprechende Maßnahme erlassen habe (Adarand Constructors Inc. vs. Pena)). Dies ist konsequent, wenn man sich vor Augen führt, dass letztlich das eine nichts mit dem anderen zu tun hat: Die Tatsache allein, dass die Verfassung einen Auftrag zur Durchsetzung der Gleichheit erteilt, bedeutet nicht, dass für in diesem Zusammenhang erlassene Maßnahmen allein deshalb ein anderer Prüfmaßstab gilt als für sonstige staatliche Maßnahmen. Verfassungsrechtlich vorgegebene

Prüfverfahren können nicht zu Gunsten oder Ungunsten bestimmter Gruppen abgeändert werden, auch dann nicht, wenn es dabei um die Durchsetzung der Verfassung selbst geht. Hierbei spielt auch der vom Supreme Court aufgeworfene Gedanke der Verfassungskontinuität eine Rolle, die einen Wert an sich darstellt. Erst das Anerkenntnis einer Allgemeingültigkeit und einer gewissen „Unauslegbarkeit" verfassungsrechtlicher Anknüpfungsverbote (inklusive des sich daraus ergebenden Prüfverfahrens) führt zu der Sicherheit, dass diese Verfassungswerte auch unter sich ändernden Umständen dauerhaft erhalten bleiben und durchgesetzt werden können.[392]

Der Supreme Court führte hierzu weiter aus, eine Anpassung des üblichen Prüfprogrammes einer Norm mit dem Ziel, eine bestimmte Gruppe zu schützen, scheitere auch an der Unmöglichkeit, diese Gruppe von anderen, nicht zu fördernden Gruppen sicher abzugrenzen. Eine solche „*two-class-theory*" sei allenfalls berechtigt gewesen, als noch leicht zwischen den schwarzen ehemaligen Sklaven und der weißen Mehrheit differenziert werden konnte. Mittlerweile aber gebe es weitere Gruppen, die mehr oder weniger diskriminiert würden, sodass lediglich männliche „*white Anglo-Saxon Protestants*" als einzig nichtdiskriminierte Gruppe übrig blieben.

Heute könnte dieser Überlegung eine weitere Dimension hinzugefügt werden, nämlich eine möglicherweise fehlende Homogenität der zu fördernden Gruppe. Die Vorstellung, alle Mitglieder einer Gruppe seien allein aufgrund ihrer Gruppenzugehörigkeit in gleicher Art und in gleichem Maße benachteiligt, greift vermehrt zu kurz. Der sozioökonomische Status kann innerhalb dieser Gruppen stark variieren. Die Frage ist dann nicht, ob sich die Gruppe der Schwarzen oder die Gruppe der Frauen von anderen Gruppen abgrenzen lässt, sondern vielmehr, ob diese Gruppen derart homogen benachteiligt sind, dass sich die Ableitung eines unterschiedlichen verfassungsrechtlichen Prüfmaßstabes allein aus der Benachteiligung dieser Gruppe und damit aus der Gruppenzugehörigkeit rechtfertigen lässt. So dient die Affirmative Action bei der Universitätszulassung möglicherweise nicht der Gruppe der Schwarzen als solcher, sondern in erster Linie einer relativ geschlossenen (und privilegierten) Gruppe innerhalb dieser Gruppe, nämlich derjenigen, die bereits die sozioökonomischen Voraussetzungen mitbringt, überhaupt an einer Universität studieren zu können. In die gleiche Richtung geht das Argument, eine Quotenregelung zuguns-

392 S. diesbezüglich zum deutschen Recht oben, S. 84 f.

ten von Frauen in Aufsichtsräten bestimmter deutscher Unternehmen diene nur der Gruppe innerhalb der Frauen, die berufserfahren und qualifiziert genug sei, einen solchen Posten auch auszuüben.

Man mag diesem Einwand entgegenhalten, dass derlei Maßnahmen dazu beitragen, Rollenvorbilder zu schaffen und Vorurteile und stereotype Vorstellungen abzubauen, was der gesamten Gruppe zugutekomme. Dieser Zusammenhang ist aber letztlich zu wenig belegt - und würde allenfalls mittelbar wirken -, um darüber hinwegzuhelfen, dass die Maßnahmen zum Schutze einer Gruppe nicht direkt zugunsten der gesamten Gruppe wirken, sondern allenfalls zugunsten einer ihrer Untergruppen.

Gegen die Modifikation der Schärfe des Prüfmaßstabes zugunsten einer bestimmten Gruppe führt der Supreme Court zudem ein weiteres Argument ins Feld, nämlich die Befürchtung, gegen bestimmte Gruppen bestehende Vorurteile würden noch verstärkt, würde man zu ihren Gunsten auf bestimmte sonst übliche Prüfvoraussetzungen verzichten.[393] Auch einige deutsche Autoren sehen bei positiven Maßnahmen das Risiko, dem angestrebten Ziel einen Bärendienst zu erweisen. Weil positive Maßnahmen eine bestimmte Gruppe herausheben würden, sei zu befürchten, diese Gruppe würde dadurch erst recht ausgegrenzt[394] und gesellschaftlich vorhandene Stigmatisierungen würden auf diese Weise rekonstruiert,[395] weil der Anschein entstehen könne, eine bestimmte Gruppe könne ohne Hilfe „von außen“ Ziele nicht in gleichem Maße erreichen wie der Rest der Gesellschaft.

Natürlich erfordert die Anwendung von Affirmative Action bzw. Quotenregelungen auch ohne Änderung des Prüfmaßstabes eine Gruppenbildung zur Festlegung der Gruppe, die davon profitieren soll. Das ist aber etwas anderes, als zusätzlich einen hergebrachten, verfassungsrechtlich vorgegebenen Prüfmaßstab zugunsten dieser Gruppe zu ändern. Denn während sich die Tatsache, dass bestimmte Gruppen als solche gefördert werden können, aus der Verfassung ergeben mag, enthält dies keine Aussagen darüber, wie dies zu geschehen hat, und folglich auch keine Ermächtigung, allgemeine Prüfmaßstäbe zugunsten der Gruppe zu modifizieren.

---

393 S. dazu oben S. 123.

394 Hinrichs/Zimmer in Däubler/Bertzbach, Allgemeines Gleichbehandlungsgesetz, § 5 Rn. 13.

395 Raasch in Rust/Falke, Allgemeines Gleichbehandlungsgesetz, § 5 Rn. 7.

Argumente gegen die Gruppenbildung führen damit nicht zu einer Irrelevanz des materiellen Gleichheitssatzes bzw. des Gruppenrechts als solchem, sondern zunächst nur zu der Feststellung, dass sämtliche Maßnahmen, die an ein verbotenes Merkmal anknüpfen, um eine bestimmte Gruppe zu fördern, im Hinblick auf ihre Zielsetzung - die Durchsetzung des objektiven Verfassungsgutes - zulässig sein können, unabhängig von dieser Zielsetzung aber am gleichen Maßstab zu prüfen sind wie alle anderen Maßnahmen auch.

Dass dies keineswegs zwingend zu einer Rechtswidrigkeit all dieser Maßnahmen führt, zeigt die Rechtsprechung des Supreme Court.

Im Ergebnis hält das Gericht Affirmative Action auch nach dem strengsten Prüfmaßstab für zulässig,

- wenn die Affirmative Action erforderlich sei, also keine ebenso effektiven Alternativmethoden zur Verfügung stünden;
- wenn keine Stellen exklusiv für die zu fördernde Gruppe reserviert würden;
- wenn sichergestellt sei, dass alle Bewerber mit allen anderen konkurrieren müssten, wenn es also keinen Automatismus gebe, aufgrund dessen bestimmte Personen in jedem Fall vorgezogen würden;
- wenn die zu fördernde Gruppe für die in Frage stehende Aufgabe qualifiziert sei (kein „*blind hiring by the numbers*“), jedoch genüge stets die Feststellung der Qualifikation als solcher - es müssten in der Gruppe der Qualifizierten keine Rangfolgen gebildet werden, um nur die am besten qualifizierten Personen in den Genuss der Affirmative Action kommen zu lassen;
- wenn die Maßnahme zeitlich begrenzt und flexibel sei, sodass Ausnahmen möglich seien, die auch jedem Bewerber und jeder Bewerberin der nicht geförderten Gruppe Chancen auf Erfolg einräumten, sodass eine Entscheidung grundsätzlich weder de jure noch de facto allein auf einem einzelnen Kriterium beruhe, wobei jedoch das förderungswürdige Merkmal entsprechend stark gewichtet werden könne;
- wenn die Festlegung der angestrebten Quote nicht willkürlich sei, sondern anhand einer relevanten Zielgröße bestimmte würde, etwa anhand des Anteils der zu fördernden Gruppe an der örtlichen Arbeitnehmerschaft; und
- wenn nicht hinnehmbare Auswirkungen auf Dritte vermieden würden.

Damit gibt der Supreme Court einen relativ engen, gleichwohl hinreichend abstrakten Rahmen vor, innerhalb dessen Affirmative Action zulässig ist.

Die Frage ist sicherlich auch hier, ob dies zu Wirkungseinbußen der Maßnahmen bei ihrer praktischen Anwendung führt.

Interessant ist weiter, dass der Supreme Court im Laufe seiner Rechtsprechungsgeschichte verschiedene Zielsetzungen der Affirmative Action untersucht. Häufig werden die Zielsetzungen dabei gar nicht direkt auf die begünstigte Gruppe bezogen, sondern es wird in erster Linie untersucht, welche Vorteile der Maßnahmengeber selbst dabei hat - etwa mehr Diversität und Pluralismus an einer Universität, was zunächst die Lehre verbessere und schließlich zu mehr Pluralismus und Diversität in bestimmten Berufsgruppen und der Gesellschaft insgesamt führe. Diese Zielsetzungen weichen von dem ursprünglichen Zielgedanken positiver Maßnahmen, nämlich Förderung bestimmter benachteiligter Gruppen um ihrer selbst willen, deutlich ab und nehmen stattdessen ein Ziel in den Blick, das nicht nur dieser Gruppe, sondern der Gesellschaft insgesamt dienen soll. Auf diese Weise wird positiven Maßnahmen eine ganz neue Dimension hinzugefügt, die der deutschen Diskussion lange Zeit fremd war. Erst in neuerer Zeit wird diese mögliche positive Auswirkung der Maßnahmen auf alle - nicht nur die begünstigte Gruppe - auch in Europa unter dem Schlagwort „Diversität" diskutiert.[396]

II. Das europäische Recht

1. Literaturverständnis der Quotenregelung als Gleich- oder Ungleichbehandlung

Die Literatur sieht in einer Quotenregelung überwiegend einen Eingriff in den Gleichheitssatz. Quotenregelungen trügen damit ihrerseits das „*Stigma der Diskriminierung*"[397] und seien nur zulässig, wenn und soweit sie eine zulässige Ausnahme vom Verbot der Ungleichbehandlung darstellten. Folglich werden Art. 157 Abs. 4 AEUV und entsprechend Art. 23 Abs. 2

---

396 S. etwa Weber-Rey, Gesetzliche Frauenquote?, ZRP 2011, 127; Nordmann, Modernisierung der Bundesrichterwahl mit Frauenquote, ZRP 2012, 139, 141; Grünberger, Vielfalt durch Quote - Umgekehrte Diskriminierung zu Lasten des Leistungsprinzips?, NZA-Beilage 2012, 139, 145; Weber-Rey/Handt, Vielfalt/ Diversity im Kodex - Selbstverpflichtung, Bemühenspflicht und Transparenz, NZG 2011, 1 ff.

397 Krebber in Calliess/Ruffert, EUV AEUV, AEUV, Art. 157 Rn. 74.

der Charta der Grundrechte überwiegend als (eng zu verstehende) Ausnahmen vom Gleichheitssatz angesehen.[398] Erforderlich sei, dass die geplanten Maßnahmen zur Durchsetzung des in den Ausnahmevorschriften genannten Zieles - „*Erleichterung der Berufstätigkeit des unterrepräsentierten Geschlechts*" - „*geeignet und erforderlich*" seien und einer Verhältnismäßigkeitsprüfung standhielten, die „*dem Ausnahmecharakter des Abs. 4 Rechnung zu tragen*" habe.[399]

Lediglich eine Minderansicht versteht Art. 157 Abs. 4 AEUV nicht als Ausnahme vom Gleichheitssatz, sondern als Ergänzung des Gleichbehandlungsgrundsatzes um die (optionale) Herstellung materieller Gleichheit. Das Gebot der Gleichbehandlung in den Absätzen 1 bis 3 des Art. 157 AEUV und die Option zur Gleichstellung stünden demnach als eigenständige Handlungsermächtigungen auf gleicher Ebene nebeneinander und nicht in einem Rangverhältnis. Begründet wird dies damit, dass beide „*Instrumente*" unterschiedliche Gleichheitskonzepte und jedenfalls kurzfristig unterschiedliche Zielsetzungen verfolgten, nämlich die allgemeine Gleichbehandlung auf der einen und die Herstellung tatsächlicher Gleichheit auf der anderen Seite.[400]

Auch der die europarechtlichen Vorgaben für positive Maßnahmen ins deutsche Recht umsetzende § 5 AGG, wonach positive Maßnahmen unter bestimmten Voraussetzungen zulässig sind, wird in der Literatur (der deutschen Systematik folgend) als Rechtfertigungsnorm verstanden.[401] Positive Maßnahmen sollen demzufolge grundsätzlich zu einer Benachteiligung im Sinne des § 1 AGG führen, aber „*aufgrund ihrer übergeordneten Zielrichtung*" nach § 5 AGG gerechtfertigt sein. § 5 AGG sei ein besonde-

---

398 Langenfeld in Grabitz/Hilf/Nettesheim, Das Recht der Europäischen Union, 52. Ergänzungslieferung 2014, AEUV, Art. 157 Rn. 84; Krebber in Calliess/Ruffert, EUV AEUV, AEUV, Art. 157 Rn. 74; Schlachter in Müller-Glöge/Preis/Schmidt, Erfurter Kommentar zum Arbeitsrecht, AEUV, Art. 157 Rn. 30.

399 Schlachter in Müller-Glöge/Preis/Schmidt, Erfurter Kommentar zum Arbeitsrecht, AEUV, Art. 157 Rn. 30.

400 Raasch in Rust/Falke, Allgemeines Gleichbehandlungsgesetz, § 5 Rn. 11.

401 Mansel in Jauernig, Bürgerliches Gesetzbuch, AGG, § 5 Rn. 1; Schlachter in Müller-Glöge/Preis/Schmidt, Erfurter Kommentar zum Arbeitsrecht, AGG, § 5 Rn. 3 f; Meinel/Heyn/Herms, Allgemeines Gleichbehandlungsgesetz, § 5 Rn. 1; Voigt in Schleusener/Suckow/Voigt, Allgemeines Gleichbehandlungsgesetz, § 5 Rn. 11.

rer Rechtfertigungsgrund, der neben den allgemeinen Rechtfertigungsgründen der §§ 8 bis 10 und 20 AGG stehe.[402]

Schon angesichts des Wortlautes des § 5 AGG lässt sich kaum eine andere Ansicht vertreten als die, dass es sich hierbei um die Rechtfertigung einer Ungleichbehandlung handelt. Im Wortlaut der Norm finden sich bereits deutliche Hinweise auf das Rechtfertigungsbedürfnis positiver Maßnahmen, denn es wird die Systematik von Gleichheitsverstoß und Rechtfertigung benutzt, wenn von einer „*unterschiedlichen Behandlung*" und von „*geeigneten und angemessenen*" Maßnahmen gesprochen wird. In der Gesetzesbegründung findet sich die gleiche Wortwahl mit der Erläuterung, positive Maßnahmen würden in jedem konkreten Fall einer Abwägung bedürfen:

> *„Die Maßnahmen müssen nach objektivem Maßstab geeignet und angemessen sein und bedürfen im konkreten Fall der Abwägung mit Rechtspositionen der von ihnen negativ Betroffenen.*"[403]

2. Die Rechtsprechung des EuGH

Der EuGH hat in seinen Entscheidungen zu Quotenregelungen bislang ebenfalls die Ansicht vertreten, dass eine Quotenregelung als (gesetzlich vorgegebene) Ausnahme vom Gleichheitssatz zu verstehen und als solche grundsätzlich eng auszulegen sei. Dabei hat das Gericht im Laufe der Zeit ganz ähnliche Voraussetzungen wie der Supreme Court herausgearbeitet, an denen sich Quotenregelungen messen lassen müssen und bei deren Vorliegen die Grenzen der Ausnahme eingehalten sind.

Die bisherige Rechtsprechung des EuGH zu Quotenregelungen,[404] die deutlichen Einfluss auf die deutsche Rechtsprechung hatte, stellt sich im Detail wie nachfolgend geschildert dar.

402 Meinel/Heyn/Herms, Allgemeines Gleichbehandlungsgesetz, § 5 Rn. 1.
403 Gesetzentwurf der Bundesregierung, Bundestagsdrucksache 16/1780, S. 34.
404 Siehe zum Prüfmaßstab des EuGH im Hinblick auf altes und neues Recht oben, S. 32 f.

2.1 Kalanke (17. Oktober 1995)

Die 1995 im Rahmen eines Vorabentscheidungsersuchens des Bundesarbeitsgerichtes ergangene Entscheidung des EuGH in der Angelegenheit Eckhard Kalanke gegen die Freie Hansestadt Bremen[405] war die erste Entscheidung des EuGH zu einer Quotenregelung. Sie betraf das „*Landesgleichstellungsgesetz vom 20. November 1990*"[406] des Landes Bremen (im Folgenden: LGG).[407]

Konkret ging es um die Besetzung einer Stelle „Sachgebietsleitung" bei der Stadt Bremen, für die zwei gleich qualifizierte Bewerber unterschiedlichen Geschlechts zur Auswahl standen. Die zuständige Amtsleitung schlug den späteren Kläger Eckhard Kalanke zur Beförderung vor; der Personalrat verweigerte jedoch die Zustimmung. Die schließlich eingeschaltete Einigungsstelle, deren Entscheidung für die Stadt Bremen als Dienstherr bindend war, entschied aufgrund des § 4 LGG, dass die Stelle mit der Bewerberin zu besetzen sei. Gemäß § 4 LGG waren Frauen im Falle gleicher Qualifikation und weiblicher Unterrepräsentanz bevorzugt einzustellen bzw. zu befördern, bis ein Frauenanteil von 50 % erreicht sei.

Das schließlich mit der von Eckhard Kalanke erhobenen Klage befasste Bundesarbeitsgericht legte die Sache im Rahmen eines Vorabersuchens dem EuGH vor und bat diesen um Klärung, ob § 4 LGG mit der Richtlinie 76/207/EWG, die den Mitgliedstaaten in Art. 2 Abs. 1 die Gleichbehandlung von Männern und Frauen in beruflichen Belangen vorschreibt, vereinbar sei; konkret, ob die Ausnahmeregelung in Art. 2 Abs. 4 der Richtlinie dahingehend auszulegen sei, dass davon auch eine nationale Regelung wie § 4 LGG erfasst sei.

Der EuGH entschied im Ergebnis, dass § 4 LGG nicht angewandt werden dürfe. Dabei stellte er zunächst fest, dass eine nationale Regelung, nach der Frauen bei gleicher Qualifikation automatisch Vorrang bei Beförderungen genießen, eine nach Art. 2 Abs. 1 der Richtlinie verbotene Diskriminierung der Männer aufgrund des Geschlechts darstelle. Dies gelte auch, wenn Frauen in dem betroffenen Bereich unterrepräsentiert seien.[408]

Die Regelung sei, so der EuGH weiter, auch nicht ausnahmsweise nach Art. 2 Abs. 4 der Richtlinie zulässig. Diese Norm habe den bestimmten

405 EuGH, Entscheidung vom 17.10.1995, Rs. C-450/93 („Kalanke").
406 Gesetzblatt der Freien Hansestadt Bremen 1990, S. 433 ff.
407 BAG, Entscheidung vom 20.10.1993, NZA 1994, 77 ff.
408 EuGH, Entscheidung vom 17.10.1995, Rs. C-450/93 („Kalanke") Rn. 16.

und begrenzten Zweck, Maßnahmen zu ermöglichen, die zwar dem Anschein nach diskriminierend seien, tatsächlich aber bestehende faktische Ungleichheiten beseitigen oder verringern wollten. Sie sei daher als Ausnahme von dem in der Richtlinie verankerten individuellen Gleichheitsrecht zu verstehen und als solche durch entsprechende Auslegung eng auf den Ausnahmetatbestand *„Förderung der Chancengleichheit"* zu beschränken. Die Grenzen dieser engen Auslegung seien überschritten, wenn eine Maßnahme den Frauen absoluten und unbedingten Vorrang einräume. Denn dies ginge über die bloße Förderung der Chancengleichheit hinaus. Deshalb dürfe eine solche Regelung nicht, wie vorliegend, darauf abzielen, in allen Vergütungsgruppen und auf allen Funktionsebenen mindestens ebenso viele Frauen wie Männer zu beschäftigen, weil dies an die Stelle der bloßen Förderung der Chancengleichheit deren angestrebtes Ergebnis - nämlich Geschlechterparität - setzen würde.[409]

Die gleiche Ansicht hatte zuvor Generalanwalt[410] Giuseppe Tesauro in seinem Schlussantrag[411] vertreten. Tesauro beschäftigte sich zunächst mit den verschiedenen Arten positiver Maßnahmen[412] und kam zu dem Schluss, die in Frage stehende Regelung sei *„völlig offensichtlich"* eine Diskriminierung aufgrund des Geschlechts.[413] Jede spezifische Maßnahme zugunsten einer minoritären oder jedenfalls schwachen Gruppe stehe im Widerspruch zum Gleichheitssatz im formalen Sinne. Folglich müsse festgestellt werden, unter welchen genau umrissenen Umständen Bestimmun-

409 EuGH, Entscheidung vom 17.10.1995, Rs. C-450/93 („Kalanke") Rn. 19 ff.

410 Der Generalanwalt beim EuGH entwirft nach der mündlichen Verhandlung unparteilich und unabhängig einen Vorschlag für ein Urteil in der Form eines begründeten sogenannten „Schlussantrages". Darin fasst er die bisherige Rechtsprechung des EuGH in ähnlichen Fällen zusammen und nutzt diese zur Entscheidung im vorliegenden Fall. Der EuGH ist an diese Vorschläge nicht gebunden, faktisch folgt er ihnen jedoch häufig. In der Folge ist es üblich, dass in Punkten, in denen der EuGH in Übereinstimmung mit dem Generalanwalt entschieden hat, zur Begründung dieser Entscheidung neben der nur sehr knappen Darstellung in der EuGH-Entscheidung auch die Ausführungen des Generalanwaltes herangezogen werden.

411 Schlussanträge des Generalanwaltes Giuseppe Tesauro vom 06.04.1995, Rs. C-450/93 („Kalanke").

412 Schlussanträge des Generalanwaltes Giuseppe Tesauro vom 06.04.1995, Rs. C-450/93 („Kalanke") Rn. 9.

413 Schlussanträge des Generalanwaltes Giuseppe Tesauro vom 06.04.1995, Rs. C-450/93 („Kalanke") Rn. 10.

gen erlassen werden könnten, die zwar im Widerspruch zu diesem Grundsatz stünden, aber dennoch rechtlich zulässig seien.[414]

Art. 2 Abs. 4 der Richtlinie 76/207/EW erlaube es den Mitgliedstaaten zwar, positive Maßnahmen durchzuführen; jedoch, wie in der Bestimmung selbst vorgesehen, ausschließlich insoweit, als diese Maßnahmen zur Förderung der Chancengleichheit beitragen würden.[415] Chancengleichheit sei dabei zu verstehen als *„gleiche Voraussetzungen hinsichtlich der Ausgangssituation"*. Die Bremer Regelung aber setze erst an, wenn der Qualifikationsgleichstand festgestellt sei - wenn Chancengleichheit also bereits bestünde. Die Regelung strebe folglich

> *„Gleichheit hinsichtlich des Ergebnisses oder vielmehr eine gerechte Verteilung der Arbeitsplätze auf Männer und Frauen in rein numerischer Hinsicht"*

an, was nicht Sinn und Zweck des Art. 2 Abs. 4 der Richtlinie 76/207/EWG sei.[416]

Dabei war Tesauro durchaus bewusst, dass allein die gleiche Ausgangssituation, wie etwa eine gleiche Qualifikation, nicht ein gleiches Ergebnis gewährleistet. Denn dieses hinge nicht nur von Qualifikation und individueller Anstrengung ab, sondern werde auch durch eine *„bestimmte Sozialstruktur"* beeinflusst, die Frauen *„insbesondere wegen ihrer Doppelrolle und aufgrund der Diskriminierungen in der Vergangenheit"* benachteilige.[417] Tesauro trennte daher den Begriff der Chancengleichheit weiter auf und unterschied Chancengleichheit und *„tatsächliche Chancengleichheit"*. Die *„inhaltliche Gleichheit"*, die Art. 2 Abs. 4 der Richtlinie 76/207/EWG vor Augen habe, dürfe durch Maßnahmen verfolgt werden, die auf Herbeiführung dieser *„tatsächlichen Chancengleichheit"* ausgerichtet seien. Entsprechend erlaube Art. 2 Abs. 4 der Richtlinie 76/207/EWG allein die Ungleichheiten, die erforderlich seien, um die Hindernisse oder Unterschiede zu beseitigen, die die Frauen daran hindern würden, unter den gleichen

---

414 Schlussanträge des Generalanwaltes Giuseppe Tesauro vom 06.04.1995, Rs. C-450/93 („Kalanke") Rn. 11.

415 Schlussanträge des Generalanwaltes Giuseppe Tesauro vom 06.04.1995, Rs. C-450/93 („Kalanke") Rn. 12.

416 Schlussanträge des Generalanwaltes Giuseppe Tesauro vom 06.04.1995, Rs. C-450/93 („Kalanke") Rn. 13.

417 Schlussanträge des Generalanwaltes Giuseppe Tesauro vom 06.04.1995, Rs. C-450/93 („Kalanke") Rn. 14.

Voraussetzungen zu den gleichen Ergebnissen zu gelangen wie die Männer.[418] Das aber seien

> *„Maßnahmen* [...], *die dazu bestimmt sind, die sich für die Frau aus ihrer biologischen Situation ergebenden nachteiligen Folgen zu beseitigen*“.[419]

Als Beispiele für in diesem Sinne zulässige Maßnahmen nannte Tesauro in erster Linie solche, die die Organisation von Arbeit und Familie betrafen, obwohl der EuGH gerade diese (nach Ansicht Tesauros *„mit übermäßiger Strenge*“) in einer vorherigen Entscheidung aus dem Anwendungsbereich des Art. 2 Abs. 4 der Richtlinie 76/207/EWG gänzlich ausgeschlossen hatte,[420] weil sie bestehende diskriminierende Rollenmuster bestärkten.[421]

2.2 Marschall (11. November 1997)

Zwei Jahre später, in der Entscheidung Hellmut Marschall gegen das Land Nordrhein-Westfalen,[422] hatte der EuGH auf Vorlage eines deutschen Gerichtes erneut über die Vereinbarkeit einer deutschen landesrechtlichen Quotenregelung mit der Richtlinie 76/207/EWG zu befinden.

Der Kläger Hellmut Marschall, ein beim Land Nordrhein-Westfalen beschäftigter Lehrer, war auf Basis des § 25 Abs. 5 Satz 2 des *„Beamtengesetzes für das Land Nordrhein-Westfalen in der Fassung der Bekanntmachung vom 1. Mai 1981“*[423] zugunsten einer Frau nicht befördert worden. Nach dieser Norm waren in behördlichen Geschäftsbereichen, in denen weniger Frauen als Männer beschäftigt waren, Frauen bei gleicher Qualifikation bevorzugt zu befördern, sofern nicht *„in der Person des männlichen Mitbewerbers liegende Gründe überwiegen*“.

---

418 Schlussanträge des Generalanwaltes Giuseppe Tesauro vom 06.04.1995, Rs. C-450/93 („Kalanke“) Rn. 15.

419 Schlussanträge des Generalanwaltes Giuseppe Tesauro vom 06.04.1995, Rs. C-450/93 („Kalanke“) Rn. 17.

420 EuGH, Entscheidung vom 25.10.1988, Rs. C-312/86 („Kommission/Frankreich“), s. aber auch EuGH, Entscheidung vom 19.03.2002, Rs. C-476/99 („Lommers“).

421 Schlussanträge des Generalanwaltes Giuseppe Tesauro vom 06.04.1995, Rs. C-450/93 („Kalanke“) Rn. 18.

422 EuGH, Entscheidung vom 11.11.1997, Rs. C-409/95 („Marschall”).

423 Gesetz- und Verordnungsblatt Nordrhein-Westfalen 1981, S. 234.

Die nordrhein-westfälische Landesregierung erläuterte die Norm im Verfahren vor dem EuGH dahingehend, dass lediglich ein zusätzliches Hilfskriterium - die Eigenschaft Frau - eingeführt worden sei, welches die Ungleichheit neutralisieren solle, die für Bewerberinnen auch bei gleicher Qualifikation gegenüber ihren männlichen Konkurrenten nach wie vor bestehe. Denn der Arbeitgeber neige dazu, bestimmte traditionelle Kriterien anzuwenden, die faktisch gerade Frauen benachteiligen würden. Zur Beschreibung der „*Öffnungsgründe*" der Quotenregelung habe der Gesetzgeber mit der Formulierung „*sofern nicht in der Person des männlichen Bewerbers liegende Gründe überwiegen*" bewusst einen unbestimmten Rechtsbegriff gewählt, um hinreichende Flexibilität zu gewährleisten und die Berücksichtigung aller in der Person eines Bewerbers liegenden Gründen zu ermöglichen. Die Verwaltung könne so einem männlichen Bewerber trotz der Quotenregelung den Vorrang geben. Öffnungsgründe könnten alle „*Auswahlhilfsgründe*" sein - wie das Dienstalter oder der „*Umstand, dass der Bewerber eine Familie zu versorgen*" habe.[424]

Der EuGH entschied, dass die Regelung mit der Richtlinie 76/207/EWG vereinbar sei, da die Quotenregelung - anders als im Falle Kalanke - der Chancen- und nicht der Ergebnisgleichheit diene, weil den männlichen Bewerbern eine „*Öffnungsklausel*" zur Seite stünde. Dabei ging er davon aus, dass Frauen bei Beförderungsentscheidungen latent diskriminiert würden:

> *„Es zeigt sich jedoch, […], daß selbst bei gleicher Qualifikation die Tendenz besteht, männliche Bewerber vorrangig vor weiblichen Bewerbern zu befördern; dies hängt vor allem mit einer Reihe von Vorurteilen und stereotypen Vorstellungen über die Rolle und die Fähigkeiten der Frau im Erwerbsleben und z. B. mit der Befürchtung zusammen, daß Frauen ihre Laufbahn häufiger unterbrechen, daß sie ihre Arbeitszeit aufgrund häuslicher und familiärer Aufgaben weniger flexibel gestalten oder daß sie durch Schwangerschaften, Geburten und Stillzeiten häufiger ausfallen. Aus diesen Gründen bedeutet allein die Tatsache, daß zwei Bewerber unterschiedlichen Geschlechts gleich qualifiziert sind, nicht, daß sie gleiche Chancen haben."*[425]

Eine Regelung wie die zur Überprüfung stehende könne, so der EuGH,

> *„dazu beitragen, ein Gegengewicht zu den nachteiligen Auswirkungen zu schaffen, die sich für die weiblichen Bewerber aus den oben beschriebenen*

424 EuGH, Entscheidung vom 11.11.1997, Rs. C-409/95 („Marschall") Rn. 5.
425 EuGH, Entscheidung vom 11.11.1997, Rs. C-409/95 („Marschall") Rn. 28 ff.

> *Einstellungen und Verhaltensmustern ergeben, und damit in der sozialen Wirklichkeit bestehende faktische Ungleichheiten zu verringern*“,[426]

- und deswegen eine nach Art. 2 Abs. 4 der Richtlinie zulässige Ausnahme vom Anknüpfungsverbot des Art. 2 Abs. 1 der Richtlinie sein.

Absoluter und unbedingter Vorrang dürfe den Frauen dabei allerdings nicht eingeräumt werden, da es sich bei Art. 2 Abs. 4 der Richtlinie um eine eng auszulegende Ausnahme des in dieser Richtlinie verankerten individuellen Gleichheitssatzes handle, und ein absoluter und unbedingter Vorrang die Grenzen dieser Ausnahme überschreiten würde.[427] Die in Streit stehende Regelung räume jedoch aufgrund ihrer Öffnungsklausel keinen absoluten und unbedingten Vorrang ein, denn der den Bewerberinnen eingeräumte Vorrang entfiele, wenn zugunsten des Mannes „*Öffnungsgründe*“ überwiegen würden. Männlichen Bewerbern sei so bei gleicher Qualifikation in jedem Einzelfall garantiert, dass ihre Bewerbung Gegenstand einer objektiven Beurteilung sei, die alle die Person der Bewerber betreffenden Kriterien berücksichtige.

Die im Rahmen der Öffnungsklausel zugunsten der männlichen Bewerber herangezogenen Kriterien dürften allerdings

> *„gegenüber den weiblichen Bewerbern keine diskriminierende Wirkung haben“.*[428]

Diese - eigentlich selbstverständliche - Aussage des EuGH ist vermutlich dem merkwürdigen Vortrag der Landesregierung geschuldet, wonach auch das diskriminierende Beispiel eines Auswahlkriteriums („der Umstand, dass der Mann eine Familie zu versorgen habe“) durch die Öffnungsklausel gedeckt sein solle, und begegnet den Bedenken, die Generalanwalt Francis G. Jacobs deswegen zu diesem Thema geäußert hatte.

Jacobs war in seinem Schlussantrag zu dem Ergebnis gekommen, dass die Maßnahme aus den bereits von Generalanwalt Tesauro im Falle Kalanke dargelegten Gründen trotz Öffnungsklausel rechtswidrig sei,[429] hatte darüber hinaus aber auch und gerade Bedenken gegen die Öffnungsklausel als solche. Denn diese würde die Gründe, aus denen Frauen im

---

426 EuGH, Entscheidung vom 11.11.1997, Rs. C-409/95 („Marschall") Rn. 31.
427 EuGH, Entscheidung vom 11.11.1997, Rs. C-409/95 („Marschall") Rn. 30 ff.
428 EuGH, Entscheidung vom 11.11.1997, Rs. C-409/95 („Marschall") Rn. 33, 35.
429 Schlussanträge des Generalanwaltes Francis G. Jacobs vom 15.05.1997, Rs. C-409/95 („Marschall") Rn. 31 ff.

Auswahlverfahren traditionell schlechtere Chancen hätten als Männer, gleichsam durch die Hintertür wieder in das Verfahren einführen:

> *„Nach den Erklärungen des Landes Nordrhein-Westfalen soll die nationale Regelung der strukturellen Diskriminierung entgegenwirken, die Frauen sonst aufgrund traditioneller Hilfskriterien treffen würde: Ein Mann würde einer ebenso qualifizierten Frau vermutlich vorgezogen, a) weil er wahrscheinlich infolge geringerer Unterbrechungen der beruflichen Laufbahn ein höheres Lebens- und Dienstalter hätte und b) aus „sozialen Gründen" - einer Tendenz, einem verdienenden Mann mit Angehörigen eher eine Stelle zukommen zu lassen als der Ehefrau eines verdienenden Mannes. Die nationale Regelung führt der Sache nach ein zusätzliches Kriterium ein - und zwar die Eigenschaft als Frau -, das im allgemeinen Vorrang vor den traditionellen Hilfskriterien haben muß.*[430]

[…]

> *Selbst wenn die Existenz eines Vorbehalts* [der Öffnungsklausel] *grundsätzlich zur Vereinbarkeit einer solchen Regelung* [Quotenregelung] *mit der Richtlinie führen könnte, wäre dies jedenfalls nur dann möglich, wenn gegen den Vorbehalt als solchen keine Einwände erhoben werden könnten. Dies scheint hier nicht der Fall zu sein.* […] *Das Land Nordrhein-Westfalen hat darauf hingewiesen, daß die in Rede stehende nationale Regelung die von ihm - zweifellos zu Recht als diskriminierend angesehene - Anwendung „traditioneller Hilfskriterien" in Auswahlverfahren verdrängen solle. Der Vorbehalt läuft jedoch offenbar darauf hinaus, daß genau diese Kriterien trotzdem herangezogen werden können, wenn er geltend gemacht wird, so daß die Stelle im Ergebnis dem männlichen Bewerber auf der Grundlage von Kriterien angeboten wird, die als diskriminierend anerkannt sind. Wenn eine unbedingte Regelung, die Frauen aufgrund ihres Geschlechts bevorzugt, rechtswidrig ist, dann muß eine bedingte Regelung, die entweder Frauen aufgrund ihres Geschlechts oder Männern aufgrund anerkanntermaßen diskriminierender Kriterien bevorzugt, erst recht rechtswidrig sein.“*[431]

2.3 Badeck (28. März 2000)

Mit einer Vorlagefrage im Rahmen eines Normenkontrollverfahrens hatte es der EuGH in der Sache Badeck[432] zu tun. Diesmal bat der Staatsge-

---

430 Schlussanträge des Generalanwaltes Francis G. Jacobs vom 15.05.1997, Rs. C-409/95 („Marschall") Rn. 7.

431 Schlussanträge des Generalanwaltes Francis G. Jacobs vom 15.05.1997, Rs. C-409/95 („Marschall") Rn. 36.

432 EuGH, Entscheidung vom 28.03.2000, Rs. C-158/97 („Badeck“).

richtshof des Landes Hessen um eine Auslegung des Art. 2 Abs. 4 der Richtlinie 76/207/EWG.

Streitgegenstand des von Georg Badeck und anderen initiierten Normenkontrollverfahrens vor dem Staatsgerichtshof des Landes Hessen war das Hessische „*Gesetz über die Gleichberechtigung von Frauen und Männern und zum Abbau von Diskriminierung von Frauen in der öffentlichen Verwaltung vom 21. Dezember 1993*“,[433] das auf 13 Jahre ab seinem Inkrafttreten am 31.12.1993 beschränkt war. Das Ziel, Frauen und Männern den gleichen Zugang zu öffentlichen Ämtern zu ermöglichen, sollte durch Förderpläne mit dezidierten verbindlichen Zielvorgaben für die Zugangs-, Arbeits- und Aufstiegsbedingungen von Frauen erreicht werden.

Nach § 5 des Gesetzes war in Bereichen, in denen die Unterrepräsentanz der Frauen festgestellt war, mehr als die Hälfte der zu besetzenden Personalstellen zur Vergabe an Frauen vorzusehen. Sofern tatsächlich weniger Stellen mit Frauen besetzt wurden, war nachzuweisen, dass nicht genügend Frauen mit entsprechender Qualifikation zu gewinnen gewesen seien.

Für Beförderungen war ein Frauenanteil vorzusehen, der mindestens dem Anteil der Frauen in der nächstniedrigsten Besoldungsgruppe des Bereiches entsprach. Befristete Stellen des wissenschaftlichen Dienstes waren mit dem Anteil an Frauen zu besetzen, den diese an den Studenten bzw. Absolventen oder Promovierten des jeweiligen Fachbereiches stellten.

Bei der Auswahl der Auszubildenden war für Ausbildungsberufe, in denen Frauen unterrepräsentiert waren, mindestens die Hälfte der Plätze für weibliche Bewerber vorzusehen. Weiter sollten in Bereichen, in denen Frauen unterrepräsentiert waren, mindestens ebenso viele Frauen wie Männer (ggf. alle Bewerberinnen) zu Vorstellungsgesprächen eingeladen werden.

Das Gesetz sah eine Öffnungsklausel zugunsten der Männer vor, nach der „*Gründe von größerem rechtlichen Gewicht*“ den Vorrang der Frauen jeweils entfallen lassen konnten.[434] Die hessische Regierung führte zu den Öffnungsgründen aus, es handle sich dabei um teils gesetzlich und teils per Erlass geregelte Punkte, die geschlechtsneutral formuliert seien und sich als „*soziale Gesichtspunkte*“ zusammenfassen ließen. Als Beispiele

433 Gesetz- und Verordnungsblatt Hessen 1993, S. 729 ff.

434 S. dazu Schlussanträge des Generalanwaltes Antonio Saggio vom 10.06.1999, Rs. C-158/97 („Badeck“) Rn. 36.

nannte sie die bevorzugte Berücksichtigung früherer Angehöriger des öffentlichen Dienstes, die wegen Familienarbeit ausgeschieden waren oder nach dem Vorbereitungsdienst keinen Antrag auf Übernahme gestellt hatten, von Personen, die wegen Familienarbeit nur in Teilzeit tätig waren und nun in Vollzeit arbeiten wollten, von Soldaten, die aufgrund freiwilliger Verpflichtung mindestens zwölf Jahre Wehrdienst geleistet hatten sowie von Schwerbehinderten und Langzeitarbeitslosen.

Der EuGH sah in diesen Regelungen keinen Verstoß gegen Art. 2 Abs. 1 der Richtlinie 76/207/EWG, da sie nach Art. 2 Abs. 4 der Richtlinie zulässige Ausnahmen seien.

Insbesondere sah der EuGH die vorgegebenen konkreten Zielsetzungen als rechtmäßig an.[435] Der hessische Gesetzgeber habe sich hier für eine „*flexible Ergebnisquote*“ entschieden, weil keine für alle betroffenen Bereiche und Dienststellen einheitliche (Ziel-) Quote festlegt worden sei, sondern die jeweiligen Besonderheiten dieser Bereiche für die Zielvorgaben maßgebend sein sollten.

Auch die Reservierung von mindestens der Hälfte der Ausbildungsplätze für Frauen stelle keine - nach der Kalanke-Entscheidung unzulässige - Sicherstellung eines bestimmten Ergebnisses hinsichtlich der Geschlechterverteilung dar. Zum einen handle es sich dabei nicht um eine „*starre Quote*“, da Ausbildungsplätze, die nicht an Frauen vergeben werden könnten, mit Männern zu besetzen seien. Zum anderen sei diese Regelung Teil eines Konzeptes zur Verwirklichung gerade der Chancen- und nicht der Ergebnisgleichheit, da Frauen Ausbildungsplätze und keine Arbeitsplätze vorbehalten würden, wodurch sich die Zugangschancen der Frauen zum Arbeitsmarkt und zur beruflichen Laufbahn verbessern würden. Gleiches gelte für die Vorgabe, qualifizierte Frauen zum Vorstellungsgespräch einzuladen. Auch hier würde kein bestimmtes Ergebnis - etwa Einstellung oder Beförderung - angestrebt, sondern es würde entsprechend qualifizierten Frauen lediglich im Sinne der Chancengleichheit die Möglichkeit zum Eintritt in die Arbeitswelt geboten.

Zudem sei es in einer qualifikatorischen Pattsituation nicht zwingend, die Bewerberin vorzuziehen.[436] Denn zum einen gewährleiste das System, dass das Geschlecht jedenfalls dann nicht ausschlaggebend sei, wenn gar keine Notwendigkeit dafür bestehe, insbesondere, wenn die durch den

435 EuGH, Entscheidung vom 28.03.2000, Rs. C-158/97 („Badeck“) Rn. 39 ff.
436 EuGH, Entscheidung vom 28.03.2000, Rs. C-158/97 („Badeck“) Rn. 28.

Umstand der Unterrepräsentanz begründete Indizwirkung für eine Benachteiligung von Frauen widerlegt sei.[437] Zum anderen verhindere die Öffnungsklausel einen absoluten und unbedingten Vorrang weiblicher Bewerber auch dort, wo diese unterrepräsentiert seien. Es sei insoweit Sache des nationalen Gerichtes festzustellen, ob die Regelung sicherstelle, dass alle Bewerbungen Gegenstand einer objektiven Beurteilung seien, die „*die besondere persönliche Lage*" aller Bewerber und Bewerberinnen berücksichtige.[438]

Generalanwalt Saggio hatte das zur Überprüfung stehende Gesetz in seinem Schlussantrag[439] ebenfalls für richtlinienkonform gehalten.

Unter Verweis auf die vielen Normen des Primär- und auch des Sekundärrechts, die die Gleichstellung von Männern und Frauen zu einer Aufgabe der Gemeinschaft machten, und im Hinblick auf die mit Einführung des Art. 141 Abs. 4 EGV primärrechtlich explizit erwähnten positiven Maßnahmen auf nationalstaatlicher Ebene sowie angesichts des wiederholt geäußerten Willens des Gemeinschaftsgesetzgebers, Gleichstellung zu fördern, kam Saggio zu dem Schluss

> „*dass eine enge Auslegung des Art. 2 Abs. 4 der Richtlinie 76/207/EWG,* [...] *welche die Einführung von Frauenquotensystemen übermäßig einschränkt, nicht im Einklang mit der Entwicklung des einschlägigen Gemeinschaftsrechts steht*".[440]

Natürlich müsse jede positive Maßnahme mit dem Grundsatz der Nichtdiskriminierung in Einklang gebracht werden. Eine positive Maßnahme beruhe jedoch auf dem Grundsatz der materiellen Gleichheit, und dieser widerspreche dem Nichtdiskriminierungsgebot - dem Grundsatz der formellen Gleichheit - nicht im bisher angenommenen Maße. Die materielle Gleichheit solle zwar durch positive Maßnahmen, die ihrerseits diskriminierend seien, erreicht werden, dennoch habe sie faktisch das gleiche Ziel wie die formelle Gleichheit und auch eine darüber hinausgehende Bedeutung. Denn mit ihr trage der Gesetzgeber Sorge, tatsächliche Schwierigkeiten bestimmter Gruppen zu beheben, was allein mit dem Nichtdiskriminierungsgebot der formellen Gleichheit nicht erreicht werden könne.

---

437 EuGH, Entscheidung vom 28.03.2000, Rs. C-158/97 („Badeck") Rn. 29.

438 EuGH, Entscheidung vom 28.03.2000, Rs. C-158/97 („Badeck") Rn. 33 ff.

439 Schlussanträge des Generalanwaltes Antonio Saggio vom 10.06.1999, Rs. C-158/97 („Badeck").

440 Schlussanträge des Generalanwaltes Antonio Saggio vom 10.06.1999, Rs. C-158/97 („Badeck") Rn. 26.

Entsprechend stelle die materielle Gleichheit keine Ausnahme von der formellen Gleichheit dar, weswegen die Vorschriften, auf denen positive Maßnahmen beruhen (Art. 2 Abs. 4 der Richtlinie und Art. 141 Abs. 4 EGV), keinen Ausnahmecharakter hätten und demzufolge auch nicht eng auszulegen seien.[441]

Diese Ansicht widerspricht der noch von Tesauro und Jacobs vertretenen Ausnahme-Theorie, die auch der EuGH teilt, und schließt sich der Minderansicht der Gleichwertigkeit beider Normen an.[442]

Folge davon sei, dass positive Maßnahmen, die eine

> *„faktische Neupositionierung der Gruppe in sozialer Hinsicht"*

bedeuteten,

> *„indem sie ihnen einen tatsächlichen Vorrang bei Einstellungen und Beförderungen einräumen"*

zulässig seien.[443]

Damit seien nicht nur solche positiven Maßnahmen zulässig, die Chancengleichheit vermittelten, die also Bedingungen schaffen sollten, die es der betroffenen Gruppe ermöglichten, sich angemessen um Stellen zu bewerben. Vielmehr seien gerade auch Maßnahmen zulässig, die die Erreichung eines konkreten Ergebnisses, nämlich tatsächlichen Vorrang bei Einstellung und Beförderung, zum Ziel hätten. Wäre es anders, würden positive Maßnahmen inhaltlich ausgehöhlt und zu bloßen Hilfsmaßnahmen sowie zu einem nicht immer wirksamen Korrektiv für soziale Ungleichheit degradiert.[444]

Auf dieser Basis steckte Saggio sodann die Voraussetzungen einer rechtmäßigen positiven Maßnahme ab, bezog sich dabei aber im Wesentlichen auf die bisher zu diesem Thema ergangenen Entscheidungen des EuGH.[445]

---

441 Schlussanträge des Generalanwaltes Antonio Saggio vom 10.06.1999, Rs. C-158/97 („Badeck") Rn. 26.

442 S. dazu oben S. 149.

443 Schlussanträge des Generalanwaltes Antonio Saggio vom 10.06.1999, Rs. C-158/97 („Badeck") Rn. 27.

444 Schlussanträge des Generalanwaltes Antonio Saggio vom 10.06.1999, Rs. C-158/97 („Badeck") Rn. 28.

445 Schlussanträge des Generalanwaltes Antonio Saggio vom 10.06.1999, Rs. C-158/97 („Badeck") Rn. 31.

2.4 Abrahamsson (6. Juli 2000)

In der Entscheidung Katarina Abrahamsson und Leif Anderson gegen Elisabet Fogelqvist[446] hatte sich der EuGH mit einer Quotenregelung auseinanderzusetzen, die von dem Erfordernis gleicher Qualifikation absah, und hat diese für nicht rechtmäßig erklärt.

Der konkrete Fall betraf eine schwedische Verordnung über Arbeitsstellen für Professoren und Forschungsassistenten, welche zur Verwirklichung der Gleichstellung eingerichtet werden sollten. Bestimmte staatliche Universitäten konnten nach dieser Verordnung extra zugewiesene Mittel erhalten, um damit im Haushaltsjahr 1995/1996 Fördermaßnahmen zur Gleichstellung von Männern und Frauen durchzuführen. Sie mussten dazu einem Bewerber, der dem jeweils unterrepräsentierten Geschlecht angehörte, Vorrang vor einem Bewerber des anderen Geschlechts, der sonst ausgewählt worden wäre, einräumen. Voraussetzung auf Seiten des zu bevorzugenden Bewerbers war dabei allerdings lediglich eine *„hinreichende Qualifikation“* - und eben nicht die beste - wobei die Grenze zur Ungeeignetheit dort gezogen wurde, wo der Unterschied zwischen den Bewerbern so groß war, dass sich daraus ein Verstoß gegen die Sachgerechtigkeit ergeben würde.

Der EuGH sollte (unter anderem) entscheiden, ob Art. 2 Abs. 1 und 4 der Richtlinie 76/207/EWG so auszulegen seien, dass sie einer nationalen Regelung entgegenstünden, nach der ein Bewerber des unterrepräsentierten Geschlechts, der lediglich *„hinreichende“* Qualifikationen für eine Stelle besitze, einem Bewerber des anderen Geschlechts vorzuziehen sei. Weiter wollte das vorlegende Gericht wissen, ob Art. 2 Abs. 1 und 4 der Richtlinie einer auf einer nationalen Verwaltungspraxis beruhenden Regelung entgegenstünden, nach der ein Bewerber des unterrepräsentierten Geschlechts einem Bewerber des anderen Geschlechts vorgezogen werden könne, wenn die Verdienste der Bewerber als gleichwertig oder fast gleichwertig anzusehen seien.

Der EuGH verwies zunächst auf die in den vorangegangenen Entscheidungen zu Quotenreglungen herausgearbeiteten Voraussetzungen einer zulässigen Quotenregelung - sie dürfe weiblichen Bewerbern, die die gleiche Qualifikation wie ihre männlichen Mitbewerber besäßen, keinen automatischen und unbedingten Vorrang einräumen, und jede einzelne Bewer-

---

446 EuGH, Entscheidung vom 09.07.2000, Rs. C-407/98 („Abrahamsson“).

bung müsse Gegenstand einer objektiven Beurteilung sein, bei der die besondere persönliche Lage jedes Bewerbers berücksichtigt werde.[447] Dabei sei es zwar zulässig, bei der Qualifikationsfeststellung bestimmte Kriterien einzubeziehen und bestimmte Kriterien auszuschließen, wenn dies die Herstellung materieller Gleichheit zum Ziel hätte. Für solche Kriterien gelte jedoch, dass sie

> „*in transparenter und nachprüfbarer Weise angewandt werden müssen, um jede willkürliche Beurteilung der Qualifikation der Bewerber auszuschließen*“.[448]

Die vorliegende Quotenregelung erfülle aber bereits dieses Erfordernis nicht.[449] Hinzu käme, dass es der schwedischen Regelung an einer Öffnungsklausel fehle, die den automatischen Vorzug des Bewerbers des unterrepräsentierten Geschlechts ausschließe.[450]

Auch mit Art. 141 Abs. 4 EGV sei die schwedische Regelung nicht vereinbar. Hierzu stellte der EuGH allerdings nur äußerst knapp fest, dass Art. 141 Abs. 4 EGV den Mitgliedstaaten zwar gestatte, zur Verhinderung oder zum Ausgleich von Benachteiligungen in der beruflichen Laufbahn spezifische Vergünstigungen beizubehalten oder zu beschließen; dazu könne jedoch nicht eine Auswahlmethode gehören, die, wie vorliegend, zu dem verfolgten Ziel außer Verhältnis stehe.[451]

Auf die eigentlich interessante Frage, ob auch eine hinreichende Qualifikation als Anwendungsvoraussetzung einer Quotenregelung genügen könne, ist das Gericht damit kaum eingegangen. Auch die Antwort des EuGH auf die Vorlagefrage, ob die Quotenregelung bereits greifen könne, wenn die Verdienste der Bewerber als gleichwertig oder fast gleichwertig anzusehen seien, fällt nur knapp aus:

> „*Hierzu genügt die Feststellung, daß eine solche Regelung* […] *mit dem Gemeinschaftsrecht vereinbar ist, wenn die Bewerbungen Gegenstand einer objektiven Beurteilung sind, bei der die besondere persönliche Lage aller Bewerber berücksichtigt wird. Auf die dritte Frage ist daher zu antworten, daß Artikel 2 Absätze 1 und 4 der Richtlinie einer auf einer nationalen Verwaltungspraxis beruhenden Regelung, nach der ein Bewerber des unterrepräsentierten Geschlechts einem Bewerber des anderen Geschlechts vorgezogen*

447 EuGH, Entscheidung vom 09.07.2000, Rs. C-407/98 („Abrahamsson“) Rn. 43.
448 EuGH, Entscheidung vom 09.07.2000, Rs. C-407/98 („Abrahamsson“) Rn. 49.
449 EuGH, Entscheidung vom 09.07.2000, Rs. C-407/98 („Abrahamsson“) Rn. 50.
450 EuGH, Entscheidung vom 09.07.2000, Rs. C-407/98 („Abrahamsson“) Rn. 52.
451 EuGH, Entscheidung vom 09.07.2000, Rs. C-407/98 („Abrahamsson“) Rn. 55.

> *werden kann, wenn die Verdienste der Bewerber als gleichwertig oder fast gleichwertig anzusehen sind, nicht entgegensteht, sofern die Bewerbungen Gegenstand einer objektiven Beurteilung sind, bei der die besondere persönliche Lage aller Bewerber berücksichtigt wird.*"[452]

Generalanwalt Saggio hatte sich in seinem Schlussantrag[453] länger mit der Frage der Qualifikation befasst und war zu dem Schluss gekommen, dass Qualifikation und Verdienste aller Bewerber um eine Stelle völlig gleichwertig sein müssten, damit eine Quotenregelung überhaupt in Betracht kommen könne. Andernfalls würden die Grundsätze der Bewerberauswahl entwertet und würde ein System unbedingter Präferenz und mithin eine „*Stellenrücklage*" für Frauen geschaffen. Es dürfe nicht die „*Eignung privilegierter Bewerber*" geprüft werden, sondern es müssten umgekehrt alle Bewerber auf derselben Stufe (der Qualifikationsfeststellung) miteinander verglichen werden; erst danach könne eine Quotenregelung greifen. Das System unbedingter Präferenz werde nämlich nicht dadurch aufgehoben, dass der Vorrang bei der Einstellung nur dann zum Tragen komme, wenn der Unterschied zwischen dem bevorzugten und dem ausgeschlossenen Bewerber nicht erheblich sei, denn der Vergleich der Bewerber und somit die Beurteilung ihrer Fähigkeiten würden auch in diesem Fall nur eine zweitrangige Rolle gegenüber der Bevorzugung des Bewerbers des unterrepräsentierten Geschlechts spielen, wodurch die Auswahlfunktion völlig verfälscht würde.[454]

2.5 Fazit zur Rechtsprechung des EuGH

Die einschlägige Literatur und die Rechtsprechung des EuGH zu den ihm vorgelegten Quotenmodellen verstehen Art. 157 Abs. 4 AEUV (bzw. seine Vorgängervorschrift) sowie die relevanten sekundärrechtlichen Vorschriften weit überwiegend als Ausnahme des Gleichheitssatzes und legen sie entsprechend eng aus. Quotenregelungen sollen dennoch rechtmäßig sein können, weil weitgehende Einigkeit darüber besteht, dass sie so gestaltet werden können, dass sie die Grenzen dieser Ausnahme einhalten.

---

452 EuGH, Entscheidung vom 09.07.2000, Rs. C-407/98 („Abrahamsson") Rn. 61 f.

453 Schlussanträge des Generalanwaltes Antonio Saggio vom 16.11.1999, Rs. C-407/98 („Abrahamsson").

454 Schlussanträge des Generalanwaltes Antonio Saggio vom 16.11.1999, Rs. C-407/98 („Abrahamsson") Rn. 28.

Damit kommt, wie vor ihr der Supreme Court, auch die europäische Sichtweise zu dem Ergebnis, dass sich Quotenregelungen am gleichen Maßstab messen lassen müssen wie jede andere an verbotene Anknüpfungsmerkmale anknüpfende Ungleichbehandlung auch. Eine Sonderbehandlung, die diese Maßnahmen ausgehend von ihrem wohlmeinenden Ziel einem anderen Prüfregime unterwirft, soll es auch hier nicht geben. Das Ziel der Maßnahme spielt damit erst bei der Frage nach ihrer Rechtfertigung eine Rolle und nicht schon bei der Frage nach dem anzuwendenden Prüfmaßstab. Etwas anderes folgt auch nicht aus dem Schlussantrag des Generalsanwaltes Saggio, der die materielle Gleichheit gleichrangig neben die formelle Gleichheit stellt und ihr damit den Ausnahmecharakter nimmt. Denn dass die jeweiligen Maßnahmen „*ihrerseits diskriminierend*" seien, bestreit Saggio dennoch nicht.

Die Europäer hatten es hierbei nicht „leichter" als der Supreme Court, zu dieser Erkenntnis zu kommen, nur weil ihnen mit den einschlägigen Regelungen der Richtlinien bzw. mit Art. 157 Abs. 4 AEUV und dessen Vorgängervorschrift eine gesetzliche Regelung an die Hand gegeben war. Denn deren Aussage hätte sich, wie die Entscheidung Kalanke und die Schlussanträge der Generalanwälte in den Entscheidungen Kalanke und Marschall deutlich zeigen, auch darin erschöpfen können, dass positive Maßnahmen prinzipiell zwar zulässig seien, Quotenregelungen jedoch nicht.

Im Wesentlichen bearbeitete der EuGH die gleichen Problempunkte wie der Supreme Court und kommt vielfach zu vergleichbaren Antworten. Er fragte sich, ob die bevorzugte Gruppe allein aufgrund des Merkmales, das gefördert werden solle, im Wege eines Automatismus bevorzugt werden dürfe, bis eine bestimmte Zielquote erreicht sei (nein - kein „*blind hiring by the numbers*" bzw. keine „*Stellenrücklage*"); er stellte die Frage nach den Auswirkungen auf Dritte (auch ihre Bewerbung muss Gegenstand einer objektiven Beurteilung sein); und er hielt ein Qualifikationserfordernis der geförderten Gruppe für unabdingbar. Zusammenfassend lässt sich sagen, dass nach der Rechtsprechung des EuGH eine Quotenregelung zulässig ist, wenn

- keine Stellenrücklage für Frauen geschaffen wird;
- Frauen - in den Worten des EuGH - eine „*fast gleichwertige*"[455] Qualifikation haben wie die nicht geförderten männlichen Bewerber;

---

455 S. zur Definition der Qualifikationsanforderung unten, S. 211 ff.

- die Quotenregelung flexibel ist und Ausnahmen vorsieht, wonach den männlichen Bewerbern

  „in jedem Einzelfall garantiert ist, dass ihre Bewerbung Gegenstand einer objektiven Prüfung ist, die alle für sie sprechenden Gründe berücksichtigt, soweit diese Gründe keine diskriminierende Wirkung gegenüber Frauen haben".

Es ist Aufgabe der jeweiligen nationalen Rechtsprechung und der Rechtswissenschaft, diese Begriffe anhand des nationalen Rechts mit Leben zu füllen und dabei die vom EuGH gezogenen Grenzen und Vorgaben einzuhalten. Die aus der dargestellten Rechtsprechung abzuleitenden Grenzen und Vorgaben des EuGH werden daher im Folgenden näher beleuchtet. Sie umfassen insbesondere die Frage nach der den Quotenregelungen zugrundeliegenden Zielsetzung (2.5.1), nach der Ausgestaltung der Öffnungsklausel (2.5.2) sowie danach, was mit einer „flexiblen Ergebnisquote" gemeint ist (2.5.3).

2.5.1 Sinn und Zweck der Quotenregelungen

Die Aussagen des EuGH über das, was letztlich mit Quotenregelungen erreicht werden soll, bleiben in gewisser Weise hinter den Überlegungen des Supreme Court zurück. Dem EuGH geht es um die Herstellung materieller Gleichheit, und zwar in erster Linie zugunsten der geförderten Gruppe. Überlegungen dazu, dass Ziele wie Diversität und Pluralismus ein Vorteil für die Gesellschaft insgesamt sein können, finden sich keine. Das mag der Tatsache geschuldet sein, dass diese Ziele keine juristischen Begrifflichkeiten sind, mit denen sich im Wechselspiel von Regel und Ausnahme arbeiten ließe.

Wesentlich nicht nur für die Zieldefinition einer Quotenregelung, sondern auch für deren Ausgestaltung ist aber stets, welche Ausgangsvorstellung dem Erfordernis zugrunde liegt, überhaupt eine Quotenregelung einzuführen. Dabei unterscheiden sich zwei verschiedene Grundhaltungen, wie sie auch in der Diskussion um den Begriff des „Nachteils" in Art. 3 Abs. 2 Satz 2 GG[456] zum Ausdruck kommen: Soll eine Gruppe gefördert werden, weil sie tatsächlich bestimmte „naturgegebene" Defizite hat, die ausgeglichen werden müssen - ist das Problem also „gruppenimmanent" -

456 S. dazu oben S. 46 ff.

oder dient die Quotenregelung dazu, Schwierigkeiten auszugleichen, die von außen auf die Gruppe einwirken, namentlich Diskriminierung. Im Zusammenhang mit Quotenregelungen finden sich immer wieder Aussagen, die auf einen „echten", „naturgegebenen" Nachteil der Frauen selbst abstellen, der kompensiert werden müsse. Sieht man jedoch genauer hin, ist dabei stets nur von Nachteilen die Rede, die sich erst aus stereotypen Vorstellungen bzw. deren Verwirklichung und eben nicht zwingend aus der Gruppe selbst ergeben. Beispiel hierfür ist die Ansicht des Generalanwaltes Tesauro, positive Maßnahmen seien insbesondere solche zur Vereinbarkeit von Familie und Beruf - denn sie würden den Nachteil ausgleichen, den Frauen stets hätten, weil sie sich neben ihrem Beruf in einer „Doppelrolle" um Kinder und Haushalt kümmern müssten.[457]

Der EuGH hat 1997 in der Marschall-Entscheidung den Schritt weg von dieser (noch von Tesauro und Jacobs vertretenen) Sichtweise gemacht, dass Defizite der Frauen selbst ausgeglichen werden müssten, und ist zu dem Schluss gelangt, dass es in erster Linie

> *„Vorurteile und stereotype Vorstellungen über die Rolle und die Fähigkeiten der Frau"*

(und eben nicht eine tatsächliche „Rolle" der Frau und ihre tatsächlich mangelnden Fähigkeiten) seien, die zu Nachteilen auch in Situationen führen würden, in denen prinzipiell Chancengleichheit bestehe. Der Supreme Court vertrat diesen Ansatz von Anfang an, beschäftigte sich aber auch stets mit der Befürchtung, gerade Unterstützungsmaßnahmen könnten stereotypen Vorstellungen Vorschub leisten, indem sie das Vorurteil stützten, bestimmte Gruppen könnten aus eigener Kraft nichts erreichen.[458]

Die Befürchtung macht deutlich, wie nahe es noch immer liegt, aus einer Diskriminierung einer bestimmten Gruppe und Maßnahmen zur Verhinderung dieser Diskriminierung (wie einer Quotenregelung) auf echte, gruppenimmanente und quasi naturgegebene Defizite dieser geförderten Gruppe selbst (und nicht nur auf ihre Benachteiligung) zu schließen. Schlussfolgerung daraus kann aber nicht sein, Diskriminierung nicht mehr zu bekämpfen, sondern muss sein, eine klare Problem- und Zieldefinition für Quotenregelungen zu finden und zu kommunizieren.

---

457 S. dazu oben S. 142.

458 S. dazu bereits die erste Entscheidung des Supreme Court zum Thema, S. 102.

2.5.2 Die Ausgestaltung der Öffnungsklausel

Einer der streitigsten Punkte im Hinblick auf die Rechtsprechung des EuGH zu Quotenregelungen ist die Interpretation der Vorgaben zur Öffnungsklausel. Dabei geht es zum einen darum, ob die Öffnungsklausel so zu verstehen ist, dass sämtliche übliche Hilfskriterien gegen die Frauenförderung abzuwägen sind, oder ob sie auf soziale Gesichtspunkte beschränkt werden kann (2.5.2.1). Zum anderen geht es darum, welche Öffnungsgründe „diskriminierende Wirkung" haben (2.5.2.2).

2.5.2.1 Beschränkung auf soziale Kriterien?

Die Diskussion um die Möglichkeit, die Öffnungsklausel auf soziale Härtefälle beschränkt zu formulieren bzw. zu interpretieren, war nach der Badeck-Entscheidung des EuGH aufgekommen. Denn dort hatte die hessische Landesregierung vorgetragen, die im Rahmen der (allerdings offen formulierten[459]) Öffnungsklausel zu beachtenden Gründe könnten als „*soziale Gesichtspunkte*" zusammengefasst werden und einige solcher Gründe genannt, die alle sozialer Natur waren.[460]

(i) Ansicht in Literatur und Rechtsprechung

Ein Teil der Literatur folgerte aus dieser Aufzählung der Regierung, die keine nicht-sozialen Öffnungsgründe enthielt, dass eine Öffnungsklausel nur „*bestimmte Ausnahmekategorien*" umfassen müsse, die nicht einmal explizit in der Öffnungsklausel genannt sein müssten, sondern sich auch erst im Wege der Auslegung aus dem Sozialstaatsprinzip ergeben könnten. Entsprechend sei in der Badeck-Entscheidung eine Abkehr des EuGH von der noch in der Marschall-Entscheidung geforderten offenen Öffnungsklausel zu sehen.[461]

---

459 S. dazu Schlussanträge des Generalanwaltes Antonio Saggio vom 10.06.1999, Rs. C-158/97 („Badeck") Rn. 36.

460 S. dazu oben S. 146.

461 Langenfeld in Grabitz/Hilf/Nettesheim, Das Recht der Europäischen Union, 53. Ergänzungslieferung 2014, Art. 157 AEUV Rn. 108.

Auch einige deutsche Gerichte entschieden nach der Badeck-Entscheidung auf dieser Linie. Das Verwaltungsgericht Wiesbaden bezeichnete die Öffnungsklausel einer Quotenregelung als „*soziale Einschränkung*".[462] Bewerberinnen hätten bei gleicher Qualifikation einen Anspruch auf Beförderung, der nur zurücktrete, wenn eine besondere „*soziale Härte*" in der Person des Konkurrenten vorliege. Eine solche soziale Härte könne sich etwa aus der Eigenschaft als alleinerziehender Elternteil ergeben, aus Arbeitslosigkeit oder aus einer Behinderung. In eine ähnliche Richtung ging eine Entscheidung des Verwaltungsgerichtes Frankfurt am Main,[463] wonach Hilfskriterien wie Dienstalter oder Beförderungsdienstalter als Öffnungsgründe keine Rolle spielen dürften (dies allerdings schon deshalb, weil sie diskriminierend seien). Als Hilfskriterien kämen vielmehr nur „*besondere persönliche Gründe*" in Betracht.

Die weit überwiegende Auffassung sah in der Badeck-Entscheidung jedoch ein Halten der Entscheidungslinie der Entscheidung Marschall[464] und keine Abkehr von der umfassenden Öffnungsklausel. Denn auch in der Marschall-Entscheidung habe der EuGH von „*persönlichen Gründen*" gesprochen, die die Vorrangregel für Frauen aussetzen könnten,[465] und damit alle und nicht nur soziale Gründe gemeint. Auch sei die der Badeck-Entscheidung zugrundeliegende Öffnungsklausel offen und nicht beschränkt auf soziale Gründe formuliert gewesen; schon deshalb müssten weiterhin alle Gründe Berücksichtigung finden. Zudem sei die Badeck-Entscheidung immer unter Vorbehalt der Marschall-Entscheidung zu lesen, weswegen alle gesetzlichen Begünstigungen eine objektive Einzelfallprüfung sämtlicher personenbezogener Beurteilungskriterien voraussetzten, wie sie in der Marschall-Entscheidung gefordert worden sei.[466]

Für eine offene Öffnungsklausel wird außerdem ins Feld geführt, der EuGH habe bereits in der Marschall-Entscheidung die dort eigentlich als Härtefallklausel intendierte Öffnungsklausel „*in eine Forderung nach ergebnisoffener Handhandhabung uminterpretiert*" und erst dann und nur in

462 VG Wiesbaden, Entscheidung vom 10.05.2006, NVwZ 2007, 482 ff.

463 VG Frankfurt am Main, Entscheidung vom 29.08.2000, NVwZ-RR 2001, 45 ff; VG Frankfurt am Main, Entscheidung vom 07.09.2000, Az. 9 G 2808/00.

464 Kischel in Epping/Hillgruber, Art. 3 Rn. 182; Hinrichs/Zimmer in Däubler/Bertzbach, Allgemeines Gleichbehandlungsgesetz, § 5 Rn. 32.

465 Pirstner, Anmerkung zu EuGH, Entscheidung vom 28.03.2000, EuZW 2000, 474, 480.

466 Trautwein, Gleichbehandlung von Männern und Frauen: Frauenförderung in der öffentlichen Verwaltung, JA 2001, 104, 106.

dieser Form für rechtmäßig befunden. Schon daraus folge, dass alle Aspekte, die eine personalentscheidende Stelle auch sonst (also bei gleichgeschlechtlichem Bewerberfeld) als relevant ansehe, auf der Hilfskriterienebene in ihrer Gesamtheit mit dem Hilfskriterium der Frauenförderung abgeglichen werden müssten.[467]

Allenfalls seien Öffnungsgründe in drei Kategorien zu unterteilen, nämlich erstens in Kriterien, die nicht berücksichtigt werden dürften; zweitens in Kriterien, die vorrangig zu berücksichtigen seien, weil sie Härtefälle beträfen (soziale Gründe); und drittens in Kriterien, die erst in der Abwägung berücksichtigt werden dürften (alle anderen üblichen Hilfskriterien).[468]

Die meisten deutschen Gerichte verstanden die Öffnungsklausel - vor und nach der Badeck-Entscheidung - bislang als offen und nicht auf soziale Punkte beschränkt.[469] Das Oberverwaltungsgericht Münster etwa geht bis heute in ständiger Rechtsprechung davon aus, der Dienstherr sei in der Auswahl der zu verwendenden (sachlichen) Hilfskriterien ebenso frei wie in deren Gewichtung. Lediglich das Kriterium Frauenförderung sei zwingend aufgrund des Gesetzes in die Liste der anzuwendenden Hilfskriterien aufzunehmen.[470] Das Oberverwaltungsgericht Saarlouis entschied[471] (al-

467 Schnellenbach/Fiebig in Johlen/Oerder, MAH Verwaltungsrecht, § 5 Rn. 91.

468 Bräutigam, Verfassungs- und europarechtskonforme Auslegung von §§ 8, 9 BGleiG, RiA 2004, 19, 24.

469 OVG Münster, Entscheidung vom 27.03.1998, Az. 6 B 431/98; OVG Münster, Entscheidung vom 29.05.1998, NZA-RR 1998, 376 ff; OVG Münster, Entscheidung vom 11.11.1998, Az. 12 B 2101/98; OVG Münster, Entscheidung vom 04.01.1999, NVwZ-RR 1999, 593 ff; OVG Saarlouis, Entscheidung vom 18.05.1999, NVwZ-RR 2000, 31, 33; OVG Münster, Entscheidung vom 30.07.2001, NVwZ-RR 2002, 53; OVG Münster, Entscheidung vom 07.01.2002, Az. 6 B 1536/01; OVG Münster, Entscheidung vom 09.02.2000, Az. 6 B 581/99; VG Arnsberg, Entscheidung vom 05.03.2002, Az. 2 L 128/02; BAG, Entscheidung vom 21.01.2003, Az. 9 AZR 307/02; VG Minden, Entscheidung vom 04.02.2004, Az. 4 L 1296/03; OVG Münster, Entscheidung vom 13.05.2004, Az. 6 B 462/04; OVG Münster, Entscheidung vom 27.05.2004, Az. 6 B 456/04; OVG Schleswig, Entscheidung vom 12.07.2004, Az. 16 B 29/04; OVG Münster, Entscheidung vom 14.06.2006, Az. 6 A 1407/04; OVG Münster, Entscheidung vom 24.07.2006, Az. 6 B 807/06; OVG Münster, Entscheidung vom 27.11.2007, Az. 6 B 1493/07; OVG Sachsen-Anhalt, Entscheidung vom 24.02.2010, Az. 1 M 36/10; ArbG Düsseldorf, Entscheidung vom 28.10.2008, Az. 10 Ca 4927/08.

470 S. nur OVG Münster, Entscheidung vom 22.02.1999, NVwZ-RR 2000, 176 ff; OVG Münster, Entscheidung vom 30.07.2001, NVwZ-RR 2002, 53.

471 OVG Saarlouis, Entscheidung vom 18.05.1999, NVwZ-RR 2000, 31 ff.

lerdings vor Veröffentlichung der Badeck-Entscheidung), dass die Öffnungsklausel den Bewerbern in jedem Einzelfall die Berücksichtigung aller sie betreffender Kriterien garantieren müsse. Erfasst seien gerade daher nicht nur soziale Kriterien, denn das würde unzulässigerweise zu einer Auslegung der Öffnungsklausel als „*Sozialklausel*" führen.[472] Vielmehr müssten neben sozialen Gründen auch traditionelle Hilfskriterien wie Beförderungsdienstalter, Dienstalter und Lebensalter zulässige Gründe zugunsten des männlichen Bewerbers sein. Insgesamt finden sich in der Rechtsprechung vielfältige über soziale Gesichtspunkte hinausgehende Öffnungsgründe wie ein zwischen einer Bewerberin und einer Schulleitung bestehendes „*Spannungsverhältnis*",[473] eine günstigere Fächerkombination,[474] zwei Jahre und drei Monate Wehrdienst,[475] das Datum der ersten Fachprüfung[476] sowie eine bessere Leistungsentwicklung.[477]

Weder als soziale noch als sonstige Gründe im Sinne der Öffnungsklausel anerkannt wurden hingegen Familienstand und Kinderzahl,[478] die Inanspruchnahme von Elternzeit durch einen Mann,[479] die Beförderungschancen in Zukunft (Erreichung eines bestimmten Ruhegehalts)[480] oder die Tatsache, dass sich die zur Beförderung vorgesehene Konkurrentin gerade in Elternzeit befinde bzw. noch nicht auf Lebenszeit verbeamtet sei.[481] Alle diese Punkte seien unsachlich und folglich als Hilfskriterien ungeeignet.

(ii) Eigene Einschätzung

Zweifel an der Reduktion der Öffnungs- auf eine Sozialklausel ergeben sich bereits bei einem genaueren Blick auf das Verfahren, das zu der

472 So aber die Kommentierung des Deutschen Beamtenbundes zum Saarländischen Gleichstellungsgesetz, § 13 Rn. 13.6, zitiert nach OVG Saarlouis, Entscheidung vom 18.05.1999, NVwZ-RR 2000, 31, 33.
473 OVG Münster, Entscheidung vom 04.01.1999, NVwZ-RR 1999, 593 ff.
474 OVG Münster, Entscheidung vom 22.02.1999, NVwZ-RR 2000, 176 ff.
475 OVG Münster, Entscheidung vom 27.03.1998, NZA-RR 1998, 525.
476 VG Arnsberg, Entscheidung vom 05.03.2002, Az. 2 L 128/02.
477 OVG Münster, Entscheidung vom 30.07.2001, NVwZ-RR 2002, 53.
478 OVG Münster, Entscheidung vom 22.02.1999, NVwZ-RR 2000, 176, 177; OVG Lüneburg, Entscheidung vom 10.02.2003, Az. 5 ME 181/02.
479 VG Wiesbaden, Entscheidung vom 10.05.2006, NVwZ 2007, 482 ff.
480 OVG Lüneburg, Entscheidung vom 10.02.2003, Az. 5 ME 181/02.
481 VG Arnsberg, Entscheidung vom 05.03.2002, Az. 2 L 128/02.

Kalanke-Entscheidung geführt hat. Dort nämlich hatte das vorlegende Gericht dargelegt, die streitgegenständliche Maßnahme (die keine explizite Öffnungsklausel vorsah) sei grundrechtskonform so auszulegen, dass Frauen bei der Beförderung zwar grundsätzlich zu bevorzugen, dass aber in bestimmten Härtefällen Ausnahmen von dieser Regel zu machen seien. Der EuGH nahm dies in seinem Urteil zur Kenntnis[482] - entschied aber dennoch gegen die Rechtmäßigkeit der Quotenregelung, deren Öffnung demnach auf soziale Kriterien beschränkt war.

Auch in der Marschall-Entscheidung[483] stellte der EuGH zunächst wortwörtlich auf „*alle*“[484] Kriterien in der Person des nicht bevorzugten Bewerbers als mögliche Öffnungsgründe ab, nahm also explizit keine Beschränkung auf soziale Kriterien oder Härtefälle vor. Die nordrhein-westfälische Regierung hatte hier zudem sämtliche übliche „*Auswahlhilfsgründe*“ als avisierte Öffnungsgründe genannt.[485] Der EuGH hat diese Regelung unter dem Gesichtspunkt des Ausschlusses eines Automatismus untersucht und insoweit für ausreichend befunden.

Die Badeck-Entscheidung lässt sich vor diesem Hintergrund also nur dann als Uminterpretation der Öffnungsklausel in eine Sozialklausel verstehen, wenn man davon ausgeht, dass der EuGH deutlich von seinen Ausführungen in der Kalanke- und in der Marschall-Entscheidung abweichen und eine neue Entscheidungslinie einführen wollte, die eine engere Öffnungsklausel zulässt.

Dafür aber finden sich in der Badeck-Entscheidung keinerlei Anhaltspunkte. Denn zu Anfang dieser Entscheidung gibt der EuGH zur Darstellung des Prüfprogrammes, an dem die zu untersuchende Quotenregelung zu messen sei, den Wortlaut der Marschall-Entscheidung wieder: Es müsse in jedem Einzelfall garantiert werden, dass Bewerbungen Gegenstand einer objektiven Beurteilung seien, bei der

> *„alle die Person des Bewerbers betreffende Kriterien berücksichtigt werden“.*[486]

---

482 EuGH, Entscheidung vom 17.10.1995, Rs. C-450/93 („Kalanke“) Rn. 9.

483 S. dazu oben S. 142 ff.

484 EuGH, Entscheidung vom 11.11.1997, Rs. C-409/95 („Marschall”) Rn. 33.

485 S. dazu oben S. 143.

486 EuGH, Entscheidung vom 28.03.2000, Rs. C-158/97 („Badeck“) Rn. 22.

Es folgt dann eine kurze Zusammenfassung dieser Kriterien, die mit dem Wort „folglich“ eingeleitet wird:

> *„Folglich ist eine Maßnahme* [...] *mit dem Gemeinschaftsrecht vereinbar,* [...] *wenn die Bewerbungen Gegenstand einer objektiven Beurteilung sind, bei der die besondere persönliche Lage aller Bewerber berücksichtigt wird.“*[487]

Dies ist das erste Mal, dass der EuGH von der *„persönlichen Lage aller Bewerber*“ spricht. In der Marschall-Entscheidung war stets und nur die Rede von *„in der Person eines Mitbewerbers liegenden Gründen*“. Hieraus zu folgern, die Formulierung *„besondere persönliche Lage*“ der Badeck-Entscheidung sei enger gemeint als die Formulierung *„in der Person eines Mitbewerbers liegende Gründe*“ der Marschall-Entscheidung, liegt jedoch fern. Denn zum einen folgert der EuGH die zweite Aussage aus der ersten („folglich“), und zum anderen stellen beide Aussagen auf die Person des Mitbewerbers ab, weswegen das Argument, der persönliche Bezug meine nur eine bestimmte soziale Lage, nicht greifen kann bzw. schon für die Marschall-Entscheidung gelten müsste.

Vor allem aber ist davon auszugehen, dass der EuGH, wenn ihm daran gelegen hätte, die Öffnungsklausel in Abkehr von der alten Rechtsprechung fortan als Sozialklausel verstanden zu wissen, dies explizit zum Ausdruck gebracht hätte. Dies gilt insbesondere vor dem Hintergrund, dass sich auch den Ausführungen des Generalanwaltes zur Badeck-Entscheidung kein Hinweis darauf entnehmen lässt, dass dieser die Öffnungsnun als Sozialklausel auslegte:

Generalanwalt Saggio interpretierte in seinem Schlussantrag zunächst die Marschall-Entscheidung dahingehend, dass die Öffnungsklausel zu einer objektiven Beurteilung der Bewerbungen und damit zu einer Beurteilung verpflichte, die alle Elemente des persönlichen und beruflichen Profils der Bewerber berücksichtige. Ungeachtet des Frauenvorranges seien sowohl bei Frauen als auch bei Männern besondere Interessen oder Situationen zu berücksichtigen, die von Bedeutung seien. Das seien Gründe, die sowohl die Qualifikation, also das berufliche Profil der Bewerber, beträfen - darunter explizit auch solche Gründe, die bereits auf Leistungsebene berücksichtigt worden seien - als auch Gründe, die sich aus einer besonderen Situation der Bewerber ergäben und nichts mit ihrer beruflichen

---

487 EuGH, Entscheidung vom 28.03.2000, Rs. C-158/97 („Badeck“) Rn. 23.

Eignung zu tun hätten.[488] Diese Voraussetzungen der Rechtmäßigkeit einer Quotenregelung bezeichnete Saggio als

> *„allgemeine Überlegungen zur gemeinschaftsrechtlichen Zulässigkeit positiver Maßnahmen"*

und beurteilte auf dieser Grundlage die hessische Regelung,[489] die rechtmäßig sei, da in Pattsituationen auch männliche Bewerber Erfolg haben könnten.[490]

Saggio prüfte die neue Regelung also ausschließlich an den Vorgaben der Marschall-Entscheidung, die er für entsprechend allgemeingültig hielt.

Hätte der EuGH diese Marschall-Vorgaben zur Öffnungsklausel - anders als der Generalanwalt - nun aber nicht mehr als relevant angesehen, hätte er dies vor dem Hintergrund der Ausführungen des Generalanwaltes wohl deutlich gemacht. Anstatt sich insoweit aber vom Vortrag des Generalanwaltes zu distanzieren, rekurrierte der EuGH in seiner Entscheidung selbst auf die Gründe der Marschall-Entscheidung.

Als einziges Argument für das Verständnis der Öffnungsklausel als Sozialklausel verbleiben daher die von der hessischen Regierung angeführten Gründe, die ausschließlich sozialer Art waren. Das ist aber letztlich deshalb nicht überzeugend, weil diese Gründe lediglich als Beispiele genannt waren, während die Öffnungsklausel selbst offen formuliert war. Der EuGH selbst spricht dann auch kein einziges Mal von „sozialen Gründen".

Es ist nach alldem nicht davon auszugehen, dass der EuGH mit der Badeck-Entscheidung von den Vorgaben der Marschall-Entscheidung abweichen und eine engere, nur auf soziale Kriterien bezogene Öffnungsklausel für rechtmäßig halten wollte.

2.5.2.2 Keine diskriminierende Wirkung der Öffnungsgründe

Seit der Marschall-Entscheidung hat der EuGH darauf hingewiesen, dass Öffnungsgründe der Quotenregelungen den weiblichen Bewerbern gegenüber keine diskriminierende Wirkung haben dürften, und seitdem wird da-

---

488 Schlussanträge des Generalanwaltes Antonio Saggio vom 10.06.1999, Rs. C-158/97 („Badeck") Rn. 31.

489 Schlussanträge des Generalanwaltes Antonio Saggio vom 10.06.1999, Rs. C-158/97 („Badeck") Rn. 32.

490 Schlussanträge des Generalanwaltes Antonio Saggio vom 10.06.1999, Rs. C-158/97 („Badeck") Rn. 38.

rüber diskutiert, was damit gemeint sein könnte und welche Öffnungsgründe überhaupt diskriminierende Wirkung haben könnten.

Untersucht man allerdings genauer, wie es zu dieser Feststellung des EuGH gekommen ist, und führt man sich vor Augen, dass eine „diskriminierende Wirkung“ - verstanden als nicht gerechtfertigte unmittelbare oder mittelbare Ungleichbehandlung - ohnehin verboten ist, gelangt man zu der Überzeugung, dass die Diskussion überzogen ist und in die Ausführungen des EuGH mitunter Dinge hineinliest, die sich daraus nicht ergeben.

Auslöser der Äußerung des EuGH war der Vortrag der nordrhein-westfälischen Landesregierung im Falle Marschall. Die Regierung hatte vorgetragen, bestimmte *„Vorurteile und stereotype Vorstellungen“* sowie *„Einstellungen und Verhaltensmuster“* würden dazu führen, dass Frauen trotz gleicher Qualifikation weniger Chancen hätten als Männer. Um hier ein Gegengewicht zu schaffen, solle die Frauenförderung ein Kriterium sein, das zwingend in den Auswahlprozess einzubeziehen sei, ohne dass dadurch jedoch die Anwendung der sonst üblichen *„Auswahlhilfsgründe“* (gemeint sind Hilfskriterien) ausgeschlossen würde. Hier ist wichtig festzuhalten, dass die Regierung gerade nicht vorgetragen hatte, die dargestellten Vorurteile seien die üblichen, offiziellen Hilfskriterien, sondern allein die Gefahr ansprach, derlei Denkmuster könnten den Auswahlprozess unbewusst beeinflussen. Generalanwalt Jacobs aber bringt in seinem Schlussantrag[491] diese Gefahr mit den Hilfskriterien durcheinander. Er schreibt:

> *„Nach den Erklärungen des Landes Nordrhein-Westfalen soll die nationale Regelung der strukturellen Diskriminierung entgegenwirken, die Frauen sonst aufgrund traditioneller Hilfskriterien treffen würde.“*

Richtig ist aber, dass die Quotenregelung der strukturellen Diskriminierung entgegenwirken solle, die aus den genannten Vorurteilen und stereotypen Vorstellungen entsteht - und nicht aus den Hilfskriterien selbst. Jacobs nennt das Dienstalter und soziale Gründe als Beispiele diskriminierender Kriterien. Beim Dienstalter geht er ohne jeden Anlass davon aus, dass ein Mann aufgrund weniger beruflicher Unterbrechungen ein höheres Dienstalter habe als eine Frau. Das hatte die Regierung aber gar nicht behauptet; sie hatte zur Berechnung des Dienstalters gar nichts vorgetragen. Ihr Vortrag bezog sich lediglich darauf, dass das Vorurteil bestehe, Frauen würden ihr Berufsleben häufiger unterbrechen und deshalb ausfallen und

491 S. dazu oben S. 145.

weniger belastbar sein, weswegen sie gar nicht erst ausgewählt würden - und zwar nicht aufgrund eines niedrigeren Dienstalters in der Gegenwart, sondern aufgrund einer vorurteilsbehafteten Prognose für die Zukunft, die weder Hilfskriterium, noch überhaupt Teil des „offiziellen" Auswahlverfahrens ist. Jacobs aber setzt das Vorurteil mit den anzuwendenden Hilfskriterien gleich. Diese Fehlinterpretation zieht sich durch die weiteren Ausführungen Jacobs´. Deswegen heißt es im Weiteren:

> *„Das Land Nordrhein-Westfalen hat darauf hingewiesen, daß die in Rede stehende nationale Regelung die von ihm - zweifellos zu Recht als diskriminierend angesehene - Anwendung „traditioneller Hilfskriterien" in Auswahlverfahren verdrängen solle."*

Diese Aussage ist schlicht falsch - die Regierung hatte nicht die Anwendung ihrer „eigenen" Hilfskriterien als diskriminierend angesehen, sondern Vorurteile, die natürlich nicht offizieller Teil des Auswahlverfahrens oder gar anerkannte Hilfskriterien waren.

Jacobs sieht dann auch das Problem nicht, dass sich aus seiner Auffassung zwingend ergeben müsste: Denn würden in Nordrhein-Westfalen tatsächlich unsachliche Hilfskriterien (nämlich solche mit diskriminierender Wirkung) verwendet, dann wäre bereits dies unzulässig. Ob daneben noch eine Quotenregelung zur Anwendung kommt, im Rahmen derer die unzulässigen Kriterien abgewägt werden müssten, würde gar keine Rolle spielen. Genau davon - dass außerhalb des Anwendungsbereiches der Quotenregelung "üblicherweise" Hilfskriterien mit diskriminierender Wirkung angewandt würden - scheint Jacobs aber auszugehen, ohne sich daran zu stören.

Verstärkt (und ein Stück weit verschuldet) wird Jacobs´ Missverständnis dadurch, dass die Regierung, als sie aufgefordert wurde, Beispiele für Öffnungsgründe - also für Hilfskriterien - zu nennen, den Umstand nannte, „*dass ein Bewerber eine Familie zu versorgen habe*". Dass dies kein zulässiges Hilfskriterium ist, wurde bereits dargestellt.[492] Nur ist dieser Umstand eben als „Hilfskriterium" ohne Quotenregelung genauso unzulässig wie als „Öffnungsgrund" einer Quotenregelung.

Offenbar hat sich auch der EuGH entweder aufgrund dieser sonderbaren Aussage der Regierung oder weil er Jacobs´ Missverständnis nicht sah, gezwungen gesehen klarzustellen, dass Diskriminierung nicht und daher

---

492 S. dazu oben S. 69.

auch nicht im Rahmen der Öffnungsklausel zulässig ist.[493] Er hat damit aber keinen neuen Prüfpunkt für die Qualität von Öffnungsgründen einführen wollen; auch ist es inhaltlich nichts Neues, dass Hilfskriterien sowohl im Auswahlverfahren außerhalb des Anwendungsbereiches der Quotenregelung, als auch in ihrer Funktion als Öffnungsgründe einem Sachlichkeitsgebot genügen müssen und schon deshalb keine „diskriminierende Wirkung" haben dürfen.

Die Frage, welche Hilfskriterien diskriminierend sind, hat im Einzelnen das nationale Recht unter Beachtung der Rahmenvorgaben des europäischen Rechts zu beantworten.

2.5.3 Bedeutung der „flexiblen Ergebnisquote"

Wenn auch nicht in Bezug auf die Öffnungsklausel, enthält die Badeck-Entscheidung doch eine Neuerung im Vergleich zur Marschall-Entscheidung: Wesentlich ist und bei der Interpretation der Badeck-Entscheidung oft übersehen wird nämlich, dass der EuGH in der Badeck-Entscheidung auch deshalb zu dem Ergebnis kommt, die zu prüfende Quotenregelung verleihe keinen absoluten und unbedingten Vorrang, weil sich der hessische Gesetzgeber für eine *„flexible Ergebnisquote"* entschieden habe, deren Flexibilität sich neben der Öffnungsklausel auch daraus ergebe, dass die angestrebte Zielquote nicht einheitlich für alle betroffenen Bereiche und Dienststellen festgelegt, sondern an die Besonderheiten der jeweiligen Bereiche angepasst sei.[494]

Die Prüfung, ob eine Regelung einen absoluten und unbedingten Vorrang verleiht, ist also nicht ausschließlich mittels Interpretation der Öffnungsklausel durchzuführen, sondern stets auch mittels Prüfung der Flexibilität bei Festlegung der jeweils angestrebten Zielquote. Die Festlegung der Zielquote und die Interpretation der Öffnungsklausel sind in einer Gesamtschau zu sehen, was auch heißt, dass sie sich gegenseitig beeinflussen. In diesem Zusammenhang sollte man sich vor Augen halten, dass der EuGH nicht das nationale Recht interpretiert, sondern das Gemeinschaftsrecht, und aus diesem Gemeinschaftsrecht Leitlinien herausarbeitet, an die sich die nationale Gesetzgebung zu halten hat. Dabei hat der EuGH aber

493 Schiek in Schiek/Dieball/Horstkötter/Seidel/Vieten/Wankel, Frauengleichstellungsgesetze Rn. 281.

494 EuGH, Entscheidung vom 28.03.2000, Rs. C-158/97 („Badeck") Rn. 28, 29, 33.

keine konkrete Vorgabe für die Formulierung oder Interpretation einer Öffnungsklausel aufgestellt - sondern allein diese:

> *„Folglich ist eine Maßnahme, nach der weibliche Bewerber in Bereichen des öffentlichen Dienstes, in denen Frauen unterrepräsentiert sind, vorrangig befördert werden sollen, mit dem Gemeinschaftsrecht vereinbar,*
> - *wenn sie weiblichen Bewerbern, die die gleiche Qualifikation wie ihre männlichen Mitbewerber besitzen, keinen automatischen und unbedingten Vorrang einräumt und*
> - *wenn die Bewerbungen Gegenstand einer objektiven Beurteilung sind, bei der die besondere persönliche Lage aller Bewerber berücksichtigt wird."*[495]

Wesentlich ist das „*und*", das eben nicht als „indem" oder „weil" formuliert ist, sondern bewusst zwei Bedingungen schafft. Diese dienen zwar demselben Ziel, nämlich dazu, dem formellen Gleichheitssatz auch im Anwendungsbereich einer Quotenregelung Geltung zu verschaffen.

Sie machen jedoch auch deutlich, dass die Vermeidung des Automatismus und die Garantie, dass jede Bewerbung Gegenstand einer objektiven Prüfung ist, zwei verschiedene Dinge sind, die einander beeinflussen können. Ziel einer rechtmäßigen Maßnahme ist, diese beiden Bedingungen zu erfüllen, was nicht auf die Frage reduziert werden kann, ob eine Öffnungsklausel als Sozialklausel gestaltet sein darf. Folglich kann es keine abschließende und für alle Fälle anwendbare Antwort auf die Frage geben, wie eine Öffnungsklausel zu formulieren ist, sondern nur darauf, welche Vorgaben eine Quotenregelung insgesamt zu erfüllen hat. Die konkrete Formulierung der Öffnungsklausel und der jeweils verwendete Ansatz, einen Automatismus zu vermeiden, sind dann Fragen des nationalen Rechts.

Diese Interpretation ermöglicht auch eine sinnvolle Handhabung des Begriffes „*flexible Ergebnisquote*", der im Zusammenhang mit der Öffnungsklausel zunächst widersprüchlich scheint. Denn die Vorgabe, dass jede einzelne Bewerbung objektiv beurteilt werden und Chancen auf Erfolg haben muss, beschränkt den Ansatzpunkt der Quotenregelung auf die Entscheidungsebene und miniminiert dadurch ihren tatsächlichen Einfluss auf die Ergebnisebene.[496]

Denn selbst wenn angestrebt wäre, zu 100 % Frauen zu befördern, liefe dieses Vorhaben leer, wenn in jeder einzelnen Personalentscheidung ein

495 EuGH, Entscheidung vom 28.03.2000, Rs. C-158/97 („Badeck") Rn 23.
496 S. zu den verschiedenen Arten der Quotenregelungen oben S. 23 ff.

überwiegender Grund für die Beförderung eines Mannes spräche. Dieser Mechanismus ändert sich auch dann nicht, wenn man, wie es das in der Badeck-Entscheidung in Streit stehende Gesetz vorsah, das auf Beförderungsebene gewünschte Ergebnis „*nicht einheitlich für alle betroffenen Bereiche und Dienststellen festlegt*“, sondern „*deren jeweilige Besonderheiten für die Zielvorgaben maßgebend*“ macht.

Die daraus resultierende Bedeutungslosigkeit des angestrebten Ergebnisses trotz der Bezeichnung als „*Ergebnisquote*“ relativiert sich erst dann, wenn man das angestrebte Ergebnis in Bezug zur Interpretation der Öffnungsklausel setzt. Die Vorgabe, die Quote müsse „*flexibel*“ sein, bezieht sich sowohl auf die Festlegung des gewünschten Ergebnisses - des angestrebten Frauenanteils - als auch auf das Verständnis der Öffnungsklausel, die in einem direkten Zusammenhang stehen und sich gegenseitig in ihren Anforderungen beeinflussen. Das bedeutet: Je weiter der Frauenanteil auf einer bestimmten Ebene vom festgelegten, angestrebten Ergebnis entfernt ist, je enger darf die Öffnungsklausel interpretiert werden. Je näher er umgekehrt dem gewünschten Ergebnis bereits kommt, je weiter ist auch die Öffnungsklausel zu verstehen.

Voraussetzung für beides ist wiederum eine flexible, sinnvolle und nicht rein schematische Bestimmung des angestrebten Ergebnisses. Damit kann die Öffnungsklausel in einigen Fällen (nämlich wenn der Frauenanteil noch weit vom angestrebten Ziel entfernt ist) durchaus auf schwerwiegende soziale Gründe reduziert sein - nicht, weil die anderen Gründe generell ausgeschlossen wären, sondern weil sie im konkreten Fall schlicht nicht schwerwiegend genug sind, die Frauenförderung zu überwiegen.

III. Das deutsche Recht

Eine Quotenregelung ist trotz der Regelungen auf europäischer Ebene unabhängig von diesen auch am deutschen Gesetz zu prüfen, weil Art. 157 Abs. 4 AEUV nur die grundsätzliche Zulässigkeit einer solchen Maßnahme nach europäischem Recht feststellt, aber keine Pflicht der Mitgliedstaaten begründet, sämtliche nach Art. 157 Abs. 4 AEUV mögliche Maßnahmen auch genauso zu erlassen.[497] Die Mitgliedstaaten sind vielmehr

497 Krebber, Rechtsfolgen einer Diskriminierung durch gesetzliche und kollektivvertragliche Regelungen, EuZA 2009, 200, 204.

grundsätzlich und in Abhängigkeit von ihren nationalen Vorschriften frei, weniger weitgehende Regelungen zu wählen oder auch gar keine. Lediglich über Art. 157 Abs. 4 AEUV hinausgehen darf eine nationale Regelung nicht.

In der deutschen Literatur und Rechtsprechung besteht heute weitgehend Einigkeit darüber, dass Quotenregelungen zulässig sein können. Entscheidungen, die dies anders sahen, liegen lange zurück und konnten die Rechtsprechung des EuGH meist noch nicht aufgreifen.[498] Nur eine sehr kleine Mindermeinung hält Quotenregelungen nach wie vor für insgesamt verfassungswidrig, allerdings meist ohne jede Begründung und ohne Auseinandersetzung mit dem aktuellen Diskussionsstand.[499]

Konkret hatte das deutsche Recht drei Fragen zu beantworten: Ist eine Quotenregelung eine Gleichbehandlung oder eine rechtfertigungsbedürftige Ungleichbehandlung (1)? Welches sind die Rechtfertigungsvoraussetzungen einer Quotenregelung, die gegen den Gleichheitssatz verstößt (2)? Und schließlich: Wie verhalten sich Quotenregelungen zum Leistungsprinzip des Art. 33 Abs. 2 GG (3)?

1. Quotenregelung als Gleich- oder Ungleichbehandlung

Zu Beginn der Diskussion um Quotenregelungen war auch nach deutschem Recht umstritten, ob Quotenregelungen rechtfertigungsbedürftige Ungleichbehandlungen im Sinne eines Verstoßes gegen die formelle Gleichheit darstellten, oder ob sie nicht vielmehr eine tatbestandliche Gleichbehandlung im Sinne materieller Gleichheit seien. Vertreten wurden entsprechend verschiedene sog. „*Tatbestandslösungen*“, die Quotenregelungen nicht als Ungleichbehandlung wegen des Geschlechts qualifizierten. Demgegenüber stand die sich schließlich durchsetzende sog. „*Rechtfertigungslösung*“, wonach eine Quotenregelung eine Ungleichbehandlung und daher auf Rechtfertigungsebene zu prüfen sei.

---

498 Siehe etwa OVG Münster, Entscheidung vom 20.09.1995, NVwZ 1996, 495 ff; Niedersächsisches OVG, Entscheidung vom 11.08.1995, Az. 5 M 7720/94.

499 Starck in v. Mangold/Klein/Starck, Grundgesetz, Art. 3 Rn. 312 ff; VG Berlin, Entscheidung vom 02.09.2005, NVwZ-RR 2006, 348 ff.

1.1 Tatbestandslösungen

Insbesondere in der Literatur Anfang der 1990iger Jahre fanden sich Stimmen, die eine Quotenregelung nicht als Ungleichbehandlung und damit als Verstoß gegen den speziellen Gleichheitssatz bewerteten. Die sog. „reine Tatbestandslösung" stellte hierfür auf die Diskussion um das Wort „*wegen*" im speziellen Gleichheitssatz und die daraus folgende Interpretationsoffenheit des Anknüpfungsverbotes ab.[500] Verstehe man das Anknüpfungsverbot nicht absolut, so wurde argumentiert, könne das Geschlecht ein zulässiges Anknüpfungsmerkmal auch innerhalb des Tatbestandes des speziellen Gleichheitssatzes sein. Denn Ziel dieses Anknüpfens sei ein verfassungsrechtlich legitimierter Zweck, nämlich die Gleichstellung der Geschlechter. Ein Verstoßes gegen den speziellen Gleichheitssatz liege daher nicht vor.[501]

Die ebenfalls den Tatbestandslösungen zuzuordnenden sog. „Gewichtungslösungen" sahen den Förderauftrag bzw. den materiellen Gleichheitssatz - ähnlich der vom Supreme Court angedachten „*Two-Class-Theory*" - aufgrund der Diskriminierung in der Vergangenheit und aufgrund des Verfassungsauftrages als „*derzeit*" gewichtiger an als das formelle Anknüpfungsverbot des speziellen Gleichheitssatzes. Art. 3 Abs. 2 GG stelle eine Art „*Supergrundrecht*" zugunsten der Frauen dar, weil es dem materiellen Gleichheitsgebot und der Effektivierung des Grundrechtskatalogs diene.[502] Andere argumentierten eher mit Spezialität als mit Gewichtung: So sollte eine Quotenregelung allein dem Bereich des Art. 3 Abs. 2 GG zuzuordnen sein, der insoweit (bei Vorliegen bestimmter Voraussetzungen) lex specialis zu Art. 3 Abs. 3 GG sei.[503] Vorschriften, die den Schutzzweck des Gleichheitssatzes verwirklichen sollten (also Quotenregelungen), konnten dem Anknüpfungsverbot somit nicht unterfallen, womit eine Grundrechtskollision ausgeschlossen war.[504] Begründet wurde die Spezialität des Art. 3 Abs. 2 GG damit, dass egalitäre Strukturen in einer Gesellschaft überhaupt erst die Voraussetzung für die Inanspruchnahme der Individualgerechtigkeit seien.

500 S. dazu oben S. 82 ff.

501 S. etwa Francke/Sokol/Gurlit, Frauenquoten in öffentlicher Ausbildung, S. 61.

502 Slupik, Die Entscheidung des Grundgesetzes für Parität im Geschlechterverhältnis, S. 122 ff.

503 Raasch, Frauenquoten und Männerrechte, S. 242, 247 f.

504 Sacksofsky, Das Grundrecht auf Gleichberechtigung, S. 374, 378.

Ein ähnliches Ergebnis wie über den Spezialitätsgedanken ließ sich über den Weg der teleologischen Reduktion des Art. 3 Abs. 3 Satz 1 GG erreichen. Vertreter dieser Lösung reduzierten den Tatbestand des speziellen Gleichheitssatzes aufgrund des Förderauftrages des Staates in Art. 3 Abs. 2 GG. Quotenregelungen sollten demnach so lange keine Ungleichbehandlung im Sinne des speziellen Gleichheitssatzes darstellen, bis Geschlechterparität eingetreten und das Ziel der „*Verfassungsverwirklichung*" erreicht sei.[505]

Sämtlichen Tatbestandslösungen wurde immer wieder entgegengehalten, es sei dogmatisch sinnvoller, die Differenzierungen, die die Vertreter der Tatbestandslösungen zu ihrer Begründung vorbrachten, gerade nicht auf Tatbestandsebene, sondern auf der Ebene verfassungsrechtlicher Rechtfertigung vorzunehmen.[506] Letztlich stellt auch nur diese das Instrumentarium zur Verfügung, Differenzierungen und Argumente im Rahmen der Verhältnismäßigkeitsprüfung hinreichend zu würdigen und zu diskutieren.

1.2 Rechtfertigungslösungen

Anders als die Tatbestandslösungen erkennen die Vertreter der Rechtfertigungslösungen eine Ungleichbehandlung im Sinne des speziellen Gleichheitssatzes durch die Quotenregelungen an. Ob diese Ungleichbehandlung rechtswidrig und der spezielle Gleichheitssatz damit verletzt sei, sei entsprechend der üblichen Grundrechtsdogmatik auf Rechtfertigungsebene festzustellen, indem die kollidierenden Rechtsgüter - der formelle Gleichheitssatz (das Anknüpfungsverbot) und der materielle Gleichheitssatz (der Förderauftrag) - mittels praktischer Konkordanz in Ausgleich gebracht würden. Argumentiert wurde hierzu, dass sich materieller Gleichheitssatz und Förderauftrag bei uneingeschränkter Anwendung des Anknüpfungsverbotes des speziellen Gleichheitssatzes in der sozialen Wirklichkeit nicht würden umsetzen lassen.[507] Angesichts dieser Unmöglichkeit, ein

---

505 Maidowski, Umgekehrte Diskriminierung: Quotenregelungen zur Frauenförderung im öffentlichen Dienst und in den politischen Parteien, S. 126, 129.

506 Rademacher, Diskriminierungsverbot und „Gleichstellungsauftrag": Zur Auslegung des Art. 3 Abs. 2 Satz 2 GG, S. 149.

507 Pfarr/Fuchsloch, Verfassungsrechtliche Beurteilung von Frauenquoten, NJW 1988, 2201, 2203 f.

Rechtsgut zu erreichen, sei es zulässig, das kollidierende Rechtsgut Einschränkungen zu unterwerfen, wenn diese zeitlich befristet, bedingt und kontrollierbar seien.[508] Die einzelnen Voraussetzungen dafür seien dann eine Frage der Verhältnismäßigkeitsprüfung.[509]

Andere Autoren argumentierten enger. Der Widerspruch zwischen Förderauftrag und speziellem Gleichheitssatz ließe sich zwar grundsätzlich mittels praktischer Konkordanz lösen, sodass das Ungleichbehandlungsverbot insoweit reduzierbar sei.[510] Voraussetzung dafür seien aber „*unerträgliche Wirklichkeitsdefizite*". Schematisierungen müssten vermieden werden, weswegen jeder Einzelfall zu prüfen sei. Hierbei sei ein strenger Verhältnismäßigkeitsmaßstab anzusetzen, da nur dieser eine Beeinträchtigung des Individualgrundrechts in der gebotenen Enge halte. [511]

Hier zeigt sich bereits, dass die Rechtfertigungsprüfung einerseits nicht zwingend zu einer Unzulässigkeit der Quotenregelungen führen muss, es andererseits aber von der Strenge des angelegten Maßstabes abhängt, wie weit Quotenregelungen in der Lebenswirklichkeit greifen können.

1.3 Zwischenergebnis

Die Tatbestandslösungen mögen aus der Sichtweise der (frühen) 1990iger Jahre der Überlegung geschuldet sein, dass Quotenregelungen aufgrund der Schrankenlosigkeit des speziellen Gleichheitssatzes entweder auf Tatbestandsebene oder gar nicht zulässig seien. Grund hierfür ist wohl, dass viele ihrer Verfechter noch nicht umfassend auf den materiellen Gleichheitssatz und das Fördergebot als kollidierendes Verfassungsgut in Art. 3 Abs. 2 Satz 2 GG zurückgreifen konnten. Aus heutiger Sicht wirken die Tatbestandslösungen jedoch konstruiert, umständlich und schwer handhabbar. Je mehr sich der Gedanke durchsetzte, dass im Fördergebot der Verfassung etwas zu sehen ist, das über das bloße Unterscheidungsverbot nach dem Geschlecht hinausgeht, und je stärker auch objektive Verfas-

508 Pfarr, Quoten und Grundgesetz: Notwendigkeit und Verfassungsmäßigkeit von Frauenförderung, S. 82.

509 Pfarr/Fuchsloch, Verfassungsrechtliche Beurteilung von Frauenquoten, NJW 1988, 2201, 2204.

510 Benda, Notwendigkeit und Möglichkeit positiver Aktionen zugunsten von Frauen im öffentlichen Dienst, S. 133.

511 Benda, Notwendigkeit und Möglichkeit positiver Aktionen zugunsten von Frauen im öffentlichen Dienst, S. 156 f.

sungswerte im Sinne der Theorie der Leistungs- und Teilhaberechte als Verfassungsgut anerkannt wurden, je weniger war ein Grund ersichtlich, Quotenregelungen nicht als das zu sehen, was sie verfassungsrechtlich schon von ihrer Struktur her sind, nämlich eine Kollision des formellen mit dem materiellen Gleichheitssatz. Beide Güter haben Verfassungsrang. Der formelle Gleichheitssatz als Individualrecht ist im speziellen Gleichheitssatz verankert, und der materielle Gleichheitssatz als objektiv-rechtliches Verfassungsgut im Förderauftrag des Art. 3 Abs. 2 Satz 2 GG (bzw. bereits in Art. 3 Abs. 2 Satz 1 GG, welcher durch den zweiten Satz konkretisiert wird).

Mit Anerkennung des materiellen Gleichheitssatzes bzw. des Fördergebotes und dessen sichtbarer Verankerung in Art. 3 Abs. 2 Satz 2 GG steht unzweifelhaft ein Verfassungsgut zur Verfügung, das dem formellen Gleichheitssatz und dem Anknüpfungsverbot des speziellen Gleichheitssatzes auf Rechtfertigungsebene entgegengesetzt werden kann. Diese Überlegung macht die Tatbestandslösungen dogmatisch ein Stück weit überflüssig.

Hinzu kommt das bereits zur mittelbaren Ungleichbehandlung Gesagte.[512] Der spezielle Gleichheitssatz stellt ein absolutes Anknüpfungsverbot auf, was gerade der Erkenntnis geschuldet ist, dass bestimmte Gruppen trotz des existierenden allgemeinen Gleichheitssatzes unmittelbar benachteiligt wurden und deshalb des expliziten Schutzes durch Gleichbehandlungsgebote bedurften, die einer Interpretation nicht zugänglich waren. Der spezielle Gleichheitssatz als schrankenlos gewährtes Grundrecht verbietet es folglich, auf Tatbestandsebene überhaupt Abwägungen durchzuführen, die die Tatbestandlösungen aber voraussetzen.

Eine Abwägung innerhalb des Tatbestandes des speziellen Gleichheitsgebotes würde zudem verkennen, dass ein Verstoß gegen das formelle Gleichbehandlungsgebot von der Quotenregelung durchaus intendiert und daher auch anzuerkennen ist. Denn beim formellen und materiellen Gleichheitssatz handelt es sich im Anwendungsbereich einer Quotenregelung keineswegs um ein und dasselbe Gleichheitsrecht,[513] sondern um zwei voneinander unabhängige, nebeneinanderstehende Rechte, die nicht als Einheit verstanden werden dürfen. Dies ergibt sich aus ihrer unterschiedlichen Zielsetzung und ihrer Struktur als Individualrecht auf der

512 S. dazu oben S. 87 ff.

513 Anders Schiek in Schiek/Dieball/Hortskötter/Siedel/Vieten/Wankel, Frauenfördergesetze Rn. 257.

einen und objektivem Verfassungswert auf der anderen Seite sowie daraus, dass das formelle Recht eine Quotenregelung zu einem Eingriff in den speziellen Gleichheitssatz macht, während das materielle Recht dessen Rechtfertigung ist. Ein Eingriff und seine Rechtfertigung aber stellen keine Einheit dar, sondern sind einander diametral gegenüberstehende Güter, die gegeneinander abzuwägen sind.

In der Folge ist ein Verstoß der Quotenregelung gegen den formellen Gleichheitssatz zu bejahen und, wie in solchen Fällen üblich, eine Rechtfertigung zu prüfen, ohne dass dabei aufgrund der „wohlmeinenden" Intention der Regelungen ein anderer Maßstab anzuwenden ist als sonst (oder eine Rechtfertigung gar gänzlich entfiele). Insoweit unterscheidet sich das deutsche Recht nicht von der Auffassung des Supreme Court, wonach aufgrund des Verstoßes gegen den formellen Gleichheitssatz das dafür übliche Vorgehen, nämlich Strict-Scrutiny, anzuwenden ist, und nicht vom europäischen Recht, das Quotenregelungen als Ausnahme zum formellen Gleichheitssatz begreift, deren Grenzen eingehalten werde müssen.

2. Rechtfertigungsvoraussetzungen einer Quotenregelung nach deutschem Recht

Das deutsche Recht prüft die Rechtfertigung einer Ungleichbehandlung im Sinne des speziellen Gleichheitssatzes anhand der üblichen Prüfpunkte zur Einschränkung eines schrankenlosen Grundrechts. Da der spezielle Gleichheitssatz dem Schutzbereich eines Freiheitsgrundrechts ähnlich ist, folgt auch die Rechtfertigungsprüfung dem dort üblichen Schema.

Nach dem Grundsatz der praktischen Konkordanz ist eine Einschränkung eines schrankenlos gewährten Grundrechts nur insoweit möglich, wie diese Einschränkung nötig ist, um einem anderen Grundrecht oder Verfassungsprinzip die Entfaltung zu gewährleisten. Die Grenze der Ein schränkung ist in dem Moment erreicht, wo die sich gegenüberstehenden Verfassungswerte beide ihre jeweils größtmögliche Entfaltung und Wirksamkeit erlangen. Wo diese Grenze zu ziehen ist, richtet sich nach dem Grundsatz der Verhältnismäßigkeit.

Daraus ergeben sich die folgenden konkreten Prüfpunkte, die für Quotenregelungen ebenso gelten wir für alle anderen Eingriffe in schrankenlos gewährte Grundrechte auch: Kollidierendes Verfassungsrecht (2.1), Erforderlichkeit der Quotenregelung (2.2) und ihre Angemessenheit (Verhältnismäßigkeit im engeren Sinne) (2.3).

2.1 Kollidierendes Verfassungsrecht

Das kollidierende, gegen den speziellen Gleichheitssatz abzuwägende Verfassungsgut ist der materielle Gleichheitssatz. Zu prüfen ist aber, was dies konkret bedeutet (2.1.1). Weiter soll untersucht werden, ob insoweit auch die in der Rechtsprechung des Supreme Court genannten Werte Diversität und Pluralismus bzw. die Schaffung egalitärer Strukturen in der Gesellschaft zum Wohle Aller ein kollidierendes Verfassungsgut darstellen können (2.1.2).

2.1.1 Materieller Gleichheitssatz und Förderauftrag

Fraglich ist, was mit dem materiellen Gleichheitssatz konkret gemeint ist, bzw. wie weit er geht. Art. 3 Abs. 2 Satz 2 GG spricht - neben der „*Förderung der Gleichberechtigung*“ vom Ausgleich „*bestehender Nachteile*“. Auch das Bundesverfassungsgericht entschied 1995, als es erstmals explizit den Förderauftrag anerkannte:[514]

> *„Fehlt es an zwingenden Gründen für eine Ungleichbehandlung, läßt sich diese nur noch im Wege einer Abwägung mit kollidierendem Verfassungsrecht legitimieren. Insoweit kommt vor allem das erwähnte Gleichberechtigungsgebot des Art. 3 Absatz II GG in Betracht, das den Gesetzgeber berechtigt, faktische Nachteile, die typischerweise Frauen treffen, durch begünstigende Regelungen auszugleichen.“*[515]

Es ist daher zu prüfen, worin diese Nachteile liegen. In Betracht kommen konkret bestimmbare Nachteile, die eine bestimmte Person hat oder vermeintlich hat (2.1.1.1) oder Nachteile, die sich aus einer übergreifend wirkenden, strukturellen gesellschaftlichen Diskriminierung ergeben und folglich nicht in jedem Einzelfall feststellbar sind (2.1.1.2). Weiter ist festzustellen, wie das konkrete Ziel dieses Nachteilsausgleichs aussieht - namentlich, ob er Ergebnis- oder Chancengleichheit anstrebt (2.1.1.3).

---

514 S. dazu oben S. 53.

515 BVerfG, Entscheidung vom 24.01.1995, BVerfGE 92, 91.

2.1.1.1 Ausgleich eines konkret-individuellen Nachteils

Ausgehend vom Wortlaut des Art. 3 Abs. 2 Satz 2 GG und von der soeben zitierten Aussage des Bundesverfassungsgerichtes liegt es zunächst nahe, den Nachteilsausgleich eher auf Tatbestandsebene zu verorten: Jemand hat einen „Nachteil" erlitten, der ihn „ungleich" macht, und wird durch Ausgleich dieses „Nachteils" wieder „gleich". Bei dieser Lesart ist nicht ersichtlich, wo die Kollision zum formellen Gleichheitssatz liegen soll.

Allerdings setzt dieses Verständnis des Nachteilsausgleichs einen konkret-individuellen Nachteil voraus, der ausgeglichen werden müsste. Insoweit stellt aber das Gesetz mit den üblichen Schadensersatzregelungen ein wesentlich geeigneteres, passgenaueres Instrumentarium zur Verfügung - man denke nur an den Schadensersatzanspruch in § 21 Abs. 2 AGG.

Hinzu kommen praktische Ungereimtheiten, denn ein konkret-individueller Nachteil, der in einer Auswahlsituation zur Anwendung einer Quotenregelung führen soll, müsste bei einer Bewerbung festgestellt und mithin von der Bewerberin als Teil der Bewerbung vorgetragen werden.

Vor allem aber würde der Nachteil zulasten eines unbeteiligten Dritten ausgeglichen, denn der Mitbewerber, der aufgrund der Quotenregelung im Auswahlverfahren unterliegt, ist wohl zumeist nicht der Verursacher des auszugleichenden Nachteils.

Dessen ungeachtet finden sich in der (überwiegend älteren) Literatur und Rechtsprechung verschiedene Ansätze, die auf den Ausgleich nur eines konkret-individuellen Nachteils mittels Quotenregelung abstellen.[516] Schaut man genau hin, ist allerdings gar kein echter konkret-individueller Nachteil in Form einer persönlichen, ungerechtfertigten Ungleichbehandlung, die auch einen Schadensersatzanspruch ausfüllen würde, gemeint, und auch kein echter „biologischer Nachteil", den es ohnehin kaum mehr gibt. Vielmehr argumentieren diese Ansichten noch immer ausgehend von der längst überholten Vorstellung, dass Frauen aufgrund ihres Geschlechts ein gruppenimmanentes Defizit anhafte, Frauen also von Natur aus benachteiligt seien. Damit bemühen diese Autoren aber tatsächlich lediglich stereotype Vorstellungen, welche die - im Einzelfall keineswegs nachzu-

516 S. dazu auch oben, S. 154 ff.

weisenden - „Nachteile" zur Folge haben sollen. So findet sich in der Literatur die Bezugnahme auf

> „*spezifische Nachteile* [...] *durch die spezifischen Lebensumstände von Frauen*",

die ausgeglichen werden sollen.[517] Oder es heißt in (gar nicht so alter) Literatur:

> „*Als zweites Merkmal erfordert die Anknüpfung an die individuelle Gleichberechtigung, daß Förderungsmaßnahmen nur in den Fällen zulässig sind, in denen individuelle Benachteiligungen im Lebenslauf der zu fördernden Personen tatsächlich aufgetreten sind. Förderungsmaßnahmen müssen daher bei der Frage ansetzen, ob die ggf. zu bevorzugende weibliche Bewerberin in ihrem Lebenslauf tatsächlich vorhandene Benachteiligungen erlitten hat - etwa durch Geburt, Kindererziehungszeiten oder andere spezifische Beeinträchtigungen des Lebens- bzw. Laufbahnverlaufes. Wenn der Nachteil im Lebenslauf konkret gegeben ist, kann er durch konkrete Fördermaßnahmen bei der Ausbildung und Qualifikation oder auch bei Einstellung und Beförderung der Bewerberin ausgeglichen werden.*"[518]

Bemerkenswert ist die Pauschalität, mit der „Geburt und Kindererziehung" mit einer „Beeinträchtigung des Lebenslaufs" und einer Benachteiligung gleichgesetzt werden, während Benachteiligungen von außen, die nicht in der betroffenen Person selbst liegen, gar nicht erwähnt werden.

In der Rechtsprechung gibt es teilweise ähnliche Überlegungen. Das Oberverwaltungsgericht Saarlouis beispielsweise hatte über die Bevorzugung einer Frau gegenüber einem männlichen Bewerber bei festgestellter gleicher Qualifikation zu entscheiden.[519] Es führte aus, die zugrundeliegende Quotenregelung sei nur insoweit rechtmäßig, wie ein Nachteil ausgeglichen werden müsse. Dieser Nachteil sei aber nicht

> „*daran zu bemessen, wie frühere Frauengenerationen im Berufsleben gestellt waren*",

sondern daran,

> „*wie die Nutznießer selbst typischerweise von Nachteilen betroffen sind. Konkret bedeutet dies, dass eine Begünstigung heute berufstätiger Frauen nur in*

517 Lange, Quote ohne Gesetz? - Zur Quotenentscheidung des OVG Münster, NVwZ 1990, 135, 136.

518 Dürig/Scholz in Maunz/Dürig, Grundgesetz, 70. Ergänzungslieferung 2013, Art. 3 Abs. 2 Rn. 77.

519 OVG Saarlouis, Entscheidung vom 18.05.1999, NVwZ-RR 2000, 31 ff.

> *dem Maße zulässig erscheint, wie andererseits berufliche Nachteile für eben diese Frauen typisch sind.*"[520]

Diese Nachteile seien dann wie folgt zu quantifizieren:

> „*Um geschlechtstypische Benachteiligungen von Frauen im Berufsleben festzustellen und ggf. zu quantifizieren, dürfte weiter danach zu unterscheiden sein, ob diese in einer Partnerschaft mit Familienpflichten* [...] *leben oder nicht. Obliegt Mann und Frau die Pflege von Kindern oder anderen Angehörigen, so entspricht es bekanntlich (noch) dem typischen Bild, dass diese Aufgabe stärker vom weiblichen Partner wahrgenommen wird. Daher erscheint es gerechtfertigt, bei der Anwendung der Öffnungsklausel die Mutterrolle in einer ehelichen oder eheähnlichen Gemeinschaft deutlich stärker zu gewichten als die Vaterrolle.*"[521]

Dabei müssten auch Nachteile auf Seiten des andersgeschlechtlichen - hier also des männlichen - Bewerbers ausgeglichen werden, zum Beispiel der Zeitverlust durch Ableistung des Wehr- oder Zivildienstes. Diese Lesart stehe deshalb in Einklang mit dem speziellen Gleichheitssatz, weil gerade nicht final auf das Geschlecht, sondern lediglich auf einen damit verbundenen, vom Unterscheidungsverbot direkt aber nicht erfassten Nachteil abgestellt werde. Der Hauptzweck einer Quotenregelung sei entsprechend nicht die Kompensation einer allgemeinen beruflichen Benachteiligung der Frauen, auch wenn eine solche Benachteiligung bei Unterrepräsentanz durch die Quotenregelung „*gesetzlich vermutet*"[522] werde. Es müsse vielmehr versucht werden, auch dem Ungleichbehandlungsverbot Rechnung zu tragen und der Gefahr gleichheitswidriger Bevorzugung von Frauen entgegenzuwirken. Daher seien nur rechtliche Bevorzugungen denkbar, die der Kompensation von Nachteilen dienten, die ein Geschlecht im Vergleich zum anderen träfen, weswegen in jedem Einzelfall die Notwendigkeit bestehe, allein auf den „*typischen Berufsnachteil der betreffenden Frau*" abzustellen und nicht allein auf die Geschlechtszugehörigkeit. Folglich müsse der konkret-individuelle Nachteil in jedem Einzelfall zunächst festgestellt werden, damit die Quotenregelung in diesem Fall zulässig sei.

Mit der Ansicht des EuGH in der Marschall-Entscheidung, dass Sinn und Zweck der Quotenregelungen der Ausgleich eines Nachteils sei, der durch stereotype Vorstellungen und Vorurteile in der Gesellschaft entstehe und eben nicht im Individuum selbst liege, setzte sich das Oberverwal-

520 OVG Saarlouis, Entscheidung vom 18.05.1999, NVwZ-RR 2000, 31, 34 f.
521 OVG Saarlouis, Entscheidung vom 18.05.1999, NVwZ-RR 2000, 31, 35.
522 OVG Saarlouis, Entscheidung vom 18.05.1999, NVwZ-RR 2000, 31, 34.

tungsgericht Saarlouis zwar auseinander und erkannte das Problem auch durchaus: Es bestehe die Tendenz, bei gleicher Qualifikation männliche Bewerber vorrangig vor weiblichen Bewerbern zu befördern mit der Konsequenz, dass sich die berufliche Laufbahn der Bewerberinnen (auch ohne „Familienpflichten") tendenziell ungünstiger entwickle. Allerdings:

> *„Mangels ausreichender gegenteiliger Indizien muss die Reichweite eines solchen rein geschlechts- und nicht zugleich sozialstrukturell bedingten Karrierenachteils derzeit aber als eher gering veranschlagt werden."*[523]

Ähnlich wie das Oberverwaltungsgericht Saarlouis entschied konsequenterweise auch das Verwaltungsgericht des Saarlandes, knüpfte dabei aber unterschiedliche Konsequenzen an das Vorliegen eines individuell-konkreten oder nur abstrakt-generellen Nachteils:

> *„Bei der Anwendung von § 13 LGG muss in die behördliche Feststellung, ob die für den männlichen Bewerber streitenden Umstände überwiegen, dabei auch die Überprüfung einfließen, ob es zugunsten der weiblichen Bewerberin eines Nachteilsausgleichs wegen einer bereits konkret erfahrenen geschlechtsbedingten individuellen Benachteiligung bedarf oder eine Vergünstigung aufgrund eines geschlechtstypischen Berufsnachteils der betreffenden Frau geboten ist.* […] *Sofern wie hier eine geschlechtsbedingte individuelle oder doch geschlechtstypische berufliche Benachteiligung* […]*, die eines Ausgleichs bedarf, nicht in Rede steht, ist ein ‚Überwiegen' in der Person des männlichen Bewerbers liegender Gründe im Sinne von § 13 LGG insbesondere dann anzunehmen, wenn im Rahmen der vorzunehmenden Einzelfallprüfung die von dem Dienstherrn auch ansonsten regelmäßig herangezogenen Hilfskriterien deutliche Unterschiede zugunsten des männlichen Bewerbers zeigen und ihrerseits keine diskriminierende Wirkung gegenüber den konkurrierenden Mitbewerberinnen haben."*[524]

Alle diese Ansichten verkennen, dass es bei der Quotenregelung um die Bekämpfung eben dieser Rollenklischees und zugeschriebenen Eigenschaften geht, welche die Vertreter dieser Ansicht als solche nicht nur nicht erkennen, sondern sogar als Rechtfertigung der Quotenregelung selbst benutzen. Es ist jedoch gerade nicht das Ziel einer Quotenregelung, Nachteile zu kompensieren, die sich aus der Verwirklichung eines Rollenklischees und aus ungleichen Verhältnissen in der Gesellschaft ergeben (können), sondern das Ziel ist ausschließlich, Nachteile zu bekämpfen, die sich aus der Vorstellung der Entscheider ergeben, dass sich derlei Rollen-

---

523 OVG Saarlouis, Entscheidung vom 18.05.1999, NVwZ-RR 2000, 31, 35.

524 VG des Saarlandes, Entscheidung vom 05.06.2009, Az. 2 L 233/09.

klischees in Zukunft verwirklichen werden. Dafür ist es gerade nicht erforderlich, dass ein Rollenklischee bereits verwirklicht wurde.

Mittels Quotenregelung lediglich die Folgen verwirklichter Rollenklischees abmildern zu wollen, indem man die dabei entstandenen Nachteile auszugleichen versucht, ist aus dreierlei Gründen falsch:

Erstens ist es nicht das Ziel einer Quotenregelung, einzelne Personen vor den Konsequenzen ihres eigenen Handelns zu bewahren. Fehlen einer Bewerberin zehn Jahre Berufserfahrung, da sie sich in dieser Zeit um Kindererziehung gekümmert hat, besteht in einer Bewerbungssituation ein echter Nachteil, den auszugleichen auch eine Quotenregelung nicht vermag.

Zweitens hieße ein Ausgleich der Folgen gelebter Rollenklischees mittels Quotenregelung, dass die dem zugrundeliegenden Klischees als real und die entsprechenden Verhältnisse als nicht änderbar anerkannt würden: Immerhin trägt ihnen ein staatliches Auswahlverfahren Rechnung. Dies jedoch ist mit dem Förderauftrag des Art. 3 Abs. 2 Satz 2 GG nicht zu vereinbaren, da es gerade Inhalt des Fördergebotes und damit Aufgabe des Staates ist, zur Überwindung tradierter Rollenvorstellungen beizutragen.[525] Der Sinn und Zweck der Quotenregelungen, nämlich materielle Gleichheit, würde ad absurdum geführt, würde man die Verwirklichung von Rollenklischees und stereotypen Vorstellungen als Voraussetzung ihrer Anwendung ansehen.

Drittens schließlich liegt die von Richterin O'Connor[526] gesehene Gefahr nahe, dass Vorurteile und klischeehafte Vorstellungen bei einem solchen Vorgehen auch deshalb nicht bekämpft (sondern im Gegenteil bestärkt) würden, weil insbesondere in der Außenwahrnehmung die Vorstellung begünstigt würde, die Bewerberin habe „als Frau" naturgemäß nicht die gleichen Voraussetzungen wie ihr männlicher Konkurrent erfüllen können und müsse deshalb vom Gesetzgeber besonders unterstützt werden.

---

525 S. dazu oben S. 54.

526 S. dazu oben S. 123.

2.1.1.2 Ausgleich struktureller Diskriminierung

Richtigerweise soll mittels Quotenregelung ein Nachteil ausgeglichen werden, den eine Frau gegenüber einem Mann haben kann, weil die zur Entscheidung berufenen Personen aufgrund klischeehafter Vorstellungen und aufgrund von Vorurteilen etwa glauben, eine Frau sei weniger einsatzbereit, weniger belastbar und weniger ehrgeizig als ein Mann. Hingegen soll nicht der Nachteil ausgeglichen werden, den eine bestimmte Frau in einem konkreten Fall hat, weil sie tatsächlich weniger einsatzbereit, ehrgeizig und belastbar ist als ihr Konkurrent. Die Quotenregelung dient nicht dazu, einer tatsächlich schwächeren Kandidatin dennoch zu einer Beförderung zu verhelfen. Sie dient allein dazu, in einer qualifikatorischen Pattsituation für echte Chancengleichheit zu sorgen. Es soll verhindert werden, dass im Falle eines Qualifikationsgleichstandes aufgrund bewusster oder unbewusster Vorstellungen „sicherheitshalber" der Mann befördert bzw. eingestellt wird, und dass zu diesem Zweck bewusst oder unbewusst nach Hilfskriterien gesucht wird, die trotz der gleichen Qualifikation doch für den Mann sprechen.

Sinn der Quotenregelung ist folglich die Bekämpfung struktureller Diskriminierung in Form einer Bekämpfung von Vorurteilen und klischeehafter Vorstellungen zur Herstellung echter materieller Gleichheit im Sinne einer vorurteilsfreien Entscheidungsfindung.

Heide Pfarr hat bereits 1995 auf diese Zusammenhänge aufmerksam gemacht:

> *„Wir finden eben nicht nur ein abweichendes Berufsverhalten bei Frauen vor, sondern Frauen werden durch eben dieses Merkmal definiert. Jede Frau wird, ganz unabhängig von ihren individuellen Interessen und Verhaltensweisen, entsprechend den Vorurteilen und Urteilen, den Vermutungen, die allgemein gegenüber Frauen bestehen, eingeordnet und behandelt.* [...] *Das heißt: wir haben eine gesellschaftliche Befindlichkeit, in der Frauen benachteiligt werden, ohne daß es dazu einer bewußten diskriminierenden Absicht und gezielter Handlungen einzelner Entscheidungsträger bedarf.*"[527]

Die gleiche Sichtweise findet sich auch in der aktuellen Literatur:

> *„Wäre faktische Diskriminierung individualrechtlich effektiv greifbar, bedürfte es keiner besonderen Förderklauseln. Deren Sinn liegt darin, wirksamen Schutz gegen ein (weitgehend nur) strukturell feststellbares Phänomen mit ebenfalls strukturell ansetzenden Maßnahmen in ihrer zwangsläufig auch in-*

527 Pfarr, Die Frauenquote, NZA 1995, 809, 811.

> *dividuell differenzierenden Wirkung zu legitimieren. Verfassungsrechtlicher Leitgedanke ist nicht ein abzulehnendes kollektivrechtliches Grundverständnis, sondern ausschließlich der eines wirksamen Grundrechtsschutzes auch gegen („nur") an Kollektiven deutlich erkennbare und greifbare tatsächliche Benachteiligung.*"[528]

Die neuere Rechtsprechung und Literatur folgen dieser Sichtweise heute weit überwiegend. So entschied das Verwaltungsgericht Wiesbaden:

> „*Hierbei ist es unzulässig, zwischen Frauen mit und ohne Kindern zu unterscheiden. Die Zugehörigkeit zur Gruppe der Frauen führt nicht erst bei der tatsächlichen Wahrnehmung weiblicher Rollen und Lebensentwürfe zu einer möglichen Benachteiligung, sondern auch die Erwartung, dieser Lebensentwurf werde irgendwann maßgebend, beeinträchtigt die beruflichen Chancen jeder Frau.*"[529]

In der gleichen Entscheidung hielt es das Gericht nicht für zulässig, einen Nachteil „gegenzurechnen", der sich für den nicht beförderten und nun klagenden Bewerber daraus ergeben könne, dass dieser Erziehungsurlaub genommen und Teilzeit gearbeitet habe. Denn zum einen sei für das Gericht nicht erkennbar, welcher Nachteil sich daraus ergeben haben solle. Zum anderen würde ein solcher Nachteil, wäre er denn feststellbar,

> „*nicht die typische Frauenbiografie überwiegen, sondern dieser allenfalls gleichwertig sein*".[530]

Hinzu kommt, dass der materielle Gleichheitssatz als objektiv-rechtliches Verfassungsgebot gerade nicht individuell zu verstehen ist. Ausgeglichen werden können schon deshalb nur abstrakt-generelle, erst strukturell sichtbar werdende Nachteile einer bestimmten Gruppe gegenüber anderen Gruppen auf gesamtgesellschaftlicher Ebene, die nicht aus konkreten Umständen oder Defiziten bei dieser Gruppe selbst, sondern aus stereotypen Vorstellungen und Vorurteilen bei Dritten resultieren.[531]

Gleichzeitig bedeutet dies nicht, eine wie auch immer geartete „allgemeine gesellschaftliche Diskriminierung" als solche zu bekämpfen, denn dazu ist eine in das Individualrecht hineinwirkende Quotenregelung wohl

528 Osterloh/Nußberger in Sachs, Grundgesetz, Art. 3 Rn. 285.

529 VG Wiesbaden, Entscheidung vom 10.05.2006, NVwZ 2007, 482, 484.

530 VG Wiesbaden, Entscheidung vom 10.05.2006, NVwZ 2007, 482, 484.

531 S. auch Francke/Sokol/Gurlitt, Frauenquoten in öffentlicher Ausbildung, S. 92; Raasch in Rust/Falke Allgemeines Gleichbehandlungsgesetz, § 5 Rn. 68; Schiek in Schiek/Dieball/Horstkötter/Seidel/Vieten/Wankel, Frauengleichstellungsgesetze Rn. 264.

in der Tat ein zu weitgehendes Mittel.[532] Ziel ist lediglich, ein in jedem Einzelfall wirkendes Gegengewicht zu Vorurteilen und Stereotypen zu schaffen, um in Auswahlsituationen Chancengleichheit herzustellen.

Die strukturelle Diskriminierung liefert, solange und so stark sie feststellbar ist, die Begründung für den Förderauftrag, der die tatsächliche materielle Gleichheit als Gegengewicht zur strukturellen Ungleichheit durchsetzen soll. Wenn der EuGH in der Badeck-Entscheidung von der durch die Unterrepräsentanz der Frauen begründeten Indizwirkung für ihre Benachteiligung[533] spricht, meint er damit ebenfalls nicht die Benachteiligung in einem konkreten Fall aufgrund konkret feststellbarer Umstände, sondern die erst strukturell in einer Gesamtbetrachtung sichtbar werdende Benachteiligung, wie er sie in der Marschall-Entscheidung beschrieben hat. Ziel einer Quotenregelung - und des Förderauftrages - ist es vor diesem Hintergrund nicht, wie auch immer geartete, in der Vergangenheit liegende Nachteile auszugleichen, sondern dafür zu sorgen, dass beide Geschlechter die gleichen Chancen haben, die gleichgeschlechtliche Bewerber bei gleicher Qualifikation hätten.

2.1.1.3 Ergebnisgleichheit oder Chancengleichheit

Ausgehend von dieser Zielsetzung liegt es bereits auf der Hand, dass sich der materielle Gleichheitssatz nicht darin erschöpfen kann, durch bloßes „*hiring by the numbers*" eine mehr oder weniger paritätische Stellenbesetzung und Aufgabenverteilung herzustellen und dann zu meinen, das Ziel Gleichheit sei nun erreicht. Dieser Gedanke verkennt Dimension und Tragweite materieller Gleichheit.

Bloße Ergebnisgleichheit ist nämlich auch ohne materielle Gleichheit denkbar, etwa indem bestimmte Positionen für bestimmte Gruppen reserviert werden, wie es der Supreme Court und der EuGH zu Recht abgelehnt haben. Ein solches Vorgehen würde das eigentliche Problem struktureller Diskriminierung nicht lösen, sondern wohl im Gegenteil verstärken, weil es Vorurteile gegen die auf diese Weise privilegierte Gruppe schürt. Mit der bloßen Herstellung von Ergebnisgleichheit würde ein Symptom bekämpft, nicht aber dessen Ursache.

---

532 S. dazu oben S. 103.
533 S. dazu oben S. 147.

Wenn materielle Gleichheit als echte Chancengleichheit, also als Abwesenheit jeglicher Diskriminierung und als Nichtexistenz stereotyper Vorstellungen verstanden wird, dann kann die tatsächliche Verteilung der Geschlechter auf bestimmte Aufgaben und Positionen lediglich ein Gradmesser dafür sein, inwieweit dieses Ziel bereits erreicht ist.

Der Supreme Court bringt in der Entscheidung Johnson vs. Transportation Agency daher treffend zum Ausdruck, dass es nicht darum gehe, ein bestimmtes Verhältnis der Geschlechter und Hautfarben zwingend herzustellen und zu erhalten, sondern darum, ein solches stets anzustreben.[534] Es soll ein Klima geschaffen werden, in dem dies möglich ist. Das aber kann nur über die Herstellung echter Chancengleichheit geschehen und nicht über die bloße Kreation von Stellenrücklagen.

Auch Stimmen in der deutschen Literatur sind der Ansicht, dass statistische Gleichheit in Form einer symmetrischen Verteilung von Frauen und Männern über *„lukrative und weniger lukrative, inhaltlich fordernde und weniger fordernde Tätigkeiten“* nicht das Ziel an sich sein kann, wohl aber der Maßstab für den Stand verwirklichter Gleichberechtigung.[535]

„Equality as a result“ nach Lyndon B. Johnson[536] ist folglich nicht die paritätische Verteilung sämtlicher Gruppen über sämtliche Ämter im Sinne einer Ergebnisgleichheit qua Anordnung, sondern die Überwindung der Gründe, die zu der bestehenden Asymmetrie geführt haben.

Von der Art und Qualität des materiellen Gleichheitssatzes als kollidierendem Verfassungsrecht unabhängig ist freilich die auf der Ebene der Verhältnismäßigkeitsprüfung im engeren Sinne angesiedelte Frage, wie die Referenzzielsetzung einer konkreten Quotenregelung im Einzelfall zu bestimmen ist, ob es also zulässig ist, ein Geschlechterverhältnis von 50-50 anzustreben, ohne dabei auf weitere Gegebenheiten Rücksicht zu nehmen.

2.1.2 Herstellung von Diversität und Pluralismus

Voraussetzung für die Anerkennung von Diversität, Pluralismus oder egalitärer Strukturen als kollidierende Verfassungsrechte ist zunächst einmal,

---

534 S. dazu oben S. 117.

535 Schiek/Dieball/Horstkötter/Seidel/Vieten/Wankel, Frauengleichstellungsgesetze Rn. 262.

536 S. oben S. 28.

dass diese Werte als solche überhaupt verfassungsrechtlich verankerte Werte sind. Unmittelbar finden sie sich in der Verfassung nicht, auch sind sie keine rechtlichen Begriffe. Mangels Verankerung in der Verfassung können sie das individuelle Recht auf Gleichbehandlung auch nicht als verfassungsimmanente Schranke eingrenzen. Denkbar wäre allenfalls, sie als Summe aller in Art. 3 Abs. 3 GG genannten Merkmale zu verstehen; jedoch würde sie das auf die dort genannten Aspekte beschränken. Weiter geht insoweit das Sozialstaatsprinzip. Im Ergebnis sind diese Begriffe jedoch lediglich das in der Gesellschaft sichtbare Ergebnis des Verfassungswertes echter Chancengleichheit (und der Abwesenheit von Benachteiligungen jedweder Art), sodass sie im materiellen Gleichheitssatz aufgehen.

2.2 Geeignetheit und Erforderlichkeit

Eine Quotenregelung ist zur Erreichung des angestrebten Zieles geeignet, wenn sie die Erreichung dieses Zieles kausal bewirkt oder fördert. Sie ist erforderlich, wenn kein milderes Mittel gleicher Eignung zur Verfügung steht, also ein Mittel, das in gleicher (oder sogar besserer) Weise geeignet ist, den Zweck zu erreichen, das aber weniger belastet.

Stimmen in der Literatur meinen zwar, dass Quotenregelungen stets „*ultima-ratio-Maßnahmen*[537]" sein müssten, können aber keinen tauglichen Abgrenzungspunkt für diesen Ansatz nennen und gehen im Ergebnis meist pauschal davon aus, dass Quoten geeignet und erforderlich seien, wenn sie - durch die Einhaltung der übrigen Verhältnismäßigkeitsvoraussetzungen - die „*Wahrung größtmöglicher Einzelfallgerechtigkeit*" gewährleisten. Denn Geeignetheit und Erforderlichkeit unterlägen der Einschätzungsprärogative des Gesetzgebers, solange keine wissenschaftlichen Belege für mangelnde Eignung oder Erforderlichkeit existierten.[538] An dieser Stelle wird dann meist und zu Recht die strukturelle Diskriminierung ins Feld geführt, der auch und gerade durch Quotenregelungen begegnet werden könne.[539]

---

537 Trute in Stein/Denninger/Hofann-Riem/Schneider Grundgesetz AK-GG, Art. 33 Rn. 94; Osterloh/Nußberger in Sachs, Grundgesetz, Art. 3 Rn. 286.

538 Rademacher, Diskriminierungsverbot und „Gleichstellungsauftrag": Zur Auslegung des Art. 3 Abs. 2 Satz 2 GG, S. 226.

539 Schiek in Schiek/Dieball/Horstkötter/Seidel/Vieten/Wankel, Frauengleichstellungsgesetze Rn. 263.

2.3 Verhältnismäßigkeit im engeren Sinne

Die Verhältnismäßigkeit im engeren Sinne bildet den Kernbereich der praktischen Konkordanz. Es ist zu prüfen, wie die kollidierenden Grundrechte ihre größtmögliche Entfaltung und Wirksamkeit erlangen. Die Vorgaben, die der EuGH hierfür aus dem Gemeinschaftsrecht ableitet, wurden bereits beschrieben. Im Folgenden stellt sich die Frage, wie diese Vorgaben auf das deutsche Recht zu übertragen sind und welche Vorgaben sich darüber hinaus aus dem deutschen Recht selbst ergeben. Zu klären ist daher, welche konkreten Öffnungsgründe den Vorrang zugunsten der Frauen aussetzen können (2.3.1) und wie diese Gründe gegenüber der Frauenförderung zu gewichten sind (2.3.2). Schließlich ist zu ermitteln, welche Zielquote eine Quotenregelung anstreben darf, ob sie also erst erfüllt ist, wenn Geschlechterparität eingetreten ist, oder ob eine andere, flexiblere Zielsetzung zu wählen ist (2.3.3).

2.3.1 Öffnungsgründe zugunsten der nicht geförderten Gruppe

2.3.1.1 Beschränkung auf bestimmte Öffnungsgründe

Aus dem Gemeinschaftsrecht folgt lediglich die Vorgabe, dass den Frauen gegenüber gleich qualifizierten Männern kein automatischer und unbedingter Vorrang eingeräumt werden darf und dass jede Bewerbung Gegenstand einer objektiven Beurteilung sein muss, die die besondere persönliche Lage aller Bewerber berücksichtigt. Hieraus lässt sich weder schematisch eine bestimmte Form einer Öffnungsklausel ableiten, noch pauschal festlegen, welche Öffnungsgründe unter welchen Umständen wie gewichtet werden müssen.

Ausgehend vom deutschen Recht ist dies nicht anders. Sinn und Zweck praktischer Konkordanz ist gerade, beiden Grundrechten - also dem formellen wie dem materiellen Gleichheitssatz - zu größtmöglicher Wirkung zu verhelfen. Dies kann nicht pauschal geschehen, sondern nur jeweils mit Blick auf die konkrete Auswahlsituation und die daran beteiligten Personen. Klar ist nur, dass keines der beiden Grundrechte soweit beschränkt werden darf, dass es sich dadurch im Ergebnis gar nicht mehr entfalten und wirken kann. Es darf also weder die Auswahl und Gewichtung möglicher Öffnungsgründe so vielfältig und schwergewichtig sein, dass sie den materiellen Gleichheitssatz im Regelfall überwiegt, noch darf die Öffnungsklausel auf wenige, selten anzutreffende Gründe sozialer Art reduziert werden, wenn dies dazu führt, dass bei gleich qualifizierten Männern nur nach diesen Gründen geschaut wird, die Beförderung der Frau ansonsten aber gleichsam automatisch erfolgt. Auf welcher Stufe zwischen diesen beiden Extrempunkten der Ausgleich jeweils anzusiedeln ist, muss sich flexibel danach richten, inwieweit der materielle Gleichheitssatz in der konkreten Situation bereits verwirklicht ist - also danach, wie nah der Frauenanteil auf Beförderungsebene dem dort gesetzten Ziel bereits ist. Als Öffnungsgründe kommen damit alle Öffnungsgründe in Betracht, die auch sonst üblicherweise in Pattsituationen als Hilfskriterien herangezogen werden können.[540]

2.3.1.2 Keine diskriminierende Wirkung der Öffnungsgründe

Es dürfte auf der Hand liegen, dass Hilfskriterien auch nach deutschem Recht keine diskriminierende Wirkung haben dürfen, unabhängig davon, ob sie im Rahmen einer Öffnungsklausel zur Anwendung gelangen oder in einer Auswahl außerhalb des Anwendungsbereiches der Quote - etwa in Situationen, in denen das Ziel der Quotenregelung bereits erfüllt ist. Dies ergibt sich bereits aus dem Sachlichkeitsgebot und aus dem AGG.[541] Schon deshalb kann die Aussage des EuGH aus der Marschall-Entscheidung auch unter dem Regime des deutschen Rechts nur rein deklaratorische Wirkung haben.[542] Es ergeben sich keine höheren Anforderungen an das Diskriminierungsverbot, wenn ein Kriterium im Rahmen einer Öffnungsklausel und nicht innerhalb einer sonstigen Auswahlentscheidung geprüft wird, denn dieses Kriterium ist immer entweder diskriminierend - dann darf es gar nicht verwendet werden - oder es ist nicht diskriminierend. Es ist daher zu definieren, wann Hilfskriterien als solche diskriminierende Wirkung haben.

---

540 S. dazu oben S. 63 ff.

541 S. insbesondere zu Lebens- und Dienstalter oben S. 71 ff.

542 S. zu den Aussagen des EuGH zu diskriminierenden Öffnungsgründen oben S. 162 ff.

(i) Keine Abstellen auf Rollenmuster

Wie dargestellt, hat der Staat eine sich aus dem materiellen Gleichheitsgebot ergebende Verpflichtung, zum Abbau tradierter Rollenmuster beizutragen.[543] Schon daraus folgt, dass er bei der Auswahl von Hilfskriterien auf derlei Vorstellungen nicht zurückgreifen darf. Die Literatur qualifiziert Hilfskriterien daher dann als diskriminierend, wenn sie aus traditionellen Familienstrukturen resultieren bzw. diese verfestigen.[544]

Dies ist ohne Zweifel richtig, denn das Ziel der Quotenregelungen liegt gerade darin, ein Gegengewicht zu derlei Vorstellungen zu schaffen. An diesen Eckpunkten muss auch die Frage festgemacht werden, wann ein Öffnungsgrund diskriminierende Wirkung hat. Ein Kriterium ist demnach diskriminierend, wenn sich der Sinn dieses Kriteriums als Öffnungsgrund erst ergibt, wenn man ein Rollenmuster zugrundelegt. Das gleiche muss umgekehrt jedoch auch gelten, wenn sich eine vermeintliche Diskriminierung durch die Verwendung eines Öffnungsgrundes erst aus der Verwirklichung eines Rollenmusters ergibt.

(ii) Dienstalter

(a) Meinungsstand

Vermutlich aufgrund der Erwähnung des Dienstalters in der Marschall-Entscheidung ist immer wieder umstritten, ob dieses Kriterium diskriminierende Wirkung im Rahmen der Öffnungsgründe haben kann.

Der EuGH hat zwar auch entschieden, dass in der Verwendung dieses Kriteriums keine mittelbare Ungleichbehandlung von Frauen liege, da die Honorierung (vermuteter) größerer Berufserfahrung ein legitimes Ziel des Arbeitgebers sei, an das folglich angeknüpft werden dürfe, ohne dass darin eine mittelbare Ungleichbehandlung liege.[545] Jedoch kann diese Entscheidung nicht ohne Weiteres auf die deutsche Hilfskriterienebene übertragen werden, denn während der EuGH sich (jedenfalls auch) auf die tatsächliche Vermutung stützt, jemand mit mehr Berufserfahrung würde seine Ar-

543 S. dazu oben S. 54.
544 Franke, Das Gesetz zur Durchsetzung der Gleichstellung von Frauen und Männern, NVwZ 2002, 779, 781.
545 EuGH, Entscheidung vom 03.10.2006, Rs. C-17/05 („Cadman“) Rn. 35 f.

beit besser verrichten, ist dieser Leistungsbezug im deutschen Auswahlverfahren bereits auf der Leistungsebene abschließend geprüft worden und darf auf Hilfskriterienebene keine Rolle mehr spielen. Es kann daher beim Hilfskriterium Dienstalter nur noch darum gehen, die bloße Jahreszahl, die jemand in einem Dienstverhältnis verbracht hat, als solche zu honorieren.

In der Literatur wird vertreten, ein solches Abstellen auf die Dienstjahre diskriminiere Frauen mittelbar, da Frauen insgesamt größere Schwierigkeiten hätten, das gleiche Dienstalter wie Männer zu erreichen. Denn aufgrund betreuungs- und pflegebedingter Unterbrechungen ihrer Berufstätigkeit würden sie geringere Beschäftigungszeiten vorweisen als Männer.[546] Andere Stimmen stellen ohne Rücksichtnahme auf Gründe schlicht auf das Zahlenverhältnis ab: Solange sich das durchschnittliche Dienstalter von Frauen und Männern signifikant unterscheide, benachteilige eine dienstalterorientierte Entscheidung Frauen im Sinne einer *„statistischen Diskriminierung"* allein deshalb.[547]

Die Kommentarreihe *„Praxis der Kommentarverwaltung"*, die für zwölf Bundesländer Rechts- und Themengebiete der kommunalen Verwaltung aufbereitet und als direkte Arbeitshilfe für Entscheider in der Praxis dienen will, erkennt das Dienstalter hingegen als Hilfskriterium an, das die Frauenförderung (meist) jedoch deutlich überwiegen müsse, um diese verdrängen zu können.[548]

Auch die Rechtsprechung ist überwiegend der Ansicht, dass das Dienstalter als Öffnungsgrund verwendet werden könne. Allein das Verwaltungsgericht Wiesbaden wollte das Beförderungsdienstalter prinzipiell nicht als Öffnungsgrund zulassen, da es diskriminierende Wirkung gegenüber Frauen habe. Zur Begründung verwies das Gericht ohne weitere Ausführungen auf die Marschall-Entscheidung des EuGH.[549]

Das Oberverwaltungsgericht Sachsen-Anhalt hingegen hielt Beförderungsdienst- und allgemeines Dienstalter - ebenfalls ohne Begründung - für im Rahmen der Öffnungsklausel anwendbar, da beide gerade keine diskriminierende Wirkung gegenüber Frauen haben könnten.[550]

546 Raasch in Rust/Falke, Allgemeines Gleichbehandlungsgesetz, § 5 Rn. 72.

547 Schiek in Schiek/Dieball/Horstkötter/Seidel/Vieten/Wankel, Frauengleichstellungsgesetze Rn. 222.

548 Benne in Praxis der Kommunalverwaltung - Landesausgabe Sachsen-Anhalt, Frauenförderung und Schwerbehinderte, Tz. 4.

549 VG Wiesbaden, Entscheidung vom 10.05.2006, NVwZ 2007, 482, 484.

550 OVG Sachsen Anhalt, Entscheidung vom 24.02.2010, Az. 1 M 36/10.

Das Oberverwaltungsgericht Münster schien zunächst grundsätzlich davon auszugehen, dass das Dienstalter zumindest diskriminierende Wirkung haben könnte und dass die Frage nach der diskriminierenden Wirkung daher nicht allgemein, sondern für jeden Einzelfall entschieden werden müsse. In einer seiner ersten Entscheidungen[551] zum Thema heißt es, dass Dienst- und Lebensalter Gründe seien, die in dem entschiedenen Fall im Wege der Einzelfallprüfung zugunsten des männlichen Mitbewerbers hätten berücksichtigt werden müssen, weil sie in diesem konkreten Fall keine diskriminierende Wirkung hätten, da die Bewerberin in ihrem bisherigen Werdegang nicht durch die Geburt und Betreuung ihres Kindes beeinträchtigt worden sei. In seinen übrigen Entscheidungen qualifiziert das Oberverwaltungsgericht Münster die Punkte Beförderungs- und allgemeines Dienstalter allerdings stets als mögliche Öffnungsgründe, ohne jemals wieder auf eine diskriminierende Wirkung insgesamt oder im Einzelfall einzugehen.

Deutlich differenzierter ging das Bundesarbeitsgericht die Frage an.[552] Demnach soll lediglich die schrankenlose Berücksichtigung des höheren Dienstalters zu einer mittelbaren Diskriminierung führen - dies dann aber pauschal und ohne Bezug auf den konkreten Einzelfall. Denn Tatbestände, die zu einem geringeren Dienstalter führten - beispielsweise Unterbrechungen der beruflichen Laufbahn wegen Kindererziehungszeiten - beträfen überwiegend Frauen. Dieser Umstand werde vermieden, indem zugunsten der männlichen Bewerber erst ein mindestens 60 Monate höheres Dienstalter Auswirkungen haben dürfe, denn damit wäre der „*frauentypische Nachteil*“ ausgeglichen.

(b) Eigene Einschätzung

Ein Blick ins Gesetz zeigt, dass es gar nicht erforderlich ist, Rollenklischees oder gar einen „*frauentypischen Nachteil*“ zu bemühen. Es ist nämlich keineswegs so, dass bestimmte Auszeiten zu einem niedrigeren Dienstalter führen und deswegen die Personengruppe benachteiligen würden, die derlei Auszeiten häufiger wahrnimmt als andere Gruppen. Das Gesetz stellt vielmehr detaillierte Regeln auf, wie das Dienstalter zu be-

551 OVG Münster, Entscheidung vom 27.03.1998, Az. 6 B 431/98.
552 BAG, Entscheidung vom 21.01.2003, Az. 9 AZR 307/02.

rechnen ist und welche Auszeiten dabei eingerechnet werden - selbstverständlich für Frauen und Männer gleichermaßen. So regelt § 27 Abs. 1 Bundesbesoldungsgesetz (BBesG), dass das Grundgehalt eines Beamten nach Stufen zu bemessen ist. Der Aufstieg in eine nächsthöhere Stufe erfolgt nach bestimmten

> *„Dienstzeiten, in denen anforderungsgerechte Leistungen erbracht wurden (Erfahrungszeiten).“*

Gemäß § 27 Abs. 1, 2 BBesG wird mit der ersten Ernennung ein Grundgehalt der Stufe 1 festgesetzt, das nach Erfahrungszeiten von zwei Jahren in der Stufe 1, von jeweils drei Jahren in den Stufen 2 bis 4 und von jeweils vier Jahren in den Stufen 5 bis 7 ansteigt.

§ 28 Abs. 1 BBesG betrifft die Berechnung der hierfür erforderlichen Dienstzeiten und nennt verschiedene Gründe, weswegen Zeiten, in denen nicht im eigentlichen Dienstverhältnis gearbeitet wurde, dennoch bei der Berechnung der Dienstzeiten angerechnet werden. Darunter fallen im Wesentlichen Wehrdienst, Zivildienst, Bundesfreiwilligendienst, Entwicklungsdienst oder ein freiwilliges soziales oder ökologisches Jahr (Anrechnung bis zu zwei Jahren) sowie Dienstzeiten nach der Soldatenlaufbahnverordnung. Gemäß §§ 28 Abs. 1 Satz 2 Nr. 1, 2, 28 Abs. 2 BBesG stehen diesen Erfahrungszeiten Zeiten der Kinderbetreuung von bis zu drei Jahren für jedes Kind und Zeiten der tatsächlichen Pflege von nach ärztlichem Gutachten pflegebedürftigen nahen Angehörigen von bis zu drei Jahren für jeden nahen Angehörigen gleich. Diese Zeiten werden also auch in die Berechnung der Dienstzeit einbezogen und stehen dem Aufstieg in die nächste Stufe ausdrücklich nicht entgegen.

Im Angestelltenbereich erfolgt die Bezahlung entsprechend verschiedener Entgeltgruppen, innerhalb derer wiederum nach einzelnen Stufen differenziert wird, die (unter anderem) nach bestimmten Zeitabläufen ununterbrochener Tätigkeit innerhalb derselben Entgeltgruppe erreicht werden, §§ 15 Abs. 1, 16 Abs. 4 (Bund), 16 Abs. 3 Satz 1 (VKA) TVÖD. Diesen Zeiten steht gemäß § 17 Abs. 3 TVÖD die Zeit des Mutterschutzes gleich. Elternzeit bis zu fünf Jahren wird zwar nicht als ununterbrochene Tätigkeit innerhalb der Entgeltgruppe anerkannt, führt aber auch nicht zu einem Verlust der zuvor erworbenen Zeiten.

Es ist damit nicht ersichtlich, wie eine Einbeziehung des Dienstalters, berechnet nach den soeben dargestellten gesetzlichen Vorgaben, Frauen benachteiligen könnte, selbst wenn man die Wahrnehmung von Erziehungszeiten wie die dargestellte Literatur als frauentypisch annehmen will.

Nachteile für Frauen bei der Verwendung des Kriteriums Dienstalter können sich nur und erst dann ergeben, wenn die gesetzlich vorgesehenen (großzügig berechneten) Zeiten überschritten werden. Insoweit ist es aber nicht Ziel einer Quotenregelung, uferlos auch solche Nachteile auszugleichen.[553] Denn diese resultieren nicht aus fehlender echter Chancengleichheit, sondern sind Konsequenzen individueller Entscheidungen. Sie ausgleichen zu wollen, ginge über das zulässige Ziel[554] einer Quotenregelung, aus stereotypen Vorstellungen resultierende Nachteile auszugleichen, hinaus.

Hinzu käme auch hier die Gefahr, Rollenbilder zu verfestigen, indem die aus ihrer Verwirklichung folgenden Nachteile gemindert würden, was ebenfalls nicht Ziel der Quotenregelungen ist.[555]

(iii) Zeitsoldat

Auch die Tatsache, dass jemand als Zeitsoldat gedient habe, soll nach einer Ansicht in der Literatur einen Öffnungsgrund mit diskriminierender Wirkung darstellen, weil der Beruf des Soldaten ein traditionell männlicher sei, sodass dieses Kriterium überwiegend von Männern erfüllt werde und allein deshalb diskriminierende Wirkung gegenüber Frauen habe.[556]

Mittelbar diskriminierend, weil statistisch weniger Frauen als Männer dieses Kriterium erfüllen, ist die Verwendung dieses Kriteriums jedoch nicht. Wie beim Dienstalter ist auch hier das Ziel, den Einsatz, den eine Person gebracht hat, zu würdigen, was als Zielsetzung allgemein anerkannt ist und schon deshalb keine mittelbare Diskriminierung darstellen kann.

Auch von der nicht vorhandenen mittelbaren Diskriminierung abgesehen ist das Kriterium „als Öffnungsgrund" nicht diskriminierend. Denn

---

553 S. diesbezüglich zur europarechtlichen Ebene S. 154 ff. und zur nationalrechtlichen Ebene S. 174 ff.

554 S. zu den zulässigen Zielen der Quotenregelung oben S. 174 ff.

555 Zu den Zielen der Quotenregelungen im deutschen Recht s. oben S. 174 ff; im europäischen Recht s. oben S. 154 ff.

556 Pirstner, Anmerkung zu EuGH, Entscheidung vom 28.03.2000, EuZW 2000, 474, 480.

misst man diesen Punkt daran, ob seine Zulassung oder Ablehnung als Hilfskriterium auf einem Rollenklischee basiert, zeigt sich, dass es das Klischee „Frauen sind keine Soldaten“ erfordert, um zu dem Ergebnis zu kommen, das Kriterium Zeitsoldat sei diskriminierend, weil es weniger weibliche als männliche Zeitsoldaten gäbe. (Tatsächlich sind bereits 11 % der Soldaten weiblich.[557])

Die Ablehnung eines Rollenmusters als Begründung eines Ergebnisses muss insoweit universell gelten und nicht nur dann, wenn es darum geht, auf diesen Mustern basierende Öffnungsgründe auszuschließen. Andernfalls entstünde das Kuriosum, dass einerseits eine stereotype Vorstellung (der Mann als Familienernährer) gerade aufgrund des Rollenklischees keine Beachtung finden darf, während andere stereotype Vorstellungen (Frauen haben überlange Unterbrechungen in ihrer Berufstätigkeit, Frauen können keine Soldaten sein) hingenommen werden. Die Annahme des ersten Klischees wäre für Frauen negativ, weil ein Öffnungsgrund geschaffen würde. Die Annahme des zweiten Klischees wäre für Frauen positiv, da Öffnungsgründe (Dienstalter, Zeitsoldat) wegfallen würden.

(iv) Gesetzlicher Ausschluss üblicher Hilfskriterien?

Auf den ersten Blick merkwürdig erscheinen in diesem Zusammenhang jedoch verschiedene Landesgesetze, die, jeweils ähnlich formuliert, Vorgaben für die Auswahl zwischen mehreren Bewerbern aufstellen. Exemplarisch sei § 11 des LGG-Hessen zitiert, der unter der Überschrift „*Auswahlentscheidungen*“ lautet:

> „*(1) Um die Chancengleichheit von Frauen und Männern bei Einstellung, Beförderung und Höhergruppierung sowie die Erfüllung der Zielvorgaben der Frauenförder- und Gleichstellungspläne zu gewährleisten, sind Eignung, Befähigung und fachliche Leistung (Qualifikation) entsprechend den Anforderungen der zu besetzenden Stelle oder des zu vergebenden Amtes zu beurteilen. Bei der Qualifikationsbeurteilung sind Fähigkeiten und Erfahrungen, die durch die Wahrnehmung von Familienaufgaben oder in ehrenamtlicher Tätigkeit erworben wurden, zu berücksichtigen, soweit ihnen für die Eignung, Leistung und Befähigung der Bewerberinnen und Bewerber Bedeutung zukommt. Dies gilt auch, wenn Familienaufgaben neben der Erwerbsarbeit wahrgenommen wurden.*

557 Mitteilung der Bundeswehr vom 09.02.2017, abrufbar unter: https://www.bundeswehr.de/portal/a/bwde/start/streitkraefte/truppe/frauen/staerke.

(2) Dienstalter, Lebensalter und der Zeitpunkt der letzten Beförderung oder Höhergruppierung dürfen nur insoweit Berücksichtigung finden, als ihnen für die Eignung, Leistung und Befähigung der Bewerberinnen und Bewerber Bedeutung zukommt.“

Bezieht man Absatz 2 auf Absatz 1, gibt die Vorschrift Selbstverständliches wieder und ist rein deklaratorischer Natur: Bei der Feststellung von Eignung, Leistung und Befähigung haben Dienst- und Lebensalter (als solche, also im Hinblick allein auf die Anzahl der Jahre) außer Betracht zu bleiben.[558]

Einige Stimmen der Literatur lesen daraus jedoch ein generelles Verbot, Dienstalter, Beförderungsdienstalter und Lebensalter als Hilfskriterien heranzuziehen[559] und verstehen Absatz 2 folglich als eine für sich stehende Regelung, die das gesamte Auswahlverfahren inklusive Hilfskriterienebene meint.

Auch das Verwaltungsgericht Frankfurt am Main schloss aus der Vorschrift, dass dem Dienstalter und dem Beförderungsdienstalter außer im Zusammenhang mit der für die Auswahlentscheidung maßgeblichen Eignungsbeurteilung nach Maßgabe des Anforderungsprofils „*jedenfalls im Verhältnis zu Frauen*“ keine gesonderte Bedeutung zukommen dürfe.[560] (Diese Formulierung lässt allerdings eher darauf schließen, dass das Gericht diese Gründe, obschon es sich auf den inhaltsgleichen § 10 Absatz 1 LGG-Hessen (a.F.) bezog, als diskriminierend einstufte.)

Genau gegenteilig verstand das Oberverwaltungsgericht Saarlouis[561] das LGG-Saarland, in dem es in § 12 heißt:

„*(1) Um die Gleichberechtigung von Frauen und Männern bei Einstellung und Beförderung sowie die Erfüllung der Frauenförderpläne zu gewährleisten, sind Eignung, Befähigung und fachliche Leistung entsprechend der Anforderungen der zu besetzenden Stelle oder des zu vergebenden Amtes zu beurteilen.*“

„*(4) Dienstalter, Lebensalter und der Zeitpunkt der letzten Beförderung dürfen nur insoweit als Qualifikationsmerkmal Berücksichtigung finden, als ihnen für Eignung, Leistung und Befähigung eigenständige Bedeutung zukommt.*“

---

558 S. dazu auch oben S. 58 f.

559 Schiek in Schiek/Dieball/Horstkötter/Seidel/Vieten/Wankel, Frauengleichstellungsgesetze Rn. 222.

560 VG Frankfurt am Main, Entscheidung vom 29.08.2000, NVwZ-RR 2001, 45, 46.

561 OVG Saarlouis, Entscheidung vom 18.05.1999, NVwZ-RR 2000, 31 ff.

Das Oberverwaltungsgericht Saarlouis entschied, die genannten Gründe könnten als Hilfskriterien neben die Frauenförderung treten und seien gegen diese abzuwägen. Dies ergebe sich aus der Formulierung „*als Qualifikationsmerkmal*". Darin komme zum Ausdruck, dass nach dem Willen des Gesetzgebers die traditionellen Hilfskriterien „*in den Qualifikationsvergleich*" nur dann einfließen dürften, wenn sie bezüglich der Qualifikation besondere Bedeutung hätten. Dies beziehe sich damit aber gerade nicht auf die Verwendung solcher Kriterien im Rahmen der Öffnungsklausel auf Hilfskriterienebene, sodass sie dort verwendet werden dürften, selbst wenn ihre Bedeutungslosigkeit für die Qualifikation bereits feststehe. Ein Rückgriff auf diese Kriterien sei nur ausgeschlossen, soweit sie im konkreten Einzelfall diskriminierende Wirkung entfalten würden.[562]

§ 12 Absatz 4 LGG-Saarland ist aufgrund des Hinweises „*als Qualifikationsmerkmal*" eindeutig auf § 12 Absatz 1 bezogen. Nur weil ein solcher expliziter Hinweis in § 11 Absatz 2 des Hessischen Gesetzes fehlt, ist aber nicht davon auszugehen, dass dort etwas anderes geregelt werden soll als das, was sich bereits aus der Verfassung ergibt. Die Vorschriften sind folglich als deklaratorische Mahnungen zu verstehen, im Auswahlverfahren die Vorgaben der Verfassung zu beachten - und nicht etwa an einer Regelbeförderung festzuhalten, wonach der Blick auf das Dienstalter jedwede Qualifikationsfeststellung ersetzt. Ein eigenständiges Verbot, Dienst- oder Beförderungsdienstalter auf Hilfskriterienebene anzuwenden, ergibt sich daraus nicht.

2.3.2 Gewichtung der Öffnungsgründe gegen die Frauenförderung

Bereits in der allerersten Entscheidung des Supreme Court zu Affirmative Action war deutlich geworden, dass die „Reservierung" einer bestimmten Anzahl Plätze für die zu fördernde Gruppe nicht gerechtfertigt sein könne. Auch der EuGH schloss sich später der Auffassung an, wonach Quotenregelungen nicht als ein Automatismus wirken dürften, aufgrund dessen bei Vorliegen eines bestimmten Merkmales dessen Träger ohne weiteres Zutun eingestellt bzw. zugelassen oder befördert werde. Sicherzustellen sei vielmehr, dass jeder einzelne Bewerber mit seiner Qualifikation und sämtlichen weiteren Eigenschaften wahrgenommen und bewertet werde und so

---

562 OVG Saarlouis, Entscheidung vom 18.05.1999, NVwZ-RR 2000, 31, 33.

die Chance habe, ausgewählt zu werden. Konsequent zu Ende gedacht führen diese Anforderungen dazu, dass das von der Quotenregelung geförderte Merkmal (also das Geschlecht) stets nur ein Entscheidungskriterium unter vielen ist, weswegen die praktische Wirksamkeit der Quotenregelung wesentlich von der Gewichtung dieses Merkmales zu den übrigen Merkmalen abhängt und die Mechanismen, anhand derer diese Gewichtung durchgeführt wird, eine der wichtigsten Stellschrauben für die praktische Wirksamkeit der Quotenregelungen sind. Es stellt sich daher die Frage, wer diese Gewichtung anhand welcher Vorgaben durchführt und wie dies konkret geschieht.

2.3.2.1 Ermessen und Beurteilungsspielraum des Dienstherren

Das deutsche Recht gibt dort Ermessensspielraum, wo die Verwaltung bei Verwirklichung eines gesetzlichen Tatbestandes zwischen mehreren Rechtsfolgen wählen kann (sogenanntes Auswahlermessen). Die zugrundeliegenden Normen verwenden entsprechend Begriffe wie „kann" oder „darf". Bei einer solchen Ermessensentscheidung auf der Rechtsfolgenseite einer Norm darf die Rechtsprechung nur überprüfen, ob die Entscheidung für eine Rechtsfolge innerhalb der gesetzlichen Grenzen des Ermessens ergangen ist. Denkbar sind verschiedene Ermessensfehler wie Ermessensnichtgebrauch, Ermessensüberschreitung oder Ermessensfehlgebrauch.

Spiegelbildlich zum Ermessen auf Rechtsfolgenseite existieren auf Tatbestandsseite unbestimmte Rechtsbegriffe, die sprachliche oder inhaltliche Unbestimmtheiten aufweisen, indem sie vage oder mehrdeutige Ausdrücke verwenden. Problematisch und umstritten ist dann, inwiefern die jeweils gewählte Auslegung eines unbestimmten Rechtsbegriffes gerichtlich überprüfbar ist. Nach der herrschenden Literaturmeinung genügt das Vorliegen eines unbestimmten Rechtsbegriffes allein nicht, um der Verwaltung einen eigenen, gerichtlich nicht überprüfbaren Beurteilungsspielraum einzuräumen. Erforderlich ist vielmehr, dass sie auch durch das jeweilige Gesetz abschließend zur Beurteilung ermächtigt wurde. Die Rechtsprechung selbst geht in eine ähnliche Richtung. Demnach sind unbestimmte Rechtsbegriffe grundsätzlich voll gerichtlich überprüfbar; allerdings gibt es gewisse Ausnahmen bei höchstpersönlichen oder situationsgebundenen Entscheidungen wie Prüfungs- und prüfungsähnlichen Entscheidungen, Prognoseentscheidungen, Risikobewertungen oder Entscheidungen bestimmter Gremien. Auch bei Auswahlentscheidungen wird die Feststellung der Eignung im weiteren Sinne von der ganz herrschenden Meinung als eine Entscheidung verstanden, bei der der Verwaltung ein gerichtlich nicht überprüfbarer Beurteilungsspielraum verbleibt.[563]

Im Hinblick auf die praktische Wirksamkeit von Quotenregelungen kommt der Frage, ob und welchen Spielraum ein Dienstherr bei seiner Auswahlentscheidung hat, entscheidende Bedeutung zu. Versteht man die Öffnungsklausel als Ermessensnorm, steht es dem Dienstherren grundsätzlich frei, welche Hilfskriterien er gegen die Frauenförderung abwägt und wie stark er diese gewichtet. Damit wäre ihm die Möglichkeit eröffnet, durch starke Gewichtung der übrigen Hilfskriterien die Frauenförderung regelmäßig zu umgehen, solange er dabei in den Grenzen seines Ermessens bleibt, denn nur letzteres ist einer gerichtlichen Überprüfung zugänglich. Praktische Wirksamkeit könnte die Quotenregelung dann allenfalls noch über - vom Gesetzgeber immerhin auch intendierte - „*bewusstseinsstärkende Impulse*“[564] erlangen, weil dem Dienstherren immerhin vorgeschrieben ist, sich mit dem Kriterium der Frauenförderung überhaupt auseinanderzusetzen. Versteht man die Öffnungsklausel als unbestimmten Rechtsbegriff, stellt sich die Frage, ob die in diesem Rahmen getroffene Entscheidung als Tatbestandsmerkmal voll gerichtlich überprüfbar ist, oder ob dem Dienstherren auch hier - ähnlich wie bei der Feststellung der Eignung im weiteren Sinne - ein nicht überprüfbarer Beurteilungsspielraum verbleibt.

Die Quotenregelungen der LGG sind in der Regel als gebundene Entscheidungen formuliert, die gar kein Ermessen eröffnen („*sind* [...] *unter Wahrung der Einzelfallgerechtigkeit solange bevorzugt einzustellen...*“; „*sind* [...] *vorrangig zu berücksichtigen* [...] *sofern nicht...; sind* [...] *zu befördern* [...] *Ausnahmen sind nur zulässig, wenn...*“).

Die vorgeschriebene Öffnungsklausel weicht diesen Imperativ des Gesetzes jedoch wieder auf. In der Rechtsprechung besteht - trotz weitgehend ähnlicher Formulierungen in allen LGG - keine Einigkeit darüber, ob die Quotenregelungen wegen der Existenz der Öffnungsklausel Ermessensnormen sind (so die wohl vorherrschende Ansicht), oder ob es sich bei der Öffnungsklausel um einen unbestimmten Rechtsbegriff auf Tatbestandsseite handelt (ohne Ermessen auf Rechtsfolgenseite). Noch weiter gehen

563 S. dazu oben S. 57.

564 Bundestagsdrucksache 14/5679, S. 22.

die Meinungen dann zu der Frage auseinander, inwieweit die jeweilige Entscheidung des Dienstherren noch gerichtlich überprüfbar ist. So heißt es beim Oberverwaltungsgericht Saarlouis:

> *„Zum Verständnis der Öffnungsklausel* [...] *trägt zunächst der Gesetzeswortlaut die Erkenntnis bei, dass es sich nicht um eine Ermessensregelung handelt, die bei weiblicher Unterrepräsentanz und gleicher Leistung dem Dienstherren die Wahl lässt, eine Frau oder einen Mann zu befördern. Die Öffnungsklausel steht nämlich nicht auf der Rechtsfolgenseite der Norm, sondern gehört als negatives Merkmal zu dessen Tatbestand. Ist er erfüllt, gebührt dem Mann, in dessen Person die überwiegenden Gründe liegen, der Vorrang vor der mit ihm verglichenen Frau.*“[565]

In der Folge überprüfte das Gericht die Entscheidung des Dienstherren, nicht die Bewerberin, sondern ihre Konkurrenten zu befördern, umfänglich inklusive der Frage, ob der Dienstherr die bessere Leistungsentwicklung des männlichen Bewerbers habe höher werten dürfen als die Frauenförderung. (Das Gericht kommt zu dem Schluss, dass dies der Fall sei, weil - ganz im Sinne der „Nachteilsrechtsprechung“ im Saarland - auf Seiten der Bewerberin kein konkret-individueller Nachteil vorgelegen habe.[566])

Das Oberverwaltungsgericht Münster hingegen sieht die Öffnungsklausel in ständiger Rechtsprechung als Teil der Rechtsfolge Ermessen und nicht als auf Tatbestandsseite verorteten unbestimmten Rechtsbegriff. Die Frauenförderung sei demnach ein Hilfskriterium wie alle anderen Hilfskriterien auch, das der Dienstherr nach Feststellung der gleichen Qualifikation mehrerer verschiedengeschlechtlicher Bewerber in sein Ermessen einzubeziehen habe. Ein Gericht dürfe daher nur prüfen ist, inwieweit der Dienstherr in den Grenzen seines Ermessens gehandelt habe:

> *„Hiervon ausgehend ist es verwaltungsgerichtlich nicht zu beanstanden, daß der Generalstaatsanwalt den Beigeladenen der Antragstellerin für die strittige Beförderungsstelle vorgezogen hat, weil der Beigeladene die bessere Leistungsentwicklung (Leistungskonstanz) aufweist. Wie der Dienstherr im Besetzungsvorgang dargelegt hat, räumt er dem Hilfskriterium 'bessere Leistungsentwicklung' Vorrang vor der zugunsten der Antragstellerin zu berücksichtigenden Frauenförderung ein und zwar auch dann, wenn man für die Antragstellerin zusätzliche Hilfskriterien wie z.B. höheres Lebensalter, höheres Dienstalter (generell sowie im derzeitigen Statusamt) heranzieht. Diese Ge-*

565 OVG Saarlouis, Entscheidung vom 18.05.1999, NVwZ-RR 2000, 31, 32.
566 OVG Saarlouis, Entscheidung vom 18.05.1999, NVwZ-RR 2000, 31, 35.

> *wichtung hält sich im Rahmen des dem Dienstherrn bei der Auswahlentscheidung eingeräumten, eingangs dargestellten Ermessens.*"[567]

Der Dienstherr sei entsprechend bei der der konkreten Personalentscheidung vorausgehenden Bestimmung des bzw. der maßgeblichen Hilfskriterien frei zu entscheiden, welchen zusätzlichen Hilfskriterien er bei gleicher Qualifikation größere Bedeutung einräume, wobei das Hilfskriterium der Frauenförderung zwingend einzubeziehen sei.[568] Eine Prüfung, ob die Gründe, die der Dienstherr als überwiegend eingestuft hat, auch tatsächlich überwiegen, findet also, anders als beim Oberverwaltungsgericht Saarlouis, nicht statt.

Folgt man dem, ist der Dienstherr in seiner Entscheidung durch die Existenz der Quotenregelung praktisch kaum eingeschränkt. Er muss das Kriterium der Frauenförderung lediglich seiner üblichen Palette an Hilfskriterien hinzufügen, ist aber ansonsten in Auswahl und Gewichtung der Hilfskriterien weitgehend frei.

Damit besteht die Gefahr, die eigentlich von der Quotenregelung intendierten Mechanismen außer Kraft zu setzen, indem die übrigen Hilfskriterien stets höher gewichtet werden als die Frauenförderung - jedenfalls, solange die Rechtsprechung darin keinen Ermessensfehler sieht, was aber nur bei krassen Missverhältnissen der Fall sein dürfte.

Die entscheidende Frage ist also, ob und inwieweit die Quotenregelung das Ermessen des Dienstherren nicht nur dahingehend einschränkt, dass er die Frauenförderung einbeziehen muss, sondern auch dahingehend, dass er ihr ein bestimmtes Gewicht zuordnen muss.

Das Verwaltungsgericht Frankfurt am Main ging diesen Schritt und entschied, dass das Ermessen durch das Kriterium der Frauenförderung reduziert sei, was auch überprüfbar sei:

> „*Denn angesichts der Einschätzung des* [Antragsgegners], *beide Bewerber seien für die ausgeschriebene Stelle gleichermaßen gut geeignet, war sein Auswahlermessen im Hinblick auf die Nichterfüllung der Zielvorgaben des Frauenförderplans dahingehend gebunden, dass er grundsätzlich verpflichtet war, die* [Antragstellerin] *auszuwählen, sofern dem nicht Gründe von größerem rechtlichen Gewicht entgegenstanden.*"[569]

---

567 OVG Münster, Entscheidung vom 11.11.1998, Az. 12 B 2101/98 Rn. 2 f.

568 OVG Münster, Entscheidung vom 22.02.1999, NVwZ-RR 2000, 176 f.

569 VG Frankfurt am Main, Entscheidung vom 29.08.2000, NVwZ-RR 2001, 45.

Die Quotenregelung enthalte insoweit eine *„gesetzliche Bindung des Auswahlermessens"*.[570] Der Dienstherr habe nachvollziehbar darzulegen, aus welchen Gründen die durch die Vorgaben der Frauenförderung und die durch die Unterrepräsentanz von Frauen indizierte Benachteiligung der Frauen im konkreten Fall widerlegt sei.

Eine weitere Entscheidung des Verwaltungsgerichtes Frankfurt am Main[571] zog diese Linie noch deutlicher. Rechtsschutz suchte eine Bewerberin, die unter anderem die Nichtbeachtung der Quotenregelung durch ihren Dienstherren rügte. Dieser hatte einen männlichen Bewerber zur Beförderung vorgesehen, (im Wesentlichen) weil dieser länger als sie Oberstudienrat und Studiendirektor gewesen sei und daher über breitere Erfahrung und mehr Führungskompetenz verfüge als sie. Aus sämtlichen aktuellen wie älteren Qualifikationsbeurteilungen hatte sich jedoch ergeben, dass beide Bewerber auf allen Gebieten gleich gut qualifiziert seien - auch im Hinblick auf Führungskompetenz. Das Gericht gab der Bewerberin Recht und stellte einen Ermessensfehler des Dienstherren in Form des Ermessensausfalls in Bezug auf die Verbindlichkeit der Quotenregelung fest. Aus der Verbindlichkeit folge, dass die Personalauswahl gesetzlich dahingehend vorstrukturiert sei, dass bei im Wesentlichen gleicher Eignung der Frau der Vorzug zu geben sei, wenn nur so die Zielvorgabe der Quotenregelung wenigstens besser erfüllt werden könne und dem keine besonderen Umstände von Gewicht in der Person des Mannes entgegenstünden. Damit werde der in einer Auswahlsituation an sich bestehende Ermessensspielraum des Dienstherren erheblich beschränkt. Dies habe der Dienstherr vorliegend jedoch nicht erkannt und in seiner Auswahlentscheidung daher unberücksichtigt gelassen.[572]

Auch das Oberverwaltungsgericht Magdeburg entschied, dass der Dienstherr auf Hilfskriterienebene zwar nicht an eine bestimmte Reihenfolge gebunden, sein Ermessen jedoch dann eingeschränkt sei, wenn Rechtsnormen die Beachtung eines Hilfskriteriums anordneten, was bei einer Quotenregelung der Fall sei. Gegenstand der Auswahlerwägungen müsse daher nicht nur die Angabe und Handhabung des oder der herangezogenen Hilfskriterien sein, sondern zudem, ob und inwiefern der Quoten-

570 VG Frankfurt am Main, Entscheidung vom 29.08.2000, NVwZ-RR 2001, 45, 46.
571 VG Frankfurt am Main, Entscheidung vom 07.09.2000, Az. 9 G 2808/00.
572 VG Frankfurt am Main, Entscheidung vom 07.09.2000, Az. 9 G 2808/00 Rn. 17.

regelung Rechnung zu tragen sei und entsprechend Rechnung getragen wurde.[573]

Im Ergebnis darf bei der Frage, ob und inwieweit die Gewichtung der Hilfskriterien durch den Dienstherren gerichtlich überprüfbar ist, nicht übersehen werden, dass der materielle Gleichheitssatz - anders als etwa das Dienstalter - Verfassungsrang hat, was dem Kriterium der Frauenförderung ein besonderes Gewicht verleiht. Anders als bei den anderen Hilfskriterien kann der Dienstherr im Hinblick auf die Frauenförderung daher nicht nach eigenem Gutdünken gewichten und etwa festlegen, dass in seinem Auswahlverfahren ein höheres Dienstalter stets schwerer wiegt als die Frauenförderung. Es muss daher festgelegt und überprüfbar sein, anhand welcher allgemeingültiger Vorgaben der Dienstherr das Kriterium Frauenförderung jeweils gewichten muss, und es muss im Einzelfall von den Gerichten überprüft werden können, ob diese Gewichtung vom Dienstherren richtig durchgeführt wurde. Die Kriterien, mittels derer eine solche Gewichtung stattfinden sollte, werden im Folgenden erörtert.

2.3.2.2 Vorgaben zur Gewichtung der Öffnungsgründe

Die in Literatur und Rechtsprechung vorgeschlagenen Abwägungsvorgaben decken das gesamte Spektrum zwischen den beiden möglichen Extrempunkten ab. Die Gerichte und Autoren, die die Öffnungsklausel ohnehin als auf soziale Gründe beschränkte Härtefallregelung verstehen, erkennen ein Überwiegen dieser Gründe in der Regel nur in krassen Ausnahmefällen an. Es gebe demnach einen grundsätzlichen Vorrang der Quotenregelung, der durch die Beschränkung auf soziale Gründe noch betont würde.[574] 1996 - also vor der Marschall-Entscheidung - hat der Verwaltungsgerichtshof Mannheim sogar entschieden, das Hilfskriterium Frauenförderung habe „*Vorrang gegenüber allen anderen Hilfsmaßstäben wie dem Dienstalterprinzip*“.[575]

Die heute weitaus größere Gruppe verlangt, dass die übrigen Hilfskriterien deutlich überwiegen müssten, um den Vorrang der Frauenförderung auszuschalten. Entsprechend hat das Oberverwaltungsgericht Schleswig

573 OVG Magdeburg, Entscheidung vom 06.09.2011, Az. 1 M 118/11.

574 Schiek in Schiek/Dieball/Horstkötter/Seidel/Vieten/Wankel, Frauenfördergesetze Rn. 282.

575 VGH Mannheim, Entscheidung vom 25.07.1996, Az. 4 S 1525/96.

die Quotenregelung in Schleswig-Holstein für europarechtswidrig gehalten, da diese als Härtefallklausel formuliert und deshalb als Ausnahmeregelung mit äußerst eng begrenztem Anwendungsbereich zu verstehen sei.[576]

Das Oberverwaltungsgericht Magdeburg entschied, dass zwar „*deutliche Unterschiede zugunsten des männlichen Bewerbers bestehen*“ müssten, was jedoch nicht erst dann der Fall sei, wenn sich die Zurücksetzung des Mannes als krasse, besonders schwere Benachteiligung darstelle.[577]

Die meisten Gerichte betonen, dass die Frage, wann ein Kriterium die Frauenförderung überwiege, nicht allgemein beantwortet werden könne, sondern stets im Einzelfall zu entscheiden sei. Wohl aber sei die Anwendung der Hilfskriterien im Rahmen allgemeiner Verwaltungspraxis bei gleichgeschlechtlichen Bewerbern etwas anderes als in dem Fall, in dem das Hilfskriterium Frauenförderung zwangsweise hinzutrete.[578] Insofern komme es nicht darauf an, welche Hilfskriterien ansonsten die schwerwiegendsten seien (ab welchem Dienstaltervorsprung etwa eine Bevorzugung unter gleichgeschlechtlichen Bewerbern stattfände). Sobald die Frauenförderung als Hilfskriterium hinzutrete, könne diese aufgrund ihrer Verankerung in der Verfassung vielmehr nur bei einem Vorsprung in „*deutlichem Ausmaß*“[579] vernachlässigt werden.

Diese Einschätzung mag in vielen Fällen zu dem richtigen Ergebnis führen, ist in ihrer Pauschalität jedoch falsch. Denn es steht nicht das Verfassungsgut „materieller Gleichheitssatz“ der Verwaltungspraxis gegenüber, ein bestimmtes Hilfskriterium zu verwenden. Im Rahmen der Verhältnismäßigkeitsprüfung sind vielmehr der materielle Gleichheitssatz und das formelle, individualrechtliche Ungleichbehandlungsverbot in Ausgleich zu bringen. Letzteres konkretisiert sich aber in dem Anspruch des männlichen Bewerbers auf ein Auswahlverfahren, das der üblichen Verwaltungspraxis folgt. Daher greift das Argument zu kurz, nur der Frauenförderauftrag habe Verfassungsrang. Auch ist der materielle Gleichheitssatz nicht immer - und nicht immer im gleichen Maße - schwerwiegend, da sich sein Gewicht im Rahmen der praktischen Konkordanz danach richtet, wie weit die materielle Gleichheit in dem betroffenen Bereich bereits verwirklicht ist.

---

576 OVG Schleswig, Entscheidung vom 06.03.1998, NVwZ-RR 1999, 261 f.

577 OVG Magdeburg, Entscheidung vom 06.09.2011, Az. 1 M 118/11.

578 OVG Münster, Entscheidung vom 07.01.2002, Az. 6 B 1536/01.

579 OVG Münster, Entscheidung vom 07.01.2002, Az. 6 B 1536/01 Rn. 11.

Das Oberverwaltungsgericht Münster ging diesbezüglich in mehreren Entscheidungen den Weg, die Gewichtung unter Bezugnahme auf den tatsächlich vorhandenen Frauenanteil im Beförderungsamt festzustellen.[580] Je geringer dieser Anteil sei, je schwerer müsse ein Hilfskriterium wiegen, um zugunsten des männlichen Bewerbers die Frauenförderung auf der Ebene darunter auszuschalten.[581] So verleihe ein Frauenanteil auf der Beförderungsebene von nur 4,4 %[582] bzw. 0 %[583] der Frauenförderung eine besondere Dringlichkeit, was dazu führe, dass die Frauenförderung in diesen Fällen auch einen schwer wiegenden Öffnungsgrund verdrängen könne.

Ganz neu ist diese Idee nicht: Bereits der Supreme Court hatte die Anzahl der Schwarzen auf der Beförderungsebene in der Entscheidung United States vs. Paradise in Zusammenhang gebracht mit der Dringlichkeit, mit der auf der Ebene darunter Schwarze vorrangig zu befördern seien. Auch Stimmen in der Literatur gehen davon aus, dass das Hilfskriterium Frauenförderung an Gewicht verliere, je größer die Annäherung an die maßgebliche Zielquote sei.[584]

Dieses Vorgehen ist richtig, denn der Frauenanteil auf der nächsthöheren Ebene ist ein greif- und objektivierbares Indiz dafür, inwieweit der materielle Gleichheitssatz in dem betroffenen Bereich verwirklicht ist. Je weiter der Frauenanteil auf Beförderungsebene von der Zielgröße der Quote entfernt ist, desto gewichtiger muss ein Öffnungsgrund im Einzelfall sein, um die Frauenförderung ausschalten zu können. Je näher umgekehrt der Frauenanteil auf Beförderungsebene der Zielquote kommt, je geringer ist auch die Frauenförderung zu gewichten. Nur dies bringt formellen und materiellen Gleichheitssatz optimal in Einklang, weil sich auf diese Weise in jedem Einzelfall bemessen lässt, wie weit materielle Gleichheit bereits erreicht wurde und wie schwer sie deshalb noch zu gewichten ist.

Folglich kann und darf nicht allgemeingültig festgestellt werden, wann welches Kriterium wie zu gewichten ist, und verbieten sich pauschale Aussagen, die etwa auf eine bestimmte Jahreszahl beim Dienstaltervor-

---

580 OVG Münster, Entscheidung vom 07.01.2002, Az. 6 B 1536/01 Rn. 5, 11.

581 OVG Münster, Entscheidung vom 07.01.2002, Az. 6 B 1536/01 Rn. 5, 11.

582 VG Minden, Entscheidung vom 04.02.2004, Az. 4 L 1296/03.

583 OVG Münster, Entscheidung vom 10.11.1999, Az. 6 B 595/99.

584 Schnellenbach/Fiebig in Johlen/Oerder, MAH Verwaltungsrecht, § 5 Rn. 91.

sprung abzielen und dann - automatisch - die Frauenförderung ausschalten.

Zumindest bezüglich des am häufigsten in Streit stehenden Öffnungskriteriums - dem Dienstalter - hat sich dennoch fälschlicherweise eine mehr oder weniger gefestigte Rechtsprechung herausgebildet, wonach ein Dienstaltervorsprung von fünf Jahren ein hinreichend schwerwiegender Öffnungsgrund sein soll, der das Kriterium Frauenförderung ohne weitere Prüfung ausschalte.[585] Möglicherweise liegt dies daran, dass das Bundesarbeitsgericht einmal genau das (wenn auch in anderem Zusammenhang) entschieden hat und andere Gerichte die Zahl ungeprüft übernommen haben. Vielleicht ist es auch einem Bedürfnis nach Schematisierung und Vorhersehbarkeit von Entscheidungen geschuldet.

Das Oberverwaltungsgericht Münster jedenfalls hielt eine Auswahl für unrechtmäßig, in der der Dienstherr sein (ihm vom Oberverwaltungsgericht Münster immer wieder bescheinigtes „weites") Ermessen dahingehend ausgeübt hatte, dass erst ein Dienstaltervorsprung von zehn Jahren genügen solle, die Frauenförderung auszuschalten. Das Gericht führte dazu aus, dass ein anzuerkennender Dienstaltervorsprung erst ab zehn Jahren bedeuten würde, dass nur krasse, ins Auge fallende Sachverhalte geeignet seien, die Öffnungsklausel auszulösen. Das aber sei nach der Rechtsprechung des EuGH gerade abzulehnen. Zudem habe der Dienstherr nicht von der Möglichkeit Gebrauch gemacht, bei einem Dienstaltervorsprung von fünf bis zehn Jahren wenigstens eine Einzelprüfung vorzunehmen, sondern die Reihenfolge der erfolgreichen männlichen Kandidaten ausschließlich nach dem Dienstalter festgelegt. Ein Dienstaltervorsprung von fünf Jahren sei aber bereits ein hinreichend deutlicher Vorsprung, der im Ausgangspunkt stets geeignet scheine, ein Überwiegen der in der Person des männlichen Bewerbers liegenden Gründe anzunehmen.

Das Verwaltungsgericht Arnsberg folgte ausdrücklich der Rechtsprechung des Oberverwaltungsgerichtes Münster,[586] ohne sich überhaupt mit Abwägungskriterien auseinanderzusetzen. Es stellte lediglich fest, dass in dem zu entscheidenden Fall die abgelehnten männlichen Bewerber bis zu einem Jahr und dreieinhalb Monaten beförderungsdienstälter seien als die ausgewählte Bewerberin. Die erste Fachprüfung hätten sie ein bis drei Jahre früher als die weibliche Bewerberin abgelegt, und bei dem allgemeinen

585 OVG Münster, Entscheidung vom 09.02.2000, Az. 6 B 581/99, darauf Bezug nehmend BAG, Entscheidung vom 21.01.2003, NZA 2003, 1036, 1038.

586 VG Arnsberg, Entscheidung vom 05.03.2002, Az. 2 L 128/02.

Dienstalter verfügten die männlichen Bewerber über einen Vorsprung von zwei bis vier Jahren. Nach Auffassung des Gerichtes seien diese Differenzen angesichts der Rechtsprechung des Oberverwaltungsgerichtes Münster nicht groß genug, um zu einem Überwiegen dieser Gründe zu führen.

Auch das Verwaltungsgericht Gelsenkirchen[587] berief sich hinsichtlich der Fünf-Jahres-Grenze auf das Oberverwaltungsgericht Münster. Geklagt hatte eine Bewerberin, die trotz festgestellter gleicher Qualifikation einem männlichen Bewerber nicht vorgezogen worden war, weil dieser ein höheres Dienst- und Lebensalter (19 bzw. 15 Jahre) gehabt hatte. Sie machte geltend, der Dienstherr würde auf der Ebene der Hilfskriterien normalerweise dem Kriterium Beförderungsdienstalter die größte Bedeutung beimessen. Und hier sei ihr der männliche Bewerber (trotz höheren Dienstalters) nur um zwei Jahre und acht Monate überlegen, was nach der Rechtsprechung nicht genüge, um das Hilfskriterium der Frauenförderung auszuschalten. Das Verwaltungsgericht Gelsenkirchen jedoch unterschied nicht nach Beförderungsdienstalter und Dienstalter. Zwar gebiete das Willkürverbot, dass im Rahmen der Öffnungsklausel hinsichtlich Auswahl und Gewichtung ausschließlich auf die Hilfskriterien abgestellt werde, die der Dienstherr auch sonst auswähle. Dies sei hier das Beförderungsdienstalter. Ein zwei Jahre und acht Monate höheres Beförderungsdienstalter genüge für sich genommen auch nicht, um die Frauenförderung auszuschalten. Sei aber der Vorsprung eines männlichen Bewerbers bei den nachrangigen Hilfskriterien von solcher Dominanz, dass er insgesamt betrachtet einen nur geringfügigen Vorsprung bei dem zuerst herangezogenen Hilfskriterium überwiege, könne dies Beachtung finden. Eine solche Dominanz läge in dem entschiedenen Fall in dem deutlich höheren Dienst- und Lebensalter.

Der Vergleich des Verwaltungsgerichtes Gelsenkirchen zur Rechtsprechung des Oberverwaltungsgerichtes Münster hinkte hier ein wenig, denn dieses hatte vier Jahre vorher entschieden,[588] dass der Dienstherr innerhalb seines zulässigen Ermessensspielraumes handle, wenn er dem allgemeinen Dienstalter im Rahmen der Öffnungsklausel weniger Bedeutung zukommen lasse als dem Beförderungsdienstalter. Insoweit sei es nicht zu beanstanden, dass der Dienstherr ein sechs Jahre höheres Dienstalter als die Frauenförderung nicht überwiegend angesehen habe. Allerdings sollte dies

---

587 VG Gelsenkirchen, Entscheidung vom 06.06.2008, NVwZ-RR 2009, 174.
588 OVG Münster, Entscheidung vom 27.05.2004, Az. 6 B 456/04.

gerade in dem konkret entschiedenen Fall gelten, weil der geringe Frauenanteil auf Beförderungsebene der Frauenförderung eine besondere Dringlichkeit verliehen habe.[589]

Im Jahre 2006 jedoch ist das Oberverwaltungsgericht Münster wieder zu seiner 5-Jahres-Rechtsprechung zurückgehrt und befand nun (ohne weitere Ausführungen hierzu) stets, das Dienstalter stelle erst dann einen ausreichend gewichtigen Grund im Sinne der Öffnungsklausel dar, wenn der Mann mindestens fünf Jahre dienstälter sei als seine Konkurrentinnen.[590]

In der Folge scheinen auch Teile der Verwaltungspraxis jedenfalls in Nordrhein-Westfalen die Fünf-Jahres-Grenze übernommen zu haben. In einem vom Verwaltungsgericht Düsseldorf entschiedenen Fall[591] jedenfalls führte der Dienstherr aus, dass „*nach ständiger Verwaltungsübung*" die Öffnungsklausel nur angewandt werden dürfe, wenn der konkurrierende Beamte ein um fünf Jahre höheres Dienstalter aufweise. (Interessanterweise hatte in dem konkreten Fall die vorgezogene Bewerberin ein höheres Dienstalter als der Konkurrent - sie hätte also auch ganz ohne Frauenförderung nach den üblichen Hilfskriterien unter gleichgeschlechtlichen Bewerbern bereits befördert werden müssen.)

Dass die Fünf-Jahres-Grenze dennoch keineswegs in Stein gemeißelt ist, zeigen die Entscheidungen des Verwaltungsgerichtes Minden,[592] dem ein sechs Jahre höheres Dienstalter nicht genügte, weil das „*weniger am Leistungsgrundsatz orientierte*" Hilfskriterium Dienstalter grundsätzlich gegenüber der Frauenförderung nachrangig sei. Genau gegenteilig formulierte das Verwaltungsgericht Düsseldorf: Ein sieben Jahre höheres Dienstalter müsse der Frauenförderung vorgehen, denn

> *„insbesondere das Beförderungsdienstalter bietet in abstrakter Weise eine besondere Gewähr der Eignung des Bewerbers für das angestrebte Beförderungsamt".*[593]

Dies ist schon deshalb falsch, weil „*eine besondere Gewähr der Eignung des Bewerbers für das angestrebte Beförderungsamt*" - soweit dies nicht nur eine kühne Behauptung ist - auf Leistungsebene hätte beachtet werden

589 OVG Münster, Entscheidung vom 27.05.2004, Az. 6 B 456/04 Rn. 11.

590 OVG Münster, Entscheidung vom 14.06.2006, Az. 6 A 1407/04 Rn. 19; Entscheidung vom 24.07.2006, Az. 6 B 807/06 Rn. 23.

591 VG Düsseldorf, Entscheidung vom 17.02.2012, Az. 13 L 1991/11.

592 VG Minden, Entscheidung vom 04.02.2004, Az. 4 L 1296/03.

593 ArbG Düsseldorf, Entscheidung vom 28.10.2008, Az. 10 Ca 4927/08.

müssen. Dass diese nur „abstrakt" bestehen soll, zeigt aber schon, dass eine solche Eignung dort nicht erkennbar gewesen sein kann. Das Beförderungsdienstalter hätte daher ausschließlich als Öffnungsgrund zugunsten des Konkurrenten eine Rolle spielen dürfen, und die Frage nach seiner Gewichtung hätte nicht auf einen - ohnehin nicht vorhandenen - Leistungsbezug abstellen dürfen.[594]

Die dargestellten Entscheidungen zeigen allesamt, wie weit sich Gerichte und Verwaltungspraxis teilweise in ihrer Suche nach Schematisierung von den eigentlichen Grundlagen des Rechts, nämlich Abwägung im Einzelfall, entfernt haben. Es wird aber nicht gelingen und ist auch nicht wünschenswert, die Gewichtung der Hilfskriterien konkret und allgemeingültig festzulegen. Festzuhalten ist allenfalls, dass der Frauenanteil auf der Einstellungs- bzw. jeweils höheren Beförderungsebene Gradmesser sein kann für die Verwirklichung materieller Gleichheit. Je weiter er von einer bestimmten Zielquote entfernt ist, je weniger ist der materielle Gleichheitssatz verwirklicht und je mehr Raum muss ihm das individuelle Recht geben - je schwerer ist also die Frauenförderung auf der Ebene darunter gegenüber den übrigen Hilfskriterien zu gewichten.

Um feststellen zu können, wie weit der Frauenanteil auf der Beförderungsebene von der Zielquote entfernt ist, ist aber wiederum ein taugliches Vorgehen erforderlich, um diese Zielquote zu bestimmen. Dies wird im Folgenden gesondert betrachtet.

2.3.3 Feststellung einer Zielquote einer Quotenregelung

Eine Quotenregelung genügt nur dann dem Verhältnismäßigkeitsprinzip, wenn ihre Zielquote sinnvoll begründbar ist. Folglich ist eine den Grundsatz der Verhältnismäßigkeit wahrende Referenzgröße auf der Beförderungsebene zu ermitteln, zu der die Gewichtung der Frauenförderung auf der Ebene darunter in Bezug gesetzt werden kann.

Das Bundesgleichstellungsgesetz nimmt umstandslos Geschlechterparität als Zielgröße an. Seine Quotenregelung soll zur Anwendung kommen, wo Frauen „*unterrepräsentiert*" sind. § 3 Nr. 10 BGleiG definiert diese Unterrepräsentanz als einen Frauenanteil unter 50 % in den einzelnen Be-

594 S. zum Streit um den Leistungsbezug von Hilfskriterien oben S. 65 ff.

soldungs-, Vergütungs- und Lohngruppen, Laufbahngruppen, Laufbahnen und Fachrichtungen. Einen ähnlichen Weg gehen viele LGG.[595]

Ein solches Anknüpfen an den Frauenanteil in der Gesamtbevölkerung geht davon aus, dass jede daran gemessene Unterrepräsentanz von Frauen im öffentlichen Dienst auf struktureller Diskriminierung beruhe und daher Kompensation erfordere, was in der Literatur mit Bejahung einer 50 % - Quote als Referenzgröße auch vielfach akzeptiert wird.[596]

Das Bundesarbeitsgericht stellte 2003 ebenfalls auf die *„geschlechterparitätische Besetzung der (Beförderungs-) Stellen“* als rechtmäßige Zielgröße einer Quote ab.[597] Stimmen, die davon ausgingen, dass Quotenregelungen in erster Linie mittelbar durch die Schaffung von Rollenvorbildern wirken würden, ließen bereits ein Verhältnis von 1:3 genügen.[598]

Die Verfechter der 50 %-Quote begründen ihre Forderung damit, dass die paritätischen Werte nicht das eigentliche Ziel der Quotenregelungen seien, sondern lediglich als abstrakte Vorgabe ein theoretisches Szenario abbilden würden, das infolge der Schaffung umfassender Chancengleichheit eintreten könnte,[599] und das als idealer Orientierungsmaßstab dienen soll. Jedenfalls der Gesetzgeber müsse so typisieren dürfen, um handhabbare Vorschriften zu schaffen.[600]

Kritiker halten einer Zielquote von 50:50 entgegen, dass diese anstelle des zulässigen Zieles Chancengleichheit bereits das unzulässige Ziel Er-

---

595 S. etwa § 8 Abs. 1 LGG-Berlin; § 9 Abs. 1 LGG-Brandenburg; § 4 Abs. 5 LGG-Bremen; § 5 Abs. 3 LGG-Mecklenburg-Vorpommern; § 13 LGG-Saarland.

596 Wankel in Schiek/Dieball/Horstkötter/Seidel/Vieten/Wankel, Frauengleichstellungsgesetze Rn. 119; Schnellenbach/Fiebig in Johlen/Oerder, MAH Verwaltungsrecht, § 5 Rn. 91; Schiek in Schiek/Dieball/Horstkötter/Seidel/Vieten/Wankel, Frauengleichstellungsgesetze Rn. 265 f; Pfarr, Quoten und Grundgesetz: Notwendigkeit und Verfassungsmäßigkeit von Frauenförderung, S. 219 f; Sacksofsky, Das Grundrecht auf Gleichberechtigung, S. 379; Slupik, Die Entscheidung des Grundgesetzes für Parität im Geschlechterverhältnis, S. 124; Raasch, Frauenquoten und Männerrechte, S. 265 ff; Rademacher, Diskriminierungsverbot und „Gleichstellungsauftrag“: Zur Auslegung des Art. 3 Abs. 2 Satz 2 GG, S. 228.

597 BAG, Entscheidung vom 21.01.2003, Az. 307/02 Rn. 38.

598 Schweizer, Der Gleichberechtigungssatz - Neue Form, alter Inhalt?, S. 211 f.

599 Rademacher, Diskriminierungsverbot und „Gleichstellungsauftrag“: Zur Auslegung des Art. 3 Abs. 2 Satz 2 GG, S. 228.

600 Schiek in Schiek/Dieball/Horstkötter/Seidel/Vieten/Wankel, Frauengleichstellungsgesetze Rn. 265.

gebnisgleichheit setze.[601] Außerdem sei eine solche Zielvorgabe in der Abwägung gegen den formellen Gleichheitssatz unangemessen.[602]

Der erste Kritikpunkt - die Herstellung von Ergebnisgleichheit - ist sicherlich dort berechtigt, wo es um starre Ergebnisquoten oder um leistungsabhängige Entscheidungsquoten geht. Da diese aber in den meisten Fällen schon aus anderen Gründen unrechtmäßig sind, geht der Einwand ins Leere. Die flexible leistungsabhängige Entscheidungsquote, wie sie in den LGG kodifiziert ist, bietet hingegen keine Möglichkeit, echten Einfluss direkt auf die Ergebnisebene auszuüben. Gleiches gilt für die flexible leistungsabhängige Ergebnisquote, der der EuGH bescheinigt, sie würde

> *„nicht notwendigerweise ohne weiteres automatisch das Ergebnis jeder einzelnen Auswahlentscheidung in einer qualifikatorischen Pattsituation zugunsten der Bewerberin zwingend"*

vorgeben.[603] Trotz ihres irreführenden Namens gilt für die flexible leistungsabhängige Ergebnisquote hinsichtlich der konkreten Auswahlentscheidung das Gleiche wie für die flexible leistungsabhängige Entscheidungsquote: Es darf keine automatische Bevorzugung einer Bewerberin geben, sondern es muss jede Bewerbung Gegenstand einer objektiven Beurteilung sein, die alle für und gegen sie sprechenden Gründe berücksichtigt. Solange diese Vorgabe aber besteht, solange gibt es auch keinen direkten und unmittelbaren Durchgriff auf die Ergebnisebene. Die flexible leistungsabhängige Ergebnisquote kann sich also nur darauf beziehen, auf der Ergebnisebene mittels Gewichtung der Frauenförderung ein bestimmtes Ziel anzupeilen.

Berechtigt kann - je nach Situation - allerdings der Einwand sein, eine prinzipielle Gewichtung der Hilfskriterien auf Entscheidungsebene entsprechend einer 50:50-Zielquote auf Ergebnisebene sei in der Abwägung gegen den formellen Gleichheitssatz unangemessen. Führt man sich vor Augen, dass der Sinn der Zielquote darin besteht festzustellen, wie stark das Argument Frauenförderung gegenüber anderen Hilfskriterien zu gewichten ist, wird klar, dass diese Vorgabe mittelbar deutlichen Einfluss auf die Beförderungsentscheidung hat. Eine zu hoch angesetzte Zielquote

---

601 Schmidt, Die Kalanke-Entscheidung des EuGH, NJW 1996, 1724, 1726.

602 Döring, Frauenquoten und Verfassungsrecht, S. 240; Ebsen, Leistungsbezogene Quotierung für den öffentlichen Dienst. Ein Beispielsfall kompensatorischer Ungleichbehandlung von Männern und Frauen, Jura 1990, 515, 521 f.

603 EuGH, Entscheidung vom 28.03.2000, Rs. C-158/97 („Badeck") Rn. 28.

kann dazu führen, dass das Argument Frauenförderung überproportional hoch gewichtet wird, weil der Frauenanteil auf der Beförderungsebene dann besonders weit von diesem hoch gesteckten Ziel entfernt ist. Dies ist insbesondere für Bereiche unangemessen, in denen insgesamt ohnehin nur sehr wenige Frauen anzutreffen sind.

Auch setzt das Bedürfnis nach „*handhabbaren Vorschriften*" und Schematisierung nicht zwingend ein Abstellen auf die Geschlechterverteilung in der Gesamtbevölkerung voraus. Auch der Gesetzgeber des Bundesgleichstellungsgesetzes stellte nicht auf den Idealzustand paritätischer Geschlechterverteilung und in der Folge nur auf die Geschlechterverteilung in der Bevölkerung ab, sondern hatte konkrete Anhaltspunkte, die seine Zielvorgabe rechtfertigten:

> „[Mit der 50-Prozent-Vorgabe] *orientiert sich das Gesetz an den gesamtgesellschaftlichen Verhältnissen in der Bundesrepublik Deutschland, in der der Frauenanteil bei rund 51 Prozent liegt (Stand: 31. Dezember 1997), aber auch an den statistischen Daten des Vierten Frauenförderberichts der Bundesregierung, wonach rund 45 Prozent aller Beschäftigten im Bundesdienst Frauen sind (Stichtag 30. Juni 1998). Die festgestellten hohen Frauenanteile an den Bewerbungen für den Bundesdienst in Höhe von rund 44 Prozent und von rund 46 Prozent bei den Einstellungen zeigen, dass Arbeitsplätze im öffentlichen Dienst des Bundes stark von Frauen nachgefragt werden und dass grundsätzlich genügend qualifizierte Frauen zur Umsetzung von einzelfallbezogenen Quotenvorgaben, die Unterrepräsentanzen gegensteuern sollen, zur Verfügung stehen.*"[604]

Auch verschiedene Beispiele aus der Rechtsprechung zeigen, dass es möglich ist, nach objektiven Anhaltspunkten zu differenzieren.

Der Supreme Court errechnete die zulässige Zielgröße einer Affirmative-Action-Maßnahme aus dem quotalen Anteil der geförderten Gruppe am relevanten Arbeitsmarkt. Ausnahmen davon sollten nur in besonders eng umrissenen krassen Ausnahmefällen denkbar sein (s. etwa die 50 % - Quote der beförderten Schwarzen in der Entscheidung United States vs. Paradise).

Das Amtsgericht Frankfurt/Oder hat den

> „*Soll-Wert der Beteiligung von Männern und Frauen an vergleichbaren Aufgaben anspruchsvoller Art*"

604 Bundestagsdrucksache 14/5679, S. 20.

in seiner Entscheidung zu Insolvenzsachverständigen[605] an die „*Verhältnisse*“ des Landes Brandenburg geknüpft und stellte dabei auf die bezüglich der Insolvenzsachverständigen besonders in den Blick zu nehmenden Bereiche des Studiums der Rechts-, Wirtschafts- und Sozialwissenschaften ab, in denen der Frauenanteil 52,2 % betrage, während Frauen auf der Vorauswahlliste der Insolvenzsachverständigen nur einen Anteil von 25 % hätten.[606]

Auch nach dem Verständnis des EuGH zeichnet sich eine flexible leistungsabhängige Ergebnisquotenregelung gerade dadurch aus, dass sie nicht einheitlich für alle betroffenen Bereiche und Dienststellen eine Zielquote vorgibt, sondern dass sie „*deren Besonderheiten*“ jeweils beachtet.

Diese Beispiele zeigen, dass es sehr wohl möglich ist, sinnvolle Zielquoten für einzelne Bereiche festzulegen. Allzu strenge Anforderungen dürften dennoch auch nach dem EuGH an die Festlegung der Zielquote nicht zu stellen sein - in der vom EuGH für zulässig befundenen Quotenregelung heißt es nämlich, es sei als Zielgröße „*mindestens*“[607] der Anteil an Frauen vorzusehen, den diese an den Absolventen hätten.

Zudem birgt eine Ausrichtung der Zielquote nach Frauenanteilen etwa auf der nächstniedrigeren Ebene die Gefahr, dass Diskriminierung, die eigentlich bekämpft werden soll, schon in die Zielquote eingerechnet wird. Findet sich nämlich Diskriminierung bereits in der niedrigeren Besoldungsgruppe, setzt sich dies auf die Beförderungsebene fort, wenn die Zielquote dort anhand des Frauenanteils in der Gruppe darunter berechnet wird.

Um dies zu vermeiden, ist bei Festlegung der Zielquote stets ein breiteres Feld in den Blick zu nehmen als nur ein Unternehmen oder ein Bereich des öffentlichen Dienstes. Denkbar ist insoweit - je nach betrachteter Karrierestufe - ein Abstellen auf die Zusammensetzung der Absolventen bestimmter Studienfächer, auf Berufsgruppen (Lehrerinnen, Juristinnen etc.) oder auch auf den Frauenanteil auf bestimmten Karrierestufen, wenn diese weit genug gefasst sind. Es gilt jedoch, dass letztlich jeder Bereich für sich zu prüfen und eine für diesen Bereich sinnvolle Zielgröße nach sachlichen Vorgaben festzulegen ist.

Ist die jeweilige Zielgröße auf der Beförderungsebene erreicht, ist der Anwendungsbereich der Quotenregelung nicht eröffnet, weil die durch

---

605 S. dazu oben S. 74.

606 AG Frankfurt/Oder, Entscheidung vom 22.10.2013, NJW-RR 2014, 164, 166.

607 EuGH, Entscheidung vom 28.03.2000, Rs. C-158/97 („Badeck“) Rn. 39.

den Umstand der Unterrepräsentanz begründete Indizwirkung für eine strukturelle Benachteiligung der Frauen dort widerlegt ist.[608]

3. Verhältnis der Quotenregelung zum Leistungsprinzip des Art. 33 Abs. 2 GG

Untersucht man das Verhältnis der Quotenregelung zum Leistungsprinzip, stellt sich in erster Linie die Frage, ob eine Quotenregelung das Leistungsprinzip durchbrechen kann, ob sie also angewandt werden darf, bevor ein Qualifikationsgleichstand mehrerer Bewerber festgestellt ist (3.1). Weiter ist zu klären, ob die Quotenregelung bzw. der Förderauftrag möglicherweise bereits auf die Feststellung der Eignung Einfluss nehmen (3.2).

3.1 Durchbrechung des Leistungsprinzips zugunsten der Quotenregelung

Zu Beginn der Diskussion um Quoten in Deutschland plädierten einige Autoren für eine Durchbrechung des Leistungsprinzips zugunsten der Quotenregelung. Es sollte gegenüber dem materiellen Gleichheitsgebot im Wege praktischer Konkordanz zurücktreten,[609] weil das Ziel tatsächlicher Gleichberechtigung geeignet sei, Art. 33 Abs. 2 GG in zulässiger Weise einzuschränken.[610] Dabei sollte das Geschlechtskriterium die Anforderungen an Eignung, Leistung und Befähigung natürlich nicht ersetzen, jedoch sollte bereits eine Mindestqualifikation genügen, um zum Vorzug der Frau zu führen.[611] Begründet wurde dies unter anderem damit, dass Durchbrechungen und Modifizierungen des Leistungsprinzips verfassungsrechtlich durchaus anerkannt seien.[612]

---

608 EuGH, Entscheidung vom 28.03.2000, Rs. C-158/97 („Badeck") Rn. 29; VG Düsseldorf, Entscheidung vom 23.01.2012, Az. 2 L 1706/11.

609 Sacksofsky, Das Grundrecht auf Gleichberechtigung, S. 181 ff; Slupik, Die Entscheidung des Grundgesetzes für Parität im Geschlechterverhältnis, S. 129 f; S. 299 f.

610 Pfarr, Quoten und Grundgesetz: Notwendigkeit und Verfassungsmäßigkeit von Frauenförderung, S. 94 f.

611 Pfarr, Die Frauenquote, NZA 1995, 809, 812.

612 Pfarr/Fuchsloch, Verfassungsrechtliche Beurteilung von Frauenquoten, NJW 1988, 2201, 2206.

Der EuGH hat eine Mindestqualifikation nicht ausreichen lassen, weil dies die verpönte „*Stellenrücklage für Frauen*“ schaffen würde.[613] Hier zeigt sich ein deutlicher Unterschied zur Rechtsprechung des Supreme Court. Zwar hat auch dieser das Anknüpfen an ein eigentlich verbotenes Merkmal erst im Falle gleicher Qualifikation mehrerer Bewerber als rechtmäßig angesehen (s. etwa United States vs. Paradise, Johnson vs. Transportation Agency oder Grutter vs. Bollinger), und dies sogar mit vergleichbaren Argumenten wie der EuGH (kein „*blind hiring by the numbers*“; das eigentlich verbotene Anknüpfungsmerkmal darf nicht allein ausschlaggebend sein). Allerdings reichte dem Supreme Court für die Feststellung der gleichen Qualifikation bereits die Tatsache, dass ein bestimmter Bewerber für die in Frage stehende Aufgabe hinreichend qualifiziert war - es musste nicht innerhalb der Bandbreite der qualifizierten Bewerber im Rahmen weiterer komplexer Binnendifferenzierungen der jeweils beste ausgewählt werden.

In der Literatur wird die Haltung des EuGH zu der Frage, ob der Anwendungsbereich einer Quotenregelung möglicherweise schon bei nur „fast“ gleicher Qualifikation eröffnet ist, unterschiedlich interpretiert. In der Badeck-Entscheidung des EuGH heißt es zunächst noch recht deutlich:

> „*Folglich ist eine Maßnahme, nach der weibliche Bewerber in Bereichen des öffentlichen Dienstes, in denen Frauen unterrepräsentiert sind, vorrangig befördert werden sollen, mit dem Gemeinschaftsrecht vereinbar, wenn sie weiblichen Bewerbern,* die die gleiche Qualifikation *wie ihre männlichen Mitbewerber besitzen* […].“[614]

Auch an weiteren Stellen des Urteils wird die „*gleiche Qualifikation*“ für die Zulässigkeit der in Frage stehenden Quotenregelung vorausgesetzt bzw. auf eine „*Pattsituation*“ abgestellt.[615] Auf die Vorlagefrage der Abrahamsson-Entscheidung, ob eine Quotenregelung bereits greifen könne, wenn die Verdienste der Bewerber als „*gleichwertig oder fast gleichwertig*“ anzusehen seien, antwortete der EuGH allerdings, die Quotenregelung könne greifen, wenn die

> „*Verdienste der Bewerber als gleichwertig* oder fast gleichwertig *anzusehen sind*“

613 S. dazu oben S. 150 ff.

614 EuGH, Entscheidung vom 28.03.2000, Rs. C-158/97 („Badeck“) Rn. 23, Hervorhebung durch Verfasserin.

615 S. etwa EuGH, Entscheidung vom 28.03.2000, Rs. C-158/97 („Badeck“) Rn. 17, 22, 33, 38, 41, 62, 63.

und die übrigen Voraussetzungen - also objektive Beurteilung inklusive Öffnungsklausel - ebenfalls vorlägen.

Die Literatur folgert daraus teilweise, der EuGH ließe bereits eine „*fast gleiche*“ Qualifikation genügen.[616] In Deutschland allerdings, wo die Vorgaben des Art. 33 Abs. 2 GG zu beachten seien, gelte dennoch das Erfordernis absolut gleicher Qualifikation.[617]

Es ist jedoch äußerst zweifelhaft, ob der EuGH das Erfordernis gleicher Qualifikation zugunsten einer „fast gleichen Qualifikation“ aufgeben wollte. Denn in der Vorlagefrage ging es um „*gleichwertige oder fast gleichwertige Verdienste*“. Das ist aber nichts anderes als die in Deutschland bereits vor der Abrahamsson-Entscheidung (und unabhängig davon) als gleichwertig akzeptierte „*im Wesentlichen gleiche Eignung*“ zweier Bewerber auf Leistungsebene,[618] wonach etwa geringfügige Notendifferenzen der Feststellung einer gleichen Eignung im weiteren Sinne nicht entgegenstehen.[619] In der Literatur wird daher zu Recht davon ausgegangen, die Hilfskriterienebene sei eröffnet (und dem Leistungsprinzip Genüge getan),

> „*wenn in einem angemessen differenzierten Auswahlverfahren tatsächlich eine im wesentlichen gleiche Eignung mehrerer Bewerber festgestellt*“

worden sei.[620] Im Anwendungsbereich einer Quotenregelung gilt genau dasselbe.

Es bleibt folglich auch nach der Abrahamsson-Entscheidung dabei, dass eine Quotenregelung erst nach Feststellung eines Qualifikationspatts eingreifen kann, wobei - aber hierin liegt keine Neuerung - ein Qualifikationspatt und damit die Eröffnung der Hilfskriterienebene bereits angenommen werden kann, wenn eine im Wesentlichen gleiche Eignung verschie-

---

616 Raasch in Rust/Falke, Allgemeines Gleichbehandlungsgesetz, § 5 Rn. 68.

617 Hinrichs/Zimmer in Däubler/Bertzbach, Allgemeines Gleichbehandlungsgesetz, § 5 Rn. 32.

618 S. dazu oben S. 62 ff.

619 Das OVG Lüneburg ist sogar der Auffassung, die in der Quotenregelung des LGG vorausgesetzte „*gleiche Eignung*“ sei strenger und weitergehender als die in Art. 33 Abs. 2 GG vorausgesetzte „*im Wesentlichen gleiche Eignung*“, OVG Lüneburg, Entscheidung vom 10.02.2003, Az. 5 ME 181/02.

620 Höfling in Bonner Kommentar zum Grundgesetz, 130. Aktualisierungslieferung August 2007, Art. 33 Rn. 330; Papier/Heidebach, Mehr Frauen in Führungspositionen des öffentlichen Dienstes durch Fördermaßnahmen - verfassungs- und europarechtliche Bewertung, DVBl 2015, 125, 135 f.

dengeschlechtlicher Bewerber festgestellt ist oder wenn - in den Worten des EuGH - deren „*Verdienste gleichwertig oder fast gleichwertig*" sind.

Das deutsche Recht berührt diese Diskussion um die Aussage des EuGH tatsächlich schon deshalb nicht, weil Art. 33 Abs. 2 GG einen Vorzug aufgrund des Geschlechts bei nur „fast" (also nicht „im Wesentlichen") gleicher Eignung aufgrund des Prinzips der Bestenauslese verbietet.[621]

Hinzu kommt, dass eine Abkehr vom Prinzip der Bestenauslese zugunsten einer bereits am Leistungsprinzip ansetzenden Quotenregelung unverhältnismäßig wäre, weil sie den Frauen nicht nur den Ausgleich eines Nachteils, sondern bereits ein „Mehr" einräumen würde: Ziel des materiellen Gleichheitssatzes ist lediglich, gleiche Ausgangsvoraussetzungen für beide Geschlechter zu schaffen, indem ein Gegengewicht zu Vorurteilen und stereotypen Vorstellungen geschaffen wird, die gleiche Ausgangsvoraussetzungen für beide Geschlechter mitunter verhindern. Es sollen aber nicht darüber hinausgehend „einfachere" Ausgangsvoraussetzungen für eine Gruppe geschaffen werden.

Die ganz herrschende Literatur zu Art. 33 Abs. 2 GG geht folglich zutreffend davon aus, dass eine Quotenregelung allenfalls bei festgestellter gleicher Qualifikation greifen kann.[622] Auch in der deutschen Rechtsprechung findet sich - soweit ersichtlich - keine Entscheidung, nach der eine nur fast gleiche Qualifikation genügen soll.

Eine ganz andere Frage ist freilich, ob die Gefahr von Vorurteilen und stereotypen Vorstellungen tatsächlich erst in einer qualifikatorischen Pattsituation droht, oder ob diese nicht schon in die Qualifikationsfeststellung selbst einfließen. Eine Quotenregelung, die Vorurteilen und Stereotypen etwas entgegensetzen will, würde dann auf der ganz falschen Ebene ansetzen. Diese Frage kann aus allein rechtlicher Sicht nicht beantwortet werden und ist daher dem zweiten Teil dieser Arbeit vorbehalten. Aus rechtlicher Sicht festzuhalten ist aber, dass auch eine vorurteilsbelastete und damit im Ergebnis falsche Qualifikationsfeststellung nicht dazu führen kann, Quotenregelungen bereits auf der Leistungsebene eingreifen zu lassen. Denn es wäre bereits die fehlerhafte Qualifikationsfeststellung, die verfas-

---

621 S. dazu oben S. 54.

622 S. nur Kunig in v. Münch/Kunig, Grundgesetz, Art. 33 Rn. 34; Jarass in Jarass/Pieroth, Grundgesetz, Art. 3 Rn. 106; Höfling in Bonner Kommentar zum Grundgesetz, Art. 33 Rn. 329; Prehm/Hellenkemper, Eine Bewertung von Frauenquoten aus arbeitsrechtlicher Sicht, NZA 2012, 960, 961.

sungswidrig wäre, weswegen Abhilfemaßnahmen auch genau dort ansetzen müssten, indem ein streng objektives, transparentes und Vorurteilen nicht zugängliches Auswahlverfahren durchgesetzt würde.

3.2 Feststellung des Qualifikationspatts

3.2.1 Gleiche Qualifikationsanforderungen für Frauen und Männer

Eine zweite Strömung in der älteren Literatur diskutierte die Möglichkeit, das Leistungsprinzip zwar nicht im eigentlichen Sinne zu durchbrechen, wohl aber Eignung, Befähigung und fachliche Leistung für Frauen und Männer unterschiedlich zu ermitteln und in bestimmten Punkten auf Lebensläufe Rücksicht zu nehmen, die die jeweiligen Autoren als typisch männlich oder typisch weiblich empfanden. Die aufgestellten Qualifikationskriterien seien „*von Männern für Männer*“ gemacht, sodass ihnen eine „*weibliche Komponente*“ fehle.[623]

Dieser Ansatz gilt heute als überholt. Es gilt insoweit dasselbe wie zu der Frage, ob das Leistungsprinzip verhandelbar ist, denn eine geschlechtsabhängige Leistungsermittlung ist nichts anderes als eine Abkehr vom objektiven Leistungsprinzip. Hinzu kommt, dass bereits eine Zuschreibung bestimmter typischer Lebensläufe zu einem Geschlecht ihrerseits zweifellos diskriminierend ist.

Die gesamte Problematik um die Quotenregelung hat sich heute ohnehin dahin verschoben, dass Frauen trotz ihrer Qualifikation nicht in der Zahl die entsprechenden Positionen erreicht haben, in der dies rein statistisch zu erwarten gewesen wäre. Folglich besteht schon kein Bedürfnis, das Leistungsprinzip überhaupt in Frage zu stellen.

3.2.2 Ausgestaltung der Qualifikationsfeststellung durch LGG?

Fraglich ist vor diesem Hintergrund, wie eine in vielen LGG verortete Vorschrift zu verstehen ist, die bei unbefangener Betrachtung den dargestellten, eigentlich veralteten Ansatz geschlechtsabhängiger Qualifikationsermittlung aufzugreifen scheint. Stellvertretend für die übrigen LGG

623 Raasch, Frauenquoten und Männerrechte, S. 109.

seien hier § 11 Abs. 1 Satz 2 und 3 LGG-Hessen wiedergegeben, in denen es heißt:

> *„Bei der Qualifikationsbeurteilung sind Fähigkeiten und Erfahrungen, die durch die Wahrnehmung von Familienaufgaben oder in ehrenamtlicher Tätigkeit erworben wurden, zu berücksichtigen, soweit ihnen für die Eignung, Leistung und Befähigung der Bewerberinnen und Bewerber Bedeutung zukommt. Dies gilt auch, wenn Familienaufgaben neben der Erwerbsarbeit wahrgenommen wurden.“*

Bereits der Wortlaut scheint widersprüchlich. Es dürfte selbstverständlich sein, dass *„Fähigkeiten und Erfahrungen“* aller Bewerber in die Qualifikationsfeststellung einfließen, *„soweit ihnen für die Eignung, Leistung und Befähigung Bedeutung zukommt*“. Dies gilt unabhängig davon, wo diese Fähigkeiten und Erfahrungen erworben wurden, wenn und soweit sie Bedeutung für die zu besetzende Position haben und quantifizierbar sind.

Weiter stellt sich die Frage, welche besonderen Fähigkeiten und Erfahrungen gemeint sein sollen. In der Literatur werden hier die *„Koordination unterschiedlicher Tätigkeiten, Konfliktvermeidung und -bewältigung, Bereitschaft zur Delegation, Arbeit mit Menschen, die besonderer Aufmerksamkeit bedürfen“* oder das *„Erkennen und ggf. Berücksichtigen nicht ausdrücklich ausgesprochener Bedürfnisse“* als Beispiele genannt. Teilweise wird kritisiert, man könne demnach nur Sozialkompetenz erwerben, nicht aber *„Managementkompetenzen*“,[624] während andere Teile der Literatur *„Managementfähigkeiten*“ einbeziehen, da Familienarbeit *„in der Koordination divergierender Zeit- und Leistungsbedürfnisse*“ bestünde.[625]

Das LGG-Niedersachsen nennt selbst Beispiele solcher Fähigkeiten in § 13 Abs. 3:

> *„Flexibilität, Kommunikations- und Teamfähigkeit, Tatkraft und Organisationsfähigkeit“.*

Ob und inwieweit in *„Familienarbeit*“ erworbene Fähigkeiten tatsächlich den genannten Fähigkeiten - oder gar einer „Managementkompetenz“ - entsprechen und dann weiter das erfüllen, was insoweit in der Arbeitswelt gefordert wird, darf sicherlich bezweifelt werden.

---

624 Rischar in Praxis der Kommunalverwaltung-Hessen, C 11 He, § 10 Abs. 1 S. 2 HGlG.

625 Schiek in Schiek/Dieball/Horstkötter/Seidel/Vieten/Wankel, Frauengleichstellungsgesetze Rn. 234.

Hinzu kommt, dass die Fähigkeiten, auf die abgestellt werden soll, belegbar sein müssen. Laut Gesetzesbegründung soll ihre Feststellung nur mit dem Einverständnis der Betroffenen erfolgen, die selbst entscheiden sollen, ob sie sich einer derartigen Leistungs- und Befähigungsfeststellung stellen wollen.[626] Dazu im Widerspruch steht die Lesart des Verwaltungsgerichtes Frankfurt, das ausführt:

> „*Die Berücksichtigung dieser Gesichtspunkte ist jedoch zwingend vorgeschrieben, und zwar unabhängig vom Geschlecht der Bewerberin oder des Bewerbers. Entsprechende Feststellungen lassen sich den aktuellen dienstlichen Beurteilungen für die Antragstellerin und den Beigeladenen indes nicht entnehmen und sind auch nicht nachgetragen worden.*“[627]

Die Literatur weist darauf hin, dass die Vorschriften - was selbstverständlich ist - keine Automatik enthalten, nach der die Familienarbeit immer eine positive Bedeutung für die Qualifikationsbeurteilung haben müsse. Es müsse vielmehr eine Verbesserung der im Dienst erworbenen Qualifikationen bestehen und dort tatsächlich sichtbar sein.[628] Kinderbetreuung usw. allein seien entsprechend nicht ausreichend. Zudem müssten die Fähigkeiten für die wahrzunehmenden Aufgaben von Bedeutung sein und dürften auch nur entsprechend dieser Bedeutung gewichtet werden. In der Folge werde die aus einem höheren Dienstalter ggf. resultierende berufliche Erfahrung in der Regel nicht durch die aus der Betreuung von Kindern oder Pflegebedürftigen gewonnene Erfahrung kompensiert. Es gelte daher:

> „*Insgesamt gesehen dürfte der konkrete Anwendungsbereich* [...] *gering sein.*“[629]

Letzterem ist wohl zuzustimmen; dennoch stellt sich die Frage, was die Vorschrift eigentlich bezwecken will. Der EuGH hat sich in der Badeck-Entscheidung mit ihr befasst, allerdings nur ganz am Rande, da ihre Zulässigkeit nicht Gegenstand des Verfahrens war. In der entsprechenden Passage heißt es:

---

626 Zitiert nach Rischar in Praxis der Kommunalverwaltung-Hessen, Band C 11 He, § 10 HGlG, 2.1.

627 VG Frankfurt am Main, Entscheidung vom 29.08.2000, NVwZ-RR 2001, 45, 47.

628 Rischar in Praxis der Kommunalverwaltung-Hessen, Band C 11 he, § 10 HGlG, 2.1.

629 Seeck/ Ciemnyjewski/ Scheel/ Schuldt/ Stotz, Praxis der Kommunalverwaltung - Schleswig-Holstein, 2.3.7.1.

> *„Bei dieser Beurteilung sind bestimmte positive und negative Kriterien heranzuziehen. So sind Fähigkeiten und Erfahrungen, die durch Familienarbeit erworben wurden, zu berücksichtigen, soweit ihnen für die Eignung, Leistung und Befähigung der Bewerberinnen und Bewerber Bedeutung zukommt* [...] *Solche Kriterien begünstigen im allgemeinen Frauen, obwohl sie geschlechtsneutral formuliert sind und sich somit auch zugunsten von Männern auswirken können. Sie sollen offenkundig eine materielle und nicht nur formale Gleichheit herbeiführen, indem sie in der sozialen Wirklichkeit auftretende faktische Ungleichheiten verringern.“*[630]

Es geht also offenbar darum, dass Frauen bestimmte Fähigkeiten genauso wie Männer beherrschen (sonst wären sie nicht gleich qualifiziert), diese aber womöglich (eher als Männer) woanders als während der Berufsausübung erworben haben. Diese Fähigkeiten sind für die angestrebte Position erforderlich (denn die Qualifikationsfeststellung muss sich eben darauf beziehen). Und um in der *„sozialen Wirklichkeit auftretende faktische Ungleichheiten“* zu verringern, soll es nicht darauf ankommen, wo diese Fähigkeiten erworben wurden, sondern nur darauf, dass sie da sind.

Das aber ist eine Plattitüde und rein deklaratorisch. Wo sich tatsächlich für eine höhere Position erforderliche Fähigkeiten am Arbeitsplatz konkret zeigen, müssen sie unabhängig von ihrem Ursprung (wer wollte den auch bestimmen?) bei einer Qualifikationsbeurteilung Beachtung finden. Wo sich solche Fähigkeiten nicht zeigen, dürfen sie nicht im Sinne einer tatsächlichen Vermutung aus dem Privatleben abgeleitet und einfach unterstellt werden.

Die Regelung hat damit keinerlei Aussage, die Art. 33 Abs. 2 GG konkretisieren oder gar darüber hinausgehen könnte. Die LGG treffen hier auch keinerlei Aussagen zur Ausgestaltung der Qualifikationsfeststellung. Abgesehen von einer möglicherweise deklaratorischen Wirkung sind diese Vorschriften daher inhaltslos, bergen aber gleichwohl die Gefahr, dahingehend missverstanden zu werden, dass bestimmte Fähigkeiten aufgrund bestimmter Umstände einfach unterstellt werden, was dazu führen kann, dass Kriterien, die zu Recht auf Hilfskriterienebene wegen Unsachlichkeit nicht verwendbar sind (z.B. die Kinderzahl oder Unterhaltspflichten),[631] nun plötzlich auf Leistungsebene eine Rolle spielen, wo sie noch weniger hingehören.

---

630 EuGH, Entscheidung vom 28.03.2000, Rs. C-158/97 („Badeck“) Rn. 31 f.
631 S. dazu oben S. 69.

3.2.3 Anzahl der Qualifikationsanforderungen

Die Festlegung der Qualifikationsanforderungen für jede Einstellung und Beförderung ist eine weitere wesentliche Stellschraube für die praktische Wirksamkeit der Quotenregelungen. Dies gilt nicht so sehr aufgrund der Qualität, sondern aufgrund der Quantität der Anforderungen. Je mehr einzelne Anforderungen an die Bewerber gestellt werden, die über die bloße Beurteilungsnote hinausgehen, je größer werden die Möglichkeiten der Binnendifferenzierung zwischen mehreren Bewerbern mit gleicher Beurteilungsnote. Je mehr Differenzierungsmöglichkeiten es gibt, desto unwahrscheinlicher wird ein Qualifikationspatt. Kommt dann noch die Abwägung verschiedener Öffnungskriterien auf der Hilfskriterienebene hinzu und ist dem Dienstherren hier hinsichtlich Anzahl und Gewichtung der Öffnungskriterien ein großer Ermessensspielraum zugestanden, wird es in der Praxis wohl kaum noch zur Anwendung der Quotenregelungen kommen. Stellvertretend für diese Problematik sei die Bewerberauswahl skizziert, wie sie das Verwaltungsgericht Düsseldorf[632] beschreibt:

Demnach sei zur Feststellung der Qualifikation aller Bewerber erstens auf die aktuelle dienstliche Beurteilung abzustellen. Seien hier mehrere Beurteilungen gleich, müssten diese Beurteilungen zweitens „*inhaltlich ausgeschöpft werden*“: Es müsse untersucht werden, ob und welche Einzelfeststellungen in der aktuellen dienstlichen Beurteilung eine Prognose über die zukünftige Bewährung im Beförderungsamt ermöglichen würden. Bei dieser Feststellung habe der Dienstherr einen weiten, vom Gericht nur eingeschränkt überprüfbaren Beurteilungsspielraum. Führe auch dies nicht zu einer Entscheidung, müssten drittens ältere Beurteilungen herangezogen und „*ausgeschöpft*“ werden. Insoweit fiele auch eine bessere „*Leistungsentwicklung*“ ins Gewicht. An dieser Stelle habe der Dienstherr ebenfalls einen weiten Beurteilungsspielraum. Erst wenn sich auch auf dieser dritten Stufe keine Qualifikationsunterschiede feststellen ließen, sei der Qualifikationsgleichstand festgestellt und die Hilfskriterienebene eröffnet, auf der der Dienstherr dann (wiederum mit Ermessen ausgestattet) Hilfskriterien, darunter die Frauenförderung, gegeneinander abwägen müsse.

632 VG Düsseldorf, Entscheidung vom 17.02.2012, Az. 13 L 1991/11; vgl. auch OVG Magdeburg, Entscheidung vom 06.09.2011, Az. 1 M 118/11.

Stimmen der Literatur warnen in dieser Situation sicherlich zu Recht, dass die Anwendung von Quotenregelungen kaum mehr wirksam kontrolliert werden könne und Quotenregelungen daher - wenn überhaupt - nur noch „*appellativ*“ wirken könnten.[633]

Tatsächlich legen viele Gerichtsentscheidungen und Literaturmeinungen den Verdacht nahe, es würden bewusst immer weitere Kriterien auf die Leistungsebene gezogen, um hier eine Entscheidung treffen zu können und um sich auf Hilfskriterienebene gar nicht erst mit der Frauenförderung auseinandersetzen zu müssen. Begründet wird dies dann entweder mit einer „Leistungsnähe“ bestimmter Hilfskriterien (3.2.3.1) oder auch damit, dass der Qualifikationsgleichstand im Sinne einer Frauenquote etwas anderes sei als der Qualifikationsgleichstand im Sinne des Art. 33 Abs. 2 GG (3.2.3.2).

3.2.3.1 Einbeziehung von Hilfskriterien auf Leistungsebene

Teil des Problems einer Vielzahl von Qualifikationsanforderungen ist die in Literatur und Rechtsprechung teilweise vertretene (falsche) Ansicht der Ausstrahlungswirkung des Art. 33 Abs. 2 GG auf die Hilfskriterienebene mit der Folge, dass sich deswegen eine Reihen- bzw. Rangfolge der Hilfskriterien, gestuft nach ihrem „Leistungsbezug“ ergäbe.[634] Diese Ansicht geht größtenteils davon aus, dass der Anwendungsbereich der Quotenregelung erst eröffnet ist, wenn (nach der eigentlichen Qualifikationsfeststellung) auch diese „leistungsbezogenen“ Hilfskriterien (die dann auch auf der Leistungsebene abgeprüft werden) nicht zu einem „Leistungsvorsprung“ einer Person geführt hätten. Damit ist der Anwendungsbereich der Quotenregelung praktisch auf null reduziert bzw. nur in der extrem seltenen Ausnahmesituation eröffnet, dass sämtliche übliche Kriterien keine Entscheidung ermöglichen.

Teile der Literatur haben sich hierzu in großer Tiefe mit der Frage auseinandergesetzt, welche Kriterien in die „*Qualifikationsfeststellung*“ „*hilfsweise*“ einzubeziehen seien, und dabei einen derart großen Pool an Kriterien zugelassen, dass dieser praktisch immer eine Entscheidung auf Leistungsebene (entsprechend ohne Beachtung der Quotenregelung) er-

---

633 Schmidt in Müller-Glöge/Preis/Schmidt, Erfurter Kommentar zum Arbeitsrecht, Grundgesetz, Art. 3 Rn. 93.

634 S. dazu oben S. 65 ff.

möglicht. In der „*Praxis der Kommunalverwaltung - Niedersachsen*" heißt es beispielsweise:

> „*Aber auch dann, wenn die Frauenquote für zulässig erachtet wird,* [...] *führt sie nur dann zur Bevorzugung einer Bewerberin, wenn diese gegenüber einem männlichen Bewerber unter Berücksichtigung sämtlicher leistungsbezogener Hilfskriterien als genau gleich geeignet anzusehen ist.*"[635]

Die „*Praxis der Kommunalverwaltung - Schleswig-Holstein*" gibt für eine Anwendung der Frauenquote vor, dass im Verhältnis der Bewerberinnen zu den Bewerbern „*gleichwertige Eignung, Befähigung und fachliche Leistung*" gegeben sein müssten, allerdings:

> „*'Gleichwertigkeit' in diesem Sinne beschränkt sich nicht auf die aus dem (konstitutiven) Anforderungsprofil, den dienstlichen Beurteilungen und den im Auswahlverfahren gewonnenen Erkenntnissen, sondern es sind darüber hinaus auch leistungsnahe Hilfskriterien heranzuziehen.*"[636]

„*Leistungsnahe Hilfskriterien*" sollen etwa eine bessere Leistungsentwicklung oder die bereits erfolgte Wahrnehmung eines höherwertigen Dienstpostens sein. Im Rahmen der Öffnungsklausel seien dann nur noch das Dienstalter und soziale Gründe gegen das Kriterium der Frauenförderung abzuwägen.[637]

Einschränkender formuliert „*Praxis der Kommunalverwaltung - Nordrhein-Westfalen*". Demnach sei von einer gleichen Qualifikation auszugehen,

> „*wenn eine Summierung der Anforderungen, Eignung, Befähigung und fachlichen Leistung zu einem übereinstimmenden Ergebnis führt*".

Im Rahmen der Öffnungsklausel seien dann soziale Gründe und traditionelle Hilfskriterien zwar zu beachten, gingen der Frauenförderung aber grundsätzlich nach, solang sie diese nicht „*wirklich überwiegen*" würden.[638]

---

635 Bothe/Martens/Hageböllíng/Allner/Weidemann/Kandler, Praxis der Kommunalverwaltung - Niedersachsen, 4.4.2.2.1 Frauenförderung Rn. 10.

636 Seeck/ Ciemnyjewski/ Scheel/ Schuldt/ Stotz, Praxis der Kommunalverwaltung - Schleswig-Holstein, 2.3.7.1.

637 Seeck/ Ciemnyjewski/ Scheel/ Schuldt/ Stotz, Praxis der Kommunalverwaltung - Schleswig-Holstein, 2.3.7.1.

638 Sikora/Rahn, Praxis der Kommunalverwaltung - Nordrhein-Westfalen, Berücksichtigung des Frauenfördergesetzes, 6.

3.2.3.2 Qualifikationsgleichstand im Sinne des Art. 33 Abs. 2 GG und im Sinne der Quotenregelungen

Verwandt mit der Ansicht, dass es leistungsbezogene Hilfskriterien gäbe, ist die auf Entscheidungen des Oberverwaltungsgerichtes Lüneburg zurückgehende Ansicht, wonach der Qualifikationsgleichstand im Sinne des Art. 33 Abs. 2 GG etwas anderes sei als der Qualifikationsgleichstand im Sinne der Quotenregelungen. Das Oberverwaltungsgericht Lüneburg trennte im Hinblick auf den Anwendungsbereich der Quotenregelung gar nicht zwischen der Leistungsebene und der Ebene der Hilfskriterien, sondern stellte stattdessen die Frage, welche „*leistungsbezogenen Hilfskriterien*" nach der Feststellung eines Gleichstandes bei Eignung, Leistung und Befähigung im Sinne des Art. 33 Abs. 2 GG noch herangezogen werden „*müssten*", bevor auch ein Qualifikationspatt im Sinne der Quotenregelung festgestellt werden dürfe.[639] Denn die in Frage stehende Quotenregelung des LGG-Niedersachsen, wonach Frauen bei „*gleicher Eignung*" vorzuziehen seien, meine damit etwas anderes als die Eignung im Sinne des Leistungsprinzips des Art. 33 Abs. 2 GG. Der Gesetzgeber habe den Terminus „*im Wesentlichen gleich geeignet*" nämlich für die Quotenregelung gerade nicht verwendet, obschon er im Beurteilungsrecht und in Konkurrentenstreitigkeiten gebräuchlich sei und dort eine klar umrissene Bedeutung habe. Der für die Quotenregelung gewählte Begriff „*gleiche Eignung*" müsse daher etwas anderes, Weitergehendes bedeuten. Während daher die gleiche Eignung im Sinne des Art. 33 Abs. 2 GG schon gegeben sei, wenn zwei Bewerber „*im Wesentlichen gleich geeignet*" seien, sei „*gleiche Eignung*" im Sinne der Quotenregelung umfassender zu verstehen, nämlich als eine über die gleiche Eignung im Sinne des Art. 33 Abs. 2 GG hinausgehende „*Gleichwertigkeit in der Qualifikation*", die nur und erst dann erreicht sei, wenn keinerlei aus dem Leistungsprinzip abzuleitende Kriterien eine Unterscheidung und damit eine Auslese mehr zuließen. Deswegen seien sämtliche „*leistungsbezogene Hilfskriterien*" in den Qualifikationsvergleich der Quotenregelung einzubeziehen. Bezüglich der Auswahl dieser Kriterien habe der Dienstherr einen Ermessensspielraum; generell als geeignete Hilfskriterien anerkannt seien aber Dienst- und Lebensalter, Leistungsunterschiede, die sich aus früheren dienstlichen Beurteilungen ergäben, Eignungsunterschiede aufgrund besonderer Anforde-

639 OVG Lüneburg, Entscheidung vom 11.08.1995, Az. 5 M 7720/94.

rungen des zu besetzenden Dienstpostens oder im Rahmen einer Nebentätigkeit erworbene Fähigkeiten.

Das Dienstalter könne in dieser Situation ein leistungsbezogenes Hilfskriterium sein, obwohl die sich daraus möglicherweise ergebenden Vorteile wie besondere Erfahrung schon in das Gesamturteil eingeflossen seien. Denn das Dienstalter sei als solches nicht als *„selbständige Größe unter den verschiedenen Einzelmerkmalen des Gesamturteils“* dargestellt worden. Warum auch das Lebensalter ein leistungsbezogenes (!) Kriterium sein sollte, erklärte das Gericht nicht. Keine Bedeutung allerdings dürfe auf dieser Stufe des Auswahlverfahrens dem Merkmal Geschlecht (und damit der Anwendung der Quotenregelung) zukommen, denn das Auswahlverfahren befinde sich nach wie vor auf der Leistungsebene, sodass sich das Ermessen ausschließlich auf die Auswahl leistungsbezogener Hilfskriterien beschränke.

Die Literatur merkte zu dieser Entscheidung des Oberverwaltungsgerichtes Lüneburg richtigerweise an, den Gesetzgebern der LGG könne nicht unterstellt werden, mit ihrer Wortwahl „gleiche Eignung“ etwas anderes gemeint zu haben als die in der verwaltungsgerichtlichen Rechtsprechung übliche „im Wesentlichen gleiche Eignung“. Denn diese Rechtsprechung knüpfe an Art. 33 Abs. 2 GG an, der ebenfalls von „gleicher Eignung“ spreche. Wenn aber das verfassungsrechtliche „gleich“ „im Wesentlichen gleich“ bedeute, könne für ein einfachgesetzliches „gleich“ nichts anderes gelten.[640]

Das Oberverwaltungsgericht Lüneburg behielt die dargestellte Entscheidungslinie - ungeachtet dessen und ungeachtet der Rechtsprechung des EuGH sowie anderer Oberverwaltungsgerichte - jedoch auch 2003 in seiner zweiten Entscheidung zur Quotenregelung bei.[641] In dem zu entscheidenden Fall hatten sich der klagende Bewerber und seine Konkurrentin auf dieselbe Stelle beworben, die der Frau aufgrund der Quotenregelung zugesagt worden war. Die dienstlichen Leistungen des Mannes waren 1997 mit *„gut“* und in den Jahren 2000 und 2002 mit *„sehr gut“* bewertet worden, während die Leistungen der Frau 1994, 2000 und 2002 stets mit *„sehr gut“* beurteilt waren. Nach einem Auswahltermin war der Dienstherr zu dem Ergebnis gekommen, beide Bewerber seien *„im Wesentlichen leistungsgleich“* im Sinne des Art. 33 Abs. 2 GG. Da auch die übrigen Vor-

640 Schiek in Schiek/Dieball/Horstkötter/Seidel/Vieten/Wankel, Frauengleichstellungsgesetze Rn. 243.

641 OVG Lüneburg, Entscheidung vom 10.02.2003, Az. 5 ME 181/02.

aussetzungen der Quotenregelung vorlagen, wählte er die Frau zur Beförderung aus. Der Mann machte demgegenüber sein um sieben Jahre höheres Dienstalter und sein um zehn Jahre höheres Lebensalter geltend.

Das Oberverwaltungsgericht Lüneburg kam zu dem Ergebnis, die Quotenregelung sei hier schon deshalb nicht anzuwenden, weil die Frau in diesem Sinne besser qualifiziert sei als ihr Konkurrent. Mithin habe es schon keinen Gleichstand gegeben, der den Anwendungsbereich der Quotenregelung eröffnet hätte. Das Gericht blieb dabei, dass „*gleiche Eignung*" im Sinne der Quotenregelung nicht gleichzusetzen sei mit der im Rahmen einer sonstigen Auswahlentscheidung zu berücksichtigenden und sich nur aus den zuletzt erteilten dienstlichen Beurteilungen ergebenden „*im Wesentlichen gleichen Eignung*" im Sinne des Art. 33 Abs. 2 GG. Ausgehend von dieser Definition habe zwar eine „*im Wesentlichen gleiche Eignung*" im Sinne des Art. 33 Abs. 2 GG vorgelegen, jedoch keine „*gleiche Eignung*" der beiden Bewerber im Sinne der Quotenregelung. Hier sei vielmehr ein „*Leistungsvorsprung*" der Frau festzustellen, weil diese schon in älteren Beurteilungen mit „*sehr gut*" bewertet worden sei. Mit dem höheren Dienst- und Lebensalter des Mannes setzte sich das Gericht - im Widerspruch zu den Ausführungen von 1995, nach denen beide Punkte „*leistungsbezogene Hilfskriterien*" seien - nicht mehr auseinander, obschon das deutlich höhere Dienstalter des Mannes hier durchaus Potential für eine andere Entscheidung, jedenfalls aber für eine Abwägung, geliefert hätte.

3.2.3.3 Eigene Einschätzung

Stimmen der Literatur vermuten aufgrund der dargestellten (tatsächlich sonderbar und konstruiert anmutenden) Entscheidungen, dass Teile der Rechtsprechung die Qualifikationsfeststellung erst seit und deshalb möglicherweise wegen des Aufkommens der Quotenregelungen derart differenziert haben.[642] Das ist natürlich nicht abschließend feststellbar und mag auch einer wachsenden Klagebereitschaft der Mitarbeiter im öffentlichen Dienst insgesamt geschuldet sein. Unabhängig davon ist aber eine Ausdehnung der Leistungsebene nicht nur wegen ihrer Auswirkungen auf den Anwendungsbereich der Quotenregelung zweifelhaft, sondern darüber hi-

642 Schiek in Schiek/Dieball/Horstkötter/Seidel/Vieten/Wankel, Frauengleichstellungsgesetze Rn. 217.

naus und in erster Linie, weil durch den fehlenden konkreten Bezug der auf Leistungsebene abgeprüften Kriterien zum konkreten Anforderungsprofil für die zu besetzende Stelle ein Verstoß gegen das Leistungsprinzip des Art. 33 Abs. 2 GG naheliegt.

Es fehlt all diesen Ansichten an einer klaren Abgrenzung zwischen Leistungskriterien auf einer Leistungsebene und nicht-leistungsbezogenen Kriterien auf einer Hilfskriterienebene. Auch fehlt es an einer klaren Festlegung eines Anforderungsprofils für die zu besetzende Stelle im Vorhinein.

Die sich abzeichnenden Hebel, die Quotenregelung zu umgehen, sind damit weniger ein spezielles Problem der Quotenregelungen als ein generelles Problem bei der verfassungsmäßigen Auswahl unter mehreren Bewerbungen. Wo der Dienstherr unter Einhaltung der Vorgaben des Art. 33 Abs. 2 GG ein streng auf die zu besetzende Stelle zugeschnittenes Anforderungsprofil konkreter und objektiver Leistungskriterien festgelegt hat und sodann ausschließlich anhand dieser Kriterien auswählt, ist eine mögliche, sich aus der Vielzahl der Kriterien ergebende Einschränkung des Anwendungsbereiches der Quotenregelung hinzunehmen. Wo auf Hilfskriterienebene Hilfskriterien verwendet werden, deren Heranziehung nach ständiger Verwaltungspraxis des Dienstherren üblich ist, und die das (richtig gewichtete) Kriterium der Frauenförderung stark überwiegen, ist auch dies hinzunehmen. Denn es geht bei der Quotenregelung gerade nicht darum, den Frauen ein „Mehr“ oder ein Abweichen von einer üblichen und sinnvollen Verwaltungspraxis zuzubilligen.

Wo aber beides nicht der Fall ist, liegt bereits ein Verstoß gegen Art. 33 Abs. 2 GG vor, von dem die Quotenregelung reflexartig mitbetroffen ist.

Die Anwendung eines umfangreichen Anforderungsprofils (sofern es hinreichend konkret bestimmbar und objektiv ist) und der Anwendungsbereich einer Quotenregelung stehen zudem nicht im Widerspruch zueinander. Ziel der Quotenregelung ist es, die Tendenz zu verhindern, bei gleicher Qualifikation verschiedengeschlechtlicher Bewerber aufgrund von Vorurteilen und stereotyper Vorstelllungen den Mann auszuwählen. Dieses Ziel wird nicht dadurch konterkariert, dass die Auswahlkriterien - wenn sie denn objektiv und ausschließlich auf die konkrete Stelle bezogen sind - so umfangreich sind, dass sie bereits zur Auswahl der am besten geeigneten Person führen. Denn auch und gerade konkret beschriebene Kriterien und Transparenz im Hinblick auf ihre Einschätzung und Gewichtung können Vorurteilen und stereotypen Vorstellungen entgegenwirken. Solange man außerdem davon ausgeht, dass der Anzahl der sinnvollen

Anforderungskriterien für eine bestimmte Stelle natürliche Grenzen gesetzt sind, können diese ohnehin nicht ins Unermessliche wachsen.

Umgekehrt stünde die Verwendung möglichst weniger Kriterien, um einen möglichst großen Pool gleich geeigneter verschiedengeschlechtlicher Bewerber zu schaffen, unter denen dann Frauen vorgezogen werden könnten, nicht nur im Widerspruch zu Art. 33 Abs. 2 GG, sondern würde zudem die verpönte „*Stellenrücklage für Frauen*" und einen Automatismus bei der Auswahl nahelegen.

Ein umfassendes Anforderungsprofil schränkt den Anwendungsbereich der Quotenregelung auch deshalb nicht über Gebühr ein, weil es grundsätzlich herrschende Meinung ist, dass die Hilfskriterienebene bereits bei Feststellung einer im Wesentlichen gleichen Eignung eröffnet ist.[643] Dies gilt aber universell und kann nicht anders bewertet werden, nur wenn und weil auf Hilfskriterienebene die Frauenförderung ins Spiel kommt. Es ist (anders als das Oberverwaltungsgericht Lüneburg meint) für die Anwendung der Quotenregelung nicht erforderlich, in jedem einzelnen Unterpunkt absoluten Gleichstand zu erreichen, sondern vielmehr ist das Qualifikationspatt im Rahmen der Quotenregelung genauso festzustellen wie im Rahmen des Art. 33 Abs. 2 GG auch und mithin bei im Wesentlichen gleicher Eignung erreicht.

Von der Frage nach der Differenziertheit des Anforderungsprofils und der im Rahmen der Qualifikationsfeststellung abzuprüfenden Kriterien unberührt bleibt freilich die Frage, ob Vorurteile und stereotype Vorstellungen tatsächlich erst Auswirkungen haben, wenn der Qualifikationsgleichstand festgestellt ist. Denkbar ist auch, dass sie bereits zu einer schlechteren Qualifikationsbeurteilung führen, etwa weil Frauen bestimmte Fähigkeiten, seien es Durchsetzungsvermögen, Führungsqualitäten oder flexible zeitliche Verfügbarkeit, schon gar nicht zugetraut werden.

IV. Zwischenergebnis

Eine Quotenregelung zugunsten von Frauen, wonach eine Frau bei Neueinstellungen oder Beförderungen einem Mann aufgrund ihres Geschlechts vorzuziehen ist, ist im Ergebnis rechtmäßig, wenn die folgenden Voraussetzungen kumulativ vorliegen:

---

643 S. dazu oben S. 62.

1. Frauen sind auf der Ebene, für die eingestellt bzw. auf die befördert werden soll, unterrepräsentiert.
2. Wann eine Unterrepräsentanz vorliegt, ist für jeden Bereich gesondert anhand sachlicher Überlegungen festzustellen. Es ist also beispielsweise auf den Frauenanteil in einem Fachbereich oder Berufszweig abzustellen, ohne die Bezugsgröße zu sehr auf einzelne Verwaltungsbereiche zu begrenzen.
3. Die vorzuziehende Frau ist im Wesentlichen gleich qualifiziert wie ihr Konkurrent. Zur Feststellung der im Wesentlichen gleichen Qualifikation ist auf dieselben Vorgaben abzustellen, die auch sonst im Rahmen des Art. 33 Abs. 2 GG zur Qualifikationsfeststellung herangezogen werden, und die im Wesentlichen gleiche Qualifikation ist in einem gleichgeschlechtlichen Bewerberfeld genau dasselbe wie in einem verschiedengeschlechtlichen Bewerberfeld. Die Quotenregelung kann damit nur und erst auf Hilfskriterienebene Anwendung finden und hat keinen Einfluss auf die Leistungsebene. Art. 33 Abs. 2 GG wird deshalb von der Quotenregelung nicht berührt.
4. Keiner der Gründe, die für eine Einstellung bzw. Beförderung des Mannes sprechen, überwiegt im konkreten Einzelfall das Kriterium der Frauenförderung. Dabei sind zugunsten des Mannes alle Kriterien zu beachten, die auch bei gleicher Qualifikation gleichgeschlechtlicher Bewerber auf Hilfskriterienebene herangezogen werden. Es gibt im Rahmen der Öffnungsklausel keine „Extra-Hilfskriterien", die sonst nicht beachtet werden, und umgekehrt gibt es bei der Auswahl unter gleichgeschlechtlichen Bewerbern keine Hilfskriterien, die im Rahmen der Öffnungsklausel nicht verwendet werden dürfen. Es gibt insbesondere keine Hilfskriterien, die nur im Rahmen der Öffnungsklausel nicht verwendet werden dürfen, weil sie dort „diskriminierende Wirkung" hätten. Denn Hilfskriterien dürfen ohnehin nicht diskriminierend sein, unabhängig davon, ob sie im Rahmen einer Öffnungsklausel oder außerhalb des Anwendungsbereiches einer Quotenregelung verwendet werden. Dies gilt insbesondere für das Dienstalter: Seine Verwendung diskriminiert Frauen weder als „normales" Hilfskriterium, noch im Rahmen der Öffnungsklausel. Denn die bei Frauen immer noch häufiger als bei Männern vorkommenden „Erziehungszeiten", die fern des Dienstes verbracht werden, führen (so sie sich in einem vernünftigen Rahmen halten) nicht zu einer Beeinträchtigung des Dienstalters. Soweit sie darüber hinausgehen, ist eine sich daraus ergebende Schlechterstellung nicht mehr Ausfluss des „Frauseins", sondern schlicht Kon-

sequenz persönlichen Handelns, deren Korrektur nicht Sinn und Zweck einer Quotenregelung ist.

5. Das Geschlechtskriterium ist im Anwendungsbereich der Quotenregelungen aufgrund des materiellen Gleichheitssatzes mit seiner verfassungsrechtlichen Verankerung in die Abwägung auf Hilfskriterienebene zwingend einzubeziehen und entsprechend dieses Verfassungsranges zu gewichten - insoweit ist das Ermessen des Dienstherren gebunden. Jedoch folgt aus diesem Verfassungsrang nicht zwingend ein Überwiegen des Geschlechtskriteriums in jedem Fall, denn die Beachtung der übrigen Hilfskriterien ist, soweit sie Teil der üblichen Verwaltungspraxis ist, Ausfluss des Verbotes, Maßnahmen an das Geschlecht zu knüpfen, und damit Ausfluss des formellen Gleichheitssatzes. Das außerhalb der Frauenförderung übliche Verfahren hat als Ausdruck dieses Gleichheitssatzes folglich ebenfalls mittelbar Verfassungsrang.
6. Die Frage, wie deutlich ein Hilfskriterium das Kriterium der Frauenförderung überwiegen muss, um die Bevorzugungsregelung auszuschalten (bzw. wie stark die Frauenförderung selbst zu gewichten ist), kann nicht schematisch, sondern muss für jeden Einzelfall beantwortet werden. Dabei steht das Gewicht des materiellen Gleichheitssatzes und somit das Gewicht des Kriteriums Frauenförderung in direktem Zusammenhang zum Anteil der Frauen auf der Beförderungsebene. Je weiter dieser von der Zielquote der jeweiligen Quotenregelung entfernt ist, je gewichtiger ist das Kriterium der Frauenförderung und je gewichtiger muss ein Öffnungsgrund sein, um die Frauenförderung zu überwiegen. Je näher umgekehrt der Frauenanteil auf der Beförderungsebene der Zielquote der jeweiligen Quotenregelung kommt, je weniger gewichtig braucht ein Öffnungsgrund zu sein, um die Frauenförderung zu überwiegen. Dies kann so weit gehen, dass bei großer Annäherung an die Zielquote bereits jedwedes Überwiegen genügt, während in Fällen, in denen der Frauenanteil auf der Beförderungsebene weit von der Zielquote entfernt ist, allenfalls soziale Ausnahmefälle wie eine Schwerbehinderung die Frauenförderung überwiegen können.
7. Als Hilfskriterien außer Acht bleiben - bei Anwendung der Quotenregelung ebenso wie außerhalb ihres Anwendungsbereiches - sämtliche Kriterien, die mit dem verfassungsrechtlich verankerten Gleichstellungsauftrag nicht zu vereinbaren sind, weil sie auf tradierte Rollenzuschreibungen abstellen oder diese verfestigen, was dem Gesetzgeber verboten ist. Hierunter fällt die Beförderung eines Mannes, weil dieser der traditionelle „Familienernährer“ sei, ebenso wie der Ausschluss des

Kriteriums „Zeitsoldat“ aus den Öffnungsgründen, da auch letzteres lediglich auf der Annahme beruht, Frauen würden keine Soldaten.

Die Quotenregelung als solche stellt eine Ungleichbehandlung aufgrund des Geschlechts und mithin einen Verstoß gegen das Anknüpfungsverbot des speziellen Gleichheitssatzes dar. Diese Ungleichbehandlung ist auf Rechtfertigungsebene im Wege praktischer Konkordanz mit dem materiellen Gleichheitssatz in Form des verfassungsrechtlichen Fördergebotes in Einklang zu bringen. Das Kriterium der Verhältnismäßigkeit ist dabei erfüllt, wenn die soeben unter 1. - 7. dargestellten Voraussetzungen erfüllt sind. Insbesondere kommt die Verhältnismäßigkeitsprüfung in der Abwägung des Kriteriums Frauenförderung gegen die übrigen Hilfskriterien zum Ausdruck.

D. Ergebnis Teil 1

Aus rechtlicher Sicht ist die verfassungsrechtliche Zulässigkeit der Quotenregelungen heute ausdiskutiert. Dies ist auch die ganz herrschende Ansicht in Literatur und Rechtsprechung spätestens seit der Marschall- und der Badeck-Entscheidung des EuGH, sodass selbst konservativere Werke heute immerhin zu der Erkenntnis gelangen, Quotenregelungen seien als *„ultima ratio wirksamen Schutzes in Betracht zu ziehen“*.[644] Dass einzelne Kommentatoren noch heute meinen, die Zulässigkeit von Quotenregelungen sei *„immer wieder umstritten“*,[645] ist vor diesem Hintergrund nicht nachvollziehbar, zumal die zugrundeliegende Systematik von Ungleichbehandlung und ihrer Rechtfertigung im Wege der Abwägung mit kollidierendem Verfassungsrecht ein ganz und gar gewöhnlicher Vorgang ist. Spätestens mit expliziter Einführung des Verfassungsauftrages in Art. 3 Abs. 2 Satz 2 GG ist das verfassungsrechtliche „Gegengewicht“ zum formellen Unterscheidungsverbot nicht mehr zu leugnen.

Diskussionspunkte finden sich, wie gesehen, noch hinsichtlich einzelner Punkte der tatsächlichen Ausgestaltung der Quotenregelungen, doch ist auch dies kein ungewöhnlicher Vorgang und zudem keiner, der das Po-

644 Osterloh/Nußberger in Sachs, Grundgesetz, Art. 3 Rn. 286.

645 Krieger in Schmidt-Bleibtreu/Hofmann/Henneke, Grundgesetz, Art. 3 Rn. 76.

tential hat, zur Unrechtmäßigkeit der Quotenregelung als solcher zu führen.

In der Folge verschiebt sich der Diskussionsschwerpunkt bei Quotenregelungen derzeit auf andere Bereiche wie etwa die Einführung von Frauenquoten nicht nur im Bereich des öffentlichen Dienstes.[646]

Dabei darf jedoch nicht übersehen werden, dass auch und gerade die bereits existierenden Quotenregelungen im öffentlichen Dienst Anlass zu weiterer Forschung und Diskussion geben. So kann nach einigen Jahren des „Praxistestes" nun untersucht werden, ob und wie wirksam sie dazu beitragen, sich dem angestrebten Ziel materieller Gleichheit weiter anzunähern, und ob sie tatsächlich ein Gegengewicht zu der Problematik schaffen, die der EuGH so treffend in der Marschall-Entscheidung beschrieb: Dass eine Reihe von Vorurteilen und stereotypen Vorstellungen über die Rolle und die Fähigkeiten der Frauen dazu führe, dass selbst bei gleicher Qualifikation eine Tendenz bestehe, vorrangig Männer einzustellen und zu befördern.

Die vorstehenden Ausführungen zeigen insbesondere drei Einfallstore, die das Potential haben, die praktische Wirksamkeit der Quotenregelungen zu konterkarieren: Je nachdem, in welche Richtung das Argumentationspendel bei der Frage nach der Quantität der Qualifikationsanforderungen schwingt, lässt sich die Frauenquote tatsächlich auf einen *„appellativen Charakter"*[647] beschränken, der Personalentscheidern die Bedeutung der Frauenförderung im besten Falle zwar vor Augen führt, ihnen diese aber keineswegs gegen ihren Willen aufzwingen kann (I). Gleiches gilt für die Frage nach der Gewichtung der Öffnungsgründe (II). Auch stellt sich die Frage, ob die Quotenregelung in ihrem Bestreben, Vorurteile und stereotype Vorstellungen zu bekämpfen, überhaupt auf der richtigen Ebene ansetzt (III).

---

646 S. etwa Nordmann, Modernisierung der Bundesrichterwahl mit Frauenquote, ZRP 2012, 139 ff; Ossenbühl, Frauenquoten für Leitungsorgane von Privatunternehmen, NJW 2012, 417 ff; v. Schwanenflug, Die Umsetzung von Gender Mainstreaming in der Verwaltung und die Bedeutung gesetzlicher Quoten in der Gremienbesetzung, KommJur 2009, 121 ff.

647 Schmidt in Müller-Glöge/Preis/Schmidt, Erfurter Kommentar zum Arbeitsrecht, Grundgesetz, Art. 3 Rn. 93.

I. Hinzuziehung immer weiterer Leistungskriterien

Hinsichtlich der Qualifikationsfeststellung ist zwar nicht daran zu rütteln, dass eine gleiche Qualifikation im Sinne des Art. 33 Abs. 2 GG für die Eröffnung des Anwendungsbereiches der Quotenregelungen unerlässlich ist. Gerade diesen Umstand jedoch machen Stimmen in der Literatur für fehlende Effektivität der Quotenregelungen verantwortlich.[648] Nicht, weil Frauen weniger qualifiziert seien, sondern weil eine Vielzahl hoch differenzierter Auswahlkriterien ein Qualifikationspatt nur sehr selten entstehen lasse:

> „*Wenn nur bei gleicher Eignung eine Privilegierung ausgesprochen werden darf, diese Situation aber im Alltag der Personalführung die seltene Ausnahme bleibt, dann ist der Anwendungsbereich* […] *im Hinblick auf die Stellenbesetzung denkbar schmal - zu einer konkreten Entscheidung für eine Frau statt eines Mannes dürfte es entsprechend selten kommen.*“[649]

Eine Quotenregelung sei folglich nur im althergebrachten System der Qualifikationsbestimmung ausschließlich mittels Note der „Schulnotenskala“ überhaupt sinnvoll:

> „*Das Beurteilungssystem mit seiner Tendenz zu Einheitsnoten auf hohem Niveau ist aber sozusagen die Voraussetzung dafür, dass für die so genannte Frauenquote überhaupt Anwendungsspielraum besteht.*“[650]

Wie dargestellt, ziehen jedoch immer mehr Dienstherren - und immer mehr Gerichte - außer der Beurteilung „nach Schulnote“ vielfältige weitere Qualifikationskriterien zur Differenzierung heran, die dann auch noch bis zur zweiten Kommastelle miteinander verglichen werden. Auch wenn hierfür ein Nachweis schwer zu erbringen ist, hat die Literatur dieses Vorgehen sowie

> „*eine sinkende Bereitschaft der Oberverwaltungsgerichte, eine im Wesentlichen gleiche Qualifikation zweier Bewerber festzustellen*“

648 Schumann, Faktische Gleichberechtigung: Die Grundgesetzerweiterung des Art. 3 II, S. 112.

649 Maidowski, Umgekehrte Diskriminierung: Quotenregelungen zur Frauenförderung im öffentlichen Dienst und in den politischen Parteien, S. 157.

650 Schiek in Schiek/Dieball/Horstkötter/Seidel/Vieten/Wankel, Frauengleichstellungsgesetze Rn. 250.

mit der Einführung der Quotenregelungen in Zusammenhang gebracht[651] und unterstellt, die Differenzierung erfolge mit der Absicht, die Anwendung von Quotenregelungen zu verhindern.

Richtigerweise darf die Quotenregelung natürlich nicht so weit gehen, dass sie die Qualifikationsfeststellung als solche begrenzt. Umgekehrt muss - schon wegen Art. 33 Abs. 2 GG - verhindert werden, dass Anforderungsprofile bereits mit Blick auf ein bestimmtes Ergebnis erstellt werden (oder mit dem Ziel, die Quotenregelung zu umgehen). Auch dürfen keinerlei leistungsfremde Kriterien in die Qualifikationsfeststellung einfließen, indem Kriterien, die eigentlich Hilfskriterien sind, plötzlich ein Leistungsbezug angedichtet wird, um auf diese Weise doch noch einen gewünschten Kandidaten zum Erfolg zu führen.

Vernünftige, streng auf das Anforderungsprofil bezogene Leistungskriterien hingegen müssen neben der Beurteilung „nach Schulnote“ Teil der Qualifikationsfeststellung sein können, auch wenn dies im Einzelfall dazu führt, dass der Anwendungsbereich der Quotenregelung beschränkt wird. Die Begrenzung der Qualifikationsfeststellung auf ein sinnvolles, streng auf die zu besetzende Position bezogenes Anforderungsprofil ist nicht Sache der Quotenregelung, sondern bereits Aufgabe des Leistungsprinzips selbst.

II. Pauschale, intransparente Gewichtung der Frauenförderung zu den übrigen Hilfskriterien

Nach der hier vertretenen Auffassung ist es richtig, sämtliche übliche Hilfskriterien im Rahmen der Öffnungsklausel gegen die Frauenförderung abzuwägen, da kein Unterschied gemacht werden kann zwischen „unsachlichen, da diskriminierenden Hilfskriterien“ und „Öffnungsgründen mit diskriminierender Wirkung“. Wesentlich ist dabei jedoch, die Hilfskriterien in jedem Einzelfall gegenüber der Frauenförderung zu gewichten und der Frauenförderung dabei umso mehr Gewicht einzuräumen, je weiter sie von einer nach sinnvollen Vorgaben berechneten Zielquote auf der Einstellungs- bzw. Beförderungsebene entfernt ist.

651 Schiek in Schiek/Dieball/Horstkötter/Seidel/Vieten/Wankel, Frauengleichstellungsgesetze Rn. 217.

Die analysierte Rechtsprechung und Literatur lassen allerdings vermuten, dass dies in der Praxis nicht so gehandhabt wird, sondern dass die Gewichtung der Hilfskriterien entweder in unzulässiger Weise pauschaliert („fünf Jahre Dienstaltervorsprung überwiegt Frauenförderung“) oder gleich mehr oder weniger gänzlich dem Ermessen des Dienstherren überlassen wird.

III. Ansetzen der Quotenregelung auf der falschen Ebene

Wie gezeigt, ist es das Ziel der Quotenregelung, ein Gegengewicht zu schaffen zu Vorurteilen und stereotypen Vorstellungen, die in einer Situation, in der ein Mann und eine Frau gleich qualifiziert sind, dazu führen, dass eher der Mann ausgewählt wird. Weiter wurde dargestellt, dass diese Schaffung eines Gegengewichtes ein verfassungsrechtlich zulässiges Ziel ist. Aus rechtlicher Sicht allein nicht zu klären - für den Erfolg der Quotenregelung aber von entscheidender Bedeutung - ist daher die Frage, ob die dem zugrundeliegende Annahme, Vorurteile und stereotype Vorstellungen würden sich erst bei gleicher Qualifikation auswirken, richtig ist. Stimmen in der Literatur befürchten hier, Leistungen könnten schon mit Blick darauf bewertet werden, dass es nicht zu einer Anwendung der Quotenregelung oder überhaupt zu einer Auswahl einer anderen als der gewünschten Person kommen solle:

> „*Mit anderen Worten ist der Dienstherr in der Lage, das von ihm gewünschte Ergebnis bewußt anzusteuern und so durch entsprechende Leistungsbewertung einer nicht erwünschten Pattsituation, die das Quotierungsgesetz erst eingreifen ließe, aus dem Weg zu gehen.*“[652]

Eine dem Art. 33 Abs. 2 GG widersprechende Beurteilung würde die praktische Wirksamkeit einer auf gleicher Qualifikation basierenden Quotenregelung aushebeln, ohne dass dem durch ein Drehen an Stellschrauben, die die Quotenregelung direkt betreffen und die verfassungsrechtlich zulässig sind, abgeholfen werden könnte.

---

652 Schumann, Faktische Gleichberechtigung: Die Grundgesetzerweiterung des Art. 3 II, S. 112.

2. Teil: Quotenregelungen in der praktischen Anwendung

Ziel des zweiten Teils der Arbeit ist, die dargestellten praktischen Problempunkte für die Anwendung der Quotenregelungen weiter zu untersuchen sowie weitere sich aus der Praxis ergebende Wirksamkeitshindernisse und Anwendungsergebnisse der Quotenregelungen zu ermitteln. Hierfür bieten sich zwei Erkenntnisquellen an: Die Auswertung der Gleichstellungsberichte, deren Anfertigung das jeweilige LGG für jedes Bundesland vorschreibt, und eine Befragung der Gesetzesanwender selbst zu ihrer Bewerberauswahl im Allgemeinen und zum Umgang mit Quotenregelungen im Besonderen.

A. Die Gleichstellungsberichte der Bundesländer

Alle LGG sehen vor, dass die jeweilige Landesregierung dem Parlament in bestimmten Abständen über die Durchführung des LGG des Landes berichten muss. Diese Berichte beinhalten Daten über die Entwicklung des Frauenanteils im öffentlichen Dienst des jeweiligen Landes in der entsprechenden Berichtsperiode und den zum Schluss der Berichtsperiode erreichten Zustand. Je nach Qualität enthalten die Berichte zudem Informationen über die Art und Weise der Stellenbesetzung und zu den Gründen für den berichteten Zustand.

I. Methodik der Auswertung der Gleichstellungsberichte

Im Rahmen dieser Arbeit wurden die folgenden Berichte ausgewertet:

Bundesland	**Norm**	**Bezeichnung des Berichts**	**Berichtszeitraum**	**veröffentlicht**
Baden-Württemberg	§ 25 ChancenG (a.F.)[653]	Bilanzbericht zur Entwicklung des Frauenanteils	30.06.2005 - 30.06.2009	2010
Bayern	Art. 22 BayGlG	Bericht über die Durchführung des Gesetzes	01.01.2005 - 31.12.2009	2010
Berlin	§ 19 LGG	Bericht über die Durchführung des Gesetzes	01.07.2010 - 30.06.2012	2012
Brandenburg	§ 26 LGG	Bericht über die Durchführung des Gesetzes	01.09.2008 - 31.12.2013	2014
Bremen	§ 16 LGG	Bericht über die Durchführung des Gesetzes	01.07.2007 - 30.06.2010	2012
Hamburg	§ 4 HmbGleiG	Erfahrungsbericht Gleichstellung	01.01.2006 - 31.12.2009 01.01.2011 - 31.12.2012	2010 2013
Hessen	§ 7 IX HGlG	Bericht über die Entwicklung des Frauenanteils an den Beschäftigten	01.07.2005 - 30.06.2008	2010
Mecklenburg-Vorpommern	§ 22 GlG M-V	Bericht über die Umsetzung des Gesetzes zur Gleichstellung von Frau und Mann im öffentlichen Dienst des Landes Mecklenburg-Vorpommern	30.06.2003 - 30.06.2005	2006
Niedersachsen	§ 25 NGG	Bericht über die Durchführung des Gesetzes	01.01.2003 - 31.12.2007 01.01.2008 - 31.12.2012	2010 2014
Nordrhein-Westfalen	§ 22 LGG	Bericht über die Umsetzung des Gesetzes	01.11.2006-31.12.2009	2012
Rheinland-Pfalz	§ 4 I LGG	Bericht über die Durchführung des Gesetzes	30.06.2008 - 30.06.2010	2012

653 Das Baden-Württembergische Chancengleichheitsgesetz sieht in der aktuellen Fassung (Fassung vom 23.02.2006) keine Berichtspflicht der Landesregierung mehr vor. Stattdessen werden nunmehr die Dienststellen ab einer bestimmten Größe verpflichtet, einen sechs Jahre umfassenden Chancengleichheitsplan aufzustellen. Dieser muss eine Bestandsaufnahme und Zielvorgaben für Bereiche, in denen Frauen unterrepräsentiert sind, enthalten. Nach drei Jahren ist ein Zwischenbericht über die Zielerfüllung anzufertigen. Chancengleichheitsplan und Zwischenbericht sind zu veröffentlichen.

Bundesland	**Norm**	**Bezeichnung des Berichts**	**Berichtszeitraum**	**veröffentlicht**
Saarland	§ 9 I LGG	Erfahrungsbericht	01.07.2001 - 30.06.2004 01.07.2007 - 30.06.2010	2006 2012
Sachsen	§ 17 SächsFFG	Vierter Erfahrungsbericht der Sächsischen Staatsregierung zur Situation von Frauen im öffentlichen Dienst im Freistaat Sachsen und zur Umsetzung des Sächsischen Frauenförderungsgesetzes	01.01.2004 - 31.12.2008	2012
Sachsen-Anhalt	§ 21 FrFG	8. Bericht über die Umsetzung des Frauenfördergesetzes des Landes Sachsen-Anhalt	01.01.2009 - 31.12.2014	2015
Schleswig-Holstein	§ 24 I GstG	Bericht über die Durchführung des Gesetzes	01.01.2008 - 31.12.2013	2014
Thüringen	§ 14 ThürGleichG	Zweiter Bericht der Thüringer Landesregierung über die Anwendung des Thüringer Gleichstellungsgesetzes	01.07.2002 - 30.06.2006	2009

Vergleichend sind die jeweiligen vorherigen Berichte herangezogen worden; zitiert wurde insoweit jedoch nur aus den vorherigen Berichten von Hamburg, Niedersachsen und dem Saarland.

Im ersten Schritt ging es darum, einen Überblick über das Zahlenmaterial zu gewinnen, insbesondere über den Frauenanteil pro Laufbahngruppe, bei Führungspositionen und bei Einstellungen und Beförderungen. Letztere sind für diese Arbeit von besonderem Interesse, weil sie zeigen, in welchem Umfang Frauen befördert werden und auf gut bezahlte „Führungspositionen" vordringen. Allerdings sind die entsprechenden in den Gleichstellungsberichten veröffentlichten Daten miteinander nur eingeschränkt vergleichbar, insbesondere weil es an einem länderübergreifend einheitlichen Verständnis fehlt, was genau unter einer „Führungsposition" zu verstehen ist. Hinzu kommt, dass die Berichte unterschiedlich lange, teilweise schon länger zurückliegende Zeiträume abbilden, was die Vergleichbarkeit der Zahlen weiter einschränkt. Gleichwohl zeigen die Daten in allen Berichten ähnliche Tendenzen, und es werden in allen Berichten die gleichen Aspekte thematisiert, was verdeutlicht, dass die aus den Berichten gewonnenen Kernaussagen trotz der eingeschränkten Vergleichbarkeit der einzelnen Daten belastbar sind.

Weiter war anhand der Berichte zu untersuchen, ob sich Unterschiede zwischen Bundesländern mit kodifizierter Entscheidungsquote unter Qualifikationsvorbehalt mit Öffnungsklausel und Bundesländern ohne ebensolche zeigen.

Im zweiten Schritt wurden die Berichte sodann auf übereinstimmende Schlussfolgerungen und Erklärungsansätze für die in ihnen dargestellten Daten untersucht, also auf die Aspekte, die sich nach Ansicht der Berichterstatter im jeweiligen Berichtszeitraum positiv oder negativ auf die Karrieren von Frauen im jeweiligen Bundesland ausgewirkt haben.

Die gewonnenen Erkenntnisse wurden schließlich zu den Ergebnissen des ersten Teils dieser Arbeit in Bezug gesetzt und mit anderen einschlägigen Veröffentlichungen verglichen.

II. Die Ergebnisse der Auswertung der Gleichstellungsberichte

Im Folgenden wird zunächst der Frauenanteil im öffentlichen Dienst der untersuchten Länder insgesamt sowie nach Laufbahngruppen, Führungsebenen und bei Einstellungen und Beförderungen sowie an der Teilzeitarbeit dargestellt (1). Darauf basierend wird ein Versuch unternommen, die Zahlen der Länder mit kodifizierter Entscheidungsquote unter Qualifikationsvorbehalt mit Öffnungsklausel mit den Zahlen der Länder ohne eine solche zu vergleichen und anhand der Berichte zu ermitteln, ob und welche Auswirkungen Quotenregelungen in den Ländern, in denen es sie gibt, haben (2). Auch wird ermittelt, welche Zusammenhänge dem beruflichen Aufstieg der Frauen nach Aussage der Berichte entgegenstehen (3) und was in den einzelnen Bundesländern zur Frauenförderung unternommen wird (4). Schließlich werden die Ergebnisse der Auswertung der Berichte zu anderen Studien in Bezug gesetzt (5).

1. Frauenanteile im öffentlichen Dienst der untersuchten Bundesländer

In allen Bundesländern liegt der Frauenanteil an den insgesamt im öffentlichen Dienst beschäftigten Personen über 50 %.[654]

654 Bericht Bayern, S. 23; Bericht Baden-Württemberg, S. 19 ff.; Bericht Berlin, S. 3 f; Bericht Brandenburg, S. 13; Bericht Bremen, S. 10; Bericht Hamburg, S. 13; Bericht Hessen, S. 4; Bericht Mecklenburg-Vorpommern, S. 46; Bericht Niedersachsen, S. 5; Bericht Nordrhein-Westfalen, S. 8; Bericht Rheinland-Pfalz,

Während in den „alten Bundesländern" über die Jahre eine stetige Erhöhung des Frauenanteils festzustellen ist,[655] der in der Spitze der „alten Bundesländer" bei 56,2 % liegt,[656] weist die Frauenquote in den „neuen Bundesländern" (einschließlich Berlin) bei einem durchweg deutlich höheren Ausgangsniveau von jeweils über 60 % zumeist eine - von einem deutlichen Personalabbau begleitete - gleichbleibende bis leicht abnehmende Tendenz auf.[657]

Allerdings wird der Frauenanteil im öffentlichen Dienst ganz wesentlich durch den Schuldienst geprägt, wie die Berichte aus Niedersachsen, Nordrhein-Westfalen, Hamburg und Rheinland-Pfalz exemplarisch belegen.[658] In allen untersuchten Bundesländern ist der Schuldienst der Bereich des öffentlichen Dienstes, in dem - jeweils mit deutlichem Abstand zu den anderen Ressorts - die meisten Personen beschäftigt sind: 45 % bis 55 %, also rund die Hälfte der im öffentlichen Dienst des jeweils untersuchten Bundeslandes insgesamt beschäftigten Personen, arbeiten im tra-

---

S. 21; Bericht Saarland, S. 16; Bericht Sachsen, S. 9; Bericht Sachsen-Anhalt, S. 3; Bericht Schleswig-Holstein, S. 4; Bericht Thüringen, S. 3.

655 Bericht Baden-Württemberg, S. 19 ff; Bericht Bayern, S. 23; Bericht Berlin, S. 3 f; Bericht Bremen, S. 10; Bericht Hamburg, S. 13; Bericht Hessen, S. 4; Bericht Niedersachsen, S. 5; Bericht Nordrhein-Westfalen, S. 8; Bericht Rheinland-Pfalz, S. 21; Bericht Saarland, S. 16; Bericht Schleswig-Holstein, S. 4.

656 Bericht Nordrhein-Westfalen, S. 8.

657 In Berlin ist der Frauenanteil über alle Beschäftigte im Zeitraum 2000 bis 2012 bei einer gleichzeitigen Personalreduktion um 26,3 % von 60,4 auf 59,5 % gesunken (Bericht Berlin, S. 3); in Mecklenburg-Vorpommern im Zeitraum 2003 bis 2005 bei einer Personalreduktion um 7,1 % von 61,7 % auf 61,5 % (Bericht Mecklenburg-Vorpommern, S. 46); in Sachsen im Zeitraum 1997 bis 2008 bei einer Personalreduktion um 25,4 % von 67,5 % auf 65,7 % (Bericht Sachsen, S. 9); in Sachsen-Anhalt im Zeitraum 2007 bis 2014 bei einer Personalreduktion um 30 % von 63,3 % auf 63,2 % (Bericht Sachsen-Anhalt, S. 3) und in Thüringen im Zeitraum 1999 bis 2006 bei einer Personalreduktion um 20,0 % von 63,3 % auf 62,9 % (Bericht Thüringen, S. 3). In Brandenburg hingegen ist der Frauenanteil über alle Beschäftigte im Zeitraum 1994 bis 2012 bei einer Personalreduktion um 21,0 % von 50,7 % auf 52,6 % gestiegen (Bericht Brandenburg, S. 13). Die Daten von Brandburg sind allerdings mit denen der anderen Bundesländer nicht vergleichbar, da diese im Gegensatz zu den Daten der anderen Länder den Schuldienst nicht beinhalten.

658 Bericht Niedersachsen, S. 13; Bericht Nordrhein-Westfalen, S. 10; Bericht Hamburg, S. 13; Bericht Rheinland-Pfalz, S. 28 f.

ditionell „weiblich“ konnotierten Schuldienst,[659] der auch nach den in den Berichten genannten Zahlen, nach denen rund zwei Drittel der im Schuldienst beschäftigten Personen weiblich sind,[660] eine „Frauendomäne“ ist. Spitzenreiter ist Brandenburg mit einer Frauenquote im Schuldienst von 79,8 %.[661]

Vor diesem Hintergrund hat der Schuldienst einen nicht zu unterschätzenden Einfluss auf die in den Berichten ausgewiesenen Frauenanteile im gehobenen und höheren Dienst, in dem Lehrerinnen eingruppiert sind, und auf den Frauenanteil an allen Beschäftigten. Dies verdeutlicht der Bericht aus Nordrhein-Westfalen, wenn mitgeteilt wird, dass sich der Frauenanteil an den insgesamt Beschäftigten ohne Berücksichtigung des Schuldienstes von 56,2 % auf 42,9 % reduziert;[662] in Rheinland-Pfalz liegt er sogar unter 40 %.[663]

Allein aus der Tatsache, dass in Bezug auf die insgesamt im öffentlichen Dienst beschäftigten Personen Geschlechterparität erreicht ist, kann folglich noch nicht geschlossen werden, dass Gleichstellungsmaßnahmen Wirkung zeigen, da diese Zahlen zu einem großen Teil lediglich auf den klassischen „Frauenberuf Lehrerin“ zurückzuführen sind.

Festgestellt werden kann allerdings, dass in allen untersuchten Ländern überproportional viele Frauen eingestellt werden, da sich - mit Ausnahme der durchweg von einem Personalabbau geprägten „neuen Bundesländer“ - in jedem untersuchten Land die Quote der Frauen an den insgesamt beschäftigten Personen erhöht hat.[664] In den Berichten von Bremen und Nordrhein-Westfalen wird hierzu mitgeteilt, dass *„rund 62 %*“ (Bre-

---

659 Bericht Baden-Württemberg, S. 29; Bericht Nordrhein-Westfalen, S. 49; Bericht Niedersachsen, S. 8 f.; Bericht Rheinland-Pfalz, S. 24, 161. Aus dem Rahmen fällt allerdings Berlin mit 25,9 %.

660 Bericht Baden-Württemberg, S. 29; Bericht Nordrhein-Westfalen, S. 49; Bericht Niedersachsen, S. 9, 11; Bericht Rheinland-Pfalz, S. 161.

661 Bericht Brandenburg, S. 13.

662 Bericht Nordrhein-Westfalen, S. 8.

663 Bericht Rheinland-Pfalz, S. 24, 161.

664 Bericht Niedersachsen, S. 5; Bericht Bremen, S. 10; Bericht Hessen, S. 4; Bericht Baden-Württemberg, S. 19; Bericht Bayern, S. 23; Bericht Rheinland-Pfalz, S. 24; Bericht Saarland, S. 6; Bericht Brandenburg, S. 13; Bericht Berlin, S. 3.

men)[665] bzw. 62,8 % (Nordrhein-Westfalen)[666] der neu besetzten Stellen mit Frauen besetzt worden seien; in Hamburg sind es 67,0 %.[667]

Anders als bei den Einstellungen stellt sich, soweit erkennbar, der Frauenanteil an den Beförderungen dar. In den meisten Berichten wird dieser allerdings nicht gesondert ausgewiesen, sodass allein anhand der Berichte nicht beurteilt werden kann, ob der Frauenanteil an den Beförderungen signifikant vom Frauenanteil insgesamt und/oder vom Frauenanteil an den Einstellungen abweicht. Soweit Zahlen vorliegen, sind Frauen bei Beförderungen aber unterrepräsentiert. In Bremen etwa beträgt der Frauenanteil bei den Beförderungen 49,2 %, obwohl der Gesamtfrauenanteil 55 % beträgt.[668] Im Bericht von Hessen werden der Frauenanteil an den Beförderungen in der „R-Besoldung" mit 31,9 % und der Frauenanteil an Beförderungen in der Polizei mit 24,7 % angegeben.[669] Im Bericht aus Nordrhein-Westfalen wiederum heißt es, Frauen seien gemessen an ihrem jeweiligen Beschäftigtenanteil in den meisten Ressorts bei Beförderungen unterrepräsentiert.[670] Eine ähnliche Aussage findet sich im Bericht des Saarlandes.[671]

Eindeutig feststellen lässt sich demgegenüber, dass Führungspositionen in allen untersuchten Bundesländern unterdurchschnittlich häufig von Frauen wahrgenommen werden. Zwar gestaltet sich ein belastbarer Vergleich der Zahlen der einzelnen Länder miteinander aufgrund der eingangs beschriebenen fehlenden Vergleichbarkeit der erhobenen Zahlen schwierig. Dennoch zieht jeder Bericht das gleiche Fazit, nämlich dass Frauen im jeweiligen Berichtsland in Führungspositionen signifikant unterrepräsentiert seien. So wird beispielsweise im Hamburger Bericht allgemein angegeben, dass 38,3 % der „*Führungskräfte*" weiblich seien,[672] während im Bericht aus Bayern für die „*obersten Dienstbehörden (ohne nachgeordnete Geschäftsbereiche)*" ein Frauenanteil bei Führungspositionen von „*insgesamt fast 18 %*" mitgeteilt wird.[673] Hinsichtlich der den obersten Dienst-

---

665 Bericht Bremen, S. 37.
666 Bericht Nordrhein-Westfalen, S. 8.
667 Bericht Hamburg, S. 22.
668 Bericht Bremen, S. 10 und 33.
669 Bericht Hessen, S. 23.
670 Bericht Nordrhein-Westfalen, S. 9.
671 Bericht Saarland, S. 9.
672 Bericht Hamburg, S. 24.
673 Bericht Bayern, S. 65.

behörden nachgeordneten Geschäftsbereiche heißt es im Bericht aus Bayern weiter:

> *„78,5 % der befragten Dienststellen geben an, mehr Männer als Frauen in Führungspositionen des gehobenen Dienstes zu beschäftigen. 19,1 % der Dienststellen geben an, nicht mehr Männer als Frauen in Führungspositionen des gehobenen Dienstes zu beschäftigen.“*[674]

Im Hamburger Bericht wird weiter festgestellt, dass es gerade in den höheren Besoldungsgruppen eine Diskrepanz zwischen Männern und Frauen gäbe. Über alle Laufbahngruppen zeige sich, dass der Frauenanteil innerhalb einer Laufbahngruppe mit steigender Hierarchieebene kontinuierlich sinke.[675]

Im Bericht von Baden-Württemberg werden zwar prozentuale Werte für den Frauenanteil an Führungspositionen in den einzelnen Bereichen ausgewiesen, die in der Spitze (nämlich beim den Schuldienst beinhaltenden Kultusministerium) bei 36 % liegen, jedoch gibt es keine Gesamtwerte über alle Bereiche,[676] während im Bericht von Brandenburg zwar Werte für die *„Führungspositionen in der Landesregierung“* (Referats- und Abteilungsleitungen; 35,3 % bzw. 25,0 %) mitgeteilt werden, im Übrigen aber allgemein auf die Frauenquoten in den einzelnen Besoldungsgruppen abgestellt wird,[677] die lediglich indirekt und ungenau Auskunft über den genauen Anteil der weiblichen Führungskräfte geben können.

Es steht jedoch außer Frage, dass der Anteil der Frauen an Führungspositionen in jedem der untersuchten Bundesländer den Anteil der Frauen an den insgesamt beschäftigten Personen deutlich unterschreitet.

Eindeutige Aussagen sind anhand der Berichte auch zum Thema Teilzeit möglich, auch wenn die Daten der einzelnen Länder möglicherweise nicht vergleichbar sind, da unklar ist, ob die Wertung einer Stelle als Teilzeitstelle länderübergreifend nach denselben Kriterien erfolgt.[678] Von allen im öffentlichen Dienst beschäftigten Personen sind in den untersuchten Bundesländern - mit starker Schwankungsbreite - im Mittel rund 30 % in

---

674 Bericht Bayern, S. 67.

675 Bericht Hamburg, S. 17.

676 Bericht Baden-Württemberg, S. 41 ff.

677 Bericht Brandenburg, S. 18.

678 So kann eine Wertung als Teilzeitstelle bereits dann erfolgen, wenn die regelmäßige Arbeitszeit 100 % der Vollzeitarbeit geringfügig unterschreitet, oder erst, wenn eine bestimmte Schwelle, zum Beispiels 80 % der Vollarbeitszeit, unterschritten wird.

Teilzeit tätig. Dabei weisen Mecklenburg-Vorpommern und Thüringen mit 47,0 % bzw. 43,7 % die höchsten Teilzeitquoten auf,[679] während Hamburg und Hessen sich mit 32,4 % bzw. 28,8 % im Mittelfeld bewegen[680] und Sachsen-Anhalt mit einer Teilzeitquote von 16,8 %[681] das „Schlusslicht“ darstellt.

Eine nach Geschlechtern differenzierte Betrachtung belegt, dass es weit überwiegend Frauen sind, die in Teilzeit arbeiten. Ihr Anteil an den in Teilzeit Beschäftigten bewegt sich zwischen 75,9 % und 91,1 % und ist daher in jedem untersuchten Land mindestens drei Mal so hoch wie der Anteil der Männer an den in Teilzeit Beschäftigten. Während in Brandenburg mit 77,1 % der in Teilzeit tätigen Personen ähnlich viele wie in Bayern und Hessen mit 76,0 % und 79,0 % weiblich sind,[682] werden in den Stadtstaaten Hamburg und Berlin sowie in Baden-Württemberg Frauenanteile von 81,1 %, 86,5 % und 83,0 % verzeichnet.[683] Die „Männerquoten“ an den Teilzeitbeschäftigten bewegen sich spiegelbildlich und erreichen in keinem Bundesland 25,0 %. Entsprechend wird im Bericht des Landes Nordrhein-Westfalen resümiert:

> *„Frauen sind* […] *zwar nach Köpfen, aber nicht nach dem Arbeitszeitvolumen paritätisch repräsentiert.“*[684]

Ebenso wie die große Anzahl der Frauen im Schuldienst und der niedrige Anteil der Frauen auf den Führungsebenen relativiert dies die eingangs angegebenen Zahlen, die Geschlechterparität im öffentlichen Dienst vermuten lassen, deutlich. Im Bericht aus Bayern wird dies so formuliert:

> *„Doch auch wenn* […] *eine quantitative ‚Kopfzahlparität‘ vorliegt, bei der qualitativen „Karriereparität“ besteht noch einiger Nachholbedarf.“*[685]

---

679 Bericht Mecklenburg-Vorpommern, S. 18; Bericht Thüringen, S. 3.
680 Bericht Hamburg, S. 31; Bericht Hessen, S. 63.
681 Bericht Sachsen-Anhalt, S. 38.
682 Bericht Brandenburg, S. 33; Bericht Bayern, S. 81; Bericht Hessen, S. 63.
683 Bericht Hamburg, S. 12; Bericht Berlin, S. 4; Bericht Baden-Württemberg, S. 50.
684 Bericht Nordrhein-Westfalen, S. 10.
685 Bericht Bayern, S. 11.

2. Vergleich der Bundesländer mit kodifizierter Entscheidungsquote unter Qualifikationsvorbehalt mit Öffnungsklausel mit denen ohne solche Regelung

In keinem der untersuchten Berichte wird der Frauenanteil an Einstellungen und Beförderungen auf eine (existierende oder fehlende) Quotenregelung zurückgeführt. Betrachtet man das in den Berichten zur Verfügung gestellte Zahlenmaterial, sind daraus auch keine Unterschiede zwischen Ländern mit kodifizierter Entscheidungsquote unter Qualifikationsvorbehalt mit Öffnungsklausel und Ländern ohne solche Regelung erkennbar. Ebenso wenig zeigen sich Unterschiede zwischen Ländern mit enger oder weniger enger Öffnungsklausel.

Gelegentlich wird in den Berichten zwar ausgeführt, dass eine bevorzugte Besetzung freiwerdender Stellen mit Frauen geeignet sei, deren Anteil an den Beschäftigten auf der jeweiligen Ebene zu erhöhen. Diese Erkenntnis ist jedoch banal. Konkrete Vorschläge, wie eine solche „bevorzugte Besetzung" vonstattengehen könnte, oder einen Hinweis, ob damit existierende oder für sinnvoll befundene Quotenregelungen gemeint seien, gibt es nicht. Auch findet sich diese Feststellung zur „bevorzugten Besetzung" unter anderem im Bericht aus Baden-Württemberg[686] - also im Bericht eines Landes ohne Entscheidungsquote unter Qualifikationsvorbehalt mit Öffnungsklausel. Ein Zusammenhang zu tatsächlich existierenden Bemühungen, bei der Einstellung bzw. bei Beförderungen eine Quotenregelung anzuwenden, muss daher bezweifelt werden.

Überhaupt wird in den Berichten nur an wenigen Stellen auf die konkret vorhandenen Quotenregelungen eingegangen. Meist wird dann kein positives Fazit gezogen. Im 2010 veröffentlichten Bericht des Saarlandes für den Zeitraum 2004 bis 2007 wird ausgeführt:

> „*Aus heutiger Sicht lässt sich sagen, dass die Regelungen des LGG, insbesondere die leistungsbezogene Quote, keine Allheilmittel in Sachen Frauenförderung sind. Sie zwingen aber zu bewussteren Personalentscheidungen und haben insgesamt Wirkung gezeigt.*"[687]

---

686 So heißt es im Bericht aus Baden-Württemberg (S. 24): „*Wie die Tabelle zeigt, sind 53,9 % der über 57-Jährigen Männer. Es ist davon auszugehen, dass diese 24.156 Stellen in den kommenden Jahren frei werden. Bei einer bevorzugten Besetzung dieser Stellen mit Frauen könnte der Anteil der Frauen an den Beschäftigten insgesamt weiter erhöht werden.*"

687 Bericht Saarland 2010, S. 43 f.

Warum die leistungsbezogene Quote „kein Allheilmittel“ ist und wie die gleichwohl „insgesamt“ erzielte Wirkung zustande kommt, wird nicht weiter ausgeführt.

Im Gegensatz dazu findet sich im Bericht aus Nordrhein-Westfalen eine klare Aussage, warum die dortige Quotenregelung kaum zur Anwendung kommt:

> *„Ein Problem stellt im Hinblick auf die Frauenförderung auch die Rechtsprechung zur Ausschärfung von Beurteilungen beim Qualifikationsvergleich dar. Danach sind im Auswahlverfahren nicht nur die Gesamturteile der dienstlichen Beurteilungen in den Blick zu nehmen, sondern es sind auch die Einzelfeststellungen daraufhin zu würdigen, ob sich daraus ein Qualifikationsvorsprung eines Bewerbers oder einer Bewerberin entnehmen lässt. Wenn aus der aktuellen Beurteilung kein solcher Vorsprung feststellbar ist, gilt diese Vorgabe auch - subsidiär - für ältere Beurteilungen. Die Feststellung eines Qualifikationsgleichstands bildet unter diesen Voraussetzungen folglich den Ausnahmefall, so dass die Bevorzugungsregelungen des Landesbeamtengesetzes (LBG) und des LGG - in Bereichen mit Unterrepräsentanz bevorzugte Berücksichtigung von Frauen bei gleicher Eignung, Befähigung und fachlicher Leistung - folglich kaum noch zum Zuge kommen.“*[688]

Im Bericht aus Rheinland-Pfalz wird auf die Existenz der entsprechenden Quotenregelung verwiesen,[689] ohne dass Auskunft darüber gegeben wird, ob diese im Berichtszeitraum tatsächlich angewandt wurde und welche Erfahrungen damit gemacht wurden. Konkret genannt werden in dem Bericht lediglich die Anteile der Frauen bei Neueinstellungen und Höhergruppierungen, ohne eine Angabe, ob im Auswahlprozess die Quotenregelung angewandt wurde. Demnach waren zwar 64 % der neu eingestellten Beschäftigten Frauen. Dieser Wert ist jedoch im Wesentlichen darauf zurückzuführen, dass zwei Drittel der Neueinstellungen im Schuldienst erfolgten, der wie dargelegt bundesweit eine „Frauendomäne“ darstellt. In Rheinland-Pfalz beträgt der Frauenanteil im Schuldienst stolze 71 %. Ohne Berücksichtigung des Schuldienstes verringert sich der Frauenanteil an den Einstellungen um 13 Prozentpunkte auf 51 %, was bedeutet, dass gerade noch eine paritätische Besetzung neuer Stellen erreicht wird. Bei den eingestellten Beamtinnen und Beamten beträgt der Frauenanteil ohne den Schuldienst 47 % und liegt damit unter der Parität.[690] Im Bereich der Höhergruppierungen, Beförderungen und Laufbahnwechsel betrug der Frau-

688 Bericht Nordrhein-Westfalen, S. 11.
689 Bericht Rheinland-Pfalz, S. 34.
690 Bericht Rheinland-Pfalz, S. 34.f.

enanteil in Rheinland-Pfalz lediglich 39 %. Überrepräsentiert waren Frauen nur, soweit Teilzeitbeschäftigte von solchen Personalmaßnahmen betroffen waren - was bei einem Frauenanteil an den Teilzeitbeschäftigten von 86 % nicht überrascht. In der Gruppe der beförderten bzw. höhergruppierten Vollzeitbeschäftigten hingegen waren Frauen mit 29 % noch deutlicher unterrepräsentiert.[691]

Eine Wirkung der Quotenregelung in Rheinland-Pfalz lässt sich aus diesen Zahlen nicht ableiten. Im Bericht aus Rheinland-Pfalz wird dies ebenfalls darauf zurückgeführt, dass wenig Raum für die Frauenförderung bestehe:

> „*Bei Beförderungen muss die Auswahl nach Eignung, Befähigung und fachlicher Leistung getroffen werden. Hierfür maßgebend sind daher auch weiterhin die letzte Beurteilung und das Innehaben eines Dienstpostens.*“[692]

Mit den hier ebenfalls als relevant erkannten

> „*weiteren zu prüfenden Kriterien, unter anderem soziale Gesichtspunkte, wie beispielsweise die Frauenförderung*“,

setzt sich der Bericht jedoch nicht weiter auseinander und scheint dem auch wenig Bedeutung beizumessen.[693] So fehlt es beispielsweise hinsichtlich des als Beförderungskriterium genannten Kriteriums „Innehaben eines Dienstpostens“ an einer Klarstellung dahingehend, dass es sich dabei nicht um ein echtes Leistungskriterium handelt, weshalb dieses bei der Qualifikationsfeststellung richtigerweise nicht berücksichtigt werden darf.

Insgesamt scheint der Bericht aus Rheinland-Pfalz - ebenso wie der aus Niedersachsen - davon auszugehen, dass Quotenregelungen angesichts des „üblichen“ Vorgehens bei der Personalauswahl kein erfolgversprechendes Mittel zur Erhöhung des Frauenanteils bei Beförderungen sind.

3. Wesentliche Karrierehemmnisse

Aus den Gleichstellungsberichten ergeben sich im Ergebnis zwei übergeordnete Thematiken, die die Unterrepräsentanz der Frauen bei Beförderungen und auf Führungsebene zumindest teilweise erklären könnten: Die

---

691 Bericht Rheinland-Pfalz, S. 37 f.
692 Bericht Rheinland-Pfalz, S. 139.
693 Bericht Rheinland-Pfalz, S. 139.

schlechtere Beurteilung von Frauen im Vergleich zu Männern (3.1) und die hohe Teilzeitquote unter Frauen (3.2).

3.1 Beurteilung von Frauen und Männern

Einige Berichte enthalten Hinweise darauf, dass eine Beförderung von Frauen (unter anderem) daran scheitert, dass sowohl Frauen als auch Teilzeitbeschäftigte schlechter beurteilt würden als Männer bzw. Vollzeitbeschäftigte.

In Schleswig-Holstein etwa wurden Frauen und Teilzeitbeschäftigte im Berichtszeitraum 2009 bis 2012 schlechter beurteilt als Männer und Vollzeitbeschäftigte. Dies galt insbesondere für die Bewertungsstufen, die für Beförderungen und Auswahlverfahren relevant sind.[694] Die Landesregierung Schleswig-Holsteins hatte zu dieser Thematik eine Arbeitsgruppe eingesetzt, die die Gründe der schlechteren Beurteilung von Frauen und Teilzeitbeschäftigten untersuchen sollte. Die Ergebnisse dieser Untersuchung werden im Gleichstellungsbericht dargestellt.[695] Ursache der unterschiedlichen Beurteilungen waren demnach primär die praktische Umsetzung der Beurteilungsrichtlinien[696] sowie der Umstand, dass „*tradierte Rollenerwartungen*" und der „*Beschäftigungsumfang*"[697] wesentlichen Einfluss auf die Beurteilung hatten. Eine tatsächlich schlechtere Qualifikation, eine schlechtere Arbeitsleistung oder die rechtliche Ausgestaltung der angewandten Beurteilungsrichtlinien seien hingegen nicht ursächlich für die schlechteren Beurteilungen gewesen. Zur Abhilfe werden Schulungs- und Fortbildungsangebote für die Beurteiler sowie „*Handreichungen*" vorgeschlagen, die aufzeigen sollen, wie eine chancengerechte Anwendung der Beurteilungsrichtlinien „*frei von geschlechtsspezifischen Erwartungshaltungen*" erreicht werden könne.[698]

Im Bericht aus Hamburg heißt es demgegenüber, dass weder Frauen und Männer noch Voll- und Teilzeitbeschäftigte in Hamburg im Untersuchungszeitraum unterschiedlich beurteilt worden seien.[699] Allerdings gäbe

694 Bericht Schleswig-Holstein, S. 27.
695 Bericht Schleswig-Holstein, S. 8 f.
696 Bericht Schleswig-Holstein, S. 8.
697 Bericht Schleswig-Holstein, S. 8.
698 Bericht Schleswig-Holstein, S. 9.
699 Bericht Hamburg, S. 28 f.

es geschlechtsspezifische Unterschiede in den Angeboten, die im Rahmen von Beurteilungsgesprächen gemacht würden. So bekämen Männer häufiger Unterstützung zur Übernahme von Führungsaufgaben angeboten als Frauen, während mit Frauen häufiger über Fortbildungsmaßnahmen und über eine weitere Einarbeitung durch Vorgesetzte gesprochen würde. Insgesamt würden Mitarbeiter-Vorgesetzten-Gespräche häufiger mit Männern als mit Frauen geführt.[700]

Im Bericht aus Rheinland-Pfalz wiederum findet sich ein expliziter Hinweis auf den Zusammenhang zwischen einer ungerechtfertigt schlechteren Beurteilung von Frauen und Teilzeitbeschäftigten und deren mangelnden Aufstiegschancen:

> „*Es darf nicht sein, dass Beförderungsgewinner männliche, vollzeitbeschäftigte Beamte sind und Verlierer weibliche Teilzeitbeschäftigte. Trotz des § 7 Abs. 1 LGG, der bei gleichwertiger Eignung, Befähigung und fachlicher Leistung eine bevorzugte Berücksichtigung von Frauen, solange Unterrepräsentanz vorliegt, vorsieht, ist es in den letzten Jahren nicht gelungen diese Ungleichbehandlung zu beseitigen. Daher muss hier genau analysiert werden, wie die Arbeitsleistungen von Frauen und Männern im Einzelnen bewertet werden.*“[701]

Erkennbar wird davon ausgegangen, dass die schlechteren Beurteilungen nicht Folge tatsächlich schlechterer Leistung, sondern durch Diskriminierung begründet seien. Hierzu heißt es auch:

> „*Gerade den Beurteilungsrichtlinien bzw. Beurteilungskriterien kommt hierbei eine große Bedeutung zu. Notwendig ist, dass Beurteilungskriterien so formuliert sind, dass sie keinen Spielraum für geschlechtsbezogene Diskriminierungen zulassen.*“[702]

3.2 Auswirkungen der Teilzeitarbeit bei Frauen

Das Thema „traditionelle Rollenverteilung“ stellt in allen Berichten einen Schwerpunkt dar. Es finden sich - zumeist deutliche - Aussagen zu den negativen Auswirkungen der daraus resultierenden Teilzeitarbeit der Frauen auf deren Einkommens-, Altersvorsorge- und Karrieresituation.[703] In

700 Bericht Hamburg, S. 29.

701 Bericht Rheinland-Pfalz, S. 298.

702 Bericht Rheinland-Pfalz, S. 298.

703 Bericht Hessen, S. 59; Bericht Bayern, S. 154; Bericht Brandenburg, S. 27; Bericht Niedersachsen, S. 34; Bericht Nordrhein-Westfalen, S. 9 f.

Hamburg wird Teilzeitarbeit gar als *„Karrierekiller Nr. 1"*[704] bezeichnet. Auch andere Berichte lassen wenig Zweifel daran, dass Teilzeitarbeit einer der Hauptgründe für das spärliche Vordringen von Frauen in Führungspositionen ist.[705]

4. Maßnahmen zur Beseitigung der festgestellten Hindernisse

Schaut man sich die Maßnahmen an, die in den Berichten zur Frauenförderung vorgeschlagen bzw. die ausweislich der Berichte in den Ländern bereits angewandt werden, zeigt sich ein Widerspruch zwischen den in den Berichten festgestellten Hindernissen für weibliche Karrieren und den Maßnahmen der Frauenförderung, die die Berichte vorschlagen. Viele der Vorschläge wirken reflexartig und auf Vorstellungen und Problemlagen vergangener Jahrzehnte bezogen und lassen vor allem keinen Zusammenhang zu den in den Berichten beschriebenen tatsächlichen Hindernissen erkennen.

So werden zur Frauenförderung in durchweg allen Berichten Maßnahmen vorgeschlagen, die auf eine (weitere) Qualifikation der Frauen abzielen. In Berlin gibt es beispielsweise ausweislich des Berichtes Angebote zur Aus- und Weiterbildung speziell für Frauen; Mentoring-Programme; die Möglichkeit, Vertretungsbefugnisse zur Vorbereitung auf die Übernahme einer höherwertigen Tätigkeit zu übernehmen; „Mitarbeiter-Vorgesetzten-Gespräche" sowie Rotation, Hospitation oder Abordnung, um die beruflichen Kenntnisse in anderen Arbeitsgebieten zu erweitern.[706] Im Bericht aus Hamburg werden Mentoring, Coaching und spezielle Fortbildungsangebote für Führungsnachwuchskräfte genannt.[707] In Hessen werden nach dem Bericht ebenfalls gezielt Schulungen für Frauen durchgeführt; außerdem gebe es Runden, in denen sich weibliche Führungskräfte austauschen können.[708]

All dies vermittelt den Eindruck, Frauen würden im Vergleich zu Männern Qualifikationsdefizite aufweisen, die behoben werden müssten, damit

---

704 Bericht Hamburg, S. 34.
705 Bericht Schleswig-Holstein, S. 28; Bericht Hessen, S. 45; Bericht Niedersachsen, S. 90.
706 Bericht Berlin, S. 23.
707 Bericht Hamburg, S. 19.
708 Bericht Hessen, S. 27.

sie in ähnlicher Zahl wie Männer in Führungspositionen vordringen könnten. In keinem Bericht aber finden sich Anhaltspunkte dafür, dass Frauen tatsächlich schlechter qualifiziert seien als Männer und deswegen einer besonderen Weiterbildung bedürften. Anhaltspunkte gibt es im Gegenteil nur dafür, dass den Frauen trotz gleicher Qualifikation mitunter gleiche Beurteilungen versagt werden, weil die Beurteilung vorurteilsgetragen erfolgt und entsprechend falsch ist. Die Gefahr, dass aufgrund der Vielzahl von Qualifikationsmaßnahmen für Frauen bei den beurteilenden Personen erst der Eindruck entstehen könnte, Frauen seien schlechter qualifiziert, wird in den Berichten nicht thematisiert.

Noch frappierender ist, dass trotz der in den Berichten beschriebenen eindeutig feststellbaren negativen Auswirkungen der Teilzeitarbeit auf das berufliche Fortkommen nach wie vor Teilzeitarbeit standardmäßig als Maßnahme vorgeschlagen wird, um Frauen den Aufstieg in Führungspositionen (!) zu erleichtern. In mehreren Berichten heißt es, dass „*Führungs- und Leitungsfunktionen verstärkt auch in Teilzeit ermöglicht*" werden sollten.[709]

Zur Frage, ob das überhaupt möglich ist oder wie es umzusetzen wäre, gibt es in den Berichten keine Aussagen. Einzig im Bericht aus Niedersachsen aus dem Jahr 2010 wurde die Erfolgswahrscheinlichkeit der Maßnahme „*Einrichtung von Teilzeitarbeitsplätzen für Führungskräfte*" umfassend geprüft, mit dem Ergebnis, dass dies nur für Beamtinnen Erfolg verspräche und ansonsten wohl keine Auswirkungen hätte, auch weil Führung in Teilzeit in den meisten Fällen schlicht nicht möglich sei.[710]

Im Bericht aus Nordrhein-Westfalen heißt es, Maßnahmen zur Akzeptanzsteigerung von Führen in Teilzeit würden in den Dienststellen „*eher selten*" ergriffen.[711]

Angesichts der durchweg niedrigen Zahlen von Führungskräften in Teilzeit muss im Ergebnis bezweifelt werden, dass eine signifikante Anzahl von Führungspositionen tatsächlich in Teilzeit wahrgenommen werden kann. Dies gilt umso mehr, weil teilzeitarbeitende Frauen in Deutschland im Schnitt eine vergleichsweise geringe Arbeitszeit haben. Zwar geben die untersuchten Berichte hierüber keine direkte Auskunft; Erhebungen über die gesamte Arbeitsbevölkerung zeigen jedoch, dass teilzeittätige

---

709 Bericht Bayern, S. 14; Bericht Hamburg, S. 19; Bericht Rheinland-Pfalz, S. 95; Bericht Nordrhein-Westfalen, S. 12; Bericht Hessen, S. 56.

710 Bericht Niedersachsen 2010, S. 89.

711 Bericht Nordrhein-Westfalen, S. 12.

Mütter deutschlandweit durchschnittlich 20 Stunden pro Woche arbeiten, was einen der niedrigsten Werte in ganz Europa darstellt und zum vergleichsweise niedrigen Beitrag deutscher Frauen zum Haushaltseinkommen führt.[712] Gleichzeitig liegt der Frauenanteil an Führungspositionen in Deutschland insgesamt deutlich niedriger als in den anderen EU-Staaten[713] - in einigen Studien belegt Deutschland hier den drittletzten Platz.[714] Beim unbereinigten Gender-Pay-Gap - also dem prozentualen Unterschied im durchschnittlichen Bruttostundenverdienst von Frauen und Männern - liegt Deutschland entsprechend EU-weit auf dem viertletzten Platz, weil Frauen demnach 23 % weniger verdienen als Männer.[715]

Auch wenn sich hinter der durchschnittlichen Arbeitsstundenzahl sowohl vollzeitnahe Stellen als auch geringfügige Beschäftigung verbergen mögen, verwundert es angesichts dieser Zahlen nicht, dass Teilzeitarbeit nicht flächendeckend zu verantwortungsreichen, gut vergüteten Führungsaufgaben führt.

Neben der Frage, ob Führungstätigkeiten in Teilzeit überhaupt möglich sind, steht zudem die Frage, ob die mit einer Teilzeittätigkeit einhergehende geringere Entlohnung - und damit geringere Renten- bzw. Pensionsansprüche - überhaupt wünschenswert sind. Ziel aller Gleichstellungsmaßnahmen ist schließlich nicht die „Führungsposition" auf der Visitenkarte, sondern eine eigenständige, ununterbrochene und dauerhafte Sicherung der finanziellen Lebenssituation der betroffenen Frauen.

Im gleichen Zusammenhang steht die mit der Förderung der Teilzeit verbundene Gefahr der Zementierung des eigentlich als veraltet erkannten Rollenmodells eines männlichen Familienernährers mit einer „hinzuverdienenden" Ehefrau ohne eigene finanzielle Verantwortung, das ausweis-

---

712 Auf dem Weg zur Gleichstellung? - Bildung, Arbeit und Soziales - Unterschiede zwischen Frauen und Männern, Statistisches Bundesamt, Wiesbaden, 2014, S. 21; OECD Studie „Dare to Share - Deutschlands Weg zur Partnerschaftlichkeit in Familie und Beruf - Verteilung von Erwerbsarbeit und Erwerbseinkommen in Paaren mit Kindern", S. 135 ff.

713 Statistisches Bundesamt, Frauen und Männer auf dem Arbeitsmarkt - Deutschland und Europa, S. 29.

714 European Professional Women's Network, Egon Zender International, Second Bi-Annual European PWN Board Women Monitor 2006, zitiert nach v. Schwanenflug, Umsetzung von Gender Mainstreaming in der Verwaltung und die Bedeutung gesetzlicher Quoten bei der Gremienbesetzung, KommJur 2009, 121.

715 Statistisches Bundesamt, Frauen und Männer auf dem Arbeitsmarkt - Deutschland und Europa, 2012, S. 40.

lich vieler Berichte - unabhängig davon, ob eine Frau tatsächlich danach lebt - bereits als solches ein Beförderungshindernis darstellt, weil es Vorurteile bestärkt und Stereotypen bedient. Beispielhaft heißt es im Bericht aus Nordrhein-Westfalen:

> *„Studien zeigen, dass neben dem "Familienfaktor" weitere Faktoren wie traditionelle Vorstellungen zur Rolle der Frau, männlich dominierte Hierarchien, das Fehlen weiblicher Vorbilder, aber auch z. B. das Prinzip der homosozialen Rekrutierung (Bevorzugung von Personen, die den bisherigen Mitgliedern der Organisation am ehesten entsprechen) als unsichtbare Schranken wirken und so Frauen den Zugang zu Führungspositionen erschweren ("gläserne Decke"). Diese mentalen Muster wirken vielfach unbewusst und sind deshalb schwer aufzubrechen.“*[716]

Auch dem Bericht aus Niedersachsen zufolge steht es der Beförderung von Frauen nicht nur entgegen, wenn diese tatsächlich wegen Familienarbeit ihre Arbeitszeit reduzierten, sondern läge das Problem bereits darin, dass Vorgesetzte dieses Verhalten antizipieren würden - und dass die Frauen deshalb auch selbst vor einer Bewerbung auf zumeist in Vollzeit wahrzunehmende Führungspositionen zurückschreckten.[717] Viele Berichte konstatieren zwar, dass dieses Rollenmodell in der Praxis rückläufig sei,[718] aktuell sei es aber nach wie vor weit verbreitet.[719]

Im Ergebnis verwundert die in den Berichten zum Ausdruck kommende mangelnde Bereitschaft des öffentlichen Dienstes, sich von dem Leitbild der Teilzeitarbeit für Frauen zu verabschieden und anzuerkennen, dass eine „Vereinbarkeit von Familie und Beruf“ einer den Lebensstandard sichernden und die Karriere fördernden Vollzeittätigkeit nicht im Wege steht. Geradezu hilflos wirken hier Überlegungen wie die aus Niedersachsen, man müsse

> *„männliche Beschäftigte des öffentlichen Dienstes gezielt motivieren, familiäre Verantwortung zu übernehmen“*.[720]

Möglicherweise ist es einigen Verantwortlichen selbst nicht gelungen, sich vom Bild der „nebenbei“ arbeitenden „Hinzuverdienerin“ zu verabschieden. Entlarvend heißt es insoweit im Vorwort des hessischen Staatsministers zum hessischen Bericht:

---

716 Bericht Nordrhein-Westfalen, S. 14.

717 Bericht Niedersachsen, Seite 91 f.

718 Bericht Nordrhein-Westfalen, S. 25.

719 So etwa Bericht Hessen, S. 59; Bericht Niedersachsen, S. 34, 92.

720 Bericht Niedersachsen, S. 92.

> *„Daher ist der weibliche Anteil Teilzeit-Beschäftigter im öffentlichen Dienst sehr hoch. Das ist positiv und im Sinne des Gesetzes, weil es Frauen mit Familienpflichten eine Erwerbstätigkeit ermöglicht.“*[721]

Vergleicht man die jeweils aktuellen Berichte mit ihren Vorgängerberichten, fällt jedoch auf, dass die negativen Aspekte der Teilzeitarbeit mehr und mehr gesehen werden, auch wenn sämtliche Berichte hier von einem wirklichen Kurswechsel noch weit entfernt sind. Während etwa der aktuelle Bericht aus Hamburg darauf hinweist, dass Teilzeit eine *„ambivalente“*[722] Wirkung habe und dass eine Beratung

> *„über finanzielle Auswirkungen und über Befristungen von Teilzeit unerlässlich“*

sei,[723] findet sich ein solcher Hinweis im Vorgängerbericht von 2010 nicht. Im Bericht aus Nordrhein-Westfalen heißt es:

> *„Nicht zuletzt muss sich das Land auch in der Rolle als Arbeitgeber dem politischen Ziel der eigenständigen Existenzsicherung von Frauen in besonderer Weise verpflichtet fühlen.“*[724]

Relevant dürfte an dieser Stelle jedoch auch die Problematik sein, dass gerade im öffentlichen Dienst tendenziell eher Stellen abgebaut werden und dass eine Erhöhung der Arbeitszeit vielfach gar nicht möglich ist, ohne zu diesem Zweck gleich eine neue Arbeitsstelle zu suchen.

5. Ergebnisse anderer Studien

Die in den Gleichstellungsberichten als wesentlich angesprochenen Punkte decken sich mit verschiedenen Untersuchungen, die in den vergangenen Jahren zum Thema Beurteilung und Aufstieg von Frauen in Führungspositionen veröffentlicht wurden. Exemplarisch wird insoweit auf eine Untersuchung des Beurteilungssystems der Stadtverwaltung München (5.1), eine Auswertung verschiedener Studien zur Beurteilung von Frauen und Männern (5.2) sowie auf eine Untersuchung der Beurteilung von Frauen und Männern im Polizeidienst (5.3) eingegangen.

---

721 Bericht Hessen, S. 2.
722 Bericht Hamburg, S. 34.
723 Bericht Hamburg, S. 34.
724 Bericht Nordrhein-Westfalen, S. 25.

5.1 Untersuchung des Beurteilungssystems der Stadtverwaltung München

Die Gleichstellungsstelle für Frauen der Stadt München hat für die Jahre 1985 bis 2003 das Beurteilungssystem der Stadtverwaltung auf systemimmanente Benachteiligungen von Frauen untersucht.[725] Dabei ergab sich zunächst, dass weibliche Beschäftigte im Durchschnitt schlechter beurteilt wurden als männliche, insbesondere im höheren Dienst. Die Differenz zwischen der Durchschnittsnote der Frauen und der Männer im gehobenen Verwaltungsdienst betrug 0,2; im höheren sonstigen Dienst zeigte sich sogar eine Differenz von 0,61. Beurteilungshilfen, die den Beurteilenden an die Hand gegeben wurden, waren wenig transparent und enthielten in erster Linie personenbezogene Kriterien. Attribute, die nach stereotypen Rollenvorstellungen vor allem Frauen zugeschrieben werden, führten dabei zu einer schlechteren Beurteilung, während Eigenschaften, die traditionell den Männern nachgesagt werden, gut beurteilt werden sollten. Außerdem existierte eine Quote, wie viele Prädikatsurteile maximal vergeben und welche Durchschnittswerte nicht überschritten werden durften. Diese Vorgaben führten ausweislich der Untersuchung dazu, dass insbesondere jüngere Beschäftigte, der mittlere Dienst, Frauen und Teilzeitbeschäftigte zu „*Quotenopfern*" wurden, also eine schlechtere Beurteilung als objektiv erforderlich erhielten, da das Maximum an guten Noten bereits erreicht bzw. für andere Kandidaten „*reserviert*" war, denen - häufig ebenfalls aufgrund stereotyper Vorstellungen - unterstellt wurde, sie bräuchten die Beförderung dringender.

Nachdem die Beurteilungshilfen verändert worden waren, verbesserte sich die Beurteilung der Frauen im mittleren und gehobenen Dienst, nicht jedoch im höheren Dienst und nicht die Beurteilung von Teilzeitbeschäftigten. Die Autorinnen der Studien nennen als Gründe hierfür rollenstereotype Verhaltenserwartungen, Zuschreibungen und Vorbehalte, die sich auf die Beurteilung der Arbeitsleistung teilzeitbeschäftigter Frauen stärker auswirken würden als auf solche in Vollzeitbeschäftigung.

725 Friedel Schreyögg, Praxisbeispiel Stadt München: Beurteilungsverfahren sind nicht geschlechtsneutral, in: Krell/Ortlieb/Sieben, Chancengleichheit durch Personalpolitik - Gleichstellung von Frauen und Männern in Unternehmen und Verwaltungen - Rechtliche Regelungen - Problemanalysen - Lösungen, S. 275 ff.

5.2 Studie Prof. Gertraude Krell

Prof. Gertraude Krell wertete 2011 verschiedene Studien zur Beurteilung von Frauen und Männern und von Voll- und Teilzeitbeschäftigten aus[726] und stellte fest, dass Frauen durchgehend im Schnitt schlechtere Beurteilungen erhalten als Männer. Dies gelte insbesondere für frauendominierte Bereiche (dort würden auch die Männer im Schnitt schlechter beurteilt als Männer in männerdominierten Bereichen) und für Teilzeitbeschäftigte.

Besonders deutlich waren diese Befunde dort, wo ein freies Beurteilungssystem verwendet wurde, denn dies barg laut der Untersuchung die Gefahr, bei der Beurteilung von Frauen und Männern bewusst oder unbewusst unterschiedliche Kriterien und/oder Maßstäbe anzusetzen. Dies galt insbesondere, wenn die zur Beurteilung herangezogenen Kriterien eigenschaftsbezogen waren und wenn die Beschreibungshilfen für die Beurteilenden zur Klassifizierung der Spitzengruppe Merkmale enthielten, die nach stereotypen Vorstellungen eher Männern zugeschrieben werden.

Hinzu kämen unbewusste Beurteilungskriterien wie der *„Similar-to-me-Effekt"*, wonach Personen, die die beurteilende Person als ihr selbst ähnlich wahrnimmt, besser beurteilt werden als solche, bei denen das nicht der Fall ist. (Der Bericht aus Nordrhein-Westfalen sieht diesen Effekt ebenfalls und bezeichnet ihn als *„Prinzip der homosozialen Rekrutierung"*.[727]) Auch würden Menschen, die in einer Hierarchie weiter oben angesiedelt sind, generell besser beurteilt. Da aber meist Männer beurteilen und umso mehr Männer anzutreffen sind, je höher die betrachtete Hierarchieebene verortet ist, ergebe sich aus diesen beiden Effekten ein Nachteil gerade für Frauen.

Damit sei auch zu erklären, warum Männer in frauendominierten Berufen schlechter beurteilt würden als solche auf männerdominiertem Gebiet, denn *„typische Frauenberufe"* seien meist nicht als besonders hochwertig angesehen. Hinzu käme, dass Menschen, die länger nicht befördert wurden, generell schlechter beurteilt würden. Wenn also Frauen - zu Unrecht - länger nicht befördert worden seien, könne dies durch diesen Effekt nachträglich legitimiert werden.

---

726 Krell, Gertraude; Diskriminierungs- und Gleichstellungspotential von Leistungsbeurteilungen, in: Krell/Ortlieb/Sieben, Chancengleichheit durch Personalpolitik - Gleichstellung von Frauen und Männern in Unternehmen und Verwaltungen, S. 85 ff.

727 Bericht Nordrhein-Westfalen, S. 14.

5.3 Beurteilung von Frauen und Männern im Polizeidienst

Eine weitere Studie beschäftigte sich mit der Beurteilung von Frauen und Männern im Polizeidienst[728] und kommt für diesen Bereich ebenfalls zu dem Ergebnis, dass Frauen und Teilzeitbeschäftigte bei der Beurteilung mehrheitlich schlechter abschneiden als Männer und Vollzeitbeschäftigte, und zwar sowohl hinsichtlich der Durchschnittsnoten als auch hinsichtlich der prozentualen Verteilung der Prädikate an Männer und Frauen.

Einen Grund für diese statistischen Unterschiede stellen laut der Untersuchung bereits die Beurteilungsrichtlinien der Bundesländer und der Bundespolizei selbst dar, weil sie Spielräume für normative Vorstellungen, Vorurteile, Geschlechterstereotype, aber auch für *„handfeste Interessenlagen*" eröffnen würden. Es fehlten Regelungen, mit denen die Beurteilungspraxis transparent und objektiver gestaltet werden könne.[729]

Die Studie untersuchte, inwieweit es bei der Beurteilung im Polizeidienst tatsächlich ausschließlich um die von Art. 33 Abs. 2 GG geforderten Punkte Eignung, Leistung und Befähigung ging, und sodann, welchen Stellenwert die Beurteilungsergebnisse für die Beförderung hatten, ob also sichergestellt war, dass das Prinzip diskriminierungsfreier Bestenauslese angewandt wurde und dass alle Beteiligten die gleichen fairen Aufstiegschancen erhielten.

Zu diesem Zweck führten die Autorinnen Experteninterviews mit Vertreterinnen und Vertretern der Bundesländer Baden-Württemberg und Sachsen-Anhalt sowie der Bundespolizei. Unter den Gesprächspartnern waren jeweils auch Erstbeurteiler. Die befragten Personen stuften die unterschiedlichen Beurteilungsergebnisse bei Männern und Frauen sowie Voll- und Teilzeitbeschäftigten teils als gerechtfertigt, teils als benachteiligend ein.[730]

Als Einflussfaktoren auf die Ergebnisse der Beurteilungen werden in der Studie insbesondere die folgenden Punkte genannt, die sämtlich nichts mit einer Bestenauslese zu tun haben: Eine männliche Konnotation des Polizeiberufes, eine geringere Flexibilität bei *„Frauen mit Familienpflich-*

728 Jochmann-Döll/Tondorf, Nach Leistung, Eignung und Befähigung? - Beurteilung von Frauen und Männern im Polizeivollzugsdienst.

729 Jochmann-Döll/Tondorf, Nach Leistung, Eignung und Befähigung? - Beurteilung von Frauen und Männern im Polizeivollzugsdienst, S. 122.

730 Jochmann-Döll/Tondorf, Nach Leistung, Eignung und Befähigung? - Beurteilung von Frauen und Männern im Polizeivollzugsdienst, S. 125.

ten“, die geringere Präsenz von in Teilzeit beschäftigten Personen, die Inanspruchnahme von Elternzeit, geschlechtsstereotype Zuschreibungen von Eigenschaften und Verhaltensweisen, ein subjektives Ranking als Grundlage der Beurteilung, die Vergabe von Standardnoten nach der Laufbahnentwicklung, die Durchsetzung vorgegebener Richtwerte bei der Beurteilung und die Unterrepräsentanz von Frauen.[731]

Nach dem Empfinden der befragten Experten sei die Polizei nach wie vor eine „*Männerdomäne*“, in der Frauen zwar „*geduldet*“ seien, in der „*Gemeinschaft*“ jedoch niemals ein „*Kumpel*“ werden könnten.[732] Dies führe dann dazu, dass die Leistungen von Männern und Frauen nicht mit demselben Maßstab gemessen würden, und dass Frauen „*9-plus*“ leisten müssten, „*um die 9 zu bekommen*“.[733]

Leistung wird ausweislich der Studie bei der Beurteilung zudem als „*zeitliche Verfügbarkeit*“ verstanden und als Fähigkeit, Verpflichtungen und damit die Anwesenheit auf der Arbeitsstelle spontan und flexibel verlängern zu können. Dies falle nach Ansicht der befragten Personen - offenbar aufgrund in der Polizei noch immer lebendiger althergebrachter Rollenverteilungen - aber gerade den Frauen schwer. Eine Frau müsse „*pünktlich nach Hause*“, weshalb auf „*den Kollegen im Nebenzimmer*“ zurückgegriffen würde, der die anfallende Aufgabe dann erledigen und entsprechend eine bessere Beurteilung erhalten würde. Dies ginge zum Teil so weit, dass Frauen den Arbeitsplatz wechseln und eine Arbeit erledigen müssten, die im Polizeivollzugsdienst nicht so hoch angesehen sei.[734]

Laut der Studie verstärken sich diese Mechanismen bei Teilzeitbeschäftigung. Die „*Begründung für die schlechten Teilzeiterinnen*“ ist dann fast immer dieselbe: Man sehe sie zu wenig, sie seien nicht da, wenn man sie brauche. Außerdem passe Teilzeit nicht in das Schichtmodell, und es bedürfe besonderer Organisation, Arbeitsplätze und Dienstposten herauszusuchen, auf denen Teilzeit gearbeitet werden könne.[735] Teilzeitbeschäfti-

731 Jochmann-Döll/Tondorf, Nach Leistung, Eignung und Befähigung? - Beurteilung von Frauen und Männern im Polizeivollzugsdienst, S. 126.

732 Jochmann-Döll/Tondorf, Nach Leistung, Eignung und Befähigung? - Beurteilung von Frauen und Männern im Polizeivollzugsdienst, S. 127.

733 Jochmann-Döll/Tondorf, Nach Leistung, Eignung und Befähigung? - Beurteilung von Frauen und Männern im Polizeivollzugsdienst, S. 128.

734 Jochmann-Döll/Tondorf, Nach Leistung, Eignung und Befähigung? - Beurteilung von Frauen und Männern im Polizeivollzugsdienst, S. 128, 129.

735 Jochmann-Döll/Tondorf, Nach Leistung, Eignung und Befähigung? - Beurteilung von Frauen und Männern im Polizeivollzugsdienst, S. 130.

gung werde daher als Belastung empfunden: Weil eine Person Teilzeit arbeite, müssten die anderen mehr leisten.[736]

In einigen Aussagen der in der Studie befragten Personen klingen jedoch auch Einstellungen an, die mit der Problematik zeitlicher Verfügbarkeit oder Flexibilität nichts zu tun haben, sondern eher sexistisch motiviert zu sein scheinen: Eine teilzeitbeschäftigte Frau sei nicht so leistungsfähig wie ein teilzeitbeschäftigter Mann.[737] Auch habe eine Frau „*ihren Kopf irgendwo anders, bei der Familie oder sonst irgendwo*", was unterschwellig in der subjektiven Beurteilung eine Rolle spiele.[738]

Als problematisch arbeitet die Studie weiter heraus, dass die Beurteiler weit überwiegend männlich sind und manchmal voreingenommen - da habe „*der Prozess in den Köpfen noch nicht so richtig stattgefunden*".[739] Dies sei auch deshalb problematisch, weil viele Beurteilungskriterien für Geschlechtsstereotypen besonders anfällig seien. So werde Männern von den Beurteilenden eher zugeschrieben, sie seien „*rationale Denker*", könnten „*besser planen*" und „*strategisch arbeiten*", während sich Frauen im Klein-Klein verlören und „*zu emotional*" seien.[740] Frauen werde weiter zugeschrieben, zickig (statt „*durchsetzungsfähig*") zu sein, nachtragend und „*nah am Wasser gebaut*".[741] „*Maskuline Stärke*" wiederum soll gut bewertet werden, denn nach Ansicht der Beurteiler „*gehöre sie zur Polizei, die ja auch Mordeinsätze leisten*" muss.[742]

In der Folge sind Frauen nach den Ergebnissen der Untersuchung für die „*Sozialkompetenz*" bei der Polizei zuständig, während die Männer mit ihrer „*maskulinen Stärke*" dafür sorgen, dass Sachen durchgesetzt werden. (Auf den offensichtlichen Widerspruch zwischen „zickig", „emotional"

---

736 Jochmann-Döll/Tondorf, Nach Leistung, Eignung und Befähigung? - Beurteilung von Frauen und Männern im Polizeivollzugsdienst, S. 133.

737 Jochmann-Döll/Tondorf, Nach Leistung, Eignung und Befähigung? - Beurteilung von Frauen und Männern im Polizeivollzugsdienst, S. 130.

738 Jochmann-Döll/Tondorf, Nach Leistung, Eignung und Befähigung? - Beurteilung von Frauen und Männern im Polizeivollzugsdienst, S. 131.

739 Jochmann-Döll/Tondorf, Nach Leistung, Eignung und Befähigung? - Beurteilung von Frauen und Männern im Polizeivollzugsdienst, S. 135.

740 Jochmann-Döll/Tondorf, Nach Leistung, Eignung und Befähigung? - Beurteilung von Frauen und Männern im Polizeivollzugsdienst, S. 135.

741 Jochmann-Döll/Tondorf, Nach Leistung, Eignung und Befähigung? - Beurteilung von Frauen und Männern im Polizeivollzugsdienst, S. 136.

742 Jochmann-Döll/Tondorf, Nach Leistung, Eignung und Befähigung? - Beurteilung von Frauen und Männern im Polizeivollzugsdienst, S. 135, 136.

und „nah am Wasser gebaut" auf der einen und „Sozialkompetenz" auf der anderen Seite weist die Studie nicht hin.)

Vielfach wird der Studie zufolge in der Polizei bei Frauen davon ausgegangen, ihr Karrierewunsch sei nicht so stark ausgeprägt wie bei Männern; sie seien auch mit weniger anspruchsvollen Tätigkeiten zufrieden. Gleichzeitig stellen Frauen ihr Licht unter den Scheffel, sind zurückhaltender und werden daher von den Vorgesetzten weniger wahrgenommen.[743] Genau dies wird aber offenbar von ihnen auch erwartet, denn nach der Studie wird es eindeutig negativ wahrgenommen, wenn Frauen ihren Wunsch nach Karriere entgegen dieser Vorstellung deutlich machen: Sie seien dann „*karrieregeil*", was bei ihnen „*schon ein bisschen mehr*" auffalle als bei Männern.[744]

Die Studie kommt weiter zu dem Schluss, dass, obwohl nach den Beurteilungsrichtlinien Eignung, Leistung und Befähigung induktiv zu ermitteln seien, dies in der tatsächlichen Praxis oftmals andersherum läuft: Mitunter wird ein subjektives Ranking erstellt, bei dem der Beurteiler bereits im Kopf hat, wer der beste, der zweitbeste usw. werden soll. Die Beurteilung der einzelnen Merkmale gibt diese Reihenfolge dann wieder.[745] Allerdings sind bei teilweise mehr als hundert unterstellten Beamten einzelfallgerechte Beurteilungen auch kaum mehr möglich.[746] Die Autorinnen der Studie merken hierzu an, dass gerade dieses subjektive Ranking aus gleichstellungspolitischer Sicht kritisch ist, denn hier würden sämtliche bereits beschriebenen Vorurteile und Stereotypen relativ einfach zu einer schlechteren Bewertung der Frauen führen.[747]

Besonderen Einfluss auf die Beurteilung hat nach der Studie das Dienstalter, was häufig sogar so weit geht, dass eine leistungsgerechte Beurteilung gar nicht mehr abgegeben wird, sobald eine bestimmte Bewertung gewünscht ist. Begründet wird diese Bewertung dann vordergründig

---

743 Jochmann-Döll/Tondorf, Nach Leistung, Eignung und Befähigung? - Beurteilung von Frauen und Männern im Polizeivollzugsdienst, S. 137.

744 Jochmann-Döll/Tondorf, Nach Leistung, Eignung und Befähigung? - Beurteilung von Frauen und Männern im Polizeivollzugsdienst, S. 136.

745 Jochmann-Döll/Tondorf, Nach Leistung, Eignung und Befähigung? - Beurteilung von Frauen und Männern im Polizeivollzugsdienst, S. 138.

746 Jochmann-Döll/Tondorf, Nach Leistung, Eignung und Befähigung? - Beurteilung von Frauen und Männern im Polizeivollzugsdienst, S. 139.

747 Jochmann-Döll/Tondorf, Nach Leistung, Eignung und Befähigung? - Beurteilung von Frauen und Männern im Polizeivollzugsdienst, S. 139.

mit der „*größeren Lebenserfahrung*".[748] Dieses Vorgehen ist ausweislich der Studie keineswegs ein unbewusstes Vorgehen einzelner Beurteiler, sondern vielmehr „*eine kollektive Strategie, um dem Senioritätsprinzip Geltung zu verschaffen*". Entsprechend wenig wurde dieses Vorgehen von den in der Studie befragten Experten kritisiert.[749] Vielmehr erkennen diese ausdrücklich an, dass eine leistungsstärkere, aber dienstjüngere Kollegin zurückstehen müsse, wenn das Senioritätsprinzip in der Beurteilung gewahrt werden solle.[750] Dass eine 28- oder 29-jährige Frau einem 56-jährigen Mann nicht das Beförderungsamt „*wegnehmen*" könne, sei ein „*Naturgesetz*", befand einer der befragten leitenden Beamten.

Im Schnitt wirkt sich dieses Vorgehen gerade für Frauen negativ aus, die in der Breite noch nicht so lange in der Polizei sind wie Männer.[751] Besonders ausgeprägt ist der „*Dienstalterbonus*", wenn es um Personen kurz vor dem Ruhestand geht. Hier müsse nach Ansicht der befragten Personen die „*Lebensleistung honoriert*" - und die entsprechend höhere Pension sichergestellt werden.[752]

Sobald Beamte im Endamt angelangt sind, können sie auf eine weitere Beurteilung verzichten. In der Praxis werden sie laut der Studie jedoch regelmäßig gebeten, dies nicht zu tun, sondern stattdessen „*ihre Note anzubieten*" und sich „*notenmäßig zu opfern*"[753] - also eine weitaus schlechtere Benotung zu akzeptieren, als sie eigentlich verdient hätten. Dies deshalb, weil die meisten Benotungen quotiert sind und entsprechende Richtwerte durchgesetzt werden müssen - häufig also von Anfang an nicht leistungsgerecht und weisungsfrei beurteilt werden darf.[754] Die erforderliche An-

748 Jochmann-Döll/Tondorf, Nach Leistung, Eignung und Befähigung? - Beurteilung von Frauen und Männern im Polizeivollzugsdienst, S. 140.
749 Jochmann-Döll/Tondorf, Nach Leistung, Eignung und Befähigung? - Beurteilung von Frauen und Männern im Polizeivollzugsdienst, S. 140.
750 Jochmann-Döll/Tondorf, Nach Leistung, Eignung und Befähigung? - Beurteilung von Frauen und Männern im Polizeivollzugsdienst, S. 142.
751 Jochmann-Döll/Tondorf, Nach Leistung, Eignung und Befähigung? - Beurteilung von Frauen und Männern im Polizeivollzugsdienst, S. 151.
752 Jochmann-Döll/Tondorf, Nach Leistung, Eignung und Befähigung? - Beurteilung von Frauen und Männern im Polizeivollzugsdienst, S. 148.
753 Jochmann-Döll/Tondorf, Nach Leistung, Eignung und Befähigung? - Beurteilung von Frauen und Männern im Polizeivollzugsdienst, S. 149.
754 Jochmann-Döll/Tondorf, Nach Leistung, Eignung und Befähigung? - Beurteilung von Frauen und Männern im Polizeivollzugsdienst, S. 145.

zahl an schlechteren Noten soll dann durch die schlechtere Beurteilung der Beamten im Endamt „aufgefüllt“ werden.

Die Autorinnen der Studie stellen zur Quotierung der Noten insgesamt fest, dass hier „*Quotenopfer vorprogrammiert*“ sind. Und solche „*Quotenopfer*“ sind, so auch die befragten Experten, aufgrund der vorherrschenden Denkweise eher Frauen als Männer.[755]

Die Autorinnen kommen nach alldem zu dem Schluss, es sei gerade für Frauen und Teilzeitbeschäftigte von erheblichem Vorteil, würde das Leistungsprinzip ausnahmslos durchgesetzt und in den Beurteilungen auf transparente und faire Weise zum Ausdruck kommen.[756]

6. Ergebnis und Hypothesen für die weitere Untersuchung

Die Auswertung der Gleichstellungsberichte der Bundesländer und die dargestellten weiteren Studien geben Hinweise auf verschiedene Mechanismen und Zusammenhänge, die die flächendeckende Anwendung der Quotenregelungen deutlich erschweren können und deshalb weiter untersucht werden sollen:

1. Schlechtere Beurteilung von Frauen: Bedeutung hat demnach eine möglicherweise oft schlechtere Beurteilung von Frauen und Teilzeitbeschäftigten aufgrund bestimmter Vorurteile und stereotyper Vorstellungen. Die gleichen Vorurteile und Vorstellungen können auch dazu führen, dass Beförderungen im Ergebnis gar nicht auf Leistung, sondern auf sachfremden Erwägungen beruhen, die sich im Wesentlichen darum drehen, dass Führung Männersache sei und ein Mann, eher als eine Frau, Geld verdienen und daher - ganz unabhängig von Leistungskriterien - vorrangig befördert werden müsse.
2. Teilzeitarbeit: Ein weiteres Hindernis kann die unter Frauen weitverbreitete Teilzeitarbeit sein, die einer Beförderung unabhängig von einer daraus möglicherweise resultierenden schlechteren Beurteilung entgegensteht, weil nur wenige Führungspositionen in Teilzeit ausgeübt werden (können).

---

755 Jochmann-Döll/Tondorf, Nach Leistung, Eignung und Befähigung? - Beurteilung von Frauen und Männern im Polizeivollzugsdienst, S. 147.

756 Jochmann-Döll/Tondorf, Nach Leistung, Eignung und Befähigung? - Beurteilung von Frauen und Männern im Polizeivollzugsdienst, S. 152.

3. Umgehung bzw. falsche Anwendung der Quotenregelungen: Hinzu kommen die bereits im rechtlichen Teil dieser Arbeit herausgearbeiteten möglichen Einfallstore, die Quotenregelungen (bewusst) zu umgehen oder falsch anzuwenden: Zu viele und zu stark gewichtete Öffnungsgründe und insbesondere zu viele Qualifikationskriterien, bei denen jeweils dem Ermessen des Dienstherren ein zu großer Spielraum eingeräumt wird.

Die tatsächliche Anwendung der Quotenregelung ist folglich im Rahmen der Befragung der Gesetzesanwender weiter zu analysieren, wobei auch folgende Hypothesen untersucht werden sollen:

- Quotenregelungen werden nicht angewandt, weil ihre Anwendungsvoraussetzungen nicht vorliegen. Frauen werden im Schnitt schlechter beurteilt als Männer, sodass es häufig bereits an einer Pattsituation fehlt. Weiter sind die Qualifikationskriterien so vielfältig, dass eine Pattsituation auch deshalb selten ist. Außerdem erfolgen Beförderungen manchmal aufgrund sachfremder Erwägungen und nicht aufgrund von Leistung, weswegen die Quotenregelung ebenfalls nicht greifen kann.
- Gesondert zu untersuchen ist der Themenkomplex Teilzeitarbeit in seinem Zusammenhang mit Quotenregelungen. Hier gibt es Hinweise darauf, dass Teilzeitbeschäftigte schlechter beurteilt werden als Vollzeitkräfte, also bereits keine Pattsituation entstehen kann, und dass viele Führungspositionen gar nicht in Teilzeit angeboten werden, weswegen Teilzeitbeschäftigte - mithin Frauen - dafür von vornherein nicht in Frage kommen. Zu untersuchen ist insofern auch die Frage, ob Führungspositionen nicht in Teilzeit ausgeübt werden können, oder ob lediglich (bei Entscheidern, aber auch bei den Betroffenen selbst) die Vorstellung besteht, eine Führungsposition sei mit Teilzeit nicht vereinbar.

B. Die Befragung der Gesetzesanwender

I. Methodik

Um einen Überblick über die Umsetzung der Quotenregelungen und die Situation in der Praxis zu erhalten, war zunächst zu klären, wie viele Interviews mit wem geführt werden sollten (1), welche Befragungsmethode zielführend war (2) und ob und auf welchen Bereich (3) und welche Bundesländer (4) die Untersuchung beschränkt werden konnte. Hier waren die konkreten Gesprächspartner zu finden (5), und es war ein Interviewleitfaden zu erstellen (6). Im letzten Schritt schließlich war sicherzustellen, dass die Ergebnisse der Gespräche nach wissenschaftlichen Standards analysiert und verglichen werden konnten (7).

1. Funktion der zu befragenden Personen und Art der Befragung

Befragt werden sollten Menschen, die neben bestimmtem, den Untersuchungsgegenstand betreffenden theoretischem Wissen in erster Linie Einblicke in die Praxis - namentlich in die Einstellungs-, Beförderungs- und Bewerberauswahlpraxis der jeweils untersuchten Behörde - hatten.

Dies waren zum einen die Personalverantwortlichen selbst, die die Personalentscheidungen treffen und diese Entscheidungen begründen müssen. Zum anderen bot sich eine Befragung der Gleichstellungsbeauftragten an, deren Aufgabe sowohl die Überwachung der Durchsetzung der Quotenregelungen ist als auch die Beschäftigung mit allgemeinen Themen wie Teilzeitarbeit und Frauen in Führungspositionen. Die LGG gewähren den Gleichstellungsbeauftragten bei der Personalauswahl Einsichts- und Anwesenheitsrechte,[757] sodass sie einen insgesamt guten Überblick über die Einstellungs- und Beförderungspraxis in ihrem Bereich haben sollten. Außerdem verpflichten die LGG die Gleichstellungsbeauftragten, die Einhaltung der gesetzlichen Vorgaben durch die zur Umsetzung verpflichteten Dienststellen zu kontrollieren. Angesichts dieser Aufgabenzuweisung war

757 Z.B. § 18 LGG-NRW; § 19 LGG-Thüringen; § 20 LGG-Niedersachsen.

davon auszugehen, dass die Gleichstellungsbeauftragten das erforderliche Hintergrundwissen mitbringen würden. Aufgrund ihrer Position sollten sie zudem mit der nötigen kritischen Distanz zu den eigentlichen Entscheidern ausgestattet sein, was sie befähigen sollte, deren Entscheidungen unter Gleichstellungsgesichtspunkten reflektiert darzustellen.

Hinzu kam, dass die LGG die Qualifizierung und Weiterbildung der Gleichstellungsbeauftragten vorsehen.[758] Ausgehend von der Annahme, dass in diesen Weiterbildungen aktuelle Rechtsprechung vermittelt würde, erschien eine Befragung der Gleichstellungsbeauftragten auch im Hinblick auf die Frage sinnvoll, welchen Einfluss die Rechtsprechung auf die tatsächliche Anwendung der Quotenregelungen in der täglichen Praxis hat und ob die dort aufgestellten Hürden womöglich zu Wirksamkeitshindernissen in Form einer zu engen Auslegung führen.

Es sollten daher, soweit möglich, Gleichstellungsbeauftragte und Personalentscheider befragt werden.

Die Entscheidung, Gleichstellungsbeauftragte und Personalentscheider zu befragen, konkretisierte wiederum die Ausgestaltung der Interviews dahingehend, dass diese als Experteninterviews geführt werden sollten, also als qualitative Befragung einer begrenzten, nach bestimmten Kriterien ausgewählten Personenanzahl.

Die sozialwissenschaftliche Literatur unterscheidet im Wesentlichen drei Arten von Expertenbegriffen: Den voluntaristischen, den konstruktivistischen und den wissenssoziologischen Expertenbegriff.[759] Der voluntaristische Expertenbegriff ist sehr weit. Danach kann jeder Mensch bezüglich bestimmter - sogar lediglich seinen eigenen Alltag betreffender - Informationen Experte sein. Der konstruktivistische Begriff stellt in erster Linie auf die Zuschreibung der Expertenrolle durch denjenigen ab, der an Aufklärung und Information, also an objektivem Fachwissen, interessiert

---

758 Verpflichtung für Fortbildung zu sorgen: Berlin, Hessen; Verpflichtung, Veranstaltungen für Gleichstellungsbeauftragte in zentrale Fortbildungen aufzunehmen: Hamburg, Rheinland-Pfalz; Verpflichtung der Gleichstellungsbeauftragten, Fortbildungsangebote der Dienststelle anzunehmen: BGlG; *„regelmäßige Möglichkeit gezielter Fortbildung“*: Thüringen; *„Anspruch auf Teilnahme an spezifischen Angeboten in angemessenem Umfang“*: Baden-Württemberg; Freistellungsanspruch von dienstlichen Tätigkeiten: Bayern, Berlin, Bremen; keine Regelung: Brandenburg, Niedersachsen, Nordrhein-Westfalen, Saarland, Sachsen, Schleswig-Holstein.

759 Dargestellt nach Meuser/Nagel, ExpertInneninterviews - vielfach erprobt, wenig bedacht: ein Beitrag zur qualitativen Methodendiskussion, S. 67 ff.

ist. Die Expertenstellung definiert sich dann erst anhand des spezifischen Forschungsinteresses. Der wissenssoziologische Expertenbegriff definiert einen Experten anhand der spezifischen Struktur seines Wissens: Er handelt bezüglich dieses Wissens objektiv und neutral anhand sicheren, eindeutigen Wissens, das ihm kommunikativ und reflexiv verfügbar ist.

Gleichstellungsbeauftragte und Personalverantwortliche sind demnach Experten im konstruktivistischen Sinne: Sie haben umfassenden Einblick in die zu untersuchende Materie, nämlich in die Einstellungs-, Beförderungs- und Auswahlpraxis in ihrer Behörde und in die dortige Anwendung oder Nichtanwendung der jeweiligen Quotenregelung nebst den Gründen dafür.

Zur Methodik und Reichweite des Experteninterviews allerdings existieren in der empirischen Sozialforschung verschiedene Theorien und praktische Herangehensweisen, die es unmöglich machen, ein Experteninterview als eine bestimmte, klar umrissene Methodik durchzuführen, die nach bestimmten, für jeden Fall geltenden Regeln der Interviewführung funktioniert.[760] Deshalb war bezogen auf den konkreten Forschungsgegenstand zunächst die Frage zu beantworten, wie offen bzw. strukturiert das Gespräch sein sollte, um die besten Ergebnisse zu erzielen.

Grundsätzlich wird für die Befragung von Experten meist das offene Leitfadeninterview für das angemessene Erhebungsinstrument gehalten,[761] weil das Wissen der Experten „*aufgrund seiner Nicht-Explizitheit und seines Prozesscharakters*“ nicht einfach oder nur in konkreten Teilen „*abgefragt*“ werden könne. Vielmehr würden Experten ihre Aussagen erläutern, extemporieren, Beispiele geben. Da dies nur in offenen Interviewsituationen gelingen könne, ergebe sich die Notwendigkeit eines thematischen Leitfadens.[762] Dennoch ist das Experteninterview keine klassische Art des qualitativen Interviews, weil es ebenso als teilstrukturiertes Interview durchgeführt werden kann und damit sogar Herangehensweisen des quantitativen Ansatzes aufweist. Gerade das leitfadengestützte Gespräch wird deshalb als

760 S. dazu Bogner/Littig/Menz, Das Experteninterview: Theorie, Methode, Anwendung, S. 61 ff.

761 Meuser/Nagel, ExpertInneninterviews - vielfach erprobt, wenig bedacht: ein Beitrag zur qualitativen Methodendiskussion, S. 51.

762 Meuser/Nagel, ExpertInneninterviews - vielfach erprobt, wenig bedacht: ein Beitrag zur qualitativen Methodendiskussion, S. 52.

„Gratwanderung zwischen dem Prinzip der Offenheit und dem Gebot der Standardisierung“[763]

beschrieben. In der Folge haben sich in der Methodentheorie der empirischen Sozialforschung drei dominante Formen des Experteninterviews herausgebildet: Das explorative, das systematisierende und das theoriegenerierende Experteninterview.[764]

Das explorative Experteninterview dient regelmäßig einer thematischen Sondierung in neuen oder unübersichtlichen Feldern und soll Orientierung auf einem neuen Gebiet verschaffen und ggf. erste Hypothesen generieren. Die Vorgehensweise ist entsprechend offen, schon weil es auf Vergleichbarkeit, Vollständigkeit und Standardisierbarkeit der so gewonnenen Daten zu diesem Zeitpunkt noch nicht ankommt.

Das systematisierende Interview ist ebenfalls auf die Teilhabe an exklusivem Expertenwissen gerichtet, jedoch steht das aus der Praxis gewonnene Handlungs- und Erfahrungswissen des Experten im Vordergrund. Er soll *„über objektive Tatbestände aufklären“* und als *„Informationsquelle“* im Hinblick auf die Rekonstruktion von Abläufen und sozialen Situationen fungieren.[765] Im Mittelpunkt steht dabei nicht der Deutungscharakter des Expertenwissens, sondern dessen Aufklärungsfunktion im Hinblick auf die Forschungsfragestellung. Entsprechend sind bei dieser Variante nicht die Experten selbst die Gegenstände der Untersuchung, sondern sie sind Informanten in Bezug auf das eigentliche Forschungsobjekt. Beim systematisierenden Interview wird mit einem relativ ausdifferenzierten Leitfaden gearbeitet; auch standardisierte Befragungen sind möglich. Im Unterschied zum explorativen Interview steht hier die thematische Vergleichbarkeit der gewonnenen Daten im Vordergrund.

Das theoriegenerierende Experteninterview zielt auf die kommunikative Erschließung und analytische Rekonstruktion der *„subjektiven Dimension des Expertenwissens“* ab.[766] Forschungsgegenstand sind dabei subjektive

---

763 Köhler, Methodik und Problematik einer mehrstufigen Expertenbefragung, in Hoffmeyer-Zlotnik, Analyse verbaler Daten: über den Umgang mit qualitativen Daten, S. 321.

764 Dargestellt nach Bogner/Littig/Menz, Das Experteninterview: Theorie, Methode, Anwendung, S. 64 ff.

765 Meuser/Nagel, ExpertInneninterviews - vielfach erprobt, wenig bedacht: ein Beitrag zur qualitativen Methodendiskussion, S. 65.

766 Meuser/Nagel, ExpertInneninterviews - vielfach erprobt, wenig bedacht: ein Beitrag zur qualitativen Methodendiskussion, S. 66.

Handlungsorientierungen und implizite Entscheidungsmaximen der Experten. Angestrebt wird eine Konzeptualisierung der Wissensbestände, Weltbilder oder Routinen, die die Experten in ihrer Tätigkeit entwickelt haben und die konstitutiv sind für das Funktionieren sozialer Systeme.

Vorliegend war der Forschungsgegenstand bereits zu weit umrissen für ein vollkommen exploratives Interview. Es sollte bereits darum gehen, objektive Tatbestände zu ergründen, indem bei den befragten Personen Wissen über den Ablauf des Bewerberauswahlverfahrens abgefragt werden sollte. Dazu bot sich ein systematisierendes Interview an. Gleichzeitig jedoch sollten auch die befragten Personen selbst Gegenstand der Untersuchung sein. Denn es war nicht davon auszugehen, dass Personalentscheider und Gleichstellungsbeauftragte der Bewerberauswahl gänzlich objektiv, vergleichbar der Position eines Wissenschaftlers, gegenüberstanden, und sich damit in differenzierender, neutraler und vor allem den Abstand wahrender Weise auseinandergesetzt hatten. Vielmehr musste angenommen werden, dass es auch ihre subjektiven Vorstellungen und Handlungsweisen waren, die maßgeblichen Einfluss auf die Bewerberauswahl und damit auf die Anwendung und Wirkung der Quotenregelungen hatten. Insoweit handelte es sich gleichzeitig um theoriegenerierende Interviews.

2. Konkretisierung der Befragungsmethode

2.1 Erhebung der Daten

Die Experteninterviews waren insgesamt so zu gestalten, dass sie aussagekräftige, belastbare und miteinander vergleichbare Daten hervorbringen konnten. Die empirische Sozialforschung stellt hierfür verschiedene Methoden der Datenerhebung zur Verfügung, jeweils gerichtet auf unterschiedliche Zielsetzungen und Forschungsfragen und mit verschiedenen Strukturierungsmöglichkeiten. Zunächst war daher zu entscheiden, ob die Daten quantitativ oder qualitativ erhoben werden sollten.[767]

Mithilfe des quantitativen Ansatzes kann nach einer bestimmten, streng und detailliert vorstrukturierten Methode eine repräsentative Anzahl von Personen befragt werden. Ein Interview nach dem quantitativen Ansatz wird auf Grundlage eines vorher erarbeiteten, für alle Gespräche standar-

767 Dargestellt nach Schnell/Hill/Esser, Methoden der empirischen Sozialforschung, S. 322 ff.

disierten Fragebogens geführt, mit dessen Hilfe der Interviewer vorher festgelegte Fragen in der stets gleichen Reihenfolge und Formulierung abarbeitet. Diese strenge Vorstrukturierung (die am Ende die große Zahl gewonnener Ergebnisse überhaupt erst vergleichbar macht) erfordert eine detaillierte, bereits sehr präzise Fragestellung.

Der qualitative Ansatz kommt demgegenüber mit wesentlich weniger Befragten aus und arbeitet mit weniger festgelegten Strukturen, bedarf am Ende aber einer Interpretation der gefundenen Ergebnisse, die mitunter schwierig werden kann, weil durch die Weitschweifigkeit der Befragung Aussagekraft und Vergleichbarkeit der gefundenen Ergebnisse verloren gehen können. Auch im Rahmen des qualitativen Ansatzes gibt es jedoch unterschiedliche Grade der Vorstrukturierung des Interviews. Auch hier kann mit - mehr oder weniger stark - vorstrukturierten Fragebögen gearbeitet werden.

Die weniger strukturierte Variante bietet sich dabei zumeist an, wenn ein Forschungsgegenstand noch nicht in allen Dimensionen umrissen ist[768] und bestimmte Problemstellungen noch nicht erfasst und definiert sind. In dieser Situation kann der Interviewer anhand mehr oder weniger freier Gespräche, zum Beispiel mit Experten auf dem beforschten Gebiet (sog. narrative Interviews) oder auch in Gruppendiskussionen tiefere Einblicke in seinen Forschungsgegenstand gewinnen. Ziel dieses Vorgehens ist in der Regel, eine Forschungsfrage soweit zu konkretisieren, dass der Forschungsgegenstand im Anschluss mithilfe anderer Methoden weiter analysiert werden kann.

Bei der dem gegenüberstehenden streng vorstrukturierten Variante, die (wie der quantitative Ansatz auch) mit detaillierten Fragebögen arbeitet, ist das angestrebte Ergebnis hingegen eine Antwort auf eine bereits konkret gestellte Frage zu einem bekannten, schon weitgehend analysierten Forschungsgegenstand. Im Unterschied zur völlig offenen Variante garantiert diese Methode aufgrund ihrer vorgegebenen Struktur außerdem weitgehende Neutralität des Interviewers und reduziert so die Gefahr, dass Interviewer und Interviewter, wie in jeder anderen sozialen Situation auch, auf ihr jeweiliges Gegenüber reagieren und so möglicherweise Ergebnisse verfälschen. Vor allem aber führt ein streng vorstrukturiertes Vorgehen mithilfe eines Fragebogens zu einer besseren Vergleichbarkeit der geführten Interviews.

768 Schnell/Hill/Esser, Methoden der empirischen Sozialforschung, S. 322.

Als dritte, zwischen diesen beiden Polen liegende Möglichkeit kommt das Leitfadengespräch in Betracht, das weniger standardisiert ist als ein Fragebogen, bei dem im Gegensatz zum gänzlich offenen Ansatz aber bereits eine - mehr oder weniger - konkrete Forschungsfrage feststeht, die im Verlauf der Datenerhebung jedoch durchaus noch ausgeweitet oder verändert werden kann.

Vorliegend hatten sich in der rechtlichen Untersuchung einerseits relativ konkrete Fragestellungen ergeben: Die Frage, welche Öffnungsgründe zugunsten männlicher Bewerber eingreifen und wie diese gewichtet werden; ob dabei eine Relation zum Grad der Unterrepräsentanz der Frauen auf der Beförderungsebene besteht (und welche); das Vorgehen bei der Feststellung der im Wesentlichen gleichen Qualifikation und welche Kriterien dabei eine Rolle spielen. Auch die Frage nach der Gefahr, dass Quotenregelungen durch vorherige stark differenzierende Beurteilungen ausgehebelt werden oder die Überlegung, dass eine leistungsgerechte Beurteilung mitunter gar nicht stattfindet, ließen sich noch in relativ konkrete Unterpunkte zerlegen.

Weit diffuser hingegen waren die Felder, die sich in der rechtlichen Untersuchung noch nicht klar beleuchten ließen und auf die auch die Auswertung der Gleichstellungsberichte nur erste Hinweise gegeben hatte, etwa die Frage nach einer Wechselwirkung zwischen struktureller Diskriminierung bzw. stereotypen Vorstellungen sowohl bei Entscheidern als auch bei den Frauen selbst und einem Erfolg der Quotenregelungen.

Im Laufe der Interviews rückte zudem das Feld der persönlichen Einstellungen und Vorstellungen der betroffenen Personen - der Entscheider, der Gleichstellungsbeauftragten und der Frauen selbst - mehr und mehr in den Fokus des Interesses. Diese Punkte waren jedenfalls zu Beginn der Befragung noch nicht konkret genug, um eine quantitative Befragung mithilfe eines schriftlichen Fragebogens durchführen zu können. Die hierfür erforderliche detailliertere Problemkenntnis lag nach Auswertung der Rechtsprechung und der Gleichstellungsberichte nicht vor, sondern ergab sich erst aus den ersten Interviews.

Im Ergebnis sind die Interviews daher nach dem qualitativen Ansatz geführt worden, wobei sämtliche Forschungsfragen bereits abgegrenzt genug für ein leitfadengestütztes Interview waren und im Zuge der Befragung weiter abgegrenzt werden konnten. So war sichergestellt, dass in allen Gesprächen die gleichen Fragen gestellt und die gleichen Zusammenhänge und Problemkreise beleuchtet wurden, was zu einer besseren Vergleichbarkeit der Ergebnisse führte. Gleichzeitig bot das leitfadengestützte Interview aber die Möglichkeit, den Leitfaden nach den ersten Gesprächen weiter auszudifferenzieren und neue Aspekte und Zusammenhänge, die vom Untersuchungsgegenstand bis dahin noch nicht oder nicht vollständig erfasst waren, aufzunehmen oder weiter zu konkretisieren.

2.2 Auswertung der Daten

Ebenso wie zur Erhebung der Daten bietet die Sozialwissenschaft verschiedene Methoden für deren Auswertung und Interpretation an: Die Narrationsanalyse, die objektive Hermeneutik, die dokumentarische Methode, die qualitative Inhaltsanalyse oder die Diskursanalyse - um nur einige zu nennen.

Ein verbreitetes und anerkanntes Modell zur Auswertung von Experteninterviews ist die „*Grounded Theory*", eine von Anselm Strauss und Barney Glaser in den 1960iger Jahren in den USA entwickelte Methode,[769] mithilfe derer sich aus einer (meist sehr großen) Menge zunächst unübersichtlicher und ungeordneter Rohdaten schließlich eine Theorie ableiten lässt. Es geht bei der Grounded Theory also nicht in erster Linie darum, eine bereits vorliegende Theorie anhand von Praxisdaten zu überprüfen (deduktive Vorgehensweise), sondern es soll umgekehrt aus Einzeldaten eine Verallgemeinerung abgeleitet, mithin eine Theorie generiert werden (induktive Vorgehensweise).[770] Die Grounded Theory zeigt hierfür konkret, wie qualitative Daten erhoben, kodiert und analysiert werden müssen, um Theorien zu generieren.[771]

Bei der Auswertung der Experteninterviews war die Arbeit nach den Vorgaben der Grounded Theory vor allem deshalb von Bedeutung, weil im Laufe der Interviews viele Punkte, die schlicht hätten „abgefragt" werden sollen, wegfielen, als deutlich wurde, dass Quotenregelungen im untersuchten Bereich nicht angewandt wurden. In den Vordergrund rückten stattdessen Fragen, warum Quotenregelungen nicht angewandt wurden

769 S. Glaser/Strauss, Grounded Theory, Strategien qualitativer Sozialforschung.

770 Glaser/Strauss, Grounded Theory, Strategien qualitativer Sozialforschung, S. 11 f, 31 ff; Przyborski/Wohlrab-Sahr, Qualitative Sozialforschung: Ein Arbeitsbuch, S. 191.

771 Glaser/Strauss, Grounded Theory, Strategien qualitativer Sozialforschung, S. 26 f.

und Fragen nach der Ausgestaltung des Auswahlprozesses insgesamt, was ein exploratives Vorgehen erforderlich machte.

Dass der Prozess der Datenauswertung auf diese Weise den Prozess der Datenerhebung beeinflusst, ist bei der Arbeit mit der Grounded Theory nichts Ungewöhnliches, sondern ein gewünschter Effekt, weswegen diese Methode vor allem dann angewandt wird, wenn es - wie hier - erste Arbeitshypothesen, aber noch keine abschließend ausgereifte Theorie gibt. Klassisches Anwendungsgebiet der Grounded Theory sind deswegen offen geführte, unstrukturierte Interviews, deren Datenflut die Grounded Theory mit einer Metaebene verknüpft, um einen systematischen Zugang zu erhalten.

Zu diesem Zweck sind zunächst anhand bestehender, bereits gesammelter Daten Theorien oder Theorieansätze zu entwickeln. Basierend auf dieser ersten Theorie kann dann weiteres Material gesammelt werden, was dazu dienen soll, die entstehende Theorie zu überprüfen und weiter zu entwickeln. Dieser Prozess wird in der Sozialwissenschaft allgemein als „*Theoretisches Sampling*“[772] oder auch „*Prozess des Sampling und der Theorienbildung*“[773] bezeichnet. Voraussetzung für dieses Vorgehen ist nur, dass es zumindest ein allgemeines Thema oder einen Problembereich gibt, der beforscht werden soll,[774] hier also die Frage, warum Quotenregelungen nicht angewandt werden, wie sich die Situation der betroffenen Frauen aus Sicht der befragten Personen in dem untersuchten Bereich darstellt, wie sich die Nichtanwendung der Quotenregelungen darauf auswirkt und ob mit Anwendung der Quotenregelungen andere Ergebnisse erzielt werden könnten.

3. Die zu untersuchende Behörde

Um den Rahmen der für diese Untersuchung zur Verfügung stehenden Mittel nicht zu sprengen und weil eine Eingrenzung aufgrund des gewählten qualitativen Ansatzes sinnvoll war, sollte die Untersuchung auf bestimmte Bundesländer und einen einzigen Bereich des öffentlichen Dienstes beschränkt werden. Freilich können die so gefunden Ergebnisse nicht ohne weiteres auf andere Bundesländer oder Bereiche des öffentlichen

772 Glaser/Strauss, Grounded Theory, Strategien qualitativer Sozialforschung, S. 53.
773 Przyborski/Wohlrab-Sahr, Qualitative Sozialforschung: Ein Arbeitsbuch, S. 189.
774 Glaser/Strauss, Grounded Theory, Strategien qualitativer Sozialforschung, S. 53.

Dienstes übertragen werden. Sie bilden noch nicht einmal ein abschließendes Bild des untersuchten Bereiches selbst. Jedoch liefern sie qualitative Ansätze, die mit anderen Untersuchungen in Verbindung gebracht werden und Ausgangsmaterial für weitere Untersuchungen liefern können.

Bei der Auswahl des zu untersuchenden Bereiches des öffentlichen Dienstes sollte, um die beste Vergleichbarkeit der gewählten Ergebnisse zu gewährleisten, eine Behörde ausgewählt werden, die in allen Bundesländern existiert und überall (so gut wie) gleich aufgebaut ist. Gleichzeitig sollte eine Behörde Forschungsgegenstand sein, die nicht bereits überwiegend „traditionelle Frauenberufe" unter ihrem Dach vereint, also nicht etwa eine Grundschule oder ein Kindergarten. Vielmehr sollte eine Behörde untersucht werden, die es Frauen traditionell schwerer macht, in großer Zahl auf Führungsebenen vorzudringen, denn gerade in einem solchen Umfeld müssten Quotenregelungen in ihrer Wirkungsweise besonders gut abgebildet werden können. Anhand dieser Kriterien sind die jeweiligen Landespolizeien zur Untersuchung ausgewählt worden, denn sie sind sowohl in allen Bundesländern vorhanden und ähnlich aufgebaut als auch eine traditionelle Männerdomäne.

Die „Landespolizei" ist in Deutschland die zusammenfassende Bezeichnung für die Gesamtheit aller Polizeibehörden eines Landes im Geschäftsbereich des jeweiligen Innenministeriums bzw. der Innenbehörde der Stadtstaaten. Polizeiaufgaben werden weitestgehend durch die Landesbehörden selbst wahrgenommen. Der Aufbau ist meist dreigliedrig: Die oberste Behörde stellt das Innenministerium bzw. die Innenbehörde dar, die Mittelbehörde sind meist die Landespolizeidirektionen und die unteren Behörden sind in der Regel die einzelnen Polizeireviere, Stationen und Wachen.

In der Regel ist die Personalauswahl in den Landespolizeien zentral für die gesamte Polizei organisiert. In den untersuchten Bundesländern war zudem eine (bzw. waren zwei) Gleichstellungsbeauftragte hauptamtlich für die gesamte Landespolizei zuständig.

4. Die zu untersuchenden Bundesländer

Da nicht alle Bundesländer untersucht werden konnten, war zu klären, wie eine sinnvolle Beschränkung auf einige Bundesländer vorgenommen werden konnte, ohne dass dabei in qualitativer Hinsicht (zu viel) Aussagekraft verloren ginge.

Zur Auswahl der Bundesländer wurde zunächst nach der Ausgestaltung der Quotenregelung im jeweiligen LGG differenziert, um Unterschiede, die sich daraus möglicherweise ergeben, erfassen zu können:[775] Länder ohne kodifizierte Entscheidungsquote unter Qualifikationsvorbehalt mit Öffnungsklausel sind unberücksichtigt geblieben, da Experteninterviews in diesen Ländern nichts zu den Fragen würden beitragen können, ob die Quotenregelungen angewandt werden oder was dem entgegensteht oder wie die Öffnungsklausel gehandhabt wird. Gleichzeitig sollten aus allen Gruppen, die sich aus der unterschiedlichen Gestaltung der Öffnungsklausel bilden lassen, Länder untersucht werden.

Außerdem sind die Ergebnisse der Analyse der Rechtsprechung in die Auswahl der zu untersuchenden Bundesländer eingeflossen. Es wurden Bundesländer ausgewählt, aus denen gar keine, sehr restriktive oder weniger restriktive Rechtsprechung vorliegt. Dies sollte helfen zu analysieren, ob und welchen Einfluss die Rechtsprechung auf die konkrete Anwendung der Quotenregelungen in der Praxis hat.

Schließlich sind die zu untersuchenden Bundesländer nach geographischer Lage, Bevölkerungsdichte und Urbanisierungsgrad ausgewählt worden, damit die erzielten Ergebnisse insoweit einen Querschnitt abbilden und sich hieraus möglicherweise ergebende Unterschiede aufgezeigt werden.

Auf diesen Überlegungen basierend wurden die zu untersuchenden Länder im Ergebnis anhand folgender Kriterien ausgewählt:

- Verfügt das LGG des jeweiligen Landes über eine kodifizierte Entscheidungsquote unter Qualifikationsvorbehalt mit Öffnungsklausel?
- Wie ist die Quotenregelung konkret ausgestaltet - ist die Öffnungsklausel als soziale Härtefallklausel gefasst oder gibt sie nur den Wortlaut der EuGH-Entscheidungen wieder? Formuliert die Quotenregelung einen Ermessensspielraum?
- Gibt es in dem Bundesland viel, wenig oder gar keine Rechtsprechung zu Quotenregelungen? Ist diese Rechtsprechung im Hinblick auf die Anwendung und Durchführung der Quotenregelungen restriktiv und welche Vorgaben werden gemacht?
- Ist das jeweilige Land städtisch oder ländlich geprägt, wie hoch ist die Bevölkerungszahl und wie ist die geographische Lage?

775 S. dazu oben S. 24 ff.

5. Die zu befragenden Personen

Die Suche nach geeigneten Gesprächspartnern in den Landespolizeien aus dem Bereich „Gleichstellungsbeauftragte“ und „Personalentscheider“ gestaltete sich schwierig und stieß auf teilweise große Vorbehalte und Widerstände in den Landespolizeien. Zum Teil hieß es, die Gleichstellungsbeauftragten selbst würden die Anfrage aufgrund von Zeitmangel nicht unterstützen wollen; in einem anderen Bundesland wurde die Interviewanfrage vom zuständigen Innenministerium zunächst mit schriftlichem Bescheid abgelehnt. Unterstützt würden nur

> „*aktuelle polizeilich besonders relevante Themen, wie z.B. die zunehmende Gewalt gegen Polizeivollzugsbeamte*“.

Die Polizei habe sich bisher

> „*nicht an Studien zu Themen wie Gleichstellung, Frauen bei der Polizei, Frauen in Spitzenfunktionen etc. beteiligt*“

und werde dies auch nicht tun. Die Person, die in diesem Land dennoch als Interviewpartner zur Verfügung stand, tat dies ohne Wissen und Wollen der Landespolizei außerhalb ihrer Dienstzeit. Schon aus diesem Grund werden die ausgewählten und untersuchten Länder nicht genannt oder näher beschrieben, sondern stattdessen als „Land 1“ bis „Land 5“ bezeichnet.

Weil sichergestellt werden sollte, dass die befragten Personen in ausreichendem Maße über den Untersuchungsgegenstand Auskunft geben konnten, wurden vor Festlegung der gesprächsleitenden Fragen und vor Beginn der Interviews zunächst weitere Auswahlkriterien für die zu befragenden Gleichstellungsbeauftragten bzw. Personalentscheider aufgestellt. Es sollte ausgeschlossen werden, dass die zu befragende Person erst seit kurzer Zeit in ihrer Position tätig war und deshalb noch keinen hinreichenden Einblick in die praktische Arbeit hatte oder dass in dieser Zeit noch gar keine Personalentscheidungen stattgefunden hatten. Es sollten daher nur Personen befragt werden, die seit mindestens zwei Jahren in ihrem Bereich tätig waren, wenn in dieser Zeit genügend Personalbewegungen stattgefunden hatten.

6. Die Gestaltung des Interviewleitfadens

Die Durchführung der Experteninterviews erforderte zunächst die sorgfältige Ausgestaltung des Interviewleitfadens, um die Qualität der so gewonnenen Daten zu gewährleisten und verfälschende Einflüsse wie etwa Suggestivfragen von vornherein weitestgehend auszuschließen.

Weil mit einem konstruktivistischen Expertenbegriff[776] gearbeitet wurde, war es dabei zunächst wichtig, den Entstehungszusammenhang der Antworten zu kennen, also genau zu wissen, vor welchem persönlichen und beruflichen Hintergrund die Antworten gegeben wurden, über welche Ausbildung die befragte Person verfügte und welche Weiterbildungsmöglichkeiten ihr offenstanden.

Diesem ersten Fragenkomplex zur befragten Person selbst folgte ein zweiter Fragenkomplex, der Fragen zur Anwendung der Quotenregelung bei Einstellungen und Beförderungen im Arbeitsbereich der befragten Person beinhaltete. Hier ging es darum, wie oft Quotenregelungen im Arbeitsbereich der befragten Person angewandt würden und wie oft es zu einer Anwendung der Öffnungsklausel käme. Die Fragen auf diesem Gebiet betrafen die in der Rechtsprechung diskutierten Punkte und waren bereits sehr konkret. Dies versprach die größtmögliche Vergleichbarkeit der Antworten und stellte sicher, dass die auf diesem Gebiet bestehenden Fragen auch beantwortet werden würden.

Die in der Rechtsprechung diskutierten Punkte wurden präzise danach abgefragt, wie sie im Bereich der befragten Person gehandhabt würden. Abgefragt wurde, wann eine gleiche Eignung vorliege, die die Anwendung der Quotenregelung nach sich ziehe, ob, sobald die gleiche Eignung festgestellt sei, hinsichtlich der Anwendung der Quotenregelung ein Ermessensspielraum gegeben sei, was für Öffnungsgründe angewandt würden, ob diese noch immer einen Bezug zu Eignung, Leistung und Befähigung haben müssten, welche Rolle Dienst-, Beförderungsdienst- oder Lebensalter bei den Öffnungsgründen spielten, ob auch oder nur soziale Gründe im Rahmen der Öffnungsklausel zu beachten seien, ob Öffnungsgründe regelmäßig oder nur in Härtefällen angewandt würden, ob konkret-individuelle Nachteile (dieser Begriff sollte ggf. erläutert werden) bzw. sonstige individuelle Nachteile eine Rolle spielten und ob der Frauenanteil auf Beförderungsebene bei Gewichtung der Öffnungsgründe relevant sei.

---

776 S. hierzu oben S. 263.

Deutlich explorativer war der dritte Fragenkomplex ausgestaltet, der die tatsächlichen Umstände und Gegebenheiten in der Praxis erkunden sollte, also das Feld, auf dem Quotenregelungen angewandt werden sollten. Gefragt wurde hier, wie Entscheidungen über Einstellungen und Beförderungen im Einzelnen abliefen, welches Gewicht die Beurteilungen hätten und auf welcher Grundlage diese erstellt würden und wie mit Widersprüchen und Beanstandungen seitens der Gleichstellungsbeauftragten umgegangen werde. In diesen Teil fielen auch Fragen nach dem Umgang mit Teilzeitbeschäftigten, nach der Qualität der Beurteilungen und ob diese nach dem Empfinden der befragten Personen ausschließlich leistungsbezogen und gerecht seien, Fragen nach persönlichen Vorstellungen und Einstellungen der Personalentscheider, Gleichstellungsbeauftragten und nach Einstellungen der betroffenen Frauen selbst (aus Sicht der befragten Person). Weiter wurde danach gefragt, welche Gründe die befragten Personen selbst für die Unterrepräsentanz von Frauen in Führungspositionen in ihrem Bereich sahen, und was ihrer Meinung nach getan werden müsste, um dies zu ändern.

Im Laufe der Interviews wurde der Fragebogen an Problemstellungen angepasst, die sich bereits im ersten Interview abgezeichnet hatten. Dies war in erster Linie nötig, weil die Interviews ein übereinstimmendes, eindeutiges Ergebnis gebracht hatten: Quotenregelungen wurden in dem gesamten durch die Interviews untersuchten Bereich (so gut wie) nicht angewandt. Die Teile des Fragebogens, die die konkrete Anwendung der Quotenregelungen im untersuchten Bereich betrafen, konnten also gar nicht abgefragt werden bzw. beschränkten sich auf die theoretischen Kenntnisse und Vorstellungen der befragten Personen zu diesen Themen. Stattdessen verlagerte sich der Schwerpunkt der Untersuchung im Laufe der Interviews zu der Frage, warum Quotenregelungen im untersuchten Bereich nicht angewandt wurden, wie die befragten Personen zu Quotenregelungen standen und welche Maßnahmen aus ihrer Sicht stattdessen erfolgversprechend seien.

Umfangreicher und vielschichtiger als ursprünglich vermutet fielen die Antworten zu persönlichen Einstellungen und Sichtweisen der befragten Personen und zu denen der Frauen im untersuchten Bereich (nach Ansicht der befragten Personen) aus. Letztere konnten, da mit betroffenen Frauen selbst nicht gesprochen wurde, nur aus der Sicht der befragten Personen dargestellt werden und sind daher in ihrer Aussagekraft zu relativieren. Der Interviewleitfaden wurde hierzu bereits nach dem ersten Gespräch um neue Facetten ergänzt.

7. Methodik zur Auswertung der Experteninterviews

Die Theorienbildung auf Grundlage des Rohmaterials – hier also der aufgezeichneten Experteninterviews - vollzieht sich, indem in einem ersten Schritt zunächst etwas, das immer wieder in bestimmten Äußerungen zum Ausdruck gebracht wird (Glaser und Strauss sprechen von einem „*Vorkommnis*“[777]), zu einem „*Konzept*“ verdichtet wird. Die Entwicklung dieser Konzepte wird als „*Kodieren*“ bezeichnet (Konzept = Code). Ähnliche Vorkommnisse können so unter dasselbe Konzept gefasst, also verallgemeinert und schließlich miteinander verglichen werden.

Praktisch geschieht dies, indem zunächst in einem Text alle Textstellen ausgesucht werden, die eine bestimmte übergeordnete Thematik betreffen. Sie werden mit einem Code versehen, der die Thematik kurz beschreibt.[778] Dabei werden die einzelnen Konzepte für sich beleuchtet und weiter strukturiert, wobei weitere Unterkonzepte sichtbar werden. So entwickelt sich schließlich ein „*Codebaum*“, der die einzelnen Codes und Untercodes in immer weiteren Verästelungen darstellt. Indem ein Vorkommnis kodiert wird, wird es mit vorhergehenden Vorkommnissen derselben wie auch anderer Gruppen verglichen. Das ständige Vergleichen von Vorkommnissen führt schließlich zur Generierung theoretischer Eigenschaften.[779]

Es geht dabei darum, sich mit den ersten Codes bereits etwas und mit jedem weiteren Kodierungsschritt mehr von der Masse der Daten zu lösen, was einen wissenschaftlichen Zugang zu dem Thema erst ermöglicht. Aus den sich auf das gleiche Phänomen beziehenden Konzepten werden in einem nächsten Schritt „*Kategorien*“ entwickelt. Kategorien sind höherwertige, abstraktere Konzepte, die miteinander verknüpft werden können und so die Ecksteine der sich herauskristallisierenden Theorie bilden.[780] Dabei muss darauf geachtet werden, dass diese Kategorien nicht aus der bloßen Zusammenfassung oder Umbenennung von Konzepten entstehen, sondern dass sie bereits das Resultat einer Interpretation der Konzepte

---

777 S. etwa Glaser/Strauss, Grounded Theory, Strategien qualitativer Sozialforschung, S. 112.

778 Glaser/Strauss, Grounded Theory, Strategien qualitativer Sozialforschung, S. 112: Glaser und Strauss schlagen noch vor, die Codes auf Karteikarten zu schreiben. Heute ist eigens zum Codieren Software verfügbar.

779 Glaser/Strauss, Grounded Theory, Strategien qualitativer Sozialforschung, S. 112.

780 Przyborski/Wohlrab-Sahr, Qualitative Sozialforschung: Ein Arbeitsbuch, S. 195 f.

sind und die Zusammenhänge zwischen Konzepten erfassen. Der Vorgang, bei dem Konzepte in ihrem Zusammenhang genauer bestimmt und einige Konzepte in Kategorien überführt werden, wird als *„axiales Kodieren“* bezeichnet.

Bei der Auswertung der Experteninterviews ergaben sich erste Ausgangscodes bereits aus den übergeordneten Punkten des Leitfadens. Es bestand daher die in der Literatur beschriebene Gefahr, die Methode der Grounded Theory falsch bzw. oberflächlich anzuwenden, indem lediglich Aussagen sortiert und klassifiziert würden, was im Ergebnis nicht zu der eigentlich angestrebten präzise dokumentierten Interpretation und Analyse der Daten führen könne.[781] Diese Gefahr mag sich bei Auswertung der Interviews in manchen Teilen verwirklicht haben, da zunächst die übergeordneten Punkte des Leitfadens als Codes verwendet wurden. Doch lag dies in der Natur der Sache des zum Teil recht konkreten Interviewleitfadens und traf entsprechend nur auf die standardisierten Teile des Leitfadens zu (zu deren Auswertung die Grounded Theory ohnehin nicht entwickelt wurde). Die Frage etwa, wie oft Quotenregelungen in dem Bereich, den die jeweils befragte Person überblickte (dies war stets die gesamte Landespolizei), angewandt wurden, bedurfte keiner weitergehenden Analyse oder Interpretation, sondern genügte bereits als Antwort für sich.

Bereits bei Durchsicht des ersten Interviewtextes zeigten sich dann auch Themen, die sich keinem der „vorgegebenen“ Codes des Leitfadens zuordnen ließen und die bei Erstellung des Leitfadens noch nicht absehbar gewesen waren. In der Folge stimmte der „Ausgangscodebaum“ des ersten Interviews bereits nicht mehr mit den Schwerpunkten des Interviewleitfadens überein. Und selbst die in einem ersten Durchgang vorgegebenen Codes zeigten mit jeder weiteren Verästelung Argumentationsmuster auf, die vorher nicht erkennbar gewesen waren.

Zur Unterstützung und Auswertung der Daten nach der Grounded Theory und ihrem Kodierparadigma wurden verschiedene Computerprogramme entwickelt. Vorliegend wurde die Software MAXQDA benutzt.

781 S. auch Przyborski/Wohlrab-Sahr, Qualitative Sozialforschung: Ein Arbeitsbuch, S. 185.

II. Ergebnisse der Auswertung des Experteninterviews

Zur näheren Untersuchung ausgewählt waren schließlich fünf Bundesländer.

Land 1 ist ein Stadtstaat mit einer Öffnungsklausel, die nur soziale Härtefälle anerkennt. Die Quotenregelung räumt den Entscheidern kein Ermessen ein. Rechtsprechung zu Quotenregelungen liegt aus diesem Land, soweit ersichtlich, nicht vor.

Land 2 ist ein Flächenstaat eher ländlicher Prägung, dessen Öffnungsklausel ebenfalls nur soziale Härtefälle anerkennt. Die Quotenregelung räumt den Entscheidern kein Ermessen ein. Auffindbare Rechtsprechung aus diesem Land zu Quotenregelungen ist restriktiv.

Land 3 ist ein Flächenstaat ländlicher Prägung, aber auch mit größeren Städten. Die Öffnungsklausel ist weniger streng als die der Länder 1 und 2, erschöpft sich jedoch auch nicht in der Wiedergabe des Wortlautes der EuGH-Entscheidungen. Die Quotenregelung räumt den Entscheidern Ermessen ein. Die verfügbare Rechtsprechung zu Quotenregelungen ist restriktiv.

Land 4 ist ein großes, bevölkerungsreiches Bundesland mit Städten und ländlicheren Gebieten. Die Öffnungsklausel ist weit formuliert. Die Quotenregelung räumt den Entscheidern kein Ermessen ein. Die verfügbare Rechtsprechung ist weit weniger restriktiv als in den Ländern 2 und 3.

Land 5 schließlich ist ein ländlich geprägtes Bundesland mit ebenfalls weiter Öffnungsklausel. Die Quotenregelung räumt den Entscheidern kein Ermessen ein. Die verfügbare Rechtsprechung ist restriktiv, weicht inhaltlich aber von denen der Länder 2 bis 4 ab.

Es wurden fünf Interviews in den fünf Ländern mit insgesamt sieben Personen geführt. Während in den Ländern 1, 2, 4 und 5 jeweils mit der für die gesamte Polizei verantwortlichen Gleichstellungsbeauftragten gesprochen wurde, nahmen an dem Interview in Land 3 zwei Gleichstellungsbeauftragte (die gemeinsam für die gesamte Polizei verantwortlich waren) und ein Personalentscheider teil. Die Gespräche dauerten jeweils zwischen zwei und drei Stunden.

Die Gleichstellungsbeauftragten waren zwischen 7,5 und 20 Jahre als Gleichstellungsbeauftragte in dem untersuchten Bereich tätig. Zwei von ihnen waren eher jünger (die jüngste Befragte war Mitte 30), die übrigen eher älter. Der Personalentscheider war eher älter. Drei der befragten Gleichstellungsbeauftragten waren vor Antritt dieser Stelle selbst (zu Anfang meist neben der Gleichstellungsarbeit) „aktive“ Polizistinnen gewesen. Die beiden anderen hatten bei der Polizei andere Berufe ausgeübt. Zur Zeit der Interviews waren alle befragten Gleichstellungsbeauftragten hauptamtliche Gleichstellungsbeauftragte; sie übten ihre alten Aufgaben also nicht mehr aus. Zwei Gleichstellungsbeauftragte sind über die Arbeit in der Gewerkschaft oder in Personalräten zur Gleichstellungsarbeit gekommen. Die übrigen wurden gefragt, ob sie die Stelle der Gleichstellungsbeauftragten übernehmen würden, weil bei ihnen „*grundsätzliches Interesse an der Thematik*" bestanden hatte.

Im Folgenden sind die wesentlichen Ergebnisse der Befragung der Gesetzesanwender dargestellt.

1. Keine / kaum Anwendungsfälle der Quotenregelungen während der Dienstzeit der befragten Personen

In Land 1 wurde die Regelung in den mittlerweile siebzehn Jahren der Amtszeit der Gleichstellungsbeauftragten insgesamt zweimal angewandt. In Land 3 kam sie in den vergangenen elf Jahren ebenfalls zweimal zur Anwendung, in Land 5 in neun Jahren ein einziges Mal. In Land 4 wurde die Regelung in sieben Jahren einmal angewandt, in Land 2 schließlich in den vergangenen sieben Jahren gar nicht. Gleichzeitig gaben alle befragten Personen an, es habe in dem von ihnen überblickten Bereich in diesen Zeiten viele Hundert Personalentscheidungen sowohl zu Einstellungen als auch zu Beförderungen gegeben. Hinzu kam überall, dass die Anwendungsfälle der Quotenregelungen derart lange zurücklagen, dass sich die befragten Personen kaum mehr detailliert daran erinnern konnten.

Die Frage nach den Gründen dieser seltenen Anwendung eines Gesetzes führte in allen untersuchten Bundesländern zunächst stets zu der gleichen Antwort: Die tatbestandliche Voraussetzung der Rechtsfolge „Bevorzugung der Frau", nämlich der qualifikatorische Gleichstand, habe nicht vorgelegen. Das warf Folgefragen auf, nämlich erstens: Wie genau geht die Feststellung der Qualifikation vonstatten, wenn sie fast immer bereits zu einem Ergebnis führt und nur selten einen Gleichstand ausweist? Und zweitens: Wenn die Bewerberauswahl streng anhand der Qualifikation erfolgt, die eine Differenzierung offenbar ermöglicht, warum gelangen deutlich weniger Frauen als Männer auf Führungsebenen? Und schließlich: Halten die befragten Personen die Nichtanwendung der Quotenregelung für ein Problem, halten sie dies für gut oder haben sie sich damit arrangiert bzw. betreiben andere Methoden der Frauenförderung, die möglicherweise zum gleichen Ziel führen?

2. Fehlerhaftes Vorgehen bei der Auswahl auf der Leistungsebene

Die Auswertung der Interviews ergab hier zweierlei: Im Hinblick auf das Ergebnis der Auswahl der zu befördernden Personen spielt die Beurteilung eine sehr gewichtige und häufig allein entscheidende Rolle. Daneben fließen mitunter weitere Kriterien in die Qualifikationsfeststellung ein - oft jedoch fehlerhafterweise, denn nicht alle diese abgeprüften Kriterien sind Leistungskriterien, die objektiv auf der Leistungsebene zu verorten sind.

Und noch eine Tendenz wurde sichtbar: Bereits die Beurteilungen selbst, die wegen Art. 33 Abs. 2 GG objektiv und strikt leistungsbezogen sein müssten, genügen diesem Anspruch nicht immer, weil auch hier schon verschiedene sachfremde Kriterien einfließen. Dies gilt insbesondere in den Bundesländern, in denen allein die Beurteilung ausschlaggebend sein sollte. Es kann daher im untersuchten Bereich nicht durchgängig von einem Leistungsprinzip gesprochen werden.

Insofern sind die Aussagen der befragten Personen, Quotenregelungen würden in ihrem Bereich nicht angewandt, weil nie ein Qualifikationsgleichstand gegeben sei, zu relativieren. Auf Grundlage ihrer Aussagen in den Interviews müsste es vielmehr heißen: Quotenregelungen werden nicht angewandt, weil so lange weiterdifferenziert wird, bis schließlich ein Vorsprung einer Person erkennbar wird. Die Differenzierung erfolgt dabei nicht nur nach Leistungskriterien, und selbst das eigentlich strengste Leistungskriterium, nämlich die Beurteilung selbst, enthält zum Teil leistungsfremde Elemente.

Dort aber, wo bereits nicht mehr nach Eignungs-, sondern nach Hilfskriterien differenziert wird - als häufigstes Kriterium wurde die „Stehzeit im Amt", also das Beförderungsdienstalter genannt - müssen diese Hilfskriterien bei richtiger Gesetzesanwendung gegen den Frauenförderauftrag abgewägt werden, sodass der Anwendungsbereich der Quotenregelung in den von den Befragten beschriebenen Fällen tatsächlich bereits eröffnet war. Die Entscheidungsträger hatten insoweit aber fälschlicherweise das Beförderungsdienstalter als Leistungskriterium eingestuft, ohne dass dies im Laufe des Auswahlprozesses von ihnen selbst, den Betroffenen oder den Gleichstellungsbeauftragten bemerkt und beanstandet wurde.

Hinzu kommt eine teilweise geringe Detailkenntnis im Hinblick auf positive Maßnahmen und Quotenregelungen bei den befragten Personen. Die Existenz der Normen war zwar allen befragten Personen mehr oder weniger bekannt; über genauere Informationen zu Tatbestand, Rechtsfolge und insbesondere zu der dazu ergangenen Rechtsprechung verfügten sie jedoch nicht bzw. nur rudimentär.

2.1 Beschreibung des Vorgehens beim Auswahlprozess

Im Folgenden sei kurz skizziert, wie die Auswahl zur Beförderung in den Polizeien der untersuchten Bundesländer nach Darstellung der befragten Personen vonstattengeht.

In Land 1 wurde die Beurteilung, vor allem aufgrund dortiger Rechtsprechung, als das allein ausschlaggebende Kriterium bezeichnet:

> „*Während ich nachher bei Beförderungen immer die Beurteilungen mit im Fokus habe. Und wenn man sich neuste Gerichtsurteile anguckt* [...] *Wir haben innerhalb kürzester Zeit zweimal unser Beurteilungssystem reformieren müssen, sozusagen, erneuern müssen, weil es Klagen gab, und es wird im Grunde jetzt nur noch auf diese Beurteilung in erster Linie abgestellt.*"

Doch trotz quasi alleiniger Geltung der Beurteilung bei der Auswahl könne es in Land 1 nicht zu qualifikatorischen Gleichständen kommen:

> „*...was auch ein Stück Automatismus ist.* [...] *Hängt dann von Stellen ab, wie viele Stellen haben wir, und es wird von oben abgearbeitet, die besten werden es. Leistung. Da gibt es in der Regel keine Auswahlverfahren, keine Auswahlgespräche, sondern das wird rein nach Papierlage... Der PC errechnet sozusagen, schwupp, wir haben's.*"

Und weiter:

> „*Wir haben das in den letzten Verfahren gehabt: Alle die, die Höchstbenotung hatten, mit einem A, automatisch befördert. Da wurde auch nichts Weiteres geguckt. Da wurde nicht mehr geguckt, wie lange im Dienst, wie alt... Nur eben,* [...] *nur A vorne, alle die kommen rein. Dann wurde geguckt, wie viel Geld haben wir noch, wie viele von B* [die zweitbeste Note] *können wir noch befördern. So, wenn, dann wurden alle B. Und dann musste man nachher gucken, irgendwann bei C* [die drittbeste Note], *wie viele können wir da eventuell noch, und dann, also als nächstes wird die vorherige Beurteilung beguckt.*"

Qualifikatorische Pattsituationen, die eine Entscheidung anhand weiterer Kriterien erfordern, können sich damit nur auf der Benotungsebene ergeben, von der noch einige, nicht aber alle Kandidaten auf die nächsthöhere Position befördert werden können, im beschriebenen Vorgang also bei den mit „C" beurteilten Kandidaten. Zu diesem Zweck werde in Land 1 dann nach den einzelnen Unterpunkten der Beurteilung unterschieden und ggf. auch die vorausgegangene Beurteilung bzw. deren Unterpunkte herangezogen. Erst wenn auch damit noch keine Entscheidung getroffene werden könne, kämen die Kriterien Beförderungsdienstalter, Dienstalter und Lebensalter - also Hilfskriterien - zur Anwendung. Soweit komme es jedoch nie:

> „*Soweit runter brauchten wir nie gehen, weil im Grunde da oben irgendwo schon der Strich und die Entscheidung gefallen war: Wir können einhundert Leute befördern, Strich, erledigt.*"

Immer wieder betonte die befragte Gleichstellungsbeauftragte, es könne heute nicht mehr zu einer Anwendung der Quotenregelung kommen, weil bereits der Wert aus der Beurteilung das „*K.O. - Kriterium*" sei.

Schaut man den beschriebenen Vorgang jedoch genauer an, wird deutlich, dass hier aus rein rechtlicher Sicht bereits ein Fehler liegt: Eine bessere Vorbeurteilung - also eine bessere „Leistungsentwicklung" - ist richtigerweise ein Hilfskriterium und kein Leistungskriterium.[782] Folglich war an dieser Stelle bereits die Hilfskriterienebene eröffnet, sodass im beschriebenen Vorgang zumindest den Kandidatinnen mit der Beurteilung „C" das Hilfskriterium Frauenförderung zur Seite gestanden und gegen die möglicherweise bessere Leistungsentwicklung ihrer Konkurrenten mit Beurteilung „C" hätte abgewägt werden müssen.

Ein anderes als das beschriebene Auswahlsystem werde in Land 1 nur angewandt, wenn es um die Beförderungen von A12 nach A13 ginge. Hier existiere ein Auswahlverfahren, das allerdings auch noch nie zu einer qualifikatorischen Pattsituation geführt habe. Bei der Beförderung von A12 nach A13 seien die Kriterien Beurteilung, Auswahlgespräch und fachliche Anforderungen relevant und hätten stets eine Entscheidung auf der Leistungsebene gebracht:

> „*Zumindest kann ich mich in den letzten Jahren nicht erinnern, dass da zwei wirklich gleich waren und es dann die Frage gab, wir müssen uns für die eine oder für die andere Person entscheiden.*"

---

782 S. dazu oben S. 62.

Die beiden Fälle, in denen die im LGG vorgeschriebene Quotenregelung einmal angewandt worden sei, lägen bereits lange zurück. Bei der Beschreibung der Vorgehensweise in diesen Fällen aber fällt auf, dass vor der Anwendung der Quotenregelung zunächst weitere - und zwar eindeutig leistungsfremde - Kriterien herangezogenen worden waren, ohne dass eine wirkliche Abwägung dieser Kriterien gegen den Förderauftrag stattgefunden hätte:

> „*Die Leistungsbeurteilung war gleich, aus meiner Erinnerung, die Qualifikationen lagen bei beiden gleich vor, das Gespräch war bei beiden gleich, das Auswahlgespräch war bei beiden gleich bewertet worden. So, alles andere war auch stimmig...[...] ja, Lebensalter.*“
>
> [Auf Nachfrage, ob das Lebensalter eine Rolle gespielt hatte, ob also der Mann, wäre er älter gewesen, allein deshalb befördert worden wäre:]
>
> „*Dann hätte es Diskussionen gegeben, mit Sicherheit.*“

Die Quotenregelung wurde also nicht nur nachrangig nach den oben genannten Hilfskriterien Beförderungsdienstalter, Dienstalter und Lebensalter angewandt, sondern offenbar erst, als gar kein anderes Differenzierungskriterium mehr ersichtlich war.

Diese Vorgehensweise steht im Widerspruch zur gesetzlichen Regelung in Land 1, wonach Bewerberinnen bei gleicher Qualifikation vorrangig zu berücksichtigen sind, bis die entsprechenden Unterrepräsentanzen aufgehoben sind. Richtigerweise hätten also die genannten Kriterien gegen das Kriterium der Frauenförderung abgewägt werden müssen. An dieser Abwägung als solcher fehlte es aber bereits. Die aufgezeigte Gefahr, dass solange zunehmend sachfremde Kriterien miteinander verglichen werden, bis sich anhand dessen eine Entscheidung treffen lässt, ohne dass es je zur Anwendung der Frauenquote käme, ist also durchaus real.

Auch in Land 4 werden zunächst alle Kandidaten mit der besten Beurteilung befördert, und sodann die der nächsten Ebene, soweit genug Beförderungsplätze vorhanden sind. Der befragten Person in Land 4 war die Trennung zwischen einer Leistungsebene und der Ebene der Hilfskriterien bewusst. Ihrer Aussage nach sei die Frauenförderung sogar stets vorrangig vor den Hilfskriterien anzuwenden, so dass bei der Auswahl wie folgt vorgegangen wird: Zuerst wird die aktuelle Beurteilung angesehen, dann wird diese Beurteilung „*ausgeschöpft*“ (das heißt, es werden die Unterpunkte der Beurteilung verglichen), anschließend wird die vorausgegangene Beurteilung betrachtet und dann ebenfalls „*ausgeschöpft*“. Wenn damit noch immer keine Differenzierung vorgenommen werden könne, käme tatsächlich die Frauenförderung zum Tragen, und erst nachrangig seien Beförderungsdienstalter, Dienstalter und Lebensalter zu vergleichen. Auch hier ist man aber nie so weit gekommen, eine Entscheidung aufgrund des Geschlechtskriteriums treffen zu müssen:

> „*Frauenförderung, was den Hilfskriterien vorangestellt wird - da sind wir nie angelangt. Weil es immer nach Leistung, Eignung und Befähigung geht. Und das haben die so weit runtergeschraubt, das geht so sehr ins Detail, dass man da nicht hinkommt.*"

Richtigerweise wäre die ältere Beurteilung aber auch hier bereits als Hilfskriterium anzusehen gewesen, das gegen die Frauenförderung hätte abgewägt werden müssen.

In Land 3 wiederum war die Beurteilung zwar ein gewichtiges, jedoch nicht das einzige Entscheidungskriterium. Hier zeigte sich besonders deutlich eine Tendenz, so viele Kriterien heranzuziehen, wie eben nötig waren, um eine Entscheidung ohne Rückgriff auf Quotenregelungen treffen zu können. Die Beurteilung selbst sollte in Land 3 Teil der Leistung sein, während unter dem Stichwort Eignung weitere Kriterien geprüft wurden. So eine der Gleichstellungsbeauftragten:

> „*Leistung, also das ist einmal: Wie ist die Beurteilung? Eignung ist das: Was hat der Mensch schon gemacht: Was hat der so an Dienstposten, an Fördermaßnahmen, all diesen Dingen gemacht. Wir kommen dann gar nicht zu dem Punkt, wo wir dann irgendwann entscheiden müssten: Frau oder Mann, wer wird befördert. Wir haben genügend andere Kriterien, die dann zu einem Ergebnis kommen: Wer wird befördert.*"

Und:

> „*In den zehn Jahren, in denen ich hier beschäftigt war, hat es zweimal dazu geführt, dass eine Frau befördert wurde anstatt eines Mannes. Weil alle möglichen vorgeschalteten Kriterien gleich waren.*"

Eine Verpflichtung zur Auswahl ausschließlich anhand von Leistungskriterien und bezogen auf das konkrete Amt schien der befragten Person an dieser Stelle nicht bewusst zu sein. So wurde die Frage nach der Auswahl der Entscheidungskriterien dann auch als eine eher „*philosophische*" bezeichnet und nicht als etwas, dass sich zwingend aus dem Gesetz, namentlich aus Art. 33 Abs. 2 GG, ergibt:

[auf die Anmerkung, dass die "vorgeschalteten Kriterien" nichts mit Leistung zu tun hätten]:

> *„Ja, kann man so sehen. Lebenserfahrung, Berufserfahrung spielen ja auch schon eine große Rolle. Auch eine Form von Gerechtigkeit: Wie lange ist denn schon jemand im gehobenen Dienst? Da sagen wir schon, die Lebensarbeitszeit soll sich ein Stück weit auswirken. Das ist immer eine philosophische Frage: Welche Dinge stelle ich voran?"*

Entsprechend sei vorrangig vor der Frauenförderung in jedem Fall das Beförderungsdienstalter zu würdigen - *„aus Gerechtigkeitsgründen"*.

In den Fällen, in denen die Quotenregelung angewandt worden sei - sie lagen bereits so lange zurück, dass sich die befragte Person kaum daran erinnern konnte - sei wie folgt vorgegangen worden:

> *„Es war wirklich alles gleich, was wir so haben. Die Beurteilung zählt, die Beurteilung davor zählt, es zählt die Note der Laufbahnprüfung, und all diese Dinge. Das geht hin bis zu Geburtsdatum, Lehrgangsdatum, und da gibt's dann Zeiträume, sag ich mal, von einigen Monaten, wo man sagt, also innerhalb von drei Monaten ist noch gleich. Und das war wirklich identisch. Zweimal ist das passiert, und dann ist die Frau befördert worden."*

Und weiter zum gleichen Fall:

> *„Es gab dann noch ... wie viele Kinder, glaube ich. Ja. Nach dem Motto: Mensch, guck mal, das ist eine Frau, aber der Mann hat drei Kinder, der müsste doch eigentlich befördert werden."*

In Land 5 spielen Beurteilung und Beförderungsdienstalter eine herausgehobene Rolle. Letzteres ist dort sogar Teil des Beförderungskonzeptes: Alle Bewerber mit einem bestimmten Rangdienstalter sind in Zusammenschau mit Beurteilung und den Anforderungen der neuen Stelle zu befördern:

> *„Das Rangdienstalter ist ein Teil der Beförderungskonzeption. Wir haben, also, mehr eine Exceltabelle, [...], wir haben vorne den Namen stehen, das Geburtsdatum, dann steht dort die aktuelle Beurteilung, die wurden ja bei uns jetzt erst im Herbst ausgesprochen, und dann die von vor drei Jahren. Man hat eine Zwei und eine Drei, das wird dann in einen Punktsatz gebracht. Und dann guckt man in der weiteren Folge, wen befördern wie denn mit welchem Rangdienstalter. Und das Rangdienstalter ist eine eigene Säule. Und diese Säule wird dann beguckt. Und dann kommt es natürlich auch auf das Beförderungsbudget an - wie hoch ist denn die Summe, die zu verteilen ist? Das sind ja alles diese Zwänge. Das Geld spielt eine Rolle, was gibt der Staat uns, um unsere Beförderungsgeschichten da voranzubringen."*

Für Land 5 stellte sich heraus, dass die Quotenregelung in dem einen Fall, in dem sie laut befragter Person einmal angewandt worden sei, entweder tatsächlich gar nicht angewandt wurde, oder jedenfalls davor zurückgeschreckt wurde, eine Entscheidung unter Zugrundelegung einer Quotenregelung auch genauso zu bezeichnen:

> *„Ein Mann und eine Frau waren eigentlich gleich auf. Die hatten beide ein sehr, sehr gutes Vorstellungsgespräch abgegeben, und dann hatten wir da gesessen, und es war eigentlich so, dass in diesem Bereich eigentlich keine Frau war, die das jemals gemacht hatte. Und dann hatten wir natürlich schon überlegt, wir müssen aber diesen Bereich endlich auch mit einer Frau besetzen, das ist ganz wichtig an dieser Stelle, und dann haben wir die Hilfskriterien in Anspruch genommen, die uns eben auch per Gesetz möglich gemacht werden, nämlich welche Dinge hatte die Frau darüber hinaus vorzuzeigen? Zum Beispiel die Möglichkeit: Hat sie schon Kinder erzogen? Hat sie schon Familienpflichten wahrgenommen? Hat sie eventuell schon Pflege wahrgenommen? Das sind zum Beispiel Dinge, wo man sagt, auch dieses Engagement muss gewürdigt werden. In diesem Fall war das aber nicht der Fall, was Familienzeiten betrifft, sondern es waren andere, fachliche Gründe, die der Frau dann den Vorzug gegeben haben, weil es klar war, die Frau muss die Stelle bekommen. Die wurde dann bevorzugt, aber auch begründet bevorzugt."*

Stellt man dem die Regelungen des LGG in Land 5 gegenüber, zeigt sich, wie weit die Beschreibung des Vorganges von den Vorgaben des Gesetzes abweicht. Denn im Gesetz heißt es:

> *„Frauen sind bei Einstellung, Beförderung und Übertragung höherwertiger Tätigkeiten bei gleicher Eignung, Befähigung und fachlicher Leistung so lange vorrangig zu berücksichtigen, bis* […] *sofern nicht in der Person eines Mitbewerbers liegende Gründe überwiegen.*"

Hinsichtlich der „*Familienpflichten*" heißt es:

> „*Maßgeblich für die Beurteilung der Eignung ist ausschließlich das Anforderungsprofil der zu besetzenden Stelle bzw. des zu besetzenden Amtes.* [...] *Bei der Qualifikationsbeurteilung sind Fähigkeiten und Erfahrungen, die durch die Übernahme von Familienpflichten erworben wurden, zu berücksichtigen, soweit ihnen für die Eignung, Leistung und Befähigung der Bewerberinnen und Bewerber Bedeutung zukommt.*"

Die „Wahrnehmung von Familienpflichten" ist kein Hilfskriterium, sondern kann im Rahmen der Qualifikationsfeststellung herangezogen werden, wenn und soweit sich daraus eine Bedeutung für die fachliche Qualifikation im Hinblick auf die zu besetzende Stelle ergibt - nicht, um „*ein Engagement zu würdigen*". Vor allem aber ist die Quotenregelung auch in Land 5 keine Ermessensregelung. Ist die gleiche Qualifikation der Bewerber einmal festgestellt, „ist" die Frau zu befördern. Ermessen ergibt sich aus verfassungsrechtlichen Gründen nur insoweit, als dass die Frauenförderung gegen Öffnungsgründe abgewägt werden darf. Die befragte Person war sich im Hinblick auf die Frage, ob die Quotenregelung überhaupt angewandt werden müsse, dennoch sicher:

> „*Es gibt einen Ermessensspielraum.*"

Wesentlich ist weiter die Feststellung, es hätten „*fachliche Gründe*" überwogen. Die fachliche Eignung ist festzustellen, bevor überhaupt über die Bevorzugung der Frau aufgrund einer Quotenregelung nachgedacht werden darf. Lag die Frau bei der fachlichen Qualifikation tatsächlich vorn, dann musste sie befördert werden, weil sie besser für die zu besetzende Stelle qualifiziert war und gerade nicht, weil sie über die Quotenregelung aufgrund ihres Geschlechts bevorzugt wurde.

Das gleiche Schema zeigt sich bei der beschriebenen üblichen Vorgehensweise bei Beförderungen in Land 5 anhand einer Tabelle. Dort wird zunächst die aktuelle Beurteilung angeschaut, dann die letzte Beurteilung und schließlich das Rangdienstalter. Richtigerweise dürfte aber nur auf die aktuelle Beurteilung abgestellt werden. Ist diese bei mehreren Kandidaten gleich, ist die Hilfskriterienebene eröffnet, und erst dort darf die alte Beurteilung eine Rolle spielen. Dasselbe gilt für das Beförderungsdienstalter. Diese beiden Punkte müssen bei verschiedengeschlechtlichen Kandidaten gegen das Kriterium der Frauenförderung abgewägt werden und diese - je nach Frauenanteil auf Beförderungsebene - deutlich überwiegen, damit nicht die Kandidatin zu befördern ist. Folgt man der Rechtsprechung, die eine bessere „Leistungsentwicklung" als Qualifikationskriterium betrachtet, mag man diese zwar dort prüfen[783] - das Beförderungsdienstalter jedoch ist in jedem Fall nur ein abzuwägendes Hilfskriterium. An derlei Überlegungen fehlt es dem beschriebenen Vorgang aber insgesamt.

In Land 2 erfolgt die Auswahl zur Beförderung nach Aussage der befragten Gleichstellungsbeauftragten „*grundsätzlich*" ausschließlich nach der Beurteilung. Im Laufe des Gespräches wurde jedoch recht deutlich, dass auch hier verschiedenste Kriterien darüber hinaus herangezogen werden, um stets eine Auswahl treffen zu können:

> „*Wenn man jetzt eine Frau und einen Mann hat, die sich auf eine Stelle bewerben, wird eben eine Matrix erstellt, wo diese Beurteilungen nebeneinan-*

783 S. zu der Thematik oben S. 62.

der gestellt werden und genau geguckt wird, wer schlägt wen in welchem Bereich. Und dann wird geguckt, wer eben öfter mal 'geschlagen' hat. Und danach wird dann entschieden. Dass das wirklich komplett gleich ist, das kommt nicht vor."

Komme es doch einmal vor, sei eben weiter anhand der Beurteilung zu differenzieren:

„*Weil man dann ja auch noch Punkte hat, die dann beschrieben werden, wie 'Der Vorgesetzte hält X für geeignet, eine Station zu übernehmen', und ggf. steht in der Beurteilung des anderen drin 'hält Y nicht für geeignet, eine Station zu übernehmen'. Auch das kann das Zünglein an der Waage sein, dass jemand diese Stelle bekommt, wenn ansonsten die Beurteilung gleich ist. Das wäre ein einschränkendes Merkmal, wenn einem mal komplett nichts mehr einfallen würde, und das ist auch ganz selten der Fall. Und ansonsten haben wir auch noch Auswahlgespräche, wenn man eine Pattsituation hat in den Beurteilungen. Also, von daher ist es so gut wie unmöglich, dass es hundertprozentig gleich ist.*"

Dass eine subjektive Einschätzung, ob jemand für eine Stelle geeignet ist oder nicht, möglicherweise Einfallstor einer bewussten oder unbewussten Vorurteilsbelastung - und damit eine Beurteilung nach nicht leistungsbezogenen Kriterien - sein könnte, stellte sich für die befragte Person zwar grundsätzlich als Problem dar -

„*Wenn das jetzt jemand böse meint mit einem, dann schreibt der eben grundsätzlich: 'Halte ich nicht für geeignet*'" -

jedoch sei es kaum jemals vorgekommen, dass eine Entscheidung überhaupt aufgrund dieses Kriteriums gefällt worden sei.

Vor allem aber räumte die befragte Person in Land 2 ein, dass auch und gerade das Beförderungsdienstalter von großer Wichtigkeit sei:

„*Stehzeit im Amt spielt eine sehr große Rolle.*"

Weil aber eine Beförderung in Land 2 nach dortigen Vorgaben ausschließlich aufgrund der Beurteilung erfolgen müsse (und das Beförderungsdienstalter „offiziell" außer Acht bleiben solle), müsse das Beförderungsdienstalter eben als Qualifikationsmerkmal gewertet werden, um Eingang in die Beurteilung und somit in die Auswahlentscheidung zu finden:

„*Das ist ja das Fatale. Im Vordergrund sollte eigentlich die Leistung stehen.* [...] *Da aber jetzt ein „sehr gut" grundsätzlich mit einer Beförderung verbunden ist, und da wenig Plätze sind, einmal in der Leistungsebene Eins, also „sehr gut", und eben auch wenig Geld zur Verfügung gestellt wird, um zu befördern, ist es mittlerweile so, dass es so ein Krausi-Mausi ist aus: Klar, eigentlich wärst du mein Einser-Kandidat oder meine Einser-Kandidatin, aber deine Stehzeit ist noch zu gering, das kann ich nicht verkaufen. Das wird noch landesweit dann so gemacht, dass dann gesagt wird, nein, Stehzeit und so ist im Vordergrund, also stufe ich dich in die Leistungsebene Zwei. Damit ich einmal den Platz für jemanden freimache - so blöd sich das anhört - der dann die Leistungsebene Eins kriegen kann, weil er eben eigentlich dran… „am dransten" wäre, so zu sagen, von der Stehzeit, und dann nach vorne kommt.*"

2.2 Nicht leistungsbezogene Kriterien auf Leistungsebene

Die beschriebene Anwendung bzw. Nichtanwendung der Quotenregelungen in den einzelnen untersuchten Polizeien zeigt bereits, welch starke Rolle leistungsfremde Kriterien auf der Leistungsebene spielen. Obwohl die befragten Personen immer wieder betonten, „*die Leistung*" sei ausschlaggebend, müsste es richtigerweise „die Beurteilung" heißen, und diese beiden Kriterien - Leistung und Beurteilung - scheinen nicht immer vollständig übereinzustimmen. Denn gerade in den Ländern, in denen Gesetze bzw. Rechtsprechung eine Eignungsfeststellung ausschließlich anhand der Beurteilung verlangen, zeigten sich Tendenzen, dies zu umgehen, indem bereits in die Beurteilung leistungsfremde Kriterien einbezogen werden. Die Beurteilung wird dann schon mit Blick auf ihre Konsequenzen vorgenommen und entsprechend angepasst.

Die Aussagen der befragten Personen betrafen in allen untersuchten Polizeien drei Punkte, die keine Leistungskriterien sind und die doch bei der Beförderung eine große Rolle spielen, entweder, indem sie mehr oder weniger offiziell neben der Beurteilung verwendet werden, oder indem die Beurteilung selbst entsprechend angepasst wird. Diese Punkte sind erstens die Sicherung von Pensionsansprüchen, zweitens eine ganz überragende Bedeutung des Beförderungsdienstalters schon auf Leistungsebene und drittens Absprachen der Entscheidungsträger, wer befördert werden solle - von einer Gleichstellungsbeauftragten wurde letzteres Prinzip als „*Basar*" beschrieben.

2.2.1 Sicherung der Pensionsansprüche

Ein häufig genanntes leistungsfremdes Kriterium war das Erreichen einer bestimmten Gehaltsstufe so rechtzeitig vor dem Eintritt in den Ruhestand, dass diese Gehaltsstufe als Berechnungsgrundlage der Pension dienen konnte, das Gehalt also „*ruhegehaltsfähig*" wurde.

> *„Es wird jetzt nicht einer auf dem Weg gelassen, sondern es wird tatsächlich versucht, wenn es realistisch ist, die Leute zu positionieren, damit sie das ruhegehaltsfähig bekommen“,*

hieß es in Land 2. Und:

> *„Lebensalter wird auch mitbetrachtet, wenn es zum Beispiel darum geht, sich Pensionsansprüche zu sichern. Es ist ja bei uns so, dass man zwei Jahre in einer... in einem Amt... oder einen Dienstgrad bekleiden muss, damit man die Chance hat, das ruhegehaltsfähig zu machen. Wenn man also sieht, bei der Beurteilung kurz vor dem Ruhestand, sage ich mal, oder zwei Beurteilungsrunden vor dem Ruhestand - das ist ja immer alle zwei Jahre - den müsste ich jetzt positionieren, damit er befördert wird, damit er dann das ruhegehaltsfähig bekommt. Sehen die das als sozialen Aspekt, und dann wird auch geguckt.“*

In Land 4, in dem die Frauenförderung nach Aussage der befragten Person gerade vorrangig vor den Kriterien Dienst- oder Rangdienstalter sein sollte, kam in der Praxis dennoch das Dienstalter zuerst, wenn es darum ging, Pensionsansprüche zu sichern:

> *„Also, das Dienstalter wird in dem Maße berücksichtigt, dass wir zum Beispiel gesagt haben, dass alle, die im mittleren Dienst sind, nicht unter A10 pensioniert werden sollten. Das heißt, sie müssen bis zu einem gewissen Alter schon A10 sein, damit das mit rübergeht auf die Pensionierung. Darauf wird schon geachtet.“*

Folge davon sei auch hier, dass, weil das Dienstalter nach dem Gesetz nicht als Auswahlkriterium berücksichtigt werden dürfe, eben entsprechend beurteilt werde.

Auch in Land 5 galt die naherückende Pensionierung als wichtiges Kriterium:

> *„Auch ein Grund wäre das hohe Dienstalter, die naheliegende Pension. Also, er ist jetzt 56, 57, letzte Chance, noch die A10 zu bekommen, die dann ruhegehaltsfähig ist, das heißt, mit der geht er in Pension, wenn er 60 ist, das ist ruhegehaltsfähig. Das ist viel Geld. Das ist auch schon ein Entscheidungskriterium oft für Männer, weil in den Ebenen sind ja auch nur die Männer.“*

2.2.2 Bedeutung des Beförderungsdienstalters auf Leistungsebene

Ein ähnliches Muster zeigte sich häufig selbst dann, wenn es gar nicht vorrangig darum ging, ein Ruhegehalt zu sichern, sondern lediglich gewährleistet werden sollte, dass Beamte mit höherem Beförderungsdienstalter die Beurteilung erhielten, die sie brauchten, um die angestrebte Beförderung zu bekommen. Die Gleichstellungsbeauftragte in Land 2 stellte das nach ihrer Meinung richtige Verhältnis zwischen Ruhegehalt und Beförderungsdienstalter so dar:

> „*... da sitze ich auch in den Runden und sage, Leute, wenn das totale Flachpfeifen sind, dann kann das* [gute Beurteilung zur Sicherung des Ruhegehaltes] *nicht angehen, dass die das dann bekommen, als Bonsche. Also, sehe ich so. Weil ich es eben schöner finde, wenn es tatsächlich leistungsorientiert bleibt. Liebling vom Chef... Kann man gerne sein, aber die kommen eben auch in diesen Koordinierungsrunden nicht durch, wenn das keine vernünftige Stehzeit ist, die dann da ist.*“

Der Widerspruch zwischen „leistungsorientiert“ und „kommt nicht durch, wenn das keine vernünftige Stehzeit ist“ fiel der Gleichstellungsbeauftragten nicht auf.

Wie gesehen, gilt das Beförderungsdienstalter in Land 5 ebenfalls als - mehr oder weniger - offizielles Auswahlkriterium.

Und in Land 4 hieß es:

> „*Und zwar ging es drum, eben ums Dienstalter. Da wurde so allgemein gesagt, ja, kann man nicht erstmal so auf's Dienstalter gucken, dass die halt ein bisschen besser beurteilt werden, damit...* [...] *So, das heißt aber, es wurde da diskutiert, ob Dienstalter eben... Dass die Leute, die ein höheres Dienstalter hatten, generell schon etwas Bonus haben. Dann hat einer von den höheren Herren da gesagt, nein, das kann gar nicht sein, kann gar nicht. Und dann ging es - ich sag mal, eine Viertelstunde später - um Leute aus seinem Bereich. Und dann hat... ging es dann speziell um einen Kollegen, der auch schon sehr dienstalt war, und dann hat derselbe, der vorher gesagt hat, Dienstalter kann kein Kriterium sein, hat dann gesagt, ja, aber der ist ja schon so und so viele Jahre bei der Polizei, so viel Erfahrung... Das meine ich damit. So. Die widersprechen sich dann in sich.*“

In der Folge stammt aus Land 4 folgende Beobachtung zur Nicht-Beförderung einer Frau:

> „*... die andere ist einfach hinten rüber gefallen, weil sie noch zu dienstjung war. Dienstaltermäßig ist sie dann... Leider mit einer guten Beurteilung, aber etwas dienstjünger als ein Kollege ist sie hinten runtergefallen.*“

2.2.3 Auswahl und Beurteilung nach dem „Basar-Prinzip“

Jedoch auch unabhängig von Pensionierung und Beförderungsdienstalter zeigte sich immer wieder, dass Beurteilungen nicht gänzlich objektiv, sondern bereits mit Blick auf ihre Konsequenzen abgegeben werden. So werde gut beurteilt, wer - aus welchen Gründen auch immer - befördert werden sollte, und weniger gut, wer auf höherer Ebene keinen Fürsprecher hätte. Die befragte Person in Land 4 sprach gar von einem „*Prinzip wie auf einem Basar*“:

> *„Ich darf das ja gar nicht laut sagen, aber das geht zu wie auf dem türkischen Basar. Es werden ... Da werden wirklich Listen erstellt: Jeder Dienstgruppenleiter macht eine Liste, wo seine Leute hingehören. Also, da brauchen gar keine Noten beizustehen. Das ist nur einfach so: Der und der ist jetzt der erste, zweite, dritte, vierte, fünfte. Bis zum Ende. Dann kommen die ganzen Dienstgruppenleiter zusammen für ihre Dienststellen, und sagen, so, mein Paul ist jetzt besser als dein... weiß ich nicht was ... Dann werden die übereinander passend gemacht. Dann kommen die KKs dazu, die Verwaltung dazu ... Also, das ist alles irgendwann eine Beförderungs- ... und danach wird dann die Benotung vorgenommen. Dass jeder dann auf seinem Platz in der Liste am Ende wieder ist.“*

In Land 1 hieß es:

> *„Die Führungskräfte setzen sich zusammen und gucken...* […] *Ich habe manchmal den Eindruck, natürlich besprechen die da, nach dem Motto, wen sehen wir denn da... Wenn man sich dann anguckt, wer kriegt hier eigentlich ein A?* […] *Da hat man schon manchmal den Eindruck, aha, da werden Leute ausgeguckt. Manchmal auch Kolleginnen, das will ich gar nicht verhehlen. Wenn jemand das möchte, kriegt die Kollegin mit Sicherheit auch die entsprechende Bewertung. Und alle wissen hier, da es nur von den Punkten erstmal abhängt, wenn ich jemanden in die Position bringen möchte, fördern möchte, befördern möchte, muss ich entsprechend bewerten. Das ist schon ein Eindruck, den ich habe. Und dem kann man aber fast nicht beikommen.“*

3. Das fehlerhafte Vorgehen ist gerade für Frauen nachteilig

Man mag die dargestellte Form der Beurteilung und Auswahl - mit guten Gründen - als gesetzeswidrig empfinden oder als Eigenart des Beamtentums abtun, bei dem das Dienstalter traditionell immer einen höheren Stellenwert hatte als die Leistung. Weder dies noch die teilweise unzulässige Ausweitung der Leistungsebene kann jedoch für sich genommen erklären, warum Frauen in diesem System nicht in Führungspositionen vordringen. Denn auf den ersten Blick hat eine ausschließliche Betrachtung der Leistungsebene selbst dann nicht per se diskriminierenden Charakter, wenn hier geschlechtsunabhängige Kriterien wie das Beförderungsdienstalter eine Rolle spielen.

Die Interviews zeigten jedoch verschiedene Muster, die das schlechte berufliche Vorankommen der Frauen dann doch erklären. Diese Muster werden durch die dargestellten Schwächen im Auswahlsystem - nämlich die häufig nicht leistungsbezogene Beurteilung nach sachfremden Kriterien - ermöglicht, wenn nicht gar begünstigt. Denn sobald die Auswahl nicht mehr streng nach leistungsbezogenen, objektiven und überprüfbaren Kriterien erfolgt, fließen sachfremde Kriterien, darunter Vorurteile und stereotype Vorstellungen, in die Auswahlentscheidung ein, die sich zum Nachteil der Frauen auswirken: Immer wieder hieß es, Frauen würden nicht befördert, weil sie schlechter beurteilt würden als Männer. Dies geschehe (auch) - möglicherweise unbewusst, häufig aber auch ganz bewusst - weil ihr berufliches Vorankommen nicht *„im Fokus“* stehe und weil ihnen die *„Protektion der höheren Ebene“* fehle, welche sich für das Vorankommen der Männer, nicht aber der Frauen einsetze, da letzteres als nicht so wichtig betrachtet werde.

3.1 Frauen und Teilzeitkräfte erhalten schlechtere Beurteilungen

In fast allen Polizeien der untersuchten Bundesländer zeigte sich das gleiche Bild, das sich bereits in der Auswertung der Gleichstellungsberichte angedeutet hatte. Frauen erhalten laut der Befragten im Schnitt eine schlechtere Beurteilung als Männer. Entsprechend werden die Männer nach Auswahl auf der Leistungsebene eher befördert, und entsprechend weniger wahrscheinlich ist es, dass aufgrund gleicher Qualifikation die Anwendung der Quotenregelungen überhaupt in Betracht kommt.

In Land 4 hieß es beispielsweise:

> *„Ich habe das bei der letzten Beurteilung mitbekommen, dass sehr viele Frauen einfach schlechter beurteilt werden.“*

In Land 1:

> *„Frauen werden in vielen Fällen doch schlechter beurteilt.“*

Und:

> *„Wir haben so ein, wenn man sich so eine Kurve anguckt, in den unteren Zahlen, also bei den unteren Werten waren die Frauen alle mit mehr Prozenten, und in den oberen waren es dann eben die Männer. Also, der Berg hat sich dann sozusagen verändert.“*

In Land 3 sagte der Personalentscheider:

> *„Wir stellen bei der Gesamtzahl der Frauen eine schlechtere Beurteilung fest.“*

In Land 5:

> *„Es hängt stark an der Teilzeitbeschäftigung, aber es ist auch zahlenmäßig belegt, dass Frauen generell weniger ... also, wenn ich jetzt sage, wir haben 500 Männer und 100 Frauen, und man macht mal einen prozentualen Durchschnitt, dann wird man sehen, es gibt eine höhere Prozentzahl Zweier-Beurteilte bei den 500 Männern als bei den 100 Frauen. Das ist so.“*

Allein in Land 2 erklärte die befragte Person, Frauen würden „*mittlerweile nicht mehr*“ schlechter beurteilt.

Die befragten Personen bezeichneten dieses Problem als einen der wesentlichen Gründe, aus denen Frauen weniger häufig befördert würden als Männer.

> *„Dadurch hat man natürlich weniger Aufstiegschancen“,*

so die Feststellung in Land 4,

> *„wenn die Frau schlechter beurteilt ist, hat sie keine Chance.“*

Besonders schlecht würden Frauen beurteilt, die Teilzeit arbeiten würden. Die Frage, ob sich Teilzeit negativ auf die Beurteilung auswirke, wurde in allen untersuchten Bundesländern außer in Land 2 mit einem eindeutigen „*Ja*“ beantwortet. In Land 5 hieß es außerdem:

> *„Wir hatten zum Beispiel Jahrgänge von Beurteilungsperioden, da wurden keine Teilzeitfrauen mit einer Zwei beurteilt. Keine!“*

Und in Land 1:

> *„Diese Diskussion, da sind wir auch noch bei, dran zu arbeiten. Dass es insbesondere Teilzeitkräfte dann trifft.“*

Und

> *„Das sind also diese, ja, fehlerhaften Beurteilungen. Ich habe auch Beurteilungen hier erlebt, nach dem letzten Verfahren, wo jemand dann auch reinschrieb, aufgrund der Teilzeitarbeit schafft sie nicht so viel Arbeit, also die Arbeitsmenge so zu sagen bemängelt hat.“*

Am allerschlechtesten allerdings würden Männer beurteilt, die Teilzeit arbeiteten, wobei dies aber nur für diejenigen gelte, die ihre Arbeitszeit reduziert hätten, um Kinder zu betreuen. Ein nebenbei betriebenes Jurastudium hingegen wirke sich bei der Beurteilung nicht nachteilig aus. So hieß es in Land 1:

> „*Immer, wenn es um Kinderbetreuung geht und jemand sagt, ich bin nur nicht so flexibel. Männer, wenn sie... Also, auch Frauen, wo es nicht ganz so schlimm ist, also, wenn die* [nicht] *ganz flexibel sind. Wenn die, also, ich sage mal, sich das leisten können, nur ein paar Stunden reduziert haben, und eigentlich immer, egal was ist, sagen können, ja, ich komme. Komme ich eben morgen nicht. Aber immer dann, wenn also, im Grunde familiäre Hindernisse dahinterstehen, dann wird es ein Problem. Und genauso für Männer.*"

Und (ebenfalls zum Thema Männer in Elternzeit):

> „*Anfangs war das wirklich ein Thema, nach dem Motto, wie kannst du in Elternzeit gehen.* [...] *Ich weiß von einem Fall höherer Dienst, der dann danach auch erstmal... Der war ein Jahr im - damals hieß es noch Erziehungsurlaub. Den hat man auch so zu sagen ein Stück auf's Abstellgleis geschoben, danach.*"

Aus Land 3 stammt die Aussage einer der befragten Gleichstellungsbeauftragten:

> „*Männer in Teilzeit sind am schlechtesten bei uns in der Behörde beurteilt. Schlechter beurteilt als Frauen in Teilzeit. Weil das wohl die verdrehteste Arbeitsweise von dem feststehenden Bild ist, wie ein Mann arbeiten soll. Da gibt es recht negative Bewertungen zu.*"

Und aus Land 5:

> „*Aber auch Männer, die Teilzeit arbeiten, werden auch diskriminiert. Das heißt, sie werden sogar mit einer anderen Wertigkeit diskriminiert, weil die Polizei einfach von ihrer Struktur her sehr konservativ ist. Und der Mann, der Teilzeit macht, der steht eigentlich noch schlechter da als die Frau, weil bei der Frau ist es das Klassische. Sie wird akzeptiert, aber sie bekommt nachher halt eben auch nachteilig gesagt ... es gibt ganz gravierende und sehr diskriminierende Beurteilungsgespräche.*"

Bei der Frage nach Einzelheiten der schlechteren Beurteilungen der Frauen, nach einzelnen, in die Beurteilung einfließenden tatsächlichen oder empfundenen Defiziten, zeigte sich, dass die befragten Gleichstellungsbeauftragten - trotz teilweise intensiver Beschäftigung mit dem Thema - keine Einzelpunkte innerhalb der Beurteilung ausmachen konnten, bei denen Frauen immer wieder schlechter abschneiden würden als Männer. Es wurde stets gesagt, sie seien „*insgesamt*", also in allen Beurteilungspunkten gleichermaßen, schlechter beurteilt.

3.2 Frauen fehlt die erforderliche Förderung der Entscheidungsträger

Gründe, warum die Frauen insgesamt schlechter beurteilt seien als die Männer, konnten aber alle befragten Gleichstellungsbeauftragten nennen, und es waren stets dieselben, nämlich in die Bewertung einfließende Vorurteile sowie die Vorstellung, die Karriere einer Frau sei „*nicht so wichtig*", weswegen auch eine gute Beurteilung nicht so wichtig sei.

Ein weiterer Grund wurde darin gesehen, dass es Männer seien, die die Beurteilungen vornähmen, und die würden Frauen schon deshalb schlechter beurteilen als ihresgleichen. Offenbar zeigt sich an dieser Stelle tatsächlich der oben bereits erwähnte „*Similar-to-me*" - Effekt.[784]In Land 1 hieß es:

> „*Es sind überwiegend Männer, die beurteilen. Ich glaube, daran liegt es auch.*"

Und in Land 4:

> „*Wir sind in unserem Kreis immer noch eine männerdominierte Gesellschaft.*"

Die beurteilenden Männer hätten häufig stereotype Rollenbilder im Kopf, denen sie in der Beurteilung (häufig sogar ganz bewusst) Rechnung trügen. Aus Land 4 stammen folgende Beobachtungen:

> „*Als es drum ging: Der hatte zwei zu beurteilen, den Kollegen und* […]. […] *war Teilzeitkraft* [weiblich], *der Kollege Vollzeitkraft und ein halbes Jahr dienstälter als* […]. *Da hat der gesagt:* [Zur weiblichen Teilzeitkraft], *ich weiß, dass der* […] *nun nicht die Leistung hat, die du bringst. Aber wenn ich euch gleich beurteilen würde, würdest du vor dem* […] *befördert werden.*"

Und ein weiterer Befund im gleichen Land:

> „*Ja, das liegt einfach daran, dass diese DGL - oder Dienstgruppenleiter -* […] *… die einfach sagen: Ja, der Mann ist der Ernährer, die Frau ist ... Da muss ich gucken, dass ich den nach vorne bringe. Eher als die Frau.*"

Und:

> „*Ich glaube nicht, dass es da wirklich um Kompetenz oder Leistung geht. Da wird gesagt, der kommt Vollzeit, der muss Geld für seine Familie verdienen.*"

---

784 S. dazu oben S. 254.

In Land 5 hieß es:

> *„Ich weiß von Gesprächen mit Kolleginnen, da hat man ihnen auch explizit gesagt, wärst du nicht schwanger geworden, hättest du ja die Zwei bekommen. Das sind solche Sachen, die dann schon mal im Raum stehen. Also das ist ... das ist so. Das ist Alltag.“*

Und:

> *„Ich habe einen Antrag einer Kollegin hier liegen, die sagt, ich möchte meine Beurteilung geändert haben, weil ich wurde diskriminiert. Die hat sich getraut. Sie wurde diskriminiert, weil sie Teilzeit ist, weil sie weg war. Und mit den Worten ‘Dein Mann ist ja auf der und der Dienststelle, da geht's dir ja doch ganz gut, und der hat ja schon alles soweit bekommen.‘ Also, man guckt dann schon: Ist der Mann auch Polizist, ist der schon Hauptkommissar - dann braucht die Frau ja jetzt nicht so eine gute Bewertung zu bekommen, dann kann sie ja noch warten. Also, das hört sich jetzt ganz, ganz schlimm an - das ist aber auch leider oft ein Problem.“*

Aus Land 1 kommt eine vergleichbare Aussage:

> *„Das sagen auch viele Kolleginnen: 'Ich muss immer mehr belegen und mehr beweisen.‘“*

Übereinstimmend hielten die befragten Personen dann auch die Aussage für richtig, Frauen müssten auch heute noch mehr leisten als Männer, um ähnlich wahrgenommen und gleich beurteilt zu werden.

Bei den teilzeitbeschäftigten Frauen wirkt sich nach dem Empfinden der befragten Personen neben den genannten Gründen vor allem die geringere Anwesenheitszeit negativ auf die Beurteilung aus. In Land 1 hieß es dazu:

> *„Es kommen oft so Sprüche: 'Du bist nicht so häufig da, das heißt also nicht so einsatzbereit.'“*

Und:

> *„Es liegt einfach an dem, was alle im Kopf haben. Anwesenheit. Lange Anwesenheit ist gute Arbeit. Wer früh kommt und spät geht, muss irgendwie toll sein. Das ist so ein typisches Männerprofil. Was die acht oder zwölf Stunden machen, interessiert manchmal auch keinen. Es wird nicht unbedingt der Input, sondern die reine Anwesenheit betrachtet.“*

Aus Land 4 kommt die Beobachtung:

> *„Aber das ist tatsächlich so, dass die Teilzeitkräfte da etwas kürzer gehalten werden. Die können sich klar mal ein Bein ausstrampeln, und das wird nicht ... das wird nie ... nicht gerecht beurteilt. Weil die einfach sagen, die machen nur die Hälfte der Arbeit, die können nur halb so gut sein.“*

Und aus Land 3 stammt die Feststellung einer der Gleichstellungsbeauftragten:

> *„Weil eben die Wahrnehmung, nur 30 % oder 50 % der Zeit da zu sein, dazu führt, dass manche sagen, die kann ja nicht das bringen, was ein anderer in 100 % leistet.“*

4. Hinderliche Einstellungen der Frauen selbst

In allen untersuchten Polizeien hatten die befragten Personen neben der schlechteren Beurteilung und fehlender Förderung „von oben“ aber auch ein weiteres Erklärungsmuster für das vergleichsweise langsame Vorankommen der Frauen auf der Karriereleiter parat, nämlich bestimmte Einstellungen und daraus resultierende Entscheidungen der Frauen selbst. Frauen würden sich demzufolge prozentual zu ihrer Gesamtzahl seltener auf Positionen der nächsthöheren Ebene bewerben als Männer. Auf ihren Anteil an Führungspositionen in der Statistik wirkt sich dies in der Folge insbesondere deshalb negativ aus, weil bei der Polizei ohnehin schon weniger Frauen als Männer beschäftigt sind. Letzteres ist vor allem der Tatsache geschuldet, dass sich die Polizei überhaupt erst Mitte der 1980iger Jahre für Frauen geöffnet hat.

Forscht man weiter nach den Gründen, aus denen sich Frauen seltener auf Führungspositionen bewerben, zeigen sich zwei Erklärungsmuster, die sich auf den ersten Blick plakativ in „Frauen trauen sich die Position nicht zu“ und „Frauen wollen die nächsthöhere Position nicht haben“ unterscheiden lassen.

4.1 Frauen trauen sich Karriere nicht zu

> *„Frauen trauen sich weniger zu“*,

hieß es in Land 2.

> *„Wenn in so Stellenausschreibungen drinsteht ... das Anforderungsprofil, was muss derjenige mitbringen, der sich darauf bewirbt ... Dann liest ein Mann zehn Punkte, und sieht eben dabei so ... ach Mensch, ja, drei passen auf mich, da bewerbe ich mich drauf. Und die Frau liest eben zehn Punkte und sagt oh, einer haut nicht hin, den Rest kann ich erfüllen, ich bewerbe mich nicht. Da sehen Frauen sich einfach noch anders.“*

Die gleiche Beobachtung hat eine der Gleichstellungsbeauftragten in Land 3 gemacht:

> „*Und Frauen neigen eben dazu, sowohl schon mal die Stellenausschreibung anders zu lesen, also das Bewerbungsverhalten ist dann doch eher eingeschränkt. Wo „wünschenswert" steht, lesen Frauen „erforderlich" und bewerben sich nicht.*"

Entsprechend seien Frauen nach Auffassung der befragten Personen weniger gut darin, auf sich selbst aufmerksam zu machen:

> „*Kollegen sind da einfach lauter, um sich nach vorne zu bringen*",

hieß es in Land 2. Diese Aussage wurde jedoch wieder relativiert durch Folgendes:

> „*Ich glaube, die Ansprüche von Frauen grundsätzlich an sich selber sind sehr hoch. Wenn es um berufliches Fortkommen und berufliches Ausfüllen geht. Ich glaube tatsächlich, dass sie doppelt so gut sein wollen, auch, um sich zu beweisen.*"

In Land 5:

> „*Aber im Alltag, im täglichen Alltag im Berufsleben, Polizei zum Beispiel, würde ich eher sagen, dass Karrieredenken, wenn ich das so ... Karrieredenken, einfach mal so als Titulierung, sich doch sehr im unteren Bereich hält, was Frauen betrifft. Männer sind da viel, viel stärker. Sehen sich viel stärker veranlasst, weiterzukommen, als die Kollegin, einfach.*"

Damit ginge einher, dass sich Frauen kaum je gegen die - von ihnen sehr wohl als ungerecht empfundenen - schlechteren Beurteilungen wehren würden, weil sie Angst vor noch schlechterer Beurteilung hätten - oder weil sie die schlechte Beurteilung wider besseres Wissen annehmen bzw. rechtfertigen würden:

> „*Ich glaube, Frauen sagen eher 'Ja', wenn sie eine schlechtere Beurteilung vor den Kopf geknallt kriegen*",

so die befragte Person in Land 4.

In Land 5 hieß es:

> „*Frauen nehmen für sich viel lieber ... - wie soll ich sagen - die Schuld auf sich: 'Ja, gut, ich möchte da ja jetzt nicht einem Kollegen einfach dort in den Weg kommen. Ich war einfach ja drei Jahre zu Hause, und da kann ich ja jetzt nicht schon die Ansprüche stellen, das ist einfach so.' Oder sie beschweren sich ganz heftig bei mir, wollen aber nicht, dass das nach außen artikuliert wird, weil sie sagen: ‚Ich musste das einfach loswerden, ich habe aber keine Lust, wegen meiner Beschwerde noch mehr benachteiligt zu werden.' Also, das Beamtensystem kann dazu führen, dass man - leider - auch noch*

mehr benachteiligt wird, dadurch. Und das ist halt eben schon die Schwierigkeit, die manchmal im Raum steht. Weil, Vorgesetzte nehmen das den Frauen ganz, ganz arg übel, wenn sie sich beschweren."

4.2. Frauen wollen die nächsthöhere Position nicht haben

Neben der Angst, für die nächsthöhere Position nicht gut genug zu sein, zeigte sich auch immer wieder ein Erklärungsmuster, bei dem diese Angst nicht auftauchte, sondern die höhere Position schlicht nicht gewollt war. Beleuchtete man diese Aussage „Frauen wollen die nächsthöhere Position nicht haben" näher, zeigten sich wiederum zwei Argumentationsstränge. Der erste kreiste um ein „Wohlfühlargument" auf der jetzigen Position, der zweite darum, für die höhere Position keine Zeit zu haben, da andere Aufgaben - insbesondere Kinderbetreuung - als wichtiger wahrgenommen würden.

4.2.1 Wohlfühlen auf der aktuellen Position

Die aktuelle Position sei bekannt, bequem, und man habe sich damit arrangiert. Die höhere jedoch sei unbekannt und bringe möglicherweise Unannehmlichkeiten mit sich, die lieber vermieden würden. Insbesondere werde beim Aufstieg ein Verlust an Selbstbestimmung und Zeitautonomie vermutet:

„*Das ist das Image des höheren Dienstes*",

so die Beobachtung in Land 1:

„*Und dann war es auch das Image des höheren Dienst. Das, was da eigentlich läuft: So Leibeigenschaft, ich bin nicht mehr selbstbestimmt, sondern ich werde im höheren Dienst auch als Schachfigur hin- und hergeschoben. Da haben viele gesagt, dann kann ich auch lieber DGL - also Dienstgruppenleiter -, oder Sachgebietsleiter bleiben, da weiß ich, ich kann selbst entscheiden, was ich eigentlich will.*"

Und:

„*Es gibt auch welche, die sagen, ich fühl mich hier wohl, und ich will auch nicht anders, zumindest solange die Kinder klein sind. Und ... Frauen, glaube ich, ist es immer noch wichtiger, an einer Dienststelle zu arbeiten, an der sie sich eher wohlfühlen. Die gucken also auch eher mal so drauf, wer ist da Chef, was wird da gemacht, wie ist da so die Aufgabenzuteilung. Und das ...*

was ist da für ein Klima? Während Männer erst mal gucken: Gibt es da A12 oder A11?"

In Land 3 sagte eine der Gleichstellungsbeauftragten:

„*Ich glaube eben, dass Frauen* [...] *andere Prioritäten setzen. Eher sagen, ich bin hier total glücklich in meinem Arbeitsbereich.*"

4.2.2 Zielkonflikt zur Kinderbetreuung

Das zweite, weitaus häufigere (sich in der vorstehenden Aussage aus Land 1 bereits zeigende) Argumentationsmuster betrifft die Verteilung von Familienaufgaben und Kinderbetreuung. Demnach sehen sich viele Frauen als erste (und sehr häufig einzige) Verantwortliche für Familien- und Kinderbetreuung. Ihr Berufsleben ordnen sie dieser Aufgabe entsprechend unter und folgen so offenbar selbst einem sehr konservativen Familienbild. Dazu hieß es in Land 1:

„*Weil einfach sie sagt, mein Kind braucht mich, und ich habe kein Kind gekriegt, um dann das Kind neun Stunden pro Tag in den Kindergarten zu geben oder fremdbetreuen zu lassen* [...] *und irgendwann muss ich gucken, wie es weitergeht.*"

In Land 5:

„*Ich versuche dann halt eben auch noch andere Möglichkeiten zu offerieren, die gibt es, aber das hängt einfach stark damit zusammen, dass Frauen einfach zu Hause bleiben wollen mit ihrem Kind.*"

In Land 2:

„*Oftmals ist es aber so, dass die Frauen ja sagen, ich möchte gerne Teilzeit machen, weil ich eben noch Familie zu Hause zu betreuen habe. Der Großteil der Teilzeit ist bei uns ja, weil dann ein Betreuungsauftrag im Hintergrund ist. Entweder pflegebedürftige Angehörige, oder eben der richtig große Teil eben Kinderbetreuung.*"

In Land 3 (eine der Gleichstellungsbeauftragten):

„*Wir hören häufig immer noch: 'Mein Mann war ja auch schon eine Besoldungsgruppe höher, also geht der weiter zum Dienst, und ich bleibe zu Hause'. Das ist eben häufig noch der Regelfall.*"

Mit dem höheren Verdienst des Mannes allerdings hat dieser Regelfall oft gar nichts zu tun. In vielen Fällen würden die Mütter auch dann zu Hause bleiben bzw. Teilzeit arbeiten, wenn sie zuvor mehr verdient hätten als die Väter. Die Entscheidungen der betroffenen Personen scheinen also eher von einem geschlechtsbezogenen Rollenbild beeinflusst zu sein als von tatsächlichen Gegebenheiten im konkreten Fall. Ein Beispiel aus Land 5:

> „*Wir haben eine Kollegin, die ist Oberkommissarin, und ihr Mann ist im mittleren Dienst. Wer geht arbeiten? Der Mann. Obwohl der zwei Besoldungsstufen unter der Frau verdient. Die Frau bleibt aber ... also, die ist zu Hause geblieben, macht mittlerweile wieder Teilzeit. Und sie ist Oberkommissarin - eigentlich könnte sie den ganzen Tag gehen, und der Mann eigentlich die Teilzeit machen, aber das ist die Entscheidung der Familie, das muss man akzeptieren.*“

In Land 2 hieß es:

> „*Für heute gesprochen ist es so, dass ich schon glaube, dass Frauen sich einfach auch anders entscheiden. Frauen sind immer noch größtenteils die, wenn sie Familie planen, diese Familie auch zu Hause betreuen, also dann Ausfallzeiten haben. Und dann, nach der Elternzeit, also, nach der Zeit, die sie dann eben zu Hause geblieben sind, auch feststellen, dass sie andere Prioritäten haben.*“

Im Hinblick auf einen Aufstieg in eine höhere Position würden sich die betroffenen Frauen in Land 2 zuerst die Frage stellen, ob sie damit noch der Kinderbetreuung gerecht werden könnten:

> „*Und ich glaube, das ist schon ein Hinderer. Und auch mit dem Austausch mit anderen Frauen ist es so, dass die eben auch für sich sagen: Ach Mensch, ja, auf den Posten brauche ich mich nicht zu bewerben, weil da werde ich auch keine Teilzeit machen können, um dem gerecht zu werden.*“

Diese Beobachtungen decken sich mit den bereits aufgezeigten Erhebungen,[785] wonach Frauen in (West-) Deutschland nach einem weit verbreiteten Rollenbild noch immer (jedenfalls erstrangig) für die Betreuung von Familien zuständig seien und eine eigene Karriere daher nicht anstreben.[786]

785 Auf dem Weg zur Gleichstellung? - Bildung, Arbeit und Soziales - Unterschiede zwischen Frauen und Männern, Statistisches Bundesamt, Wiesbaden, 2014, S. 21; OECD Studie „Dare to Share - Deutschlands Weg zur Partnerschaftlichkeit in Familie und Beruf - Verteilung von Erwerbsarbeit und Erwerbseinkommen in Paaren mit Kindern“, S. 135 ff.

786 S. etwa Statistisches Bundesamt, Teilzeitquote von Frauen in Deutschland deutlich über EU-Durchschnitt, Pressemitteilung vom 7. März 2012; Bericht Niedersachsen, S. 34 f.

Tatsächlich waren im Jahr 2012 in Deutschland 75 % aller Mütter nur teilzeitbeschäftigt;[787] 81 % von ihnen nannten als Grund der Teilzeitbeschäftigung *„persönliche und familiäre Gründe"*.[788] Anders sehen die Zahlen allerdings aus, betrachtet man nur das Gebiet der ehemaligen DDR (inklusive Westberlin): Dort waren 2012 lediglich 44 % der Mütter teilzeitbeschäftigt. Von diesen wiederum gaben nur 52 % *„persönliche oder familiäre Verpflichtungen"* als Grund ihrer Teilzeittätigkeit an - 30 % nannten als Grund, keine Vollzeitstelle finden zu können.[789] Im übrigen Europa finden sich Zahlen, die eher mit denen des Gebietes der ehemaligen DDR als mit denen in Westdeutschland vergleichbar sind.[790]

Das in den Interviews beschriebene Rollenbild findet sich also durchaus noch in der Realität in Deutschland wieder, wo es von Entscheidern teilweise antizipiert, von den Gleichstellungsbeauftragten (sowie, nach Darstellung der Gleichstellungsbeauftragten, von den betroffenen Frauen selbst) aber auch wenig hinterfragt wird.

4.2.3 Relativierung der Aussagen nach Alter und Umgebung

Die Aussagen, Frauen würden sich nicht bewerben, weil sie sich die höhere Position nicht zutrauen würden, weil sie lieber keine höhere Position hätten und weil sie in großer Zahl nur Teilzeittätigkeiten anstreben würden, müssen in ihrer Generalität jedoch relativiert werden. Denn insbesondere, wenn nach dem Alter, aber auch nach der Herkunft der betroffenen Frauen differenziert wurde, zeigten sich in den Aussagen teils deutliche Unterschiede. Das dargestellte Bild der Frau, die sich vorrangig um ihre Familie kümmern will/muss und deshalb nicht nach höheren beruflichen Positionen strebt, wandelte sich, betrachtete man nur die Aussagen, die

787 Statistisches Bundesamt, Keller/Haustein, Vereinbarkeit von Familie und Beruf, Ergebnisse des Mikrozensus 2012, S. 865.

788 Statistisches Bundesamt, Keller/Haustein, Vereinbarkeit von Familie und Beruf, Ergebnisse des Mikrozensus 2012, S. 867.

789 Statistisches Bundesamt, Keller/Haustein, Vereinbarkeit von Familie und Beruf, Ergebnisse des Mikrozensus 2012, S. 868.

790 Statistisches Bundesamt, Frauen und Männer auf dem Arbeitsmarkt - Deutschland und Europa; OECD Studie „Dare to Share - Deutschlands Weg zur Partnerschaftlichkeit in Familie und Beruf - Verteilung von Erwerbsarbeit und Erwerbseinkommen in Paaren mit Kindern".

konkret jüngere Frauen und diejenigen betrafen, die in städtischer Umgebung leben.

So hat eine der Gleichstellungsbeauftragten in Land 3 beobachtet:

> „*Frauen sind heute schon karriereinteressierter. Es ist jetzt schon eine andere Generation, die in die Polizei reinkommt.*“

Und aus städtischer Umgebung hieß es (zur Inanspruchnahme von Elternzeit):

> „*Die ganz jungen Kolleginnen sind spätestens nach einem Jahr wieder da. In der Regel sind es zehn Monate.*“

Und:

> „*Ich habe ein bisschen den Eindruck: Frauen, die im Osten großgeworden sind, haben eine ganz andere Grundeinstellung. Sehr karriereorientiert.*“

Da werde schon einmal bis kurz vor der Geburt gearbeitet, der Mutterschutz für eine Bachelorarbeit genutzt und acht Wochen nach der Geburt wieder der Dienst angetreten.

Ganz anders im ländlich geprägten Raum, dort auch häufig unabhängig vom Alter der Frauen:

> „*Wir hatten so einen Fall: Die Frau ist aus Berlin, die hat hier keine Verwandte. Die Beziehung ging während der Schwangerschaft in die Brüche, und so musste sie dann zum Sozialamt gehen.*“

Im ländlichen Raum schien es unvorstellbar, statt „*zum Sozialamt*“ zur Arbeit zu gehen:

> „*Es gab keinen Platz in der Kita oder in irgend so einem Ding. Und dann die Überlegung, soll sie ihren drei Monate alten Wurm wirklich schon abgeben?*“

Schlussendlich sei die Betroffene nach Berlin zurückgekehrt,

> „*weil sie dort ihr Kind besser mit dem Beruf Polizeibeamtin unter einen Hut bringen kann.*“

Und:

> „*Es gibt dort Kitas, das ist für den Wechseldienst wie gemacht, da fahren die auf die Nachtschicht und fahren das Kind dorthin, und das schläft dort. Das ist wunderbar; das gibt es bei uns aber noch nicht. Weil* [Land] *einfach in anderen Strukturen lebt. Und das hängt damit auch sehr stark zusammen.*“

4.2.4 Relativierung der Aussagen aufgrund des beschriebenen Arbeitsumfeldes

Bevor wirklich der Schluss gezogen werden kann, Frauen würden sich „entscheiden", keine Führungsposition zu wollen, ist weiter zu beachten, dass (selbst wenn man diffuse gesellschaftliche stereotype Vorstellungen, die möglicherweise in Westdeutschland besonders ausgeprägt sind, außer Acht lässt) in den Aussagen der befragten Personen ein Arbeitsumfeld beschrieben wird, das es den Frauen nicht eben leicht macht, ihre Karrieren ebenso zu verfolgen wie ihre männlichen Kollegen das tun. Dies wird bestätigt von der bereits genannten Studie von Andrea Jochmann-Döll und Karin Tondorf,[791] die zu dem Ergebnis kam, dass die Polizei nach wie vor ein „männlich" geprägter Bereich sei, in dem sich Vorurteile, nach denen Frauen einen solchen Beruf nicht ausüben könnten, immer noch halten.

Da werden Frauen ungerechtfertigterweise schlechter beurteilt als Männer und - im Gegensatz zu Männern - von ihren Vorgesetzten und den Entscheidern innerhalb der Polizei weniger motiviert und gefördert, geschweige denn bei der Verteilung der Führungsaufgaben und innerhalb des dargestellten „Basarprinzips" bewusst nach vorn gezogen:

> „*Ein männlicher Kollege wird in Männerrunden eher mal motiviert, sich zu bewerben. Frauen hören da nichts*",

so die Beobachtung des Personalverantwortlichen in Land 3. In Land 4 hieß es:

> „*Die hat nie jemanden gefunden, der sie gepusht hat. Oder mal ein bisschen mentormäßig unter die Fittiche genommen hat und auch mal ein bisschen Vitamin B und so: Jetzt hab ich hier eine Gute, die machen wir mal ein bisschen...*"

Und:

> „*Irgendeiner pickt sich einen raus und guckt, dass er den nach oben schiebt. Und das kann ja genauso gut auch mal eine Frau sein. Und das passiert viel zu wenig - eigentlich gar nicht.*"

In Land 2:

> „*Ich glaube, es mangelt manchmal daran, dass auch eine Frau gerne an die Hand genommen wird, so nach dem Motto: Ich halte dich für geeignet, und*

791 S. oben S. 255 ff: Jochmann-Döll/Tondorf, Nach Leistung, Eignung und Befähigung? - Beurteilung von Frauen und Männern im Polizeivollzugsdienst.

> *bringe dich jetzt dahin, so vom Chef aus. Dass gesagt wird, komm, wir machen das, ich halte dich für eine Superkraft, und du machst jetzt das.*“

> [Auf Nachfrage, ob das bei Männern anders sei, diese also „an die Hand genommen“ würden, folgte zunächst die Feststellung, Männer hätten ein größeres Ego, allerdings:]

> „*Dann gibt es aber noch genug Dienststellenleiter oder Vorgesetzte, die dann eben sagen, ja, der ist mir schon aufgefallen, weil er vom Typ her so ist - also nehmen sie den an die Hand und sagen, na, ich fördere dich jetzt mal, mach das. Ich halte dich für geeignet ...*“

Und in Land 1:

> „*Es gibt noch nicht genug Vorbilder auf der Ebene.*“

Dies macht deutlich, dass die Aussage „Frauen trauen sich die Position nicht zu“ auch verstanden werden kann als „Die Position wird den Frauen nicht zugetraut, und die Frauen haben diese Sichtweise übernommen“. Es liegt schließlich in der Natur der Sache, dass jemand, der regelmäßig eine vergleichsweise schlechtere Beurteilung erhält, und dem - anders als den männlichen Kollegen - nicht bestätigt wird, er könne die nächsthöhere Position ausfüllen, irgendwann zu der Ansicht gelangt, er sei für eine Führungsposition nicht gut genug oder würde sich auf der nächsthöheren Ebene unwohl fühlen, da er dort entweder überfordert oder nicht gewollt sei. Vor so einem Hintergrund liegt es näher, ab einem bestimmten Punkt nicht mehr zu „wollen“ oder den (gesellschaftlichen noch akzeptierten) „Ausstieg“ von der Karriereleiter über eine Teilzeitbeschäftigung zu wählen.

5. Die Einstellungen der befragten Personen

Die Auswertung der Interviews der Gleichstellungsbeauftragten und des Personalverantwortlichen zeigte ein weiteres Muster, nämlich zum Teil stark vorurteilsbehaftete und insoweit unreflektierte Aussagen der befragten Personen selbst, welche darauf schließen lassen, dass die Befragten bestimmte traditionelle Aufgabenverteilungen und Rollenzuschreibungen selbst für richtig halten bzw. als gegeben akzeptieren und entsprechend gar keine Änderungen anstreben.

Dies führt zum einen dazu, dass die Aussage, Frauen würden die höheren Posten nicht anstreben, weiter relativiert werden muss, da die dies belegenden Aussagen der Befragten vor dem Hintergrund ihrer eigenen Einstellungen gesehen werden müssen. Zum anderen können diese Aussagen auch auf eine noch sehr traditionelle, vorurteilsbehaftete Einstellung der Polizei insgesamt hindeuten, die bei Entscheidern genauso verbreitet ist wie bei den Frauen in der Polizei - und die sogar bei denjenigen festzustellen ist, die einer solchen Haltung eigentlich entgegentreten sollten, nämlich bei den Gleichstellungsbeauftragten. Weiter sind diese Aussagen ein Hinweis darauf, dass vielleicht das Streben nach Gleichstellung in der Polizei weniger ernsthaft oder weniger wirkungsvoll betrieben wird, weil die dafür verantwortlichen Personen möglicherweise nicht gut ausgewählt bzw. geschult sind oder weil sich keine wirklich geeigneten Personen dafür zur Verfügung stellen wollten.

So hat auf die Frage, wie und warum sie Gleichstellungsbeauftragte geworden seien, keine der Interviewpartnerinnen erklärt, sie sei mit dem Ziel einer vollständigen Gleichstellung von Männern und Frauen angetreten. Zwei Interviewpartnerinnen aus zwei unterschiedlichen Ländern erklärten sogar, sie seien hauptamtliche Gleichstellungsbeauftragte geworden, weil eine Arbeit im aktiven Polizeidienst ihrer Meinung nach nicht mit ihrer Rolle als Mutter vereinbar sei. Solche Vorstellungen müssen sich nicht zwingend auf die eigene Arbeit auswirken, die auch und gerade darin besteht, Mütter auf dem Weg in Führungspositionen im aktiven Polizeidienst zu unterstützen. Dann aber ist ein hohes Maß an Selbstreflexion erforderlich, an dem es in den untersuchten Bereichen häufig zu fehlen schien.

Betrachtet man jedenfalls die Aussagen zur Verteilung der Familienaufgaben genauer, zeigt sich, dass die Rollenklischees, die die befragten Personen manchen Beurteilern vorwarfen, sich häufig auch in ihren eigenen Aussagen wiederfanden. Vielfach wurden diese persönlichen Vorstellungen nicht nur deutlich zum Ausdruck gebracht, sondern auch in der eigenen Arbeit umzusetzen versucht. Dabei scheinen sich manche dieser Vorstellungen aus dem eigenen Lebenslauf zu ergeben, der verallgemeinert wurde, was eine professionelle Distanz und eine unvoreingenommene Auseinandersetzung mit der Thematik und den betroffenen Frauen gelegentlich vermissen ließ. Angesichts dieser Aussagen ist besonders zweifelhaft, ob die befragten Personen wirklich objektiv von den Wünschen der Polizistinnen in ihrem Land berichteten, oder ob sie diesen nicht vielmehr ihre eigenen Gedanken unterstellten. In Land 2 - dessen Gleichstellungsbeauftragte Frauen mit Kindern konsequent ausschließlich als „*Mama*" bezeichnete - hieß es etwa:

> „*Man bekommt ja nicht unbedingt Kinder, um dann Vollzeit zu arbeiten, sage ich mal, und dann kaum Zeit mit den Kindern zu haben.*"

Und:

> *„Ich persönlich - jetzt auf meine Familienkonstellation bezogen - habe einen Mann, der vom Dienstgrad geringer ist.* [...] *Ich wäre also eigentlich diejenige, die, wenn sie denn das so wollen würde, mehr Geld nach Hause bringen würde, wenn sie Vollzeit arbeitet, und mein Mann könnte auch ohne Probleme auf dem Job, den er hier bei der Polizei macht, auf Teilzeit gehen. Ich merke aber selber, wie sich bei dem Gedanken in mir ganz viel sträubt.*“

Eine kritische Auseinandersetzung mit derlei stereotypen Rollenvorstellungen und ihren Auswirkungen findet entsprechend nicht statt. Vielfach werden Rollenklischees stattdessen als gegebene Tatsachen hingenommen; und auch dort, wo klar wird, dass man es lediglich mit Rollenvorstellungen zu tun hat, werden diese nicht hinterfragt:

> *„Weil die Frauen einfach dieses Verantwortungsgefühl haben: Das sind meine Kinder*“,

hieß es in Land 1;

> *„Ich glaube, das ist einfach gesellschaftlich mehr ausgeprägt.*“

In der Folge sind die verwendeten Argumentationsmuster zum Teil biologistisch; das Thema „soziales Geschlecht“ ist gänzlich unbekannt. Gelegentlich zeigten sich sogar Vorurteile:

> *„Wenn jetzt nur noch Frauen in Führungspositionen kommen, das ist auch nicht der richtige Weg. Weil das dann ein riesig großer schnatternder Hühnerhaufen wäre.*“ (Land 2)

Die Aussagen der befragten Personen sind regelmäßig vom Bild der Frau als Mutter geprägt, die sich vorrangig vor ihrem Beruf um eine Familie zu kümmern habe und die deswegen, sobald sie Kinder habe, nur noch Teilzeit arbeiten könne und folglich nicht mehr so, wie eine echte Karriere das erfordere. So hieß es in Land 4, Frauen könnten nur schwer Nachtdienste machen, denn:

> *„Der* [Mann] *muss ja dann morgens auch wieder weg. Deswegen machen viele am Wochenende Dienst. Freitagsnachts geht ja, dann ist der samstags ja zu Hause, der Mann, in der Regel. Aber sonntags wird's dann schon schwierig mit Montag. Dann muss der Partner vielleicht um sechs oder halb sieben aus dem Haus, und die Kinder können erst um acht oder was in die* [Kita].“

Das Problem der Kinderbetreuung bleibt stets allein bei den Frauen. Überdeutlich wurde dieses Bild in Fällen, in denen beide Eltern Polizisten sind. In Land 4 hieß es:

„*Wir haben also viele Kollegenpärchen.* […] *Und da gehen die Frauen zwei Tage* [arbeiten.] *Genau die zwei Tage, die die Männer frei haben. Oder, wenn sie halt ... einen Partner haben, der im normalen Berufsleben steht, unter der Woche arbeitet, dann kommen die Frauen meistens Samstag oder Sonntag arbeiten.*"

In Land 5 nahm die befragte Person - eine Gleichstellungsbeauftragte - Frauen mit Kindern gleich gänzlich aus der Gruppe derer heraus, die für Führungspositionen geeignet sind, und antwortete auf die Frage, warum in ihrem Bereich so wenige Frauen für Führungspositionen in Frage kämen:

„*Ich sag mal, wir hätten jetzt 20 oder 30 Frauen,* […] *Polizistinnen in der A10, und dann müssen Sie noch gucken, wie viele sind davon noch in Teilzeit, und wie viele haben Kinder, und wie viele haben eventuell Interesse an einer solchen Funktion. Dann sind Sie ganz schnell bei drei, zwei, einer ... Frauen, die Interesse haben.*"

Auf die Frage, ob bei der Beförderungsauswahl nach „Basarprinzip" nicht auch Frauen profitieren könnten, hieß es in Land 4, dafür käme insbesondere eine Kollegin in Frage, denn:

„*Die hat keine Kinder, die wird auch nie welche haben. Da könnte man sagen, dann pusht man die, da ist ja keine Gefahr.*"

In Land 2 hieß es auf die Frage, welche Frauen für Führungspositionen in Frage kämen:

„*Eine, die eben keine Familie haben möchte, sich dafür entschieden hat, für die eben Beruf das A und O ist und Karriere. Oder eine Mama, die eben schon ein älteres Teenagerkind hat, und sich da nicht mehr so drum kümmern muss, also den Schwerpunkt auch anders verlegen kann. So, das sind jetzt die Frauen, die ich so habe. Und dann haben wir noch zwei, die auch keine Mamas sind.*"

Dass Frauen Nachteile haben, wurde entsprechend häufig als der normale Lauf der Dinge gesehen und eben nicht als Folge stereotyper Rollenbilder oder gar struktureller Diskriminierung verstanden, der man entgegentreten könnte und auch entgegentreten sollte:

„*Wir haben den ganz natürlichen Bruch*",

erklärte der Personalverantwortliche in Land 3,

„*die Frau bekommt das Kind, der Mann eben nicht.* […] *Durch Kinder ist die Frau eine Zeitlang draußen.*"

Die spiegelbildliche Entsprechung bei den Männern kam in Land 2 zum Ausdruck, wo selbstverständlich angenommen wurde, dass eine Frau „*zu Hause*" ist und „*für's Nest sorgt*":

> „*Einmal Männer - vom Ego her - die sich ganz andere Sachen zutrauen, und das einfach machen. Weil die eben auch Rückenstärkung haben zu Hause, sage ich mal. Wenn sie zum Beispiel schon Familie haben, dann ist ja die Frau - in Anführungsstrichen - zu Hause, die für's Nest sorgt. Der muss sich nicht zerteilen, sondern der sagt, ich mach jetzt Karriere, ich will Karriere, und dann macht der das.*"

Eine andere, paritätischere Aufgabenverteilung schien so wenig vorstellbar, dass beispielsweise der Gleichstellungsbeauftragten in Land 2 nicht einmal bekannt war, dass Elternzeit durchaus auch über zwei Monate hinaus von Männern wahrgenommen werden kann:

> „*Die Männer können ja zu diesen zwölf Monaten, wo die Frau zu Hause ist, noch zwei Monate dazu nehmen. Bei uns in* [Land 2] *zumindest.*"

Immer wieder tauchte das Bild des Mannes als Ernährer auf, während die Berufstätigkeit der Frau eher einem Hobby als der Sicherung der Lebensgrundlage einer Familie glich. Entsprechend wurden Kinder einer Frau als Karrierehindernis angesehen, während Kinder die Karrieren der Männer (jedenfalls solange die Männer dem traditionellen Modell folgten und nicht etwa Teilzeit arbeiteten) geradezu beförderten. Entsprechend nannte die befragte Person in Land 4 als einen Öffnungsgrund der Quotenregelung, den sie für sozial gerechtfertigt halte, den Fall, dass ein Mann Kinder habe und daher vor einer Frau befördert werden müsse, und das sogar dann, wenn er bei schlichter Anwendung der Bestenauslese noch hätte warten müssen. Die gleiche Vorstellung kam, wie oben bereits erwähnt, im Zusammenhang mit Beförderungen in Land 3 bei einer Gleichstellungsbeauftragten zum Ausdruck:

> „*Es gab dann noch* [...] *wie viele Kinder, glaube ich.* [...] *Ja. Nach dem Motto: Mensch, guck mal, das ist eine Frau, aber der Mann hat drei Kinder, der müsste doch eigentlich befördert werden.*"

In Land 2 hieß es:

> „*Wenn man groß wird, dann ist ja so dieses typische Rollenspiel: Mama, Papa, und wo ist Papa? Papa ist bei der Arbeit. So. Ich glaube, dass kriegt man durch Eltern, Kindergarten und Schule auch so vermittelt. Glaube ich. Zumindest so für mich gesprochen - ich bin jetzt* [in den 30igern] *- so bin ich groß geworden. Meine Mama ist dann auch irgendwann arbeiten gegangen, aber man hat ja irgendwie so im Kopf: Die ist dann eben Teilzeit arbeiten gegangen, so wenn wir Kinder groß genug waren. Und ich glaube ein Stück*

> *weit ist das einfach auch noch so verankert, dass dieses Bild da ist. Die Mama ist diejenige, die zu Hause das Nest so zu sagen managt, und der Papa ist der, der das Geld nach Hause bringt, um dieses Nest möglich zu machen. Und ich glaube, das ist so.*"

In der Konsequenz sahen es die befragten Personen als ihre Aufgabe an, den betroffenen Frauen trotz Polizeidienst deren Rolle als „*Familienmanagerin*" - und damit eine typische „Frauenkarriere" - zu ermöglichen. Es existieren entsprechend viele Programme, Schulungen und Arbeitszeitmodelle, die den Frauen Teilzeittätigkeiten ermöglichen und erleichtern sollen. Ein Streben nach einer paritätischen Aufgabenverteilung, die auch für Frauen eine „normale" und vor allem existenzsichernde Karriere vorsieht, zeigte sich demgegenüber nicht. In Land 3 hieß es dazu von einer der Gleichstellungsbeauftragten:

> „*Es geht vor allen Dingen darum, die Frauen zu motivieren, dass Führen auch in Teilzeit möglich ist. Unser Wunsch ist natürlich auch immer, das wäre der klassische Fall, einen Dienstposten dann eben auch mit zwei Teilzeitkräften besetzen zu können, zum Beispiel.*"

In Land 4:

> „*Aber, wenn beide Vollzeit arbeiten gehen, und das Kind, sag ich mal, von 8 bis 18 Uhr in irgendeiner Kinderbetreuung ist ... da habe ich, glaube ich, sehr altmodische Ansichten, in der Beziehung. Das finde ich nicht so ... finde ich persönlich nicht so prickelnd. Dass man dann sagt, dass es vielleicht besser ist, ein paar ... wenigstens irgendwie ein bisschen die Stunden reduziert und zeitweise doch noch mehr Zeit für's Kind hat ... weil doch viel verloren geht, wenn man den ganzen Tag arbeitet.*"

In Land 1 mochte sich die befragte Person mit der - gerade für Alleinerziehende so wichtigen - Übernachtbetreuung bei Nachtschichten und mit einem Betriebskindergarten nicht anfreunden und brachte diese Ansicht nach eigener Aussage auch ganz offen in Seminaren und Gesprächen „an die Frau":

> „*Es ist immer wieder diese Frage nach dem Betriebskindergarten. Da habe ich auch eine Meinung zu: Weil, Rund-Um-die-Uhr-Betreuung ... Ich frage dann auch immer in Seminaren: Könnt ihr euch vorstellen, euer Kind abends zum Nachtdienst irgendwo abzugeben und dann morgens wieder abzuholen? Das kann ich mir nicht vorstellen.*"

Und:

> „*Eine Rund-um-die-Uhr-Betreuung - da würde ich sagen: Nein, bitte nicht.*"

Der Widerspruch zur Realität wurde dabei teilweise durchaus gesehen. Dass viele Führungspositionen in Teilzeit nicht machbar sind, bzw. dass dies nur mit einem (auch personellen) Zusatzaufwand zu bewerkstelligen wäre, der in der Praxis nicht stattfinden wird, war den befragten Personen durchaus bewusst. In Land 1 hieß es auf die Frage, ob Teilzeit in Führungspositionen möglich sei:

> „*Es steht drin, dass bis auf Dienststellenleitung und Organisationsleiter* [Teilzeit möglich ist] *... Das haben die in den Frauenförderplan reingeschrieben. [...] Und es ist auch jetzt bisher noch nicht Thema gewesen, aber ich kann als LKA-Leiter oder Präsident oder Dienststellenleiter... geht das angeblich nicht in Teilzeit, und das steht da auch drin. Das sind aber schon Höhere-Dienst-Funktionen.*“

Aber:

> „*Es ist praktisch sicherlich sehr viel schwieriger. Also, ich habe immer noch meinen vorherigen Präsidenten im Ohr: Man kann Personalführung schlecht teilen. Ich bin verantwortlich für mein Personal. Das kann ich schlecht irgendwie unterteilen. Das Problem sehe ich auch. Und ich sehe auch Teilzeit in bestimmten anderen Funktionen* [als problematisch], *in der Bereitschaftspolizei, als Hundertschaftsführer ... Da muss ich eigentlich da sein. Das Problem sehe ich.*“

Und weiter:

> „*Es ist immer so, wenn die Kollegin dann nicht da ist, muss nachmittags irgendjemand anderes ihr Geschäft übernehmen, und wenn dann irgendwas ist, und sie kann nicht - und ist auch wenig flexibel - macht das Schwierigkeiten. Das Problem sehe ich. Ich habe nicht die Lösung. Gebe ich ganz ehrlich zu.*“

Und:

> „*Dreiviertel Teilzeitkraft, da kann man ja drüber nachdenken. Bei der Hälfte hätte ich ein großes Problem. Aber Dreiviertel müsste man vielleicht mal draufgucken. Das braucht auch viel Flexibilität.*“

In Land 5 hieß es:

> „*Auch zwei Teilzeitbeschäftigte können theoretisch eine Dienstgruppe leiten mit zehn Personen. Also, eine Dienstgruppe muss man sich so vorstellen: Eine Polizeiinspektion, da arbeiten einhundert Beamtinnen und Beamte und noch Tarifpersonal, die im Verwaltungssektor dort sind, und die sind auf fünf Dienstgruppen aufgeteilt, diese Polizistinnen und Polizisten. Und eine Dienstgruppe hat, sage ich mal, fünfzehn Leute. Und da ist es möglich, dass zwei Frauen oder ein Mann und eine Frau sich eine komplette Stelle dort teilen. Das würde gehen.*“

Aber:

> „*Und dann muss man ja schauen, wer von den Teilzeitbediensteten ist denn überhaupt in der Lage, auch eine solche Funktion, nämlich Führungsfunktionen, wahrzunehmen. Und wenn dann von den - ich sag mal, wir hätten 50 Frauen in Teilzeit, und davon sind vielleicht drei interessiert an einer Führungsstelle, oder nur eine sogar, und dann müsste ja noch eine zweite her, die das auch machen würde, und die genau auch die Fähigkeiten hat und die Anforderungen erfüllt, die eine solche Ausschreibung letztendlich ... das ist ja dann definiert, und das muss ja zunächst mal da sein, um überhaupt eine solche Stelle zu bekommen, und nur dann würde das gehen. Und da reicht es einfach noch nicht aus, weil wir noch nicht so viele Teilzeitbeschäftigte eigentlich haben. Das hängt damit auch sehr stark zusammen.*“

Und in Land 2:

> „*Es kommt aber natürlich darauf an, auch auf welche Höhe man dann irgendwann kommt. Wenn ich mir überlege, im höheren Dienst, wo man dann zum Beispiel das Polizeiamt leitet, oder wo man eine ganze Direktion leitet, wenn man da in Teilzeit ist, und dann den Schwerpunkt noch Familie hat, glaube ich, ist es schwer, dem gerecht zu werden. Oder einfach auch zu ganz anderen Zeiten, am besten rund um die Uhr, ansprechbar sein muss. Von daher denke ich mal, muss man ganz genau den Arbeitsplatz betrachten.*“

Hinzu komme die weitere Problematik, dass aus Kostengründen nicht mehr so viel eingestellt werde, was zu Personalmangel führe, wenn bereits vorhandenes Personal die Arbeitszeit reduziere, ohne dass personeller Ersatz vorhanden sei:

> „*Letztendlich sich auch damit auseinanderzusetzen, mit dem andersrum damit gekoppelten Problem, wir kriegen immer mehr Teilzeit, wir haben immer mehr Frauen bei der Polizei, die irgendwann schwanger werden*“,

hieß es in Land 2,

> „*wie kriegen wir da Personalersatz? Wie kriegen wir tatsächlich das hin? Im Moment ist es so, dass nicht ... wenn ich ausfalle durch Elternzeit, weil ich eben schwanger bin, nach Hause gehe und auf das Kind so zu sagen ein Jahr aufpasse, kriege ich dafür keinen Personalersatz, und wenn ich in Teilzeit wiederkomme, dann bin ich ja in Teilzeit da. Dann fehlt aber trotzdem noch der Rest. Und dadurch, dass eben die Aufgaben immer größer werden, wird das eben mittlerweile - und wir kein Personal nachkriegen - wird natürlich auch mittlerweile Teilzeit nicht mehr so gerne gesehen.*“

Die Folge davon sei:

> „*Die Basis kann nicht mehr arbeiten, und Teilzeitkräfte müssen sich dem Vorwurf ausgesetzt sehen: ‚Ja toll, du bist Teilzeit da, und wir müssen deine Arbeit mitmachen'.*“

Das von den Gleichstellungsbeauftragten dennoch propagierte Konzept der Teilzeit steht im Widerspruch zu diesen Aussagen und zu den in den Gleichstellungsberichten benannten weiteren Nachteilen der Teilzeitarbeit wie finanzielle Abhängigkeit und zu geringe Renten bzw. Pensionsansprüche der betroffenen Frauen.[792] Darüber hinaus wird damit eine nicht-paritätische, sondern geschlechtsgebundene Verteilung verschiedenster Aufgaben perpetuiert. Dies wurde von den befragten Personen jedoch an keiner Stelle thematisiert und ist von ihnen offenbar auch gar nicht erkannt worden. Die Ergebnisse der Gespräche jedenfalls bleiben, was das Erkennen dieser Problematiken angeht, weit hinter den Ergebnissen der Gleichstellungsberichte zurück. Auch die Vorstellung, dass Frauen - ebenso wie Männer - Geld verdienen müssen, um ihre Familie zu versorgen, taucht nicht auf. Diese Aufgabe wird offenbar von den Befragten selbst ausschließlich den Männern zugeordnet, womit sie einmal mehr dem gleichen Rollenklischee folgten wie die von ihnen kritisierten Entscheider.

Die Befragten wiesen stattdessen darauf hin, dass sie sich nach den tatsächlichen Gegebenheiten zu richten hätten und daher die Tatsache, dass eben viele Frauen derzeit in Teilzeit tätig sind, nicht ignorieren dürften. Insoweit sahen sie sich nicht als die Wegbereiter einer paritätischeren Aufgabenverteilung und echter Gleichstellung, sondern als Verwalter des Istzustandes:

> „*Ich glaube nicht, dass man da ein Frauenbild zementiert, das es noch nicht gab, sondern eher natürlich das, was sowieso weitgehend vorherrscht*“,

fasste eine der Gleichstellungsbeauftragten in Land 3 zusammen. Und weiter:

> „*Letztlich ist es eben auch noch so, dass das Grundproblem Teilzeit bei der Frau erstmal noch ist.* [...] *Jetzt erstmal* [...] *eben die Möglichkeiten und die Rahmenbedingungen so zu verbessern, dass sie damit wirklich gut leben können, ist der richtige Schritt. So seh ich das jedenfalls.*“

6. Möglichkeiten der Frauenförderung

Die Auswertung der Interviews legt verschiedene Möglichkeiten der Frauenförderung nahe, die teilweise von den befragten Personen selbst vorgeschlagen, teilweise aber auch gar nicht gesehen werden.

792 S. hierzu oben S. 250 ff.

6.1 Gerechtere Beurteilung

Bei der Frage, welche Methoden die befragten Personen für am besten zur Frauenförderung geeignet halten würden, zeigte sich ein relativ homogenes Bild: An erster Stelle wurde in allen untersuchten Ländern außer in Land 2 eine gerechtere Beurteilung der Frauen genannt, was strenggenommen gar keine Frauenförderung, sondern letztlich die Durchsetzung des verfassungsrechtlich gebotenen Prinzips der Bestenauslese ist.

> *„Es geht vor allen Dingen eben über Beurteilungen",*

hieß es dazu von der Gleichstellungsbeauftragten in Land 3, und in Land 1:

> *„Frauen müssen sehen, dass sie eine gute Beurteilung bekommen."*

Gerechtere Beurteilungen könnten nach Darstellung der befragten Personen vor allem durch ein strikteres Regelwerk der Beurteilungsrichtlinien und durch Schaffung eines Bewusstseins für die Problematik erreicht werden.

> *„Es gibt keine einheitlichen Beförderungsrichtlinien",*

hieß es in Land 5. Und:

> *„Man könnte Frauen fördern, indem man schon im Aus- und Fortbildungsbereich mehr auf diese Problematiken eingeht."*

Und:

> *„Die Frau hat dann nicht die Zweier Beurteilung. Sie ist zwar vom Rangdienstalter viel höher, sie hat nicht 2008, sondern die ist schon 2001, aber die hat die Zwei nicht. Und dann gelten nur diese Kriterien, und das ist das Problem, und deswegen müsste man eigentlich Beförderungsrichtlinien erlassen, die gibt es ja bei uns nicht."*

Und:

> *„Regeln treffen, wie werden Beurteilungen gemacht. Die Beurteilungsrichtlinien schreiben zum Beispiel in einer Ziffer vor, Männer und Frauen in Teilzeit dürfen nicht diskriminiert werden. Es war aber auch schon schwer, das da reinzubekommen, weil man sagt, die würden ja nicht diskriminiert. Und ich musste kämpfen und machen und tun, und es wurde dann aufgenommen. Das ist das, was dort steht. Das lesen natürlich alle, und die werden auch geschult, die Erstbeurteiler."*

In Land 3 nannte der Personalverantwortliche ebenfalls „*Sensibilisieren der Erstbeurteiler*" als Weg zur gerechteren Beurteilung von Frauen.

Die verlangte gerechte Beurteilung solle nach Ansicht der Befragten allerdings durchaus auch einschließen, dass Frauen nicht länger von den „inoffiziellen" Beurteilungs- und Förderkriterien mehr oder weniger ausgeschlossen werden. So hieß es in Land 4:

> *„Eigentlich müssten die nur gerecht beurteilt werden. Und wirklich auch mal so gefördert werden, wie man das mit manchen Kollegen macht"* -

inklusive

> *„Vitamin B."*

6.2 Keine Verwendung leistungsfremder (Hilfs-)kriterien auf Leistungsebene

Ausgehend von der Durchführung des Auswahlverfahrens, wie es die befragten Personen schilderten, drängt sich (schon wegen der Anforderungen des Art. 33 Abs. 2 GG) das Erfordernis geradezu auf, leistungsfremde Kriterien wie insbesondere das Beförderungsdienstalter auf der Leistungsebene zu eliminieren. Solche Kriterien dürfen auf der Ebene, auf der die Leistung festgestellt wird, keine Bedeutung haben, und erst Recht dürfen sie nicht in die Beurteilung einfließen.[793]

Keine der befragten Personen allerdings hielt die Verwendung leistungsfremder Kriterien auf Leistungsebene für problematisch. Entsprechend wurde dort auch kein Veränderungsbedarf gesehen, obwohl hier Frauen auf zweierlei Weise benachteiligt werden können:

Erstens verhindert die Beachtung leistungsfremder Kriterien auf Leistungsebene die Eröffnung des Anwendungsbereiches der Quotenregelungen. Richtigerweise müsste etwa das Beförderungsdienstalter in jedem Einzelfall gegen den Frauenförderauftrag abgewägt und umso niedriger gewichtet werden, je niedriger der Frauenanteil auf der nächsthöheren Ebene ist, was in vielen Fällen zu einer Beförderung der Frauen vorrangig vor Männern führen kann. Dieser Zusammenhang blieb den befragten Personen aber verborgen. Selbst wo sie erkannten, dass das Beförderungsdienstalter kein Leistungskriterium ist, zeigten sie sich mit dessen überragender Bedeutung dennoch einverstanden, wohl weil sie selbst noch in der

793 S. dazu oben S. 58 ff, 65 ff.

Regelbeförderung verwurzelt sind bzw. diese gutheißen oder jedenfalls nicht hinterfragen.

Zweitens wirkt sich - unabhängig von der Verhinderung der Anwendung der Quotenregelung - schon die Beachtung der leistungsfremden Kriterien als solche direkt zum Nachteil der Frauen aus. Dies gilt insbesondere für das Kriterium „Ruhegehaltsfähigkeit" einer Beförderung. Zunächst profitieren Frauen derzeit weniger vom Abstellen auf die „Ruhegehaltsfähigkeit" als Männer, weil sie zumeist noch nicht so lange in der Polizei und damit im Schnitt jünger sind. Diesen Zusammenhang stellen auch Karin Tondorf und Andrea Jochmann-Döll in ihrer Studie her:

> *„Mitunter herrscht die Vorstellung vor, dass langgediente Beamte vor der Pensionierung noch einmal befördert werden sollten, und daher eine sehr gute Beurteilung brauchen. Dann muss die leistungsstärkere, aber dienstjüngere Kollegin eben noch einmal zurückstehen."*[794]

In Land 2 hieß es zum Erreichen der „*Ruhegehaltsfähigkeit*" mittels besserer Beurteilungen:

> *„Auf den ersten Blick denkt man vielleicht, dadurch, dass Frauen noch nicht so lange bei der Polizei sind, könnte es negativ sein, aber auch die sind ja dann in einem bestimmten statusrechtlichen Amt und müssen genau so lange warten wie alle anderen auch. Von daher würde ich sagen, das ist keine Schlechterstellung, sondern es ist dann letztendlich eine Gleichstellung."*

Und zur Beachtung des Beförderungsdienstalters bei der Beurteilung hieß es ebenfalls in Land 2:

> *„Aus meiner Sicht stellt das innerhalb der Polizei keine Ungerechtigkeit dar. Die Grundpunkte, die genommen werden, um zu beurteilen und dann eben Beförderung oder Ruhegehälter dadurch zu sichern, die sind immer bei allen gleich."*

Abgesehen von der Tatsache, dass eine solche Beurteilungspraxis im Widerspruch zu Art. 33 Abs. 2 GG steht und schon deshalb falsch ist, ist aber sehr fraglich, ob dadurch tatsächlich „alle gleich" behandelt werden. Denn durch die beschriebenen Ungleichbehandlungen im Laufe ihrer Karriere erklimmen Frauen schon nicht die Stufe, auf denen ihnen das gleiche „Ruhegehalt" winkt wie ihren männlichen Kollegen, müssen aber während ihrer Berufstätigkeit dennoch zugunsten des „Ruhegehaltes" der anderen zurückstehen. Ein Indiz dafür ist folgende Beobachtung aus Land 4:

---

794 Jochmann-Döll, Andrea/Tondorf, Karin; „Nach Leistung, Eignung und Befähigung? - Beurteilung von Frauen und Männern im Polizeivollzugsdienst", S. 110.

„Eine Kollegin, die hat früh studiert, spät Kinder bekommen. Die hat keine Karriere gemacht. Die müsste in dem Dienstalter bei der Polizei schon längst A12 sein. Die Männer, die mit ihr angefangen haben, sind fast alle auch Führungskräfte geworden, auch wenn die nicht alle studiert haben.“

Vor allem aber ist höchst fraglich, ob Frauen, die in die Nähe des Pensionsalters rücken, davon tatsächlich in gleicher Weise profitieren wie Männer. Denn es ist davon auszugehen, dass die beschriebene Stereotype, wonach (insbesondere eine verheiratete) Frau eine Beförderung nicht so dringend brauche wie ein Mann, nicht einfach verschwindet, nur weil statt einer einfachen Beförderung das Ruhegehalt in Frage steht. Hier scheint die Gefahr groß, dass die aufgezeigten Muster weiterwirken und nun das Vorankommen des jüngeren, als „Familienversorger“ wahrgenommenen Kollegen über die Belange der angehenden Pensionärin gestellt wird, deren Ehemann ebenfalls Karriere gemacht hat.

6.3 Verbesserung der Kinderbetreuung

An zweiter Stelle der Verbesserungsvorschläge der befragten Personen folgten verbesserte Möglichkeiten der Kinderbetreuung.

„Unsere Kinderbetreuung muss sich wirklich verändern“,

hieß es beispielsweise in Land 1. Und weiter:

„Die Rahmenbedingungen, um auch Arbeit leisten zu können. Wenn ich nur einen Vier-Stunden-Platz oder Fünf-Stunden-Platz [in der Kinderbetreuung] *habe, was will ich denn da arbeiten, das geht gar nicht.“*

Und in Land 5:

„...die noch bessere Vereinbarkeit zwischen Familie und Beruf. Das ist ein Riesenkomplex. Da ist die Politik gefragt, da sind die Unternehmen gefragt, auch das Unternehmen Polizei.“

Dass die Forderung nach besserer Kinderbetreuung keine positive Maßnahme zur Frauenförderung ist,[795] sei dahingestellt. Spannender ist die Frage, wie wirksam sie für eine verbesserte Teilhabe der Frauen wäre. Denn diese Forderung steht in einem gewissen Widerspruch zu den dargestellten Mustern, wonach Frauen jedenfalls nach Darstellung der Befragten selbst entscheiden würden, nur Teilzeit zu arbeiten und möglichst viel

795 S. dazu oben S. 23 f.

Zeit „zu Hause“ zu verbringen, was in erster Linie auf einer persönlichen Entscheidung und nicht vorrangig auf äußeren Faktoren wie zu wenig Kinderbetreuung zu beruhen scheint. Angesichts dessen bleibt Raum für die These, dass derlei persönliche Vorstellungen und empfundene Verpflichtungen, gesellschaftliche Erwartungen und Rollenzuschreibungen die Karrieren der Betroffenen weit mehr hindern als (vermeintlich) fehlende Kinderbetreuung.

6.4 Änderungen im jeweiligen LGG

Nur selten wünschten die befragten Gleichstellungsbeauftragten andere Regelungen in ihrem jeweiligen LGG, um ihre Arbeit zu erleichtern und damit indirekt die Frauenförderung zu verbessern. Es seien ohnehin weniger die gesetzlichen Bestimmungen, die zur Förderung der Gleichstellung beitragen würden, als vielmehr das Verständnis der jeweils verantwortlichen Entscheider für und deren Interesse an Gleichstellungsthemen. In Land 1 hieß es dazu:

> „*Aufgrund gewachsener Dinge, die sich über Jahre entwickelt haben, brauchte sich das* [LGG in Land 1] *zur Zeit nicht unbedingt zu ändern.*“

Und in Land 2:

> „*Ich brauche Unterstützung von Dienststellenleitern und Behördenleitern und aus dem Ministerium. Aber die kann man nicht gesetzlich fordern.*“

Wie sehr Erfolg oder Misserfolg der Gleichstellungsbemühungen von der Einstellung hoher Führungspersonen zu diesem Thema abhängen, zeigt folgende Beobachtung einer Gleichstellungsbeauftragten aus Land 3:

> „*Es gab ganz klar eine Ansage von unserem Präsidenten: 'Ich erwarte das einfach, dass sich der Anteil der Frauen, die wir haben, auch langsam mal in der Führungsebene niederschlägt.' Da kam es dann auch zu diesen Auswahlgesprächen, wo dann Frauen angetreten sind - aber ganz klar auch nach einer Zielvorgabe der Behördenleitung: 'Ich erwarte, dass da Frauen antreten' - Und dann hat's auch geklappt. Jetzt könnte man ja sagen - das sage ich an der Stelle auch immer, wenn ich in Unterricht oder Seminare gehe - 'Ja, ja, dann mussten es ja auch Frauen werden', aber da muss man dann eben bedenken, dass in so einer Kommission, wo dann darüber befunden wird, dann ausgerechnet die Vorgesetzten sitzen, die vorher gesagt haben, sie haben keine Frauen. Also, da gibt's dann mehrere Stimmberechtigte, und da kann ich mich für verbürgen, dass es da schon mit rechten Dingen zugeht. Also, dass da einen ganzen Tag Gespräche geführt wurden, und da haben sich sehr viele Frauen durchgesetzt. Das ist unsere erste Führungsebene.*“

Übereinstimmend wünschten sich die befragten Personen außerdem mehr Personal für die Gleichstellungsarbeit, das auch die entsprechenden Freistellungen erhalte.

Die Gleichstellungsbeauftragte in Land 4 bemängelte fehlende Konsequenzen bei Nichteinhaltung der Vorgaben des LGG, die es bislang nur gebe, wenn sie nicht an Beurteilungen beteiligt werde:

> *„Am Gesetz selber würde ich jetzt nicht unbedingt was ändern wollen, aber es müsste Konsequenzen haben. Es hat keine rechtlichen Konsequenzen für die Behörde ... außer, dass sie inzwischen begriffen haben, dass wenn man mich bei den Beurteilungen nicht beteiligt, dass das eigentlich einen Verstoß gegen die Vorschriften darstellt. Aber ansonsten ...* [...] *Selbst wenn der Frauenförderplan nicht rechtzeitig fertig ist - das wird dann ab und an vom Ministerium eingefordert, also angemahnt, und wenn dann trotzdem nichts passiert, ist denen das anscheinend egal.“*

Die übrigen Aussagen der Gleichstellungsbeauftragten aus Land 4 offenbaren hingegen auch, dass ihre Beteiligung bei Beurteilungen nichts an dem von ihr bemängelten „Basar-Prinzip“ zu ändern vermag, das LGG mit seinen Regelungen zu den Rechten der Gleichstellungsbeauftragten insoweit also ein zahnloser Tiger zu sein scheint.

6.5 Durchsetzung der Anwendung der Quotenregelungen

Die in ihren Ländern gesetzlich bereits verankerten Quotenregelungen wollte keine der befragten Personen anwenden. Dies überrascht nicht weiter, führt man sich vor Augen, dass die befragten Personen durchweg davon ausgingen, dass die tatbestandlichen Voraussetzungen dieser Regelungen kaum je vorliegen könnten, da die Anwendung der Quotenregelung nach ihrem Verständnis die absolute Vergleichbarkeit zweier Personen von Beurteilung bis Dienstalter erfordere. Ausgehend von dieser Vorstellung jedoch unterschieden alle befragten Personen zwischen der in ihrem jeweiligen LGG bereits existierenden Quotenregelung und einer irgendwie anders gearteten „*Quotenregelung*“, deren Einführung sie sich wiederum durchaus wünschten:

> *„Ich glaube, dass eine Quotenregelung ein Stück weit sinnvoll wäre“,*

hieß es etwa in Land 1. Und:

> *„Ich glaube, dass ein Stück Quotenregelung sinnvoll ist, um einfach diesen Prozess ein Stück zu beschleunigen.* [...] *Aber: Die Frage ist ja immer, wie lege ich so eine Quote fest.“*

In Land 3 erklärte eine Gleichstellungsbeauftragte:

> *„Bei uns ist auch Quote oder Kennzahlen im Moment heiß diskutiert. Von mir lange Zeit, sage ich ganz ehrlich, überhaupt nicht favorisiert, weil ich einfach immer auch gesagt habe, das ist nicht transparent. Und Frauen selber stehen häufig auch so einer Quote skeptisch gegenüber. Mittlerweile, wo ich sagen kann, dass wir... dass, wenn ich mir angucke, wie die Zahlen der Frauen in der Führung sich entwickelt haben, gemessen an dem gestiegenen Frauenanteil, den wir überhaupt haben, bin ich natürlich mit der Entwicklung in den letzten zehn Jahren nicht zufrieden. Und mittlerweile denke ich auch über eine gewisse Quote anders."*

Geschätzt wurde dabei vor allem die größere Verbindlichkeit, die sich die befragten Personen von einer „Quotenregelung" versprachen. Exemplarisch dazu erklärte der Personalverantwortliche in Land 3:

> *„... glaube ich auch, dass wir mit Kennzahlen, die verbindlich dann bestehen, einer sogenannten Frauenquote, das Ziel schneller erreichen, weil das immer wieder irgendwelche - in Anführungszeichen - Ausreden gibt, warum denn eine Frau nun wieder nicht in den Fokus gerät. Ich glaube, dann haben wir eine Verbindlichkeit festgelegt. Das müssten realistische Kennzahlen sein, Ziele, die erreicht werden können, vollkommen klar, wir können nicht über das Ziel hinausschießen, aber ich glaube, das ist der richtige Weg für diese Behörde, und den werden wir auch gehen."*

Keine der befragten Personen konnte jedoch konkret benennen, wie diese gewünschte „Quotenregelung" funktionieren und wie sie sich von der bereits existierenden (verfassungsrechtlich letztlich allein möglichen) Quotenregelung unterscheiden sollte. Einigkeit bestand insoweit, als dass mit „Quotenregelung" gemeint war, für bestimmte Führungsebenen bestimmte Kennzahlen festzulegen, die eine Zielvorgabe für den Frauenanteil auf dieser Ebene darstellen und die innerhalb eines bestimmten Zeitraumes erreicht werden sollten. Die befragten Personen schienen dabei aber davon auszugehen, dass diese Quote mittels Hinwegsetzen über eine bestehende Beurteilung bzw. mittels Pluspunkten bei der Beurteilung aufgrund des Geschlechts durchgesetzt werden müsse. Gewünscht wurde damit also die Ergebnisquote ohne Qualifikationsvorbehalt. Die sich daraus ergebenden Probleme waren den befragten Personen intuitiv bewusst, wenn auch eine konkrete Kenntnis darüber fehlte, dass eine solche Ergebnisquote ohne Qualifikationsvorbehalt als nicht verfassungsgemäß gilt und auch vom EuGH bereits für unrechtmäßig befunden wurde, praktisch also nicht umzusetzen ist. Die befragte Person in Land 4 fasste dies so zusammen:

> *„Die Quote dürfte ja eigentlich auch nicht sein, die Frauenquote, die da vorgegeben wird. Das ist ja wieder mit dem AGG eigentlich nicht vereinbar, dass eine Frau, weil sie eine Frau ist, besser beurteilt würde."*

In Land 2 hieß es zu der Frage, inwiefern eine Quotenregelung wünschenswert sei:

> *„Ich persönlich* […] *halte schon was von der Frauenquote, wenn sie eben gekoppelt ist - was ja einfach auch wichtig ist - an Qualifikation. Ich würde jetzt nicht anfangen, Frauen nur dann in höhere - oder in andere - Bereiche zu bringen, wo sie unterrepräsentiert sind, nur weil sie eben unterrepräsentiert sind. Dann nehme ich trotzdem nicht jede nächstbeste Kollegin. Sondern das muss immer gekoppelt sein mit Qualifikation. So. Für diese Dienste. Höherer Dienst ist ein ähnliches Ding. Wenn sich dort eben mehrere Frauen qualifizieren, weil sie den Schnitt super gemacht haben, aber nur zwei Plätze frei sind, und jetzt die Frauen gerade sind an Stelle Vier und Fünf, so... Dann würde ich zum Beispiel auch dann überlegen wollen zu sagen, Mensch, lass uns eine Vereinbarung machen, so eine Zielvereinbarung nennt man's dann ja, dass wenn eben diese Frauen den Schnitt überschritten haben, also qualifiziert sind, und sie sind ja unterrepräsentiert, dass man dann eben sagt, man nimmt die zwei Frauen, und nicht die zwei Männer, die dann da vorne sind. Dann, in dieser Kombination, kann ich mir das vorstellen."*

[Der Grund, warum die Männer trotz gleicher Qualifikation der Frauen „vorne" waren, war deren höheres Beförderungsdienstalter.]

Dass es exakt diese bzw. eine sehr vergleichbare Regelung in ihrem LGG bereits seit vielen Jahren gibt (ohne dass sie angewandt würde) und dass ein höheres Beförderungsdienstalter nichts mit Qualifikation und entsprechend mit der Auswahl zu tun hat, war der befragten Person in Land 2 dabei auch auf Nachfrage nicht bewusst.

In Land 3 befand eine Gleichstellungsbeauftragte (nachdem der Personalverantwortliche erklärt hatte, eine Quote könne der richtige Weg sein):

> *„Ich muss allerdings auch sagen, dass* [die Einführung einer Quote] *nicht unser Ziel ist. Erstmal sind wir natürlich in unserem Bereich immer noch an bestimmte verwaltungsrechtliche Vorgaben gebunden, also Eignung, Leistung, Befähigung. Wir können nicht jemanden, der deutlich schlechter beurteilt ist, befördern, nur weil er Frau ist. Das ist aber auch nicht unser Ziel. Weil es weder für Akzeptanz noch für Transparenz sorgt. Sondern unser Ziel ist es, wie wir jetzt in allen anderen Fragen auch schon gesagt haben, die Frauen so fit zu machen, dass sie das, sage ich mal, so schaffen. Sich so qualifizieren, oder von uns so qualifiziert werden, dass sie alleine dort in der Liste auftauchen."*

Mit dieser Aussage verortet die Gleichstellungsbeauftragte (anders als zuvor noch ihr Personalverantwortlicher und im Widerspruch zu dessen Aussagen) die Verantwortlichkeit für das Nicht-Vorwärtskommen der Frauen bei diesen selbst, weil sie demnach nicht qualifiziert genug seien, sich im freien Wettbewerb durchzusetzen. Die Aussage steht im klaren Widerspruch zu der zuvor erfolgten Erklärung des Personalverantwortlichen, wonach Frauen zu Unrecht schlechter beurteilt würden und generell bei der Suche nach Führungskräften nicht „im Fokus" stünden. In der Aussage kommt jedoch weniger das Bestreben zum Ausdruck, den Frauen ihre Qualifikation abzusprechen oder die fehlerhaften Beurteilungen zu negieren, sondern vielmehr ein gewisses Unbehagen der Gleichstellungsbeauftragten in Land 3 der Quotenregelung gegenüber. Denn:

> *„Frauen schreckt das häufig auch ab. Also, in Gesprächen sagen Frauen auch 'Ich trau mich schon gar nicht mehr zu sagen, dass ich irgendwie mal hospitieren darf oder so'."*

Dieses Muster tauchte auch in den Gesprächen mit anderen Gleichstellungsbeauftragten auf. Nach dieser Beobachtung würde den Frauen, die eine bestimmte Förderung erhielten - und sogar den Frauen, die sich für eine Führungsaufgabe eindeutig qualifiziert hätten - häufig unterstellt, dies hänge nicht mit ihrer Leistung zusammen, sondern mit einer Bevorzugung aufgrund ihres Geschlechts. Diese Beobachtung ist gänzlich unabhängig von der tatsächlichen Anwendung der Quotenregelung, die, wie gesehen, kaum irgendwo praktische Bedeutung hatte. Die Gleichstellungsbeauftragte in Land 2 beschrieb die gleiche Beobachtung so:

> *„Es ist letztendlich eher negativ. Weil so in den Köpfen ist, auch gerade auf die Tätigkeit Gleichstellung bezogen: 'Ja, nee, richtig, bei gleicher Eignung, Befähigung und Leistung wirst du sowieso bevorzugt'. Typischer T-Bonus eben, sag ich mal. Also, es ist negativ belastet, obwohl es nie passiert ist."*

Und an anderer Stelle:

> *„Ansonsten ist Frauenquote jetzt schon so ein ätzend belasteter Begriff. Dann heißt es wieder: 'Ja, klar, T-Bonus. Nur, weil du eben ein Mädchen bist, kriegst du das'. Das ist ja, wo sich ganz viele immer wieder dran aufhängen: 'Ja klar, du wirst ja eh bevorzugt.'"*

Und in Land 1 hieß es:

> *„Ich glaube, eine Quote ... Männer fühlen sich dann sehr gegängelt."*

Sieht man die dargestellten Aussagen im Zusammenhang, wird jedoch deutlich, dass es weniger darum ging, Männer nicht zu „gängeln", sondern vielmehr um die Befürchtung, die Quotenregelung könne erst Recht zu einer Wahrnehmung der Frauen als weniger fähig oder weniger belastbar führen, da sie andernfalls keine Unterstützungsmaßnahmen nötig hätten. Das ist die gleiche Befürchtung, die der Supreme Court angedeutet hatte: Aufgrund der Affirmative Action könne das Vorurteil entstehen, Begünstigte dieser Maßnahmen könnten als nicht qualifiziert genug wahrgenommen werden, um ohne Hilfe etwas zu erreichen.[796]

6.6 Sonstige Maßnahmen

Neben gerechter Beurteilung, besserer Kinderbetreuung und „einer Quotenregelung" nannten die befragten Personen als aus ihrer Sicht erfolgversprechende Mittel zudem verschiedene Programme, mit denen insbesondere Frauen gefördert werden sollten, die - meist älter - bereits länger aus dem Beruf ausgestiegen oder in Teilzeit beschäftigt seien.

> *„Das sind die Frauen, an die wir dann eben auch noch ran wollen"*,

hieß es dazu von einer der Gleichstellungsbeauftragten in Land 3. Und weiter:

> *„Wo es jetzt auch Instrumente gibt, bestimmte Seminare, die wir auch versuchen, zu ermutigen. Die jetzt schon, sage ich mal, um die Vierzig sind.* [...] *Die haben bestimmt ganz viel Potenzial. Aber die sind dann eben in ihrer Sachbearbeitung häufig eher im Ermittlungsbereich geblieben, wo sie ihrer Teilzeittätigkeit nachgehen. Das sind Frauen, wo wir uns jetzt verstärkt kümmern, und die wir auch motivieren."*

In Land 5 gebe es für die gleiche Gruppe Fachlehrgänge, die in Teilzeit stattfänden, um Rückkehrern neue Rechtslagen zu vermitteln.

Werbemaßnahmen, die in der Vergangenheit durchgeführt worden seien, hätten in Land 1 und Land 3 bereits Wirkung gezeigt. In Land 3 erklärte der Personalverantwortliche dazu:

> *"Ich glaube, es ist auch mittlerweile nicht mehr so, dass das* [die Polizei] *noch so ein ausgeprägter Männerberuf ist, sondern dass da ein gesellschaftlicher Wandel vollzogen wurde, eben durch die Präsenz von Frauen. Und das wird sich in den nächsten Jahren deutlich steigern. Wir liegen ja jetzt im Augenblick bei nahezu 50 % Neueinstellungen* [Frauen]. *Das wird sich dann irgendwann mal durchsetzen."*

---

796 S. oben S. 123.

Immer wieder wurden auch Mentoring-Programme als Mittel genannt, um Vorbilder auf höheren Ebenen sichtbar zu machen und der einseitigen Förderung männlicher Kollegen durch Vorgesetzte entgegenzuwirken.

Und nicht zuletzt wurde auch der - jedoch recht diffuse - Wunsch nach einem gesellschaftlichen Wandel deutlich, der im Einzelnen zwar unkonkret blieb, in folgender Aussage aus Land 1 aber deutlich anklang:

> *„Und es sind ja auch immer mehr Männer, die Teilzeit arbeiten. Gut, ist zwar sehr niedrig, […], aber es werden ja mehr. […] Dann würde sich ... dieses Denken würde sich verändern."*

7. Fazit Auswertung Interviews

7.1 Hinzuziehung immer weiterer Leistungskriterien auf Leistungsebene

Im ersten Teil dieser Arbeit wurde die Hypothese entwickelt, dass Quotenregelungen nur selten zur Anwendung kämen, weil solange neue Differenzierungskriterien herangezogen würden, bis die Personalentscheidung bereits auf der Leistungsebene getroffen werden könne. In der Folge fehle es dann an dem für die Anwendung einer Quotenregelung erforderlichen Qualifikationspatt.

Die Auswertung der Interviews bestätigt diese Hypothese weitgehend. Regelmäßig wurde in den beschriebenen Auswahlverfahren zunächst nach der Gesamt- und dann nach den Einzelnoten verglichen und beim Vorliegen eines (als solches aber nicht erkannten) Qualifikationspatts in einem zweiten Schritt nach älteren Beurteilungen differenziert, obwohl ältere Beurteilungen unter dem Gesichtspunkt der „Leistungsentwicklung" nicht die Leistungsebene betreffen, sondern Hilfskriterien darstellen, die im Rahmen der (dann bereits gebotenen) Anwendung der Quotenregelung gegen die Frauenförderung abgewägt werden müssen.

In beiden Punkten - der Heranziehung der Einzelnoten sowie der älteren Beurteilungen - ist den Entscheidern aber zuzugestehen, dass ihnen hier einzelne Gerichte in der Vergangenheit Grenzen gesetzt haben, die über das verfassungsrechtlich Erforderliche hinausgehen. Das beschriebene Vorgehen der Entscheider scheint daher jedenfalls insoweit (anders als teilweise in der Literatur befürchtet) nicht darauf gerichtet zu sein, durch eine Entscheidung auf Leistungsebene die Anwendung der Quotenregelungen zu verhindern, sondern vielmehr darauf, die Vorgaben entsprechender Gerichtsentscheidungen umzusetzen. Land 1 etwa hat aufgrund solcher Gerichtsentscheidungen sein gesamtes Beurteilungssystem geändert; über Land 4 hieß es, die Einzelkriterien seien soweit „*runtergeschraubt*“ worden, dass Differenzierungen nunmehr stets auf der Leistungsebene möglich seien.

7.2 Fehlende Erkennung und falsche Gewichtung von Hilfskriterien

Die Entscheidung „auf Leistungsebene“ beruht im untersuchten Bereich jedoch nicht immer und nicht in erster Linie auf Aspekten, die die Leistungsebene auch tatsächlich betreffen. Hinsichtlich der Einordnung der „Leistungsentwicklung“ als Leistungs- oder Hilfskriterium mag es unterschiedliche Auffassungen geben - Punkte wie das Dienstalter, das Lebensalter oder gar das Datum irgendeiner Prüfung gehören aber unzweifelhaft und nach ganz herrschender Rechtsprechung und Literatur nicht auf die Leistungsebene. Gleichwohl finden sie in der untersuchten Praxis dort nach wie vor Berücksichtigung. Dies mag nicht zuletzt daran liegen, dass auf Hilfskriterienebene zu prüfende tradierte Aspekte (wie das Dienstalter) an Einfluss zu verlieren drohen, wenn die Personalentscheidung regelmäßig bereits auf der Leistungsebene getroffen wird. Mit Ausweitung der Leistungsebene um immer mehr Punkte ereilt die tradierten Kriterien insofern das gleiche Schicksal wie die Frauenförderung. Anders als im Hinblick auf die Frauenförderung ist aber bezüglich der tradierten Kriterien bei den Entscheidern die Bereitschaft zu beobachten, derlei Kriterien zu „retten“, indem bereits die Beurteilungen entsprechend ausfallen („*Im Vordergrund sollte eigentlich die Leistung stehen, aber…*“), wodurch die entsprechenden Hilfskriterien faktisch zu Leistungskriterien „hochgestuft“ werden, was eine Pattsituation und das Eingreifen der Quotenregelung noch seltener macht bzw. praktisch ausschließt.

Aber auch in den Fällen, in denen Hilfskriterien als solche erkannt und behandelt wurden, fand keine Abwägung mit dem Aspekt der Frauenförderung statt. Stattdessen erschöpfte sich der Auswahlprozess bei gleicher Leistungsbeurteilung darin, den Kandidaten mit dem höchsten Beförderungsdienstalter auszuwählen (insbesondere in Land 5). Dass hier bereits die gesetzliche Verpflichtung bestand, die Frauenquote anzuwenden und entsprechend das Beförderungsdienstalter gegen den Aspekt der Frauenförderung abzuwägen, war den befragten Personen offenbar ebenso wenig wie den handelnden Entscheidern bewusst. Diese Unkenntnis der Rechtslage scheint verbreitet zu sein, da das Nichtanwenden der Quotenregelungen nicht nur von den Personalentscheidern vor-, sondern zudem von Gleichstellungsbeauftragten und Betroffenen hingenommen wird.

Selbst in Fällen, die als (mögliche) Anwendungsfälle von Quotenregelungen erkannt wurden, wurde die erforderliche Abwägung aller Hilfskriterien gegen den Aspekt der Frauenförderung nicht vorgenommen. Grund hierfür war ein Fehlverständnis der gesetzlichen Vorgaben, das dazu führte, dass der Aspekt der Frauenförderung erst berücksichtigt werden sollte, wenn eine weitere Differenzierung anhand sämtlicher denkbarer Hilfskriterien (womöglich bis hin zum Lebensalter, so in Land 1 und Land 3) nicht mehr möglich sei. Faktisch wird der Aspekt der Frauenförderung damit entgegen dem Willen des Gesetzgebers als Hilfskriterium der Hilfskriterien behandelt, das nur und erst zur Anwendung gelangt, wenn ansonsten das Los entscheiden müsste. Dass nach diesem Verständnis kaum ein Anwendungsbereich für Quotenregelungen mehr verbleibt, liegt auf der Hand.

7.3 Fehlende Durchsetzung des Leistungsprinzips, Festhalten an tradierten Vorstellungen

In allen Interviews fehlt es an einem klaren Bekenntnis zum Leistungsprinzip. Stattdessen wird an althergebrachten Traditionen, insbesondere der Regelbeförderung, festgehalten, aber auch an Rollenvorstellungen, Vorurteilen und Stereotypen.[797]

Dies zeigt sich zunächst in der nach wie vor großen Bedeutung, die die befragten Personen dem Dienst- und dem Beförderungsdienstalterprinzip beimessen. Diese scheinen im untersuchten Bereich derart verbreitet und - möglicherweise unreflektiert - akzeptiert zu sein, dass sogar Gleichstellungsbeauftragte es als Frage der Gerechtigkeit bezeichnen, dass das Beförderungsdienstalter der Frauenförderung vorgehen müsse[798] und Beurteilungen entsprechend „ergebnisorientiert" vorgenommen würden.[799] Auch künftigen Beförderungschancen und der damit verbundenen Möglichkeit, ein höheres Ruhegehalt zu erreichen, maßen die Interviewpartner

797 S. dazu oben S. 58.
798 S. dazu oben S. 284.
799 S. dazu oben S. 288.

so erhebliche Bedeutung bei, dass sie es für legitim hielten, die Leistungsbeurteilung unter Berücksichtigung dieses Aspektes vorzunehmen.[800]

Daneben zeigt sich die fehlende Durchsetzung des Leistungsprinzips am Festhalten an tradierten Vorstellungen und Rollenmustern. Kriterien, deren Nichtanwendbarkeit als Hilfskriterien in der Rechtsdiskussion seit langem feststeht, werden nach wie vor zur Entscheidungsfindung herangezogen. So findet sich die Vorstellung, dass die Anzahl der Kinder eines Mannes als Öffnungsgrund der Frauenquote herangezogen werden könne, in zwei Interviews[801] - und wird von den jeweiligen Gleichstellungsbeauftragten akzeptiert. Das vermeintlich längst abgelöste Bild des „Mannes als Ernährer", das den EuGH in der Marschall-Entscheidung zu dem Hinweis veranlasste, Öffnungsgründe dürften keine diskriminierende Wirkung haben, wird hier als Anlass gesehen, sogar eine Leistungsbeurteilung noch einmal zu überdenken.

Vorstehendes zeigt, wie verbreitet stereotype Vorstellungen trotz aller Gleichstellungsbemühungen in der untersuchten Praxis nach wie vor sind. Tatsächlich kommen diese Vorstellungen, anders als vom EuGH in der Marschall-Entscheidung vermutet, aber oftmals nicht erst zum Tragen, wenn mehrere Personen verschiedenen Geschlechts gleich qualifiziert sind, sondern wirken sich bereits vorher, nämlich bei der Feststellung der Qualifikation, - teilweise bewusst - zum Nachteil der Frauen aus.

Vor diesem Hintergrund besteht Handlungsbedarf. Dabei ist es jedoch nicht zielführend, bei den Personalentscheidungen und damit am Ende des Prozesses anzusetzen. Um wirkungsvoll zu verhindern, dass stereotype Vorstellungen Personalentscheidungen beeinflussen, ist es vielmehr erforderlich, schon zu verhindern, dass - naturgemäß sachfremde - stereotype Vorstellungen und Vorurteile überhaupt in die Leistungsbeurteilung Eingang finden können. Darauf hat die Literatur schon länger hingewiesen, beispielsweise wenn es heißt, dass die

> „*scheinbar so objektiven Beurteilungen, die als Emanation des beamtenrechtlichen Leistungsprinzips die Chance auf beruflichen Erfolg im öffentlichen Dienst steuern,* […] *nicht immer geschlechtsneutral* [sind]."

800 S. dazu oben S. 316.
801 S. dazu oben S. 310.

Stattdessen würde der Qualifikationsvergleich zwischen Frau und Mann abwertende Beurteilungen der Frau durch die Entscheider und Beurteiler „*geradezu herausfordern*".[802]

Aus den Interviews ergibt sich aber noch ein darüber hinausgehender Aspekt, nämlich dass die Reichweite stereotyper Rollenvorstellungen über die Entscheider und ihre Beurteilungen hinausgeht. Derlei Vorstellungen und tradierte Rollenmuster finden sich selbst unter den befragten Gleichstellungsbeauftragten, also ausgerechnet bei den Personen, deren Aufgabe es ist, sie zu erkennen und ihnen entgegenzuwirken. Hierzu gehört insbesondere die Vorstellung, primäre und zentrale Aufgabe der Frau sei die Kinderbetreuung, um die alle anderen Tätigkeiten einschließlich der Berufstätigkeit herum organisiert werden müssten. Dabei wird Kinderbetreuung häufig als weitestgehende Abwesenheit von „Fremdbetreuung" verstanden, also als Vorgabe, möglichst viel und lange „zu Hause" zu bleiben.[803] Die Interviews zeigen, dass diese Betrachtung ausschließlich am Geschlecht festgemacht wird; andere Aspekte - beispielsweise Verdienstunterschiede zwischen der Mutter und dem Vater - spielen allenfalls eine untergeordnete Rolle.[804]

Sogar in den Gesetzestexten findet sich diese Vorstellung wieder, etwa wenn in § 6 Abs. 4 Nr. 10 LGG-Hessen von „*unterschiedlichen Erwerbsbiografien von Frauen und Männern*" die Rede ist.

Ob diese tradierten Vorstellungen in erster Linie von den - überwiegend einer älteren Generation angehörenden - Gleichstellungsbeauftragten selbst hochgehalten werden, oder ob sie (wie von den Interviewpartnern behauptet) von den betroffenen Frauen jedenfalls teilweise geteilt werden, lässt sich den Interviews kaum entnehmen. Die Interviews geben jedoch Hinweise darauf, dass diese Vorstellungen umso seltener vorliegen, je jünger die betroffenen Frauen sind und je städtischer ihre Umgebung ist.[805]

---

802 Schiek in Schiek/Dieball/Horstkötter/Seidel/Vieten/Wankel, Frauengleichstellungsgesetze Rn. 139; Kruse, Verfassungsmäßigkeit von Frauenquoten im öffentlichen Dienst, Anmerkung zum Vorlagebeschluss des OVG NRW vom 23.10.1990, DÖV 1991, 1002; Raasch, Frauenquoten und Männerrechte, S. 103 ff.

803 S. dazu oben S. 301 ff.

804 S. dazu oben S. 301.

805 S. dazu oben S. 304.

7.4 Festhalten an fehlgeschlagenen und überholten Lösungsansätzen

Zur Lösung des Problems des geringen Frauenanteils an Führungspositionen schlagen die Interviewpartner - wie bereits die Gleichstellungsberichte der Länder[806] - übereinstimmend vor, Führungsaufgaben für Frauen dadurch besser zugänglich zu machen, dass diese (auch) in Teilzeit angeboten werden. Die dem zugrundeliegende Rollenzuschreibung, die dadurch faktisch perpetuiert würde, wird dabei nicht gesehen. Ohnehin wird die Thematik „Vereinbarkeit von Karriere und Kindern" von den Befragten durchweg nicht als geschlechtsneutral, sondern als eine ausschließlich Frauen betreffende Frage bewertet.

Dies überrascht aus zwei Gründen. Zum einen hat die Literatur diese Zusammenhänge schon vor langer Zeit in die Diskussion gebracht und darauf hingewiesen, dass der Ansatz, es Frauen durch die Ausweitung von Teilzeitarbeit zu ermöglichen, neben dem Beruf auch ihren „familiären Verpflichtungen" nachzukommen, immer eine auf traditionelle Rollenmuster bezogene Komponente beinhaltet. Teilzeit sei - zumindest in Westdeutschland - *„ein Eldorado"* für diejenigen, die das

> *„traditionelle Familien- und Beziehungsarrangement der Geschlechter ungebrochen zum primären Lebensplan der Frau"*

erklärten.[807] Selbst der EuGH hat - in klarer Abweichung von den in den Interviews und Berichten zum Ausdruck kommenden Vorstellungen - klargestellt, dass Maßnahmen zur Vereinbarkeit von Kindern und Beruf keine positiven Maßnahmen zur Frauenförderung sind.[808]

Hinzu kommt die Problematik eines sich selbst verstärkenden Effektes: Je mehr Frauen durch Teilzeittätigkeit oder anderswie beruflich zurückstehen, um sich hauptverantwortlich der Kinderbetreuung zu widmen, und je weniger Männer in der Folge in der Berufsausübung entsprechenden Einschränkungen ausgesetzt sind, desto mehr verfestigt sich das Bild der Vollzeittätigkeit als ständige, uneingeschränkte Verfügbarkeit und umso untergeordneter werden - mit Ausnahme der weiblichen Teilzeittätigkeit -

---

806 S. dazu oben S. 249.

807 Vierten in Schiek/Dieball/Horstkötter/Seidel/Vieten/Wankel, Frauengleichstellungsgesetze Rn. 170.

808 EuGH, Entscheidung vom 25.10.1988, Rs. C-312/86 („Kommission/Frankreich"); s. dazu oben S. 23.

familiäre Aspekte in der Arbeitswelt berücksichtigt.[809] Diese Effekte führen schließlich zu der Vorstellung, Kinderbetreuung sei mit einer Vollzeitstelle nicht vereinbar und eine paritätische Aufgabenverteilung nicht möglich.

Die anhaltende Fixierung auf Teilzeit als Problemlösung überrascht auch vor dem Hintergrund, dass die Gleichstellungsberichte der untersuchten Länder kaum einen Zweifel daran lassen, dass Teilzeitarbeit eines der großen Hemmnisse auf dem Weg zu einer Führungsposition ist. Und auch in den Interviews war allen befragten Personen bewusst, dass dies teilweise zwar lediglich eine Folge der gegenüber der Teilzeitarbeit bestehenden Vorurteile sein mag, zumeist doch aber echte betriebliche Gründe dergestalt vorliegen, dass bestimmte Positionen schlicht nicht in Teilzeit ausgeübt werden können. Die befragten Personen sehen die mit der Teilzeittätigkeit einhergehenden Probleme für die betriebliche Organisation des Arbeitgebers auch durchaus.[810] Gleichwohl hieß es in den Interviews, man strebe Teilzeitarbeit und „Führen in Teilzeit" an. Ein Konzept, wie letzteres tatsächlich verwirklicht werden soll, gibt es dabei jedoch nicht. Frauen in Land 3 etwa sollen „*motiviert*" werden, dass Führung auch in Teilzeit möglich sei, obwohl der Gleichstellungsbericht in Land 3 darauf hindeutet, dass dies gerade nicht möglich ist, und obwohl es trotz jahrelangem Bemühens der Gleichstellungsbeauftragten tatsächlich kaum Teilzeitstellen auf den Führungsebenen gibt. Auf eine mangelnde „Motivation" der Frauen dürfte dies kaum zurückzuführen sein. Auch die befragte Gleichstellungsbeauftragte des Landes 1 gab offen zu, dass Teilzeit dort bereits zu vielen Problemen führe und längst nicht alle Führungspositionen in Teilzeit besetzbar seien. Von der Vorstellung, dass Teilzeit eine probate Lösung sei, mochte sie sich dennoch nicht verabschieden:

> „*Das Problem sehe ich. Ich habe nicht die Lösung, gebe ich ganz ehrlich zu.*"

Offenbar blenden die befragten Personen die Ergebnisse des eigenen Gleichstellungsberichtes und die Ansätze, die sich für die Gleichstellungsarbeit daraus ergeben, in ihrer täglichen Arbeit aus und folgen eher per-

809 Die OECD Studie „Dare to Share - Deutschlands Weg zur Partnerschaftlichkeit in Familie und Beruf - Verteilung von Erwerbsarbeit und Erwerbseinkommen in Paaren mit Kindern" zeigt, dass es gerade die Länder mit einer hohen Teilzeitquote unter Müttern sind, in denen die Wochenarbeitszeit der Väter besonders hoch ist, S. 135 ff.

810 S. dazu oben S. 312.

sönlichen Vorstellungen, so überholt diese auch sein mögen. Es gelingt ihnen nicht, den Schritt hin zum Ziel einer modernen, paritätischen Rollenverteilung zu gehen, bei der Frauen nicht nur „nebenbei" oder gar „trotzdem" arbeiten, sondern eigene, existenzsichernde Karrieren um ihrer selbst willen verfolgen.

Folglich werden von den befragten Personen an keiner Stelle die Probleme thematisiert, die sich für die in Teilzeit tätigen Frauen aus ihrem naturgemäß geringeren Gehalt ergeben. Frauen gelten - anders als Männer - offenbar nicht als die Ernährer ihrer Kinder, häufig nicht einmal als für ihren eigenen Unterhalt und ihre Alterssicherung selbst verantwortlich. Deutlich wird dies insbesondere, wenn Gleichstellungsbeauftragte Verständnis dafür zeigen, dass Männern Führungspositionen „zugeschanzt" werden, weil sie Kinder zu versorgen hätten - während Frauen mit Kindern aus demselben Grund für Führungspositionen gerade nicht oder nur schwerlich in Frage kommen sollen.

Bestärkt wird diese Haltung sicherlich dadurch, dass weibliche Beschäftigung und Teilzeit in den einschlägigen Gesetzen an unzähligen Stellen nach wie vor gleichgesetzt werden, ohne das dahinterliegende Rollenmuster zu erkennen und ohne sich mit den mit einer Teilzeitbeschäftigung einhergehenden Nachteilen auseinanderzusetzen. Tatsächlich wird Teilzeitbeschäftigung nach wie vor als Mittel zur Frauenförderung gesehen (s. nur § 6 Abs. 4 Nr. 5 LGG-Hessen), was angesichts der Gleichstellungsberichte, der Ergebnisse der Interviews und nicht zuletzt mit Blick auf die finanziellen, karriere- und ruhestandsbezogenen Auswirkungen von Teilzeittätigkeit geradezu absurd erscheint.

7.5 Verstärkung von Vorurteilen durch Quotenregelungen

Hinsichtlich der Quotenregelungen selbst wird in den Interviews ein weiterer Problemkreis angesprochen, der bereits in der Rechtsprechung des Supreme Court thematisiert wurde, nämlich der Umstand, dass Quotenregelungen bestehende Vorurteile gegen die geförderte Gruppe verstärken können,[811] ohne diese Gruppe im zumindest vergleichbaren Ausmaß zu fördern. So wurde berichtet, dass Frauen (allein aufgrund der bekannten oder vermuteten Existenz einer „Quotenregelung") von ihren Kollegen un-

811 438 U. S. 298; 448 U. S. 545.

terstellt würde, sie hätten bestimmte Positionen allein aufgrund ihres Geschlechts und nicht aufgrund ihrer Qualifikation bekommen („T-Bonus“).[812] Dass dies tatsächlich schon deshalb nicht stimmen kann, weil Quotenregelungen in der Praxis des untersuchten Bereiches überhaupt nicht angewandt wurden, war offenbar ebenso wenig bekannt wie der Umstand, dass es auch bei der Anwendung einer Quotenregelung erforderlich ist, dass die Bewerberin überhaupt für die angestrebte Position (genauso gut wie ihre Mitbewerber) qualifiziert ist.

„Die Quote“, die ersichtlich nicht durchweg als gerecht empfunden und zudem hinsichtlich ihrer Anwendungsvoraussetzungen und ihrer tatsächlichen Anwendungshäufigkeit offenbar gravierend überschätzt wird, scheint eine Art Reizthema zu sein. Häufig scheinen dabei allerdings lediglich Vorurteile oder gar Selbstschutzmechanismen dahingehend zum Ausdruck zu kommen, dass es nicht mit rechten Dingen zugegangen sein könne, wenn ein Angehöriger einer allgemein als benachteiligt oder gar weniger qualifiziert angesehenen Gruppe eine selbst angestrebte Beförderung erhält - denn jede andere Betrachtungsweise setzt die Erkenntnis voraus, selbst weniger qualifiziert gewesen zu sein als das entsprechende Gruppenmitglied.

Im Ergebnis scheinen die Begriffe „Quotenregelung“, „positive Maßnahme“ oder auch „Affirmative Action“ ein Sammelbecken verschiedener Vorurteile zu sein, in die zumeist trotz oder gerade wegen des Fehlens jedweder Sachkenntnis mehr hineininterpretiert wird, als tatsächlich dahintersteht. Sofern den Quotenregelungen eine größere praktische Bedeutung verschafft werden soll, ist es daher angezeigt, dies mit grundlegenden Informationen über ihren Sinn, ihren Hintergrund und ihre Funktionsweise zu verbinden.

812 S. dazu oben S. 323.

B. Abschließende Zusammenfassung und Ausblick

Ausgangspunkt dieser Untersuchung war die Frage, ob sich die im öffentlichen Dienst eingeführten Quotenregelungen bewährt haben, und zwar nach Beurteilung durch die Rechtsprechung ebenso wie in der täglichen Einstellungs- und Beförderungspraxis der Dienststellen.

Schon die eingangs[813] genannten Zahlen ließen vermuten, dass die bisher eingeführten Quotenregelungen nicht die Wirkung hatten, die man angesichts der emotional geführten Diskussionen darum erwarten durfte und die sich bei oberflächlicher Betrachtung und nach Lektüre der Gesetzestexte auch aufdrängt.

Gründe dafür wurden in dieser Arbeit aufgezeigt.

I. Hindernisse der Quotenregelungen auf rechtlicher Ebene

Der EuGH hat die Wirkung von Quotenregelungen durch seine Rechtsprechung, dass bei der Auswahl unter gleichqualifizierten Bewerbern trotz Quotenregelung neben dem Geschlechtskriterium auch andere Hilfskriterien zu berücksichtigen seien, eingeschränkt. Gleichwohl ist in der deutschen Rechtsprechung bislang kein allgemeingültiges und taugliches Verfahren zur Gewichtung dieser Hilfskriterien gegen die Frauenförderung zu erkennen. Ebenso fehlt es an der dafür erforderlichen tragfähigen Begründung, warum auf der jeweiligen Beförderungsebene welche Zielquote erreicht werden soll und wie die Hilfskriterien daher gegen die Frauenförderung zu gewichten sind. In der Rechtsprechung des Supreme Court finden sich Beispiele für sinnvolle Zielquoten wie die Orientierung an der entsprechend qualifizierten Arbeitnehmerschaft oder an der Bevölkerung eines Gebietes; in Deutschland ist die Anwendung solcher oder ähnlicher Kriterien aber nur vereinzelt anzutreffen. Stattdessen werden Hilfskriterien oftmals auf Basis unzulässiger Pauschalierungen gegen die Frauenförderung gewichtet, wie bei der nicht durch Fakten unterlegten Annahme,

813 S. 16 f.

dass ein um fünf Jahre höheres Dienstalter den Aspekt der Frauenförderung stets überwiege.

Richtigerweise steht die Frauenförderung zwar in einer „Konkurrenzsituation" zu den übrigen Hilfskriterien und kommt bei gleicher Qualifikation nicht automatisch zum Zuge. Jedoch wäre ihr (wo nötig) ein derart hohes Gewicht zu verleihen, dass sie sich dort durchsetzen sollte, wo dies am meisten benötigt wird. Denn die Frauenförderung ist gegenüber den übrigen Hilfskriterien umso höher zu gewichten, je weiter der Anteil der Frauen auf der Beförderungseben von einer auf vernünftiger Grundlage errechneten Zielquote entfernt ist.

Aus rechtlicher Sicht ist daher nicht davon auszugehen, dass sich aus dem fehlenden Automatismus echte Wirksamkeitshindernisse für Quotenregelungen ergeben.

Problematisch ist demgegenüber eher, dass die deutschen Gerichte zur Feststellung der Qualifikation auf weit mehr Kriterien abstellen als lediglich auf das Ergebnis einer Beurteilung. Grundsätzlich ist das zwar richtig, und sofern ein eng auf die zu besetzende Position zugeschnittenes Anforderungsprofil verwendet wird, das die Zahl der zu untersuchenden Kriterien auf sinnvolle Punkte beschränkt - kurz, soweit die Vorgaben des Art. 33 Abs. 2 GG eingehalten werden - findet dadurch auch keine Reduktion der für die Anwendung der Quotenregelungen in Betracht kommenden Fälle statt. Denn diese Fälle waren einer Quotenregelung richtigerweise niemals zugänglich.

Jedoch wird das Leistungsprinzip des Art. 33 Abs. 2 GG an dieser Stelle oftmals zu weit interpretiert, indem immer weitere Kriterien in die Qualifikationsfeststellung einbezogen werden, darunter solche, die mit der zu besetzenden Position gar nichts zu tun haben und offenbar allein dem Zweck dienen, zwischen gleich beurteilten Bewerbern dennoch differenzieren zu können. So kann es richtigerweise keine Bedeutung für die Bewertung des aktuellen Zustandes haben, ob jemand in einer früheren Beurteilung schon so gut wie in der aktuellen Beurteilung war. Eine langfristig gute Leistung mag auf Ebene der Hilfskriterien honoriert werden, mangels Bezug zur aktuellen Leistung aber auch nur dort.

Ebenso ist es nicht - wie in verschiedenen Gerichtsentscheidungen aber praktiziert - richtig, bei einer gleichen Gesamtbeurteilung der Bewerber weiter nach den Einzelnoten - und gar weiter nach Einzelnoten älterer Beurteilungen - zu differenzieren, da bei einer gleichen Gesamtbeurteilung von einer im Wesentlichen gleichen Eignung im Sinne des Art. 33 Abs. 2 GG ausgegangen werden muss. Art. 33 Abs. 2 GG gebietet gerade nicht, nach immer weiteren Unterscheidungsmöglichkeiten zu suchen; vielmehr ist auch das Eingeständnis, dass zwei Bewerber gleich qualifiziert sind, Ausfluss des Leistungsprinzips.

II. Hindernisse der Quotenregelungen auf praktischer Ebene

Die Ergebnisse des zweiten Teils dieser Arbeit deuten an, dass die meisten rechtlichen Diskussionspunkte zu Quotenregelungen zumindest für den untersuchten Bereich nur theoretischer Natur sind. Vergleicht man die Ergebnisse der Interviews mit der dargestellten Literatur und Rechtsprechung, drängt sich der Schluss auf, dass sich die Literatur und (teilweise) die Rechtsprechung zwar ausführlich und vielschichtig mit der rechtmäßigen Ausgestaltung und Anwendung von Quotenregelungen auseinandergesetzt haben und so einen (wenn auch nicht einheitlichen, so doch umrissenen) rechtlichen Rahmen für diese festgelegt haben. Eingang in die Praxis, wie sie sich in den untersuchten Gleichstellungsberichten und Interviews darstellt, hat das alles jedoch wenig bis gar nicht gefunden.

Rückblickend mutet die Diskussion um die Quotenregelung daher gerade angesichts der Intensität und Emotionalität, mit der sie geführt wurde, als Sturm im Wasserglas an. Den befragten Personen waren nicht nur die Rechtsprechung und die Literatur zu Quotenregelungen weitgehend unbekannt, sondern in vielen Fällen sogar die gesetzlich verbindlich vorgeschriebenen Quotenregelungen selbst. Hier scheint ein gravierendes Problem der Rechtsdurchsetzung vorzuliegen.

Die geführten Interviews, die Auswertung der Gleichstellungsberichte und die anderen zu diesem Thema vorgestellten Untersuchungen zeigen außerdem, dass die Quotenregelungen in vielerlei Hinsicht auf der falschen Ebene ansetzen. Stereotype Vorstellungen und Erwartungen, die mittels Quotenregelungen bekämpft werden sollen, kommen nicht erst zum Tragen, wenn eine Auswahl zwischen verschiedengeschlechtlichen, gleich qualifizierten Personen vorzunehmen ist, sondern bereits eine Stufe davor, nämlich bei der Qualifikationsfeststellung selbst bzw. bei der Leistungsbeurteilung. Es scheint hier an einer ausgereiften Beurteilungspraxis zu fehlen, die in der Lage ist zu verhindern, dass sich Vorurteile auf das Beurteilungsergebnis auswirken und dass sachfremde Kriterien in die Beurteilung einfließen können.

Darüber hinaus drängt sich der Eindruck auf, dass nicht nur die Quotenregelung, sondern bereits das Leistungsprinzip an sich im untersuchten

Bereich nicht vollständig angekommen ist. Faktisch kommt die Regelbeförderung an vielen Stellen noch immer dadurch zur Anwendung, dass vorgeschriebene Leistungsbeurteilungen durch eine „Beurteilung entsprechend Rangdienstalter" ersetzt werden. Daneben scheinen deutlich wahrnehmbare Vorurteile und stereotype Vorstellungen über die Aufgabenverteilung zwischen Männern und Frauen und über bestimmte geschlechtsspezifische Eigenschaften und Fähigkeiten nicht nur nach wie vor verbreitet, sondern sogar relevant für die Beurteilung zu sein. Frauen erhalten tendenziell schlechtere Beurteilungen als Männer, und zwar offenbar nicht, weil sie tatsächlich schlechter qualifiziert sind, sondern weil eine Beurteilung, die sich ohnehin nicht übermäßig an den verfassungsrechtlich vorgegebenen Kriterien orientiert, ein Einfallstor für solche Vorstellungen bietet. Hier machen es Annahmen wie die, dass ein Mann eine Familie zu versorgen habe oder dass Frauen nicht so belastbar und einsatzbereit seien, den Frauen schwer, auf Führungsebenen vorzudringen. Von Männern hingegen wird erwartet, dass sie Führungsverantwortung übernehmen, flexibel und stets einsatzbereit sind: Diese andere Seite des Rollenklischees (die deutlich macht, dass nicht nur Frauen von Rollenzuschreibungen negativ betroffen sind), kommt etwa in deutlich schlechteren Beurteilungen von Männern in Teilzeitbeschäftigung zum Ausdruck.

Eine Quotenregelung, die nur bei einem Leistungsgleichstand zur Anwendung kommt und deswegen eine ordnungsgemäße, ausschließlich auf Leistungskriterien basierende Leistungsbeurteilung voraussetzt, muss unter diesen Umständen zwangsläufig scheitern.

Insgesamt scheint es bislang nicht gelungen zu sein, den dargestellten Fehlentwicklungen mittels Durchsetzung des Leistungsprinzips und mittels Quotenregelungen - bzw. Gleichstellungsmaßnahmen insgesamt - entgegenzuwirken. Allerdings ist auch kein ernsthafter Wille zu erkennen, die gesetzlichen Regelungen konsequent durchzusetzen. Die Situation scheint sich allenfalls aufgrund des voranschreitenden gesellschaftlichen Wandels - und damit entsprechend langsam - zu verbessern, und nicht „top down" durch die Einführung des Leistungsprinzips und von Quotenregelungen. Folglich ist es auch nicht die Quotenregelung, die auf stereotype Vorstellungen und bestehende Vorurteile einwirkt, sondern diese hatten und haben umgekehrt Auswirkungen auf die Anwendung der Quotenregelungen, die der Gesetzgeber so nicht antizipiert hat.

Es scheint diesbezüglich auch an einer Stelle zu fehlen, die willens und in der Lage ist, sowohl auf Hilfskriterien- als auch auf Leistungsebene über die Einhaltung der Quotenregelungen und über die Durchsetzung des

Leistungsprinzips des Art. 33 Abs. 2 GG zu wachen. Im untersuchten Bereich jedenfalls wurden diese Aufgaben von den befragten Gleichstellungsbeauftragten und von dem befragten Personalentscheider nicht wahrgenommen. Zu sehr schienen diese Personen selbst noch im althergebrachten System verhaftet zu sein und zu sehr fehlte es insoweit auch an einer Trennung zwischen ihren persönlichen Vorstellungen und ihren dienstlichen Aufgaben.

Weitergehend müsste untersucht werden, wie hoch die Identifikation der Personalentscheider und Gleichstellungsbeauftragten sowohl mit dem bestehenden Beförderungssystem als auch mit stereotypen Rollenvorstellungen noch ist. Darüber hinaus wäre zu untersuchen, wie Maßnahmen etabliert werden können, die verhindern, dass sich persönliche Einstellungen auf die eigene Arbeit auswirken. In diesem Zusammenhang stellt sich auch die Frage, nach welchen Kriterien die Auswahl der Gleichstellungsbeauftragten bzw. anderer „Wächter" über die Einhaltung von Leistungsgrundsatz und Quotenregelungen erfolgt. Die meisten der befragten Gleichstellungsbeauftragten beispielsweise kamen aus dem aktiven Polizeidienst, waren also bereits mit den dort geläufigen Beurteilungs- und Beförderungssystemen „groß geworden", sodass es an einem unbefangenen Blick „von außen" zu fehlen schien.

III. Ausblick

Die gefundenen Ergebnisse lassen zweierlei Schlüsse zu, wie in der Zukunft mit dem Thema „Quotenregelungen" umgegangen werden kann.

Die eine Möglichkeit besteht darin, die Diskussion um Quotenregelungen zu beenden und die entsprechenden gesetzlichen Regelungen aufgrund ihrer Wirkungslosigkeit zu streichen. Diese Vorgehensweise würde das geschriebene Recht der Praxis anpassen und damit einen Fall dokumentieren, in dem die Durchsetzung geltenden Rechts gescheitert ist - und dies ausgerechnet bei den Bediensteten des Staates, also den Personen, deren Aufgabe gerade in der Ausführung von Gesetzen liegt. Abgesehen von dem Aspekt der Wirkungslosigkeit lassen sich durchaus weitere Argumente für eine Abschaffung der Quotenreglungen ins Feld führen, etwa dass schon deren gesetzliche Existenz unabhängig von ihrer tatsächlichen Anwendung mitunter dazu führt, dass Frauen auf Führungspositionen pauschal unterstellt wird, sie seien nur aufgrund ihres Geschlechts und nicht wegen ihrer Leistungen dorthin gelangt. Derlei Vorbehalte werden völlig unnötig erzeugt, wenn Quotenregelungen tatsächlich gar nicht angewandt werden.

Ein weiteres Argument ist, dass viele der Probleme, mit denen Frauen konfrontiert sind, gar nicht in dem Bereich zu liegen scheinen, in dem Quotenregelungen Abhilfe schaffen könnten. Wo Karrieren schon an Diskriminierung bei der Beurteilung scheitern, ist eine an die Beurteilung anknüpfende Quotenregelung zur Wirkungslosigkeit verurteilt. Gleiches gilt, wenn bestimmte Stereotypen und Rollenvorstellungen in der Gesellschaft so tief verankert sind, dass Frauen diese bewusst oder unbewusst übernehmen bzw. sich ihnen beugen und bestimmte Ämter daher statistisch nicht in gleichem Maße wie Männer anstreben und wenn (was schwerer wiegt) dieses Verhalten von ihnen erwartet bzw. auch im Einzelfall und ohne Ansehung der Person „eingeplant" wird.

Die geführten Gespräche und die ausgewerteten Berichte zeigen aber, dass es in erster Linie nicht die Quotenregelungen sind, die im untersuchten Bereich keinen Eingang in die Praxis gefunden haben und bei denen die Rechtsdurchsetzung als mangelhaft gelten muss. Vielmehr - und dies wiegt wesentlich schwerer - finden sich, wie die Interviews belegen, schon die von Art. 33 Abs. 2 GG aufgestellten Grundsätze in der Beförderungspraxis des untersuchten Bereiches häufig nicht wieder. Wenn es unausgesprochener Konsens ist, Aspekte wie Ruhegehaltsfähigkeit, Beförderungsdienstalter oder gar die bereits erfolgte Beförderung des Ehepartners als wesentliche Aspekte einer Beurteilung zu wählen und nicht (ausschließlich) die vom Grundgesetz vorgegebenen Kriterien Eignung, Leistung und Befähigung, dann liegt das Problem nicht in der mangelnden Durchsetzung der Quotenregelungen, sondern primär in einem Verfassungsverstoß.

Es dürfte aber Konsens darüber bestehen, dass die Durchsetzung des Grundgesetzes und damit auch des Art. 33 Abs. 2 GG wesentlicher Bestandteil des Rechtsstaates sind und für den Anwender nicht disponibel sein können. Hier kann es nicht in Betracht kommen, das Gesetz der Rechtspraxis anzupassen - der Rechtspraxis wohlgemerkt, die durch das Gesetz gerade überwunden werden sollte. Diesbezüglich bleibt daher nur die zweite Möglichkeit, die Praxis dem geschriebenen Recht anzupassen, dem Recht also zur Geltung zu verhelfen.

Quotenregelungen als solche sind zwar (anders als das Leistungsprinzip) nicht direkt im Grundgesetz verankert. Das mit ihnen verfolgte Ziel, materielle Gleichheit herzustellen, ist es hingegen schon. Wer also für die Abschaffung der Quotenregelungen plädiert, muss daher gleichzeitig besser geeignete Wege aufzeigen, wie dieses Ziel erreicht werden kann. Dass solche alternativen bzw. ergänzenden Wege tatsächlich sogar unabhängig vom Schicksal der Quotenregelungen gefunden werden müssen, zeigt sich schon daran, dass viele der beschriebenen Probleme an Stellen liegen, auf die Quotenregelungen selbst keinen Einfluss haben.

Sollen Quotenregelungen auch in Zukunft beibehalten werden, so dürfte es angebracht sein, diese von einem moderneren Ansatz aus zu betrachten. Schon länger liegt der Fokus - zu Recht - nicht mehr auf der Frage, ob Quotenregelungen rechtmäßig sind oder nicht. Er sollte in Zukunft auch nicht mehr auf der Frage der konkreten Anwendung liegen, sich also nicht mehr vorrangig damit beschäftigen, welches Dienstalter den Aspekt der Frauenförderung wann überwiegt oder ob die Öffnungsklausel nicht doch als Sozialklausel zu verstehen ist. Auch wenn es in all diesen Punkten noch Unsicherheiten und offene Fragen geben mag, spielen sie dennoch eine nur untergeordnete Rolle und sind - egal, wie derlei Fragen im Einzelfall entschieden werden - nicht von ausreichendem Gewicht, um die Anwendung der Quotenregelungen insgesamt in Frage zu stellen.

Der durch die Interviews gewonnene Einblick in die Praxis hat stattdessen gezeigt, dass die wahren Hürden für die Wirksamkeit der Quotenregelungen nicht in ihnen selbst oder in ihrer Interpretation durch die Rechtsprechung liegen, sondern in dem Umfeld, in dem sie ihre Wirkung entfalten sollen. Es mangelt nicht an Qualität oder Auslegung der Rechtsvorschriften, sondern schlicht an ihrer Beachtung. Problematisch sind hier insbesondere die Bereiche Durchsetzung des Leistungsprinzips, Qualifikationsfeststellung und Beurteilung, das Wissen um die Existenz, den Sinn und vor allem die Verbindlichkeit der Quotenregelungen sowie eine generelle Akzeptanz der Quotenregelungen und ein Verständnis für die Erforderlichkeit von Gleichstellungsmaßnahmen insgesamt.

Folglich ist es an dem Gesetzgeber bzw. an dem öffentlichen Dienst selbst, Verfahren einzuführen und Wege zu finden, durch die die Beurteilungs- und Beförderungspraxis den Vorgaben des Art. 33 Abs. 2 GG angepasst und die Anwendung der Quotenregelungen durchgesetzt werden. Hierfür müsste zunächst weiter ergründet werden, warum Frauen überhaupt schlechter beurteilt werden als Männer, um anschließend Wege zu finden, durch die eine möglichst objektive und dadurch gerechtere Beurteilung sichergestellt wird. Hierzu könnte die Stellung der Gleichstellungsbeauftragten gestärkt und als Institution professionalisiert werden, die nicht (nur) über die Gleichstellung der Geschlechter, sondern darüber hinaus und in erster Linie über die Durchsetzung eines an Art. 33 Abs. 2 GG orientierten Beurteilungs- und Beförderungsverfahrens wacht und die möglichst die Mittel und Kompetenzen besitzt, um die einschlägigen gesetzlichen Regelungen verwaltungsintern durchzusetzen. Dies kann teilweise durch eine bessere Aus- und Weiterbildung, im Übrigen nur durch eine höhere Verortung dieses Amtes in der Hierarchie und durch die damit verbundenen weitergehenden Reaktions- und Handlungsmöglichkeiten, durch eine bessere personelle Ausstattung und vor allem durch eine striktere funktionelle und persönliche Trennung der Institution der Gleichstellungsbeauftragten von dem Arbeitsbereich, den sie kritisch überwachen soll, geschehen. Letztlich lebt ein Amt aber immer von der Person, die es ausfüllt, weshalb diese in persönlicher Hinsicht insbesondere die Integrität, den Willen, die Standfestigkeit und auch die Überzeugungskraft haben muss, die für die Durchsetzung offenbar unerwünschter gesetzlicher Regelungen erforderlich sind.

Darüber hinaus ist auch eine bessere Sensibilisierung der Personen, die Personalbeurteilungen vornehmen und/oder die Beförderungsentscheidungen treffen, für das Bedürfnis nach Gleichstellung und moderner Gleichstellungsarbeit angezeigt. Denn die

> *„bewusstseinsstärkenden Impulse zum Abbau bestehender Benachteiligungen",*

die sich der Gesetzgeber ausweislich der Gesetzesbegründung zum Gleichstellungsdurchsetzungsgesetz erhofft hat, entstehen ebenso wenig wie die

> *„inhaltliche Auseinandersetzung mit gesellschaftlichen Strukturen und tradierten Rollenbildern"*[814]

dadurch, dass zur Durchsetzung einer in der Praxis missachteten Norm eine weitere abstrakte Regelung eingeführt wird.

Angesichts der immer wieder deutlich werdenden Vorbehalte und Vorurteile gegen Quotenregelungen sollten deren Hintergrund und konkrete Funktionsweise schließlich mittels einer verstärkten Öffentlichkeitsarbeit auch der Bevölkerung generell transparent gemacht werden.

---

814 Bundestagsdrucksache 14/5679, S. 22.

Literaturverzeichnis

Battis, Ulrich (Hrsg.); Bundesbeamtengesetz, München, 4. Auflage 2009.

Battis, Ulrich / Schulte-Trux, Anke / Weber, Nicole; Frauenquoten und Grundgesetz, in: DVBl 1991, S. 1165 ff.

Bauer, Jobst-Hubertus / Göpfert, Burkard / Krieger, Steffen; Allgemeines Gleichbehandlungsgesetz, München, 3. Auflage 2011.

Benda, Ernst; Notwendigkeit und Möglichkeit positiver Aktionen zugunsten von Frauen im öffentlichen Dienst, Rechtsgutachten erstattet im Auftrag der Senatskanzlei - Leitstelle Gleichstellung der Frau - der Freien und Hansestadt Hamburg, Hamburg 1986.

Benne, Günter; in: Praxis der Kommunalverwaltung - Landesausgabe Sachsen-Anhalt, Frauenförderung und Schwerbehinderte.

Bogner, Alexander / Littig, Beate / Menz, Wolfgang (Hrsg.); Das Experteninterview: Theorie, Methode, Anwendung, Wiesbaden, 2. Auflage 2005.

Bothe / Martens / Hagebölling / Allner / Weidemann / Kandler; in: Praxis der Kommunalverwaltung - Landesausgabe Niedersachsen, Frauenförderung.

Bräutigam, Tobias; Verfassungs- und europarechtskonforme Auslegung von §§ 8, 9 BGleiG, in: Recht im Amt (RiA), 2004 S. 19 ff.

Britz, Gabriele; Der allgemeine Gleichheitssatz in der Rechtsprechung des BVerfG, in: NJW 2014, S. 346 ff.

Bumke, Christian / Voßkuhle, Andreas; Casebook Verfassungsrecht, Tübingen 2013.

Calliess, Christian / Ruffert, Matthias; EUV AEUV, 4. Auflage München 2011.

Classen, Claus Dieter; Freiheit und Gleichheit im öffentlichen und im privaten Recht - Unterschiede zwischen europäischem und deutschem Grundrechtsschutz?, in: EuR 2008, S. 627 ff.

Däubler, Wolfgang / Bertzbach, Martin (Hrsg.); Allgemeines Gleichbehandlungsgesetz, 3. Auflage Baden-Baden 2013.

Döring, Matthias; Frauenquoten und Verfassungsrecht: die Rechtmäßigkeit "umgekehrter Diskriminierung" nach US-amerikanischem Verfassungsrecht und ihre Bedeutung für die Verfassungsmäßigkeit gesetzlicher Frauenquoten auf dem Arbeitsmarkt der deutschen Privatwirtschaft, Berlin 1996.

Dreier, Horst (*Hrsg.*); Grundgesetz, Band 1, 2. Auflage Tübingen 2004; Grundgesetz, Band 2, 3. Auflage Tübingen 2015.

Ebsen, Ingwer; Leistungsbezogene Quotierung für den öffentlichen Dienst. Ein Beispielsfall kompensatorischer Ungleichbehandlung von Männern und Frauen, in: JURA 1990, S. 515 ff.

Epping, Volker / Hillgruber, Christian; Beck'scher Online Kommentar Grundgesetz, München Stand 01.09.2016.

Epping, Volker / Hillgruber, Christian (Hrsg.); Grundgesetz, München 2009.

Francke, Robert / Sokol, Bettina / Gurlit, Elke; Frauenquoten in öffentlicher Ausbildung: zur Verfassungsmässigkeit von geschlechterbezogenen Quotenregelungen in öffentlichen Berufsausbildungen, Baden Baden 1991.

Franke, Bernhard; Das Gesetz zur Durchsetzung der Gleichstellung von Frauen und Männern, in: NVwZ 2002, S. 779 ff.

Frevert, Ute; "Mann und Weib und Weib und Mann": Geschlechterdifferenzen in der Moderne, München 1995.

Friauf, Karl Heinrich; Gleichberechtigung der Frau als Verfassungsauftrag: besteht eine positive Verpflichtung des Staates, die in Art. 3 II GG grundrechtlich gewährleistete Gleichberechtigung der Frau in den verschiedenen Lebensbereichen durch aktive Förderung und Unterstützung zu ermöglichen und zu sichern?, Rechtsgutachten erstattet im Auftrag des Bundesministers des Innern, Stuttgart, Berlin, Köln, Mainz 1981.

Fuchsloch, Christine; Erforderliche Beseitigung des Gleichberechtigungsdefizits oder verfassungswidrige Männerdiskriminierung?, in: NVwZ 1991, S. 442 ff.

Gitter, Wolfgang; Gleichberechtigung der Frau: Aufgaben und Schwierigkeiten - Eine Erörterung von Überlegungen über ein "Antidiskriminierungsgesetz", in: NJW 1982, S. 1567 ff.

Glaser, Barney / Strauss, Anselm; Grounded Theory: Strategien qualitativer Sozialforschung, 3. Auflage Bern 2010.

Grabitz, Eberhard / Hilf, Meinhard / Nettesheim, Martin; Das Recht der Europäischen Union: EUV / AEUV, Loseblattsammlung, München

Grünberger, Michael; Vielfalt durch Quote - Umgekehrte Diskriminierung zu Lasten des Leistungsprinzips?, in: NZA-Beilage 2012, S. 139 ff.

Gusy, Christoph; Der Gleichheitssatz, in: NJW 1988, S. 2505 ff.

Gusy, Christoph; Der Gleichheitsschutz des Grundgesetzes, in: JuS 1982, S. 30 ff.

Hofmann, Klaus; Das Gleichberechtigungsgebot des Art. 3 II GG, in: JuS 1988, S. 249 ff.

Husmann, Manfred; Die EG Gleichbehandlungsrichtlinien 2000/2002 und ihre Umsetzung in das deutsche, englische und französische Recht - Teil 2, in: Zeitschrift für europäisches Sozial- und Arbeitsrecht (ZESAR) 2005, S. 167 ff.

Isensee, Josef / Kirchhof, Paul (Hrsg.); Handbuch des Staatsrechts, Band 8: Grundrechte: Wirtschaft, Verfahren, Gleichheit, 3. Auflage Heidelberg, München, Landsberg, Frechen, Hamburg 2010.

Jarass, Hans Dieter / Pieroth, Bodo; Grundgesetz für die Bundesrepublik Deutschland; 14. Auflage München 2016.

Jauernig, Othmar (Hrsg.); Bürgerliches Gesetzbuch, 15. Auflage München 2014.

Jochmann-Döll, Andrea / Tondorf, Katrin; Nach Leistung, Eignung und Befähigung? - Beurteilung von Frauen und Männern im Polizeivollzugsdienst, Düsseldorf (Hans-Böckler-Stiftung) 2013.

Johlen, Heribert / Oerder Michael (Hrsg.), Münchener Anwaltshandbuch (MAH) Verwaltungsrecht, 3. Auflage München 2012.

Johnson, Lyndon Baines; Public Papers of the President Lyndon B. Johnson, in: Public Papers of the Presidents of the United States, Federal Register, Washington 1965.

Kahl, Wolfgang / Waldhoff, Christian / Walter, Christian (Hrsg.); Bonner Kommentar zum Grundgesetz, Loseblattsammlung seit 1991, Heidelberg.

Kienbaum Management Consultants GmbH im Auftrag des Bundesministeriums für Familie, Senioren, Frauen und Jugend; Statistischer Datenreport: Durchführung von vorbereitenden statistischen Analysen und Auswertungen zur Umsetzung des Bundesgleichstellungsgesetzes, Düsseldorf 2014.

Knöpfel, Gottfried; Die Gleichberechtigung von Mann und Frau. Ein Beitrag zur Auslegung des Art. 3 Abs. 2 GG, in: NJW 1960, S. 553 ff.

Koch, Katharina / Nguyen, Alexander; Schutz vor mittelbarer Diskriminierung - Gleiches Recht für alle?, in: EuR 2010, S. 364 ff.

Köhler, Gabriele; Methodik und Problematik einer mehrstufigen Expertenbefragung, in: Hoffmeyer-Zlotnik, Jürgen (Hrsg.); Analyse verbaler Daten: über den Umgang mit qualitativen Daten, Opladen 1992.

Krebber, Sebastian; Rechtsfolgen einer Diskriminierung durch gesetzliche und kollektivvertragliche Regelungen, in: EuZA 2009, S. 200 ff.

Krell, Gertraude / Ortlieb, Renate / Sieben, Barbara; Chancengleichheit durch Personalpolitik - Gleichstellung von Frauen und Männern in Unternehmen und Verwaltungen, 6. Auflage Wiesbaden 2011.

Kruse, Anne; Verfassungsmäßigkeit von Frauenquoten im öffentlichen Dienst, Anmerkung zum Vorlagebeschluss des OVG NRW vom 23.10.1990, in: DÖV 1991, S. 1002 ff.

Lange, Klaus; „Frauenquoten" in politischen Parteien, in: NJW 1988, S. 1174 ff.

Lange, Klaus; Quote ohne Gesetz? Zur Quotenentscheidung des OVG Münster, in: NVwZ 1990, S. 135ff.

Maidowski, Ulrich; Umgekehrte Diskriminierung: Quotenregelungen zur Frauenförderung im öffentlichen Dienst und in den politischen Parteien, Berlin 1989.

Maihofer, Andrea; Geschlecht als Existenzweise: Macht, Moral, Recht und Geschlechterdifferenz, Frankfurt am Main 1995.

v. Mangoldt, Hermann / Klein, Friedrich / Starck, Christian (Hrsg.); Kommentar zum Grundgesetz, Band 1 und Band 2, 6. Auflage München 2010.

Maunz, Theodor / Dürig, Gunter; Grundgesetz, Loseblattsammlung seit 1958, München.

Meinel, Gernod / Heyn, Judith / Herms, Sascha; Allgemeines Gleichbehandlungsgesetz: Arbeitsrechtlicher Kommentar, 2. Auflage München 2010.

Meuser, Michael / Nagel, Ulrike; ExpertInneninterviews - vielfach erprobt, wenig bedacht: ein Beitrag zur qualitativen Methodendiskussion, in: Garz, Detlef / Kraimer, Klaus (Hrsg.); Qualitativ-empirische Sozialforschung: Konzepte, Methoden, Analysen, Opladen 1991.

Meyer, Jürgen (Hrsg.); Charta der Grundrechte der Europäischen Union, 4. Auflage Baden-Baden 2014.

Müller-Glöge, Rudi / Preis, Ulrich / Schmidt, Ingrid; Erfurter Kommentar zum Arbeitsrecht, 14. Auflage München 2014.

v. Münch, Ingo / Kunig, Philip (Hrsg.); Grundgesetz, Band 1, 6. Auflage München 2012.

Münchener Kommentar zum Bürgerlichen Gesetzbuch, Band 1, Allgemeines Gleichbehandlungsgesetz, 7. Auflage München 2015.

Nordmann, Christine; Modernisierung der Bundesrichterwahl mit Frauenquote, in: Zeitschrift für Rechtspolitik (ZRP) 2012, S. 139 ff.

OECD, Dare to Share – Deutschlands Weg zur Partnerschaftlichkeit in Familie und Beruf – Verteilung von Erwerbsarbeit und Erwerbseinkommen in Paaren mit Kindern, 02.02.2017, DOI 10.1787 9789 2642 63420-7-de.

Ossenbühl, Fritz; Frauenquoten für Leitungsorgane von Privatunternehmen, in: NJW 2012, S. 417ff.

Papier, Hans-Jürgen / Heidebach, Martin; Mehr Frauen in Führungspositionen des öffentlichen Dienstes durch Fördermaßnahmen, in: DVBl 2015, 125 ff.

Pfarr, Heide Maria; Die Frauenquote, in: NZA 1995, S. 809 ff.

Pfarr, Heide Maria; Quoten und Grundgesetz: Notwendigkeit und Verfassungsmäßigkeit von Frauenförderung, Baden-Baden 1988.

Pfarr, Heide Maria / Fuchsloch, Christine; Verfassungsrechtliche Beurteilung von Frauenquoten, in: NJW 1988, S. 2201ff.

Pirstner, Renate; Anmerkung zu EuGH, Entscheidung vom 28.03.2000, in: EuZW 2000, S. 474 ff.

Prehm, Stefanie / Hellenkemper, Dagmar; Eine Bewertung von Frauenquoten aus arbeitsrechtlicher Sicht, in: NZA 2012, S. 960 ff.

Przyborski, Aglaja / Wohlrab-Sahr, Monika; Qualitative Sozialforschung: Ein Arbeitsbuch, 3. Auflage München 2010.

Raasch, Sibylle; Frauenquoten und Männerrechte, Baden-Baden 1991.

Rademacher, Sonja; Diskriminierungsverbot und "Gleichstellungsauftrag": Zur Auslegung des Art. 3 Abs. 2 Satz 2 GG, Frankfurt am Main, Berlin, Bern 2004.

Rischar, Klaus; in: Praxis der Kommunalverwaltung - Landesausgabe Hessen.

Rust, Ursula / Falke, Josef (Hrsg.); AGG - Allgemeines Gleichbehandlungsgesetz mit weiterführenden Vorschriften, Berlin 2007.

Sachs, Michael (Hrsg.); Anmerkung zum Beschluss des BVerfG vom 16.08.2008, in: JuS, S. 1014 ff.

Sachs, Michael; Grundgesetz, 7. Auflage München 2014.

Säcker, Franz Jürgen; Welche rechtlichen Maßnahmen sind vordringlich, um die tatsächliche Gleichstellung der Frauen mit den Männern im Arbeitsleben zu gewährleisten?, in: Deutscher Juristentag (1.-56.: 1860-1986): Verhandlungen des Deutschen Juristentages, München 1974.

Sacksofsky, Ute; Das Grundrecht auf Gleichberechtigung, 2. Auflage Baden-Baden 1996.

Sacksofsky, Ute; Positive Maßnahmen und Verfassungsrecht, in: Zeitschrift für europäisches Sozial- und Arbeitsrecht (ZESAR) 2004, S. 208 ff.

Schiek, Dagmar / Dieball, Heike / Horstkötter, Inge / Seidel, Lore / Vieten, Ulrike M. / Wankel, Sibylle; Frauengleichstellungsgesetze des Bundes und der Länder, 2. Auflage Frankfurt am Main 2002.

Schimeta, Julia; Einsam an der Spitze: Frauen in Führungspositionen im öffentlichen Sektor, Expertise im Auftrag des Deutschen Instituts für Wirtschaftsforschung, Berlin (Friedich-Ebert-Stiftung), 2012.

Schleusener, Aino / Suckow, Jens / Voigt, Burkhard; Allgemeines Gleichbehandlungsgesetz, 4. Auflage Köln 2013.

Schmidt, Barbara; Die Kalanke-Entscheidung des EuGH - das Aus für die Quotenregelung?, in: NJW 1996, S. 1724 ff.

Schmidt-Bleibtreu, Bruno / Hofmann, Hans / Henneke, Hans Günter (Hrsg.); Grundgesetz, 13. Auflage Köln 2014.

Schnell, Rainer / Hill, Paul B. / Esser, Elke; Methoden der empirischen Sozialforschung, 9. Auflage München 2011.

Schumann, Jutta; Faktische Gleichberechtigung: Die Grundgesetzerweiterung des Art. 3 II S. 2, Frankfurt am Main, Berlin, Bern 1997.

v. Schwanenflug, Noreen; Umsetzung von Gender Mainstreaming in der Verwaltung und die Bedeutung gesetzlicher Quoten bei der Gremienbesetzung, in: Kommunaljurist (KommJur), S. 121 ff.

Schwarze, Jürgen (Hrsg.); EU-Kommentar, 3. Auflage Baden-Baden 2012.

Schweizer, Kerstin; Der Gleichberechtigungssatz - neue Form, alter Inhalt? Untersuchung zu Gehalt und Bedeutung des neu gefaßten Art. 3 Abs. 2 GG unter Einbeziehung europäischen Gemeinschaftsrechts, Schriften zum Öffentlichen Recht, Band 749, Berlin 1998.

Seeck, Erich; in: Praxis der Kommunalverwaltung - Landesausgabe Schleswig-Holstein, 2014.

Sikora, Peter; in: Praxis der Kommunalverwaltung - Landesausgabe Nordrhein-Westfalen.

Slupik, Vera; Die Entscheidung des Grundgesetzes für Parität im Geschlechterverhältnis: Zur Bedeutung von Art. 3 Abs. 2 und 3 GG in Recht und Wirklichkeit, Berlin 1988.

Statistisches Bundesamt; Teilzeitquote von Frauen in Deutschland deutlich über EU-Durchschnitt, Pressemitteilung vom 7. März 2012, Dokument 78/12, Wiesbaden 2012.

Statstisches Bundesamt (Hrsg.) / Keller, Matthias / Haustein, Thomas; Vereinbarkeit von Familie und Beruf - Ergebnisse des Mikrozensus 2012, Wiesbaden 2013.

Statistisches Bundesamt (Hrsg.) / Mischke, Johann / Wingerter, Christian; Frauen und Männer auf dem Arbeitsmarkt - Deutschland und Europa, Wiesbaden 2012.

Stein, Ekkehard / Denninger, Erhard / Hofmann-Riem, Wolfgang / Schneider, Hans-Peter (Hrsg.); Kommentar zum Grundgesetz für die Bundesrepublik Deutschland (AK-GG), 3. Auflage München 2001.

Trautwein, Thomas; Gleichbehandlung von Männern und Frauen: Frauenförderung in der öffentlichen Verwaltung, in: JA 2001, S. 104 ff.

Weber-Rey, Daniela; Gesetzliche Frauenquote?, in: Zeitschrift für Rechtspolitik (ZRP), S. 127 ff.

Weber-Rey, Daniela / Handt, Friederike; Vielfalt/Diversity im Kodex - Selbstverpflichtung, Bemühungspflicht und Transparenz, in: NZG 2011, S. 1 ff.

Zuck, Rüdiger; Blick in die Zeit, in: MDR 1988, S. 459 ff.

Landesgleichstellungsberichte

Baden-Württemberg, Bilanzbericht zur Entwicklung des Frauenanteils, 2010.

Bayern, Bericht über die Durchführung des Gesetzes, 2010.

Berlin, Bericht über die Durchführung des Gesetzes, 2012.

Brandenburg, Bericht über die Durchführung des Gesetzes, 2014.

Bremen, Bericht über die Durchführung des Gesetzes, 2012.

Hamburg, Erfahrungsbericht Gleichstellung, 2010 und 2013.

Hessen, Bericht über die Entwicklung des Frauenanteils an den Beschäftigten, 2010.

Mecklenburg-Vorpommern, Bericht über die Umsetzung des Gesetzes zur Gleichstellung von Frau und Mann im öffentlichen Dienst des Landes Mecklenburg-Vorpommern, 2006.

Niedersachsen, Bericht über die Durchführung des Gesetzes, 2010 und 2014.

Nordrhein-Westfalen, Bericht über die Umsetzung des Gesetzes, 2012.

Rheinland-Pfalz, Bericht über die Durchführung des Gesetzes, 2012.

Saarland, Erfahrungsbericht, 2006 und 2012.

Sachsen, Vierter Erfahrungsbericht der Sächsischen Staatsregierung zur Situation von Frauen im öffentlichen Dienst im Freistaat Sachsen und zur Umsetzung des Sächsischen Frauenförderungsgesetzes, 2012.

Sachsen-Anhalt, 8. Bericht über die Umsetzung des Frauenfördergesetzes des Landes Sachsen-Anhalt, 2015.

Schleswig-Holstein, Bericht über die Durchführung des Gesetzes, 2014.

Thüringen, Zweiter Bericht der Thüringer Landesregierung über die Anwendung des Thüringer Gleichstellungsgesetzes, 2009.